Volkstümliche und wissenschaftliche Psychologie klaffen oft weit auseinander. Dass man an Boxbirnen «Aggressionen loswerden» kann, dass es visuelle und auditive Lerntypen gibt, dass bestimmte Denkspiele ein «Gehirnjogging» sind – solche und andere Annahmen sind weit verbreitet, allerdings nicht in der Wissenschaft.

Dieses Buch greift aber nicht nur populäre Irrtümer auf, sondern erörtert viele weitere Fragen, die ein Thema von Alltagsdiskussionen sind und für die man daher auch Sachkenntnisse besitzen sollte. Zugleich leitet es dazu an, auch an psychologische Probleme, für die man kein Vorwissen mitbringt, «mit System» heranzugehen.

Das Buch ist keine Einführung in die Psychologie als Wissenschaft, obgleich es sich auf sie stützt. Unter psychologischer Allgemeinbildung versteht der Autor vielmehr Wissen und Kompetenz für den Umgang mit Fragen, mit denen man im Leben häufig konfrontiert wird.

Dr. Hans-Peter Nolting ist Pädagogischer Psychologe mit langjähriger Lehrtätigkeit an der Universität Göttingen. Er ist unter anderem Autor von «Lernfall Aggression. Wie sie entsteht – wie sie zu vermindern ist» (rororo 62080) und «Psychologie lernen. Eine Einführung und Anleitung» (zusammen mit Peter Paulus; Beltz Verlag).

Hans-Peter Nolting

Abschied von der Küchenpsychologie

Das Wichtigste für Ihre psychologische Allgemeinbildung

Rowohlt Taschenbuch Verlag

Originalausgabe

Veröffentlicht im Rowohlt Taschenbuch Verlag,

Reinbek bei Hamburg, Juni 2012

Copyright © 2012 by Rowohlt Verlag GmbH,

Reinbek bei Hamburg

Redaktion Irmela Köstlin

Umschlaggestaltung ZERO Werbeagentur, München

(Illustration: FinePic, München)

Satz Proforma PostScript (InDesign) bei pagina GmbH, Tübingen

Druck und Bindung CPI – Clausen & Bosse, Leck

Printed in Germany

ISBN 978 3 499 62971 6

**Das für dieses Buch verwendete FSC®-zertifizierte Papier
Lux Cream liefert Stora Enso, Finnland.**

Inhalt

Vorwort: Was für ein Buch ist dies? 9

Leitideen 11

1. **Warum Psychologie zur Allgemeinbildung gehört** 13
1.1 Psychologie – ein Beitrag zur Lebensbewältigung 15
1.2 Psychologie – ein Beitrag zum Weltverständnis 17
1.3 Psychologie – ein Beitrag zur Skepsis 19

2. **Reicht nicht der «gesunde Menschenverstand»?** 23
2.1 Jeder Mensch denkt psychologisch – es geht gar nicht anders 23
2.2 Alltagspsychologie und Wissenschaft im Vergleich 25

3. **Was dieses Buches vermitteln will** 33
3.1 Grundwissen zu oft diskutierten Themen 33
3.2 Abschied von populären Irrtümern und Kurzschlüssen 35
3.3 Ordnung im psychologischen Denken 39

Verstehen und Anwenden:
Was generell bedeutsam ist 41

4. **Grundaspekte menschlichen Verhaltens** 43
4.1 Ausgangsbeispiele:
Wortmeldung und ein Ehestreit 43
4.2 Verhalten und innere Vorgänge:
Wahrnehmungen, Gedanken, Emotionen, Motivationen 50
4.3 Verhalten ist abhängig von Person und Kontext 61
4.4 Die Person: ein einzigartiges Gefüge von Dispositionen 64

4.5   Person-Entwicklung: ein Ergebnis von Reifen und Lernen   67
4.6   Der Kontext: Situationsfaktoren und interpersonale Bezüge   72

5.   Anwendung «mit System»   79
5.1   Hilfreiche Fragen für eine Minimaldiagnose   79
5.2   Einfache diagnostische Hilfen   86
5.3   Veränderung beim Einzelnen = personbezogen   92
5.4   Veränderung im Miteinander = interpersonal   97
5.5   Veränderung durch äußere Faktoren = situativ   101

6.   Einzelne Richtungen und ihre Menschenbilder   107

**Schwerpunkt:
Person und Entwicklung   115**

7.   Populäre Irrtümer und Kurzschlüsse   117
7.1   «Der Charakter bestimmt das Verhalten eines Menschen»   117
7.2   «Zu 70 Prozent erblich = zu 30 Prozent beeinflussbar»   124
7.3   «Sie sind zusammen aufgewachsen, also in
      derselben Umwelt»   131
7.4   «Beide Eltern berufstätig – das muss dem Kind ja
      schaden»   136
7.5   «Das Jugendalter ist eine Zeit des Aufruhrs»   141

8.   Weitere personbezogene Themen   149
8.1   Intelligenz – oder Intelligenzen?   149
8.2   Stress: Hat man oder macht man sich?   159
8.3   Angst, Ängstlichkeit und Angststörungen   166
8.4   Die guten Gefühle: Glück und Zufriedenheit   173
8.5   Tests: Wie ihre Qualität getestet wird   179
8.6   Psychotherapie: die Vielfalt der Hilfen   186

Schwerpunkt:
Zwischenmenschliches Verhalten 191

9.   Populäre Irrtümer und Kurzschlüsse 193

9.1 «Männer und Frauen kommunizieren ganz
     unterschiedlich» 193

9.2 «Um Verhalten zu ändern, muss man zuerst die
     Einstellung ändern» 199

9.3 «Niemand hat geholfen – da sieht man den Wertezerfall» 204

9.4 «Kinder werden gemobbt, weil sie dick sind oder eine Brille
     tragen» 211

9.5 «Durch diesen Sport kann man gut Aggressionen
     abreagieren» 217

10.   Weitere «zwischenmenschliche» Themen 225

10.1 Gesprächsführung und Konfliktregelung 225

10.2 Gruppendynamik: Mitmachen, dazugehören 236

10.3 Autorität und Gehorsam – unvermeidlich, zuweilen
      gefährlich 243

10.4 Aggression: Verhalten, das wehtun soll 248

10.5 Politische Gewalt: Krieg, Völkermord, Terrorismus 257

Schwerpunkt:
Lernen, Bildung, Erziehung 267

11.   Populäre Irrtümer und Kurzschlüsse 269

11.1 «Bist du ein visueller oder auditiver Lerntyp?» 269

11.2 «Dieses Fach schult das logische Denken» 276

11.3 «Betreiben Sie auch Gehirnjogging?» 284

11.4 «Auf kleine Klassen kommt es an» 291

11.5 «Disziplin braucht Disziplinierung» 296

12. Weitere Bildungs- und Erziehungsthemen 305

12.1 Wissenserwerb: Zwischen Einprägen und Konstruieren 305

12.2 Lernen lernen: Mehr als gute «Methoden» 313

12.3 Lernprobleme: Eine Frage von dumm oder faul? 321

12.4 Erziehungsstile: Welchen empfiehlt die Forschung? 329

12.5 Erziehungskonflikte: Vorsicht, Fallen! 339

Literaturverzeichnis 351

Sachwortregister 365

Vorwort: Was für ein Buch ist dies?

Dieses Buch ist kein akademisches Fachbuch – gleichwohl berichtet es über wissenschaftliche Erkenntnisse. Dieses Buch gehört auch nicht zur Ratgeber-Literatur – gleichwohl enthält es viele praktische Empfehlungen. Passend eingeordnet ist es als Buch zur Allgemeinbildung. Denn dieser Begriff bedeutet, dass man sich beim Mitreden über wichtige Fragen auf fundiertes Wissen stützt, auf Wissen für die Beurteilung von Sachproblemen wie auch auf Handlungswissen.

Es ist erstaunlich, dass in unserer sog. Wissensgesellschaft so manches «Wissen», das nach klaren wissenschaftlichen Erkenntnissen purer Unsinn ist, über Jahrzehnte oder Jahrhunderte weiterlebt. Die Psychologie ist von dieser Diskrepanz zwischen populären Vorstellungen und wissenschaftlichen Befunden besonders stark betroffen. Manche Annahmen sind so verbreitet, dass man sie allein schon deshalb für richtig halten muss: Wenn fast alle Menschen so denken, muss es doch wohl stimmen.

Das Anliegen dieses Buches ist aber nicht nur, populäre Irrtümer zu korrigieren. Es will darüber hinaus *Grundwissen* vermitteln für den Umgang mit psychologischen Fragen, mit denen viele Menschen im Alltag konfrontiert werden. Deshalb enthält das Buch sowohl einen allgemeinen Teil («Was generell bedeutsam ist») als auch insgesamt 31 Einzelthemen, die sich auf drei Schwerpunkte verteilen.

Ich habe mich durchgängig um gute Verständlichkeit bemüht. Die Themen haben jedoch nicht alle denselben Charakter. Viele sind recht anschaulich, einige etwas abstrakter. Für manche Themen bringen die meisten Leser/innen Alltagserfahrungen mit, an die der Text leicht anknüpfen kann (z. B. Mobbing unter Schulkindern), bei anderen Themen hingegen ist dies kaum möglich (z. B. beim Thema Erblichkeit).

Es ist durchaus ein Anliegen des Buches, deutlich zu machen, wie sehr psychologische Sachverhalte miteinander vernetzt sind. Dennoch kann man das Buch selektiv lesen. Um dies zu erleichtern, kommen manche Aussagen an mehreren Stellen vor oder es gibt Querverweise auf andere Kapitel.

Herzlich danke ich allen, die am «Gegenlesen» des Manuskriptes mitgewirkt und durch ihre Anregungen zur Verbesserung beigetragen haben.

Unter fachlichen Gesichtspunkten haben dies getan: Dr. Jörg Behrendt, Dr. Stephanie Buick, Prof. Dr. Dietmar Grube, Prof. Dr. Marcus Hasselhorn, Prof. Dr. Claudia Mähler, Prof. Dr. Peter Paulus, Dr. Cora Titz und ganz besonders Prof. Dr. Franz Thurner.

Als interessierte Laien haben gelesen: Michael Müller-Schwefe, Gisela Jebens, meine Tochter Nadja Nolting und ganz besonders meine Freundin Anne Hermes.

Hans-Peter Nolting
    Göttingen, im März 2012

Leitideen

Psychologische Allgemeinbildung – warum sollte man die brauchen und was sollte dazugehören? Wir alle sind zwar tagtäglich mit psychologischen Fragen konfrontiert und geben psychologische Urteile ab, doch wirkliche Kenntnisse aus der Psychologie werden von uns nicht erwartet und gelten nicht als Teil der Allgemeinbildung. Auch in den schulischen Lehrplänen sind sie kaum zu finden. Die folgenden Kapitel erläutern, was in diesem Buch unter psychologischer Allgemeinbildung verstanden wird und welchen Nutzen es haben kann, sich bei psychologischen Beurteilungen im täglichen Leben nicht von «Küchenpsychologie» leiten zu lassen, sondern von gut fundiertem Wissen.

1. Warum Psychologie zur Allgemeinbildung gehört

Wer sich in dem TV-Quiz «Wer wird Millionär?» für einen der drei Telefonjoker entscheidet, begründet dies gerne mit der Aussage: «Der / die hat eine gute Allgemeinbildung.» Und dann wird der arme Joker nicht selten mit Fragen wie diesen konfrontiert: «Wo gibt es einen Ebenholzfrosch mit Pariser Auge?» (am Geigenbogen). Oder «Welcher Roman beginnt mit den Worten: Nennt mich Ismael»? (Moby Dick). Wer das weiß, glänzt der nun tatsächlich mit guter Allgemeinbildung oder mit Spezialwissen?

Allgemeinbildung zu definieren, ist kaum möglich. Eher kann man wohl sagen, worin sich ein *Mangel* an Allgemeinbildung zeigt. Beispielsweise wenn jemand glaubt, dass Photosynthese im Fotoladen betrieben wird, oder nicht erklären kann, wie Tag und Nacht entstehen, oder Harakiri mit Kalahari verwechselt. Es gibt also Wissenslücken, die bei anderen ein verstecktes Grinsen auslösen – ein Zeichen dafür, dass man sich hier wohl in der Zone verbindlicher Allgemeinbildung bewegt.

Welches Wissen verbindlich ist, *welche* Lücke peinlich und welche verzeihlich ist, das ist je nach Sachgebiet sehr unterschiedlich. Erdkundliches, historisches und wohl auch literarisches Grundwissen scheinen hier eine gute Stellung zu haben. Bei Mathematik ist das schon nicht mehr so klar. Einerseits ist es ein hochrangiges Schulfach und solide Kenntnisse werden in vielen Ausbildungs- und Studiengängen erwartet; andererseits scheint hier eine persönliche Schwäche weniger ehrenrührig zu sein; nicht wenige Menschen kokettieren sogar damit.

Und dann gibt es noch Sachgebiete, bei denen magere Kenntnisse so gut wie nie als Makel gelten, zumal sie auch in den allgemeinbildenden Schulen allenfalls am Rande vertreten sind. Das gilt etwa für

Ingenieurwissenschaften, Medienwissenschaften, Jura, Medizin oder eben auch Psychologie – obwohl sie allesamt gewiss keine «Orchideenfächer» sind. Dabei kann man zumindest für die Psychologie eines sicher sagen: Menschen sind ständig mit psychologischen Fragen konfrontiert und sprechen im Alltag über psychologische Dinge – sicher weit häufiger als z. B. über mathematische, physikalische oder literarische Fragen.

Natürlich kann die Schule nicht Platz für alles haben. Doch grundsätzlich stellt sich die Frage, nach welchen Kriterien man aus der Fülle möglicher Lerninhalte einige zur Allgemeinbildung zählt und andere nicht. Von Bildungsexperten wird ihre Bedeutung für Ziele wie die folgenden angeführt: Bewältigung alltäglicher Lebensanforderungen, Fähigkeit zur Verständigung, kritisches Denken, kulturelles Bewusstsein, Verständnis wichtiger Weltprobleme, verantwortungsbewusstes Handeln.

Auch solche Gesichtspunkte liefern zwar keine Definition von Allgemeinbildung, aber sie geben Hinweise, worauf man schauen sollte bei der Frage: Was kann dieses, was kann jenes Fachgebiet zur Allgemeinbildung beitragen? Zugleich machen die genannten Aspekte deutlich, dass Allgemein*bildung* auf jeden Fall «mehr» ist als Allgemein*wissen*, insbesondere als zusammenhangloses Quizwissen. Es gehört auch tiefes Verständnis dazu, es gehören auch Kompetenzen, also Formen des Könnens, dazu; dies sieht man schon an den klassischen Basiskompetenzen Lesen, Schreiben und Rechnen.

Die Psychologie kann sicherlich zu einer Allgemeinbildung im skizzierten Sinne wichtige Beiträge leisten, und dies zu tun, ist das Anliegen dieses Buches. Dabei sollen hier drei Zielbereiche im Vordergrund stehen: Die Lebensbewältigung, das Weltverständnis und das prüfende, kritische Denken.

1.1 Psychologie – ein Beitrag zur Lebensbewältigung

Erziehungsprobleme und Partnerschaftskonflikte, Ängste und Depressionen, Mobbing am Arbeitsplatz oder auf dem Schulhof, psychische Ursachen von Rückenbeschwerden und natürlich auch Wege zum Glücklichsein – solchen Themen begegnet man nicht nur in Psychologiebüchern, sondern z. B. auch in Tageszeitungen, TV-Zeitschriften, Frauenzeitschriften, Firmenzeitschriften, im Radio und im Fernsehen. Nimmt man Wissen und Kompetenzen für die Anforderungen des Lebens als ein Kriterium von Allgemeinbildung, dann gehören psychologische Kenntnisse offenkundig dazu.

Nicht jedes Wissen lässt sich praktisch nutzen, aber viele Kenntnisse können durchaus helfen, Probleme in Alltag und Beruf besser zu verstehen, und oftmals auch, sie besser zu bewältigen. Einige Kompetenzen, etwa diagnostische oder kommunikative, haben nahezu universelle Bedeutung. So ist es in vielfältigen Lebenssituationen hilfreich, Orientierungspunkte im Kopf zu haben, mit denen man halbwegs systematisch die Gründe für ein Verhaltensproblem eingrenzen kann, statt nur der ersten Eingebung zu folgen. Und ebenso nützlich ist es, ein konstruktives Gespräch führen zu können, wenn man mit anderen im Konflikt steht oder wenn man einem Freund bzw. einer Freundin bei einem belastenden Problem helfen möchte.

Darüber hinaus gibt es Kenntnisse, die in bestimmten Lebenssituationen hilfreich sein können oder für bestimmte Menschen von besonderem Interesse sind. Hier einige Beispiele, die in diesem Buch noch zum Thema werden:

- Wer über Lerntransfer und seine Grenzen informiert ist, wird kein Geld ausgeben für Denkspielchen, die sich als Gehirnjogging anpreisen, und wird vielleicht auch seinem Kind statt Latein doch lieber eine Kommunikationssprache wie Spanisch oder Französisch empfehlen.

- Wer erkannt hat, dass bestimmte Lernstrategien nicht für bestimmte «Lerntypen» nützlich sind, sondern für bestimmte Arten von Aufgaben, wird seine Chancen für effektiveres Lernverhalten verbessern.

- Wer verstanden hat, dass körperliches «Abreagieren» kein «Ventil» für das Vermindern aggressiver Gefühle bietet, wird eher interessiert sein, nützlichere Alternativen kennenzulernen.

- Wer über das Phänomen der Verantwortungsdiffusion in Notsituationen Bescheid weiß, wird im kritischen Fall vielleicht selbst zur Tat schreiten oder jemanden auffordern.

- Wer als Mutter oder Vater Wege kennt, die Lernmotivation von Kindern zu fördern, wird aufhören, es mit ständigem Antreiben zu versuchen und so die Beziehung zum Kind zu beschädigen.

- Wer als Mutter oder Vater ein ganzes Spektrum von Erziehungspraktiken kennengelernt hat, wird Erziehen nicht mehr als permanentes Schwanken zwischen Durchsetzen und Nachgeben erleben, sondern vor allem als gute Kommunikation, als Fördern von erwünschtem Verhalten und Pflegen einer Beziehung.

- Wer als Lehrer/in darüber informiert ist, von welchen unauffälligen Handlungsweisen die Disziplin in der Klasse abhängt, wird dies vermutlich geschickt zu nutzen versuchen, statt mit «Durchgreifen» das Klassenklima zu verderben.

Sicherlich reicht reines Kopfwissen nicht immer aus, um ein Problem gut zu verstehen und hilfreich zu handeln. Je nach Einzelfall muss noch mehr hinzukommen, so etwa Selbstreflexion, Gespräche mit einfühlsamen Mitmenschen oder das Einüben neuer Verhaltensweisen, beispielsweise in einem Kommunikationstraining für Paare oder einem Elternkurs. Schon reine Kenntnisse können jedoch die Augen öffnen für dieses oder jenes Problem, sie können Wege weisen oder der Ausgangspunkt für interessiertes Weiterlernen sein.

1.2 Psychologie – ein Beitrag zum Weltverständnis

«Kriege entstehen in den Köpfen von Menschen», heißt es in der Präambel der Unesco, und schon lange wird neben anderen Wissenschaften auch die Psychologie gefragt, wenn es um die Erklärung von Kriegen, von Völkermord, von Terrorismus und anderen Formen politischer Gewalt geht. Natürlich erhofft man sich dabei nicht nur Erklärungen, sondern auch Wegweiser für die Förderung von Frieden.

Beliebt ist die Beschäftigung mit der Persönlichkeit einzelner Politiker wie etwa Hitler oder Stalin. Darüber schreiben vor allem Historiker. Die Weltgeschichte erklären zu wollen, ohne auf die Personen zu schauen, die die politischen Entscheidungen treffen, wäre wohl genauso falsch, wie *nur* auf die Personen zu schauen und nicht auf wirtschaftliche, technologische, kulturelle und andere Aspekte.

Der amerikanische Sozialpsychologe Irving L. Janis veröffentlichte 1972 ein Buch mit dem Titel: «Victims of Groupthink». Er untersuchte, wie in höchsten politischen Kreisen durch gruppendynamische Prozesse Entscheidungen zustande kamen, die in einem Debakel endeten (z. B. der Vietnamkrieg, die Invasion in der Schweinebucht gegen Kuba im Jahre 1961). Janis konnte zeigen, welch verhängnisvolle Rolle in politischen Zirkeln das Bemühen um Harmonie und Konsens spielen kann; gerade bei moralisch fragwürdigen Entscheidungen scheint diese Tendenz aufzukommen. Statt alle Argumente kritisch zu prüfen, bestätigen sich die Teilnehmer wechselseitig in ihren Fehleinschätzungen. Im Kontrast dazu untersuchte Janis auch Entscheidungsprozesse, die zu einem guten Ende führten, wie die Lösung der Kuba-Krise im Jahre 1962. Eine seiner Folgerungen lautet: Die Mächtigen sollten, statt Zustimmung zu suchen, ausdrücklich zur Kritik auffordern.

Die *Wirtschaft* ist ein weiteres Beispiel, bei dem es sich lohnt, «die Welt» psychologisch zu betrachten. Das ist allen geläufig, wenn es um Werbung und das Einkaufsverhalten geht; hier ist z. B. die Macht der Emotionen leicht zu erkennen. Spätestens mit der Weltfinanzkrise von 2008 haben wir alle erfahren, wie sehr auch das «große», das weltumspannende Geschehen ein Fall für die Psychologie ist. «Gier», «Casino-Mentalität», «Misstrauen», «Angst vor der Angst» sind nur einige der Begriffe, die nach diesem Einbruch durch die Medien gingen.

Auch die *Umweltzerstörung* beruht auf menschlichem Verhalten und hat somit eine psychologische Seite. Auffällig ist hier vor allem die Kluft zwischen Wissen und Handeln. Studien zeigen, dass das Umweltbewusstsein, das Menschen sich selbst attestieren, oft in deutlichem Widerspruch steht zu ihren Verhaltensgewohnheiten, etwa beim Autogebrauch oder den Reisevorlieben. Hier stellt sich daher die Frage nach den Faktoren, die das Verhalten tatsächlich bestimmen, und wie man sie als Ansatzpunkte für den Umweltschutz nutzen kann.

Dass der große Bereich des *Verkehrs* viele psychologische Aspekte enthält, ist allgemein bekannt. Denken wir beispielsweise an Alkohol am Steuer, aggressives Verhalten im Straßenverkehr, den «Idiotentest», Ursachen für Verkehrsunfälle, ergonomische Fahrzeuggestaltung und nicht zuletzt die Verkehrsmittelwahl.

Weiterhin hat auch das *Wohnen* mit Psychologie zu tun. So ist die Architektur einer Wohnung nicht ohne Einfluss auf die Wohnzufriedenheit. Sie kann sogar zu Konflikten in der Familie beitragen (hierzu ein Beispiel auf S. 72). Überdies kann die Gestaltung einer Wohnanlage die sozialen Kontakte, das Spielverhalten von Kindern oder die Kriminalitätsrate mitbestimmen.

Es gibt noch viele andere Sachverhalte, bei denen das Denken, Fühlen und Verhalten von Menschen eine zentrale Rolle spielt. Nur wenige Stichwörter aus ganz unterschiedlichen Bereichen seien hier noch genannt: Sport, Musik, Rechtsprechung, Tourismus, Gesundheit, Wahlkampagnen, Arbeitsschutz, Massenmedien.

Natürlich würde es weit über jede gute Allgemeinbildung hinausgehen, zu all diesen speziellen Kontexten psychologische Kenntnisse zu erwerben. Auch ein Psychologiestudium vermittelt das nicht. Aber kann man vernünftig begründen, warum ausgerechnet ein Fachgebiet, dessen Themen sich durch nahezu alle Bereiche der Welt hindurchziehen, *nicht* zur Allgemeinbildung gehört?

1.3 Psychologie – ein Beitrag zur Skepsis

Gebrauche deinen eigenen Verstand, statt nur den Autoritäten nachzuplappern! So lautete die Botschaft von Kant und anderen Aufklärern. Und mit der Demokratisierung der Gesellschaften ist dies zu einem weithin akzeptierten Bildungsziel der Schulen geworden. Vom mündigen Menschen ist die Rede, vom selbständigen und vom kritischen Denken. Gäbe es Menschen, die nie irren und denen man daher blind folgen kann, wäre die Mündigkeit jedes Einzelnen ein überflüssiges Bildungsziel. Doch wer würde heute noch bezweifeln, dass die menschliche Urteilsbildung *grundsätzlich* ein subjektiver Vorgang ist, und dass dabei auch Fehlerquellen einfließen können?! Weil die Psychologie die subjektive Welt untersucht, weil sie unser Wahrnehmen und Denken und auch die dabei mitspielenden Täuschungen erforscht, deshalb ist sie wie kaum ein anderes Fach geeignet, das genannte Bildungsziel zu unterstützen.

Nehmen wir die Täuschungen unserer Wahrnehmung: Dass wir unseren Augen nicht immer trauen können, ist bekannt. *Sehen* wir denn nicht, dass die Sonne sich um die Erde dreht, und *sehen* wir denn nicht, dass die Tischplatten (s. S. 20) unterschiedliches Format haben? – obwohl beides nicht stimmt. Wir wissen überdies, dass eine Erkenntnis nicht schon deshalb wahr sein muss, weil sie praktisch von allen Menschen geteilt wird – wie in der Zeit vor Kopernikus.

Ein Mensch ist auch nicht umso näher an der Wahrheit, je stärker seine Überzeugung ist; sonst wären Fanatiker die wirklichen Wahrheitsfinder (was sie selbst natürlich glauben). Eine weitere wichtige Quelle unserer Täuschungen liegt nämlich in unserem Streben nach «Konsistenz», nach «Stimmigkeit» in unserem Denken. Wir nehmen gerne Informationen auf, die zu unserer Meinung passen, und entwer-

Shepard's Tische: Sie scheinen verschieden, sind aber gleich

ten gegenläufige Informationen. So mag also sonnenklar sein, dass in der Zeitung des politischen Gegners «manipuliert» wird – aber wer fühlt sich von seinem eigenen Parteiblatt manipuliert? Extrem konsistente Ansichten haben sich von allen Abwägungen verabschiedet – sie kennen nur noch Schwarz und Weiß.

Das Bildungsziel, um das es hier geht, wäre mithin eine Denkhaltung, die Irrtümer für möglich hält und danach fragt, worauf sich eine Aussage stützt. In diesem Sinne kann man von «kritischem» Denken sprechen. Da «kritisch» aber auch die Bedeutung von «negativ urteilend» hat, ist «skeptisches» und «prüfendes» Denken vielleicht noch treffender. In jedem Fall muss sich diese Denkhaltung auch auf die eigene Person beziehen, also auch selbstkritisch bzw. selbstskeptisch sein, denn täuschen können sich eben nicht nur die anderen.

Ein Beispiel: Kurz nach seiner Einführung bekam der Euro einen Spitznamen: Teuro. Selektive Erfahrungen, in diesem Fall beispielsweise mit gestiegenen Restaurant- und Gemüsepreisen, führten bei vielen Menschen zu dem «Teuro-Eindruck», und wer «überzeugt» war, dass der Eindruck stimmte, ließ sich auch nicht so leicht von den Statistiken der Wirtschaftsexperten erschüttern, die das Gegenteil bewiesen.

Skepsis zeigt sich vor allem darin, dass man fragt, worauf sich eine Behauptung gründet: «Woher weißt du das?» bzw. «Woher weiß ich das?» Auf den Teuro angewandt heißt das: «Woher weißt du, dass die Preise gestiegen sind?» Dann kommen vermutlich persönliche Beispiele. Und die nächste Frage wäre: «Woher weißt du, dass sich diese Erfahrungen verallgemeinern lassen?» Und nun müsste man entweder die Wirtschaftsstatistiker zitieren oder seine Aussage schön subjektiv formulieren: «Mein Eindruck ist, dass ...»

Ein anderes Beispiel: In einem Morgenmagazin im Radio wurde ein Schulforscher zu den Befunden von Pisa 2000 befragt. Er äußerte sich vorsichtig und betonte, dass man ohne weitere Forschungen noch nicht sicher sagen könne, wie die mäßigen Schulleistungen der deutschen Schüler/innen zu erklären seien. Kurze Zeit nach diesem Interview folgte zum selben Thema eine Mitmach-Sendung: «Rufen Sie uns an. Sagen Sie uns Ihre Meinung». Und nun, Sie ahnen es schon, meldeten sich reihenweise Anrufer, die, anders als der Schulforscher, über die Gründe der Pisa-Ergebnisse genau Bescheid wussten.

Gehört es nicht auch zur Allgemeinbildung, dass man zu unterscheiden weiß zwischen Fragen, bei denen es um *Meinungen* geht (z. B. Lebensgestaltung, Ethik), und Fragen, für die man beträchtliche *Sachkenntnisse* benötigt?

Psychologisches Wissen kann aber nicht nur Skepsis fördern. Es kann zuweilen auch helfen, Täuschungen zu durchschauen, die von Menschen absichtsvoll eingesetzt werden. Dies ist ein eigenes großes Gebiet für sich; man denke an Werbung, an politische Propaganda oder irreführende Statistiken. Wer die Kunst des Täuschens beherrscht, kann damit Macht ausüben oder Geld verdienen. Selbst wenn man die Tricks nicht im Einzelnen erkennt, ist daher eine skeptisch-vorsichtige Haltung doch ein Gebot des Selbstschutzes.

Beispiel Astrologie. Gewiefte Astrologen können Persönlichkeitsgutachten so formulieren, dass sie auf die meisten Menschen sehr persönlich und überzeugend wirken, obwohl sie es nicht sind. Um dies zu demonstrieren, bot einmal ein Psychologe in einer Pariser Tageszeitung eine kostenlose astrologische Persönlichkeitsbeschreibung an (nach Myers, S. 611). Die Interessenten bat er um eine Rückmeldung darüber, wie sie das Gutachten einschätzten. 94 Prozent fanden sich erstaunlich treffend beschrieben. Bekommen hatten alle denselben Text – die astrologische Begutachtung eines Serienmörders.

2. Reicht nicht der «gesunde Menschenverstand»?

Wenn es etwa um Kenntnisse in Chemie oder einer Fremdsprache geht, sagen viele Menschen ohne Zögern: «Oh, da habe ich keine Ahnung.» Bei psychologischen Fragen hingegen redet fast jeder gerne mit: «Also, ich glaube ...»

Warum ist das so? Weil die persönliche Lebenserfahrung sowie Zeitungen und Fernsehen tatsächlich für genügend psychologische Allgemeinbildung sorgen? Weil uns die wissenschaftliche Psychologie als neues Forschungsergebnis präsentiert, was die Oma auch schon immer gesagt hat? Weil also der Umgang mit psychologischen Fragen nur eine Sache des gesunden Menschenverstandes ist?

2.1 Jeder Mensch denkt psychologisch – es geht gar nicht anders

Dass Menschen häufig über psychologische Fragen reden, liegt zunächst einmal daran, dass sie es gar nicht vermeiden können. Unentwegt gibt es irgendwelche Anlässe, und dann fallen z. B. Aussagen wie diese:

«Also, die Gabi würde sicher gut in unsere WG passen» – «Die Mieterin war sehr ordentlich gekleidet, da wird sie wohl auch die Wohnung in Ordnung halten» – «Klar könnte er die Schule schaffen; er muss nur wollen» – «Es ist gut, dass er jetzt Fußball spielt; da lernt man, sich an Regeln zu halten» – «Ein Kind braucht die Mutter; deshalb sollte sie nicht arbeiten gehen» – «Dieser Rambo-Typ kompensiert doch nur seine Minderwertigkeitskomplexe» – «Bei so vielen Problemen sollte sie mal in Urlaub fahren, damit sie auf andere Gedanken kommt» – «Gäbe es härtere Strafen, würde ein Kindermörder sicher vorher noch mal überlegen, was er da tut».

Wir brauchen solche Überlegungen, um Entscheidungen zu treffen, um mit Menschen umzugehen, um einen Rat zu erteilen oder bei einem Streitthema einfach nur mitzureden. Aus solchen Gründen sind wir auch fortlaufend dabei, uns das Verhalten von Menschen zu erklären: Preist mir der Verkäufer diesen Artikel an, weil er wirklich gut ist, oder weil er daran am meisten verdient? Ist die neue Nachbarin so nett zu mir, weil sie mich mag, oder weil sie so ein freundlicher Mensch ist? Kommt die Entschuldigung der Kollegin aus echter Reue oder aus Berechnung?

Kaum vorstellbar, dass ein Mensch niemals psychologisch denkt. Würde ich mir keine Gedanken über die Motive eines anderen Menschen machen, würde ich vielleicht in eine Falle tappen. Würde ich nicht einschätzen, ob jemand für eine Arbeit geeignet ist, hätte ich später vielleicht viel Ärger und Kosten am Hals. Auch Menschen, die das Wort Psychologie noch nie gehört haben, die vielleicht in einem abgeschiedenen Volksstamm fern jeglicher Schulbildung aufwachsen, auch die denken psychologisch.

Weil wir anders gar nicht durchs Leben kommen, versorgt uns auch die Sprache mit einem reichen Schatz an Volksweisheiten, häufig in Form von Sprichwörtern und Redensarten:

> «Gegensätze ziehen sich an» – «Gleich zu Gleich gesellt sich gern» – «Was Hänschen nicht lernt, lernt Hans nimmermehr» – «Wer einmal lügt, dem glaubt man nicht, und wenn er auch die Wahrheit spricht» – «Auf einen groben Klotz gehört ein grober Keil» – «Wo man singt, da lass dich ruhig nieder, böse Menschen haben keine Lieder» – «Genie und Wahnsinn liegen nahe beieinander» – «Die äußere Ordnung ist ein Spiegel der inneren Ordnung» – «Liebe macht blind» – «Ein gutes Gewissen ist ein sanftes Ruhekissen».

Niemand hat also einen psychologisch leeren Kopf. Und hieraus ergibt sich ein wichtiger Unterschied zu manchen anderen Fächern. Wer sich anschickt, Chemie oder Spanisch zu lernen, füllt Wissenslücken, lernt *dazu*. Wer sich hingegen mit Psychologie beschäftigt, lernt *um* – jedenfalls immer dort, wo die Informationen den vertrauten Denkweisen zuwiderlaufen. Genauer gesagt: Oft *müsste* man umlernen, doch häufig leistet das alte Überzeugungswissen heftigen Widerstand.

Das wäre dann ein Fall von Küchenpsychologie. Dieser unscharfe und etwas abfällige Begriff bezieht sich auf eigene oder übernommene Annahmen ohne Grund und Boden. Menschen unterhalten sich über eine psychologische Frage und verkünden, manchmal sogar mit Leidenschaft, was sie «glauben» oder wovon sie «überzeugt» sind, obwohl sie keinerlei Sachkenntnisse und keinerlei durchdachte Begründungen mitbringen und wissenschaftliche Informationen zurückweisen, falls sie solche hören.

2.2 Alltagspsychologie und Wissenschaft im Vergleich

Nicht jede Alltagspsychologie ist im beschriebenen Sinne «Küchenpsychologie». Manche Volksweisheiten sind tendenziell richtig und durchaus hilfreich; manche subjektive Urteile sind gut begründet. Der grundsätzliche Unterschied zur wissenschaftlichen Psychologie liegt auch nicht darin, dass alltagspsychologische Annahmen gewöhnlich «falsch» und wissenschaftliche immer «richtig» sind. Zwar sind etliche populäre Vorstellungen aus wissenschaftlicher Sicht barer Unsinn und pure Küchenpsychologie, doch prinzipiell kann auch psychologisches Denken im Alltag Hand und Fuß haben und mit akademischer Psychologie durchaus auf einer Linie liegen.

Ein grundsätzlicher Unterschied liegt in den *Funktionen* von Wissenschaft und Alltagspsychologie. Die Aufgabe der Wissenschaft ist es, den Dingen auf den Grund zu gehen und immer genauere Erkenntnisse zutage zu fördern. Alltagspsychologie brauchen wir dagegen, um uns im Leben zurechtzufinden. Ihre Aufgabe ist es, uns Orientierung zu geben, und zwar in vielen Fällen möglichst rasch und ökonomisch. Das kann sie am besten leisten, indem sie die Dinge vereinfacht und sich nicht lange mit Relativierungen und alternativen Sichtweisen aufhält.

Es ist etwa wie beim Kauf eines Gerätes. Wer kann schon die Vor- und Nachteile einzelner Produkte intensiv studieren? Das wäre anstrengend und zeitraubend. Genau hier liegt die Chance der Werbung. Wir entscheiden uns schnell und mit einem guten Gefühl, wenn wir einfach glauben: «Diese Marke ist solide und verlässlich.» Ob beim Einkauf oder beim Urteil über andere Menschen – der Verzicht auf gründliche Recherchen mag leichtfertig sein, aber die Alternative wäre, nie fertig zu werden.

Die Alltagspsychologie ist also leicht fertig – das ist ihr Vorteil. Aber sie ist zuweilen auch leichtfertig – das ist der Nachteil. Der zeigt sich, wenn man mit seinen Einschätzungen danebenliegt und ein Problem sogar noch verschlimmert, statt es zu lösen. Wer dies spürt, wird sich vielleicht an Experten wenden, aber sicherlich nur in besonderen Fällen und nicht bei «kleinen» psychologischen Problemen des alltäglichen Lebens.

Der Mittelweg, den dieses Buch fördern möchte, liegt zwischen Oberflächlichkeit und Expertentum. Er lautet: Problembewusst die eigenen Urteile und Entscheidungen prüfen und begründen und darüber hinaus erkennen, wo man an seine Grenzen stößt und sich fachlich informieren sollte.

Typische Denkfehler in der Alltagspsychologie

Es schärft das Problembewusstsein, wenn man einige «Fehler» kennt, die im alltagspsychologischen Denken häufig vorkommen. Die folgenden gehören ganz gewiss dazu:

(1) Man schaut auf *gut sichtbare* oder *leicht feststellbare* Merkmale und hängt an diese eine psychologische «Theorie» oder ein Stereotyp an. Kenne ich das Geschlecht oder die Entwicklungsphase («Pubertät»!) oder den Platz in der Geschwisterreihe («Sandwich-Kind» etc.) oder ein Familienmerkmal («alleinerziehend», «berufstätige Eltern»)

oder das Sternzeichen, dann weiß ich auch gleich etwas über die Eigenschaften, Fähigkeiten und Defizite dieses Menschen. Das ist eine sehr ökonomische, aber auch sehr oberflächliche Denkweise.

Wenn z. B. ein Schulbuch unter der Überschrift «Mädchen lernen anders» große Unterschiede zwischen weiblichen und männlichen Gehirnen betont und hieraus auch Lernstörungen von Jungen oder Mädchen erklärt, so wird dabei ausgeblendet, dass Lernstörungen primär *individuelle* Probleme sind, die vielfältige Gründe haben können. Stereotype dieser Art können zwar ein Körnchen Wahrheit enthalten, aber sie erklären nur wenig und sind natürlich niemals ein Ersatz für eine Einzelfallanalyse (s. auch Kapitel 9.1 zu Geschlechterdifferenzen, Kapitel 12.3 zu Lernstörungen).

(2) *Monokausale Erklärungen* sind eine weitere ökonomische Tendenz. Man erklärt ein Problem beispielsweise aus dem Wertezerfall in der Gesellschaft, aus der Einstellung eines Menschen, aus dem Fernsehkonsum, aus der Klassengröße usw. In der wissenschaftlichen Psychologie ist es hingegen normal, «multifaktoriell» zu denken, weil menschliches Verhalten immer auf dem Zusammenspiel verschiedener Faktoren beruht. Weder eine Lernstörung noch aggressives Verhalten oder hilfreiches Verhalten kann durch eine Einzelbedingung hervorgebracht werden. Da kein Faktor für sich alleine steht, kann er auch nie einen absoluten, sondern nur einen relativen Einfluss haben. Dass z. B. eine Provokation aggressives Verhalten bewirkt, ist nicht so sicher wie ein physikalisches Gesetz.

(3) Die *Überbewertung von Einzelfällen*: Nehmen wir an, Sie wollen sich ein Auto kaufen und lesen eine Pannenstatistik, in welcher der Wusel 800 besonders gut abschneidet. Sie selber aber hatten bislang mit einem Wusel 800 «nichts als Ärger». Was beeinflusst nun Ihre Kaufentscheidung mehr: die Statistik oder Ihre eigene Erfahrung?

Ebenso mag jemand die Ergebnisse einer psychologischen Studie mit der Begründung in Frage stellen: «Das widerspricht meiner persönlichen Erfahrung.» Eine abweichende Erfahrung ist durchaus denkbar, weil ein Einzelfall stark von Faktoren bestimmt sein kann, die in einer größeren Forschungsstichprobe und damit im Normalfall kaum zur Geltung kommen. Bei menschlichem Verhalten spielen ja, wie gesagt, immer mehrere Faktoren mit. Empirische Zusammenhänge können daher immer nur statistische Trends sein, also Wahrscheinlichkeitsaussagen. Wird z. B. an einer großen Stichprobe quer durch die Bevölkerung ermittelt, dass insgesamt gesehen der Konsum von TV-Gewalt die individuelle Gewaltneigung begünstigt, so muss dies nicht für *alle* Kinder, Jugendlichen und Erwachsenen gelten, denn die meisten sind hinreichend kritikfähig, lehnen Gewalt ab und betrachten Krimis als reine Unterhaltung. Das widerlegt aber den statistischen Gesamttrend so wenig, wie eine persönliche Einkaufserfahrung eine Statistik zur Preisentwicklung widerlegen kann.

(4) *Man verwechselt Zusammenhänge mit Verursachungen.* Unter der Überschrift «Lametta für die Liebe» berichtete ein Nachrichtenmagazin über eine Studie, nach der Paare, die gemeinsam den Weihnachtsbaum schmücken, in ihrer Ehe glücklicher sind als Paare, die nicht gemeinsam schmücken. Die Überschrift suggeriert: Das gemeinsame Schmücken *fördert* eine gute Beziehung. Doch kann man das aus dem beschriebenen Zusammenhang tatsächlich schließen? Natürlich nicht. Es kann ja genau umgekehrt sein: Eheliche Harmonie fördert die Lust auf gemeinsames Schmücken; disharmonische Paare fürchten, sich auch hierbei in die Haare zu geraten. Dann müsste der Titel etwa lauten: «Glückliche Paare schmücken den Baum gemeinsam», und im Text darunter würde man es noch präziser lesen: «Harmonie in der Paarbeziehung kann sich auch in gemeinsamem Schmücken des Weihnachtsbaumes zeigen.»

Die Überschrift «Lametta für die Liebe» ist ein Beispiel für einen typischen Laienfehler (hier: von Journalisten). Wenn zwei Dinge zusammenhängen, darf man nicht einfach das eine zur Ursache des anderen erklären. Sehr häufig lassen sich Zusammenhänge in verschiedenen Richtungen interpretieren: A bewirkt B oder B bewirkt A oder A und B beeinflussen sich wechselseitig.

Worauf stützt sich wissenschaftliche Psychologie?

Psychologie ist heute ganz überwiegend eine empirische Wissenschaft. Sie stützt also ihre Erkenntnisse nicht nur auf Einfälle der Forscher, sondern prüft die Annahmen mit Hilfe von Erhebungen und Experimenten. In späteren Kapiteln werden viele Beispiele berichtet.

Bei *Erhebungen* bzw. *Feldstudien* beobachtet oder befragt man Menschen zu ihren Verhaltensweisen, Meinungen, Stimmungen etc. Man *beobachtet* z. B. die Kommunikationsmuster von Paaren im Streitgespräch oder aggressives Verhalten von Kindern auf dem Schulhof, oder man registriert das Verhalten von Lehrkräften, deren Unterricht häufig gestört wird, im Vergleich zu jenen mit geringer Störungsrate. Man *befragt* Eltern nach ihren Erziehungsgewohnheiten, Jugendliche nach ihrem Alkoholkonsum oder Paare nach ihrem Vertrauen zueinander. Hat man *zwei* Sachverhalte beobachtet oder erfragt, z. B. die Erziehungsgewohnheiten der Eltern *und* aggressives Verhalten ihrer Kinder oder das Unterrichtsverhalten *und* die Störungsrate, dann kann man auch Zusammenhänge (Korrelationen) zwischen beiden ermitteln.

Wie erwähnt, bekommt man durch Zusammenhänge allein noch keine sichere Antwort auf die Frage nach der Verursachung: Was bewirkt was? Genau hierfür braucht man *Experimente*, also die gezielte Herbeiführung eines Vorgangs zum Zwecke der Beobachtung. Häufig werden Experimente in Instituten durchgeführt, z. B. Experimente zu optischen Täuschungen oder zum Lernen am Computer. Demgegenüber finden sog. Feldexperimente in natürlicher Umgebung statt, z. B. zu Hause, in der Schule, in einem Ferienlager. So kann man z. B. im Ferienlager Methoden zur Verminderung von Gruppenkonflikten ausprobieren (vgl. S. 200); oder man kann in verschiedenen Wohnorten adressierte und frankierte Briefe auf der Straße «verlieren» und dann registrieren, ob die Hilfeleistung (das Einwerfen der Briefe) mit der Größe des Wohnortes zusammenhängt. In solchen und anderen Experimenten wissen die «Versuchspersonen» gar nicht, dass sie an einem Experiment teilnehmen.

Es gibt auch Studien, in denen Menschen über Jahrzehnte hinweg in ihrer Entwicklung wissenschaftlich begleitet werden. Das sind sog. *Längsschnittuntersuchungen.* Sie sind besonders nützlich, um z. B. herauszufinden, wie stabil oder veränderlich individuelle Merkmale wie Intelligenz, Aggressivität oder Ängstlichkeit sind. Und man kann auch ermitteln, was einer Veränderung vorangegangen ist, was also die Gründe sein könnten.

In allen Fällen hängen die Ergebnisse stark von den gewählten Forschungsmethoden ab, und in diesem Punkt haben Fachleute natürlich ein größeres Problembewusstsein als Laien. Was sagen uns z. B. die Ergebnisse einer Umfrage nach dem beliebten Muster: «Wie würden Sie sich verhalten, wenn ...?» Zeitungen berichten dann vielleicht: «70 Prozent würden helfen, wenn sie aus ihrem Auto einen Menschen am Straßenrand liegen sehen», oder: «97 Prozent würden sich weigern, wenn sie einen Menschen mit Elektroschocks bestrafen sollen» (zu diesem Beispiel s. die Befunde auf S. 244 f.). Fachleute wissen: Hier stößt man an die Grenzen des Befragens. Denn es geht um hypothetische Situationen, und kaum jemand kann sein wirkliches Verhalten vorhersagen, weil es von vielen, auch schwer durchschaubaren Faktoren mitbestimmt wird. Eine Verhaltensbeobachtung im Experiment wäre hier die Methode der Wahl.

Aber auch über seine Stimmungen kann man nicht immer ohne weiteres Auskunft geben, wie das folgende schöne Beispiel zeigt. Dass Menschen sich eher Freizeit als Arbeit wünschen, dass sie sich in der Freizeit gewöhnlich wohler fühlen, das scheint selbstverständlich, und eine direkte Befragung wird es bestätigen. Doch hierbei können die Befragten Arbeit und Freizeit nur aus ihrer Vorstellung heraus summarisch vergleichen. Stellen Sie sich vor, Sie bekommen stattdessen einen Protokollbogen in die Hand, auf dem Sie von Zeit zu Zeit eintragen sollten, was Sie gerade tun und in welcher Stimmung Sie jetzt sind. Zu welchem Zeitpunkt Sie die Eintragungen machen, das ist allerdings nicht Ihnen überlassen, sondern hierfür hat man Ihnen ein Gerät mitgegeben, aus dem von Zeit zu Zeit ein Signal ertönt – immer dann sollen Sie eintragen.

Mit diesem Verfahren hat der Glücksforscher Mihaly Csikzentmihalyi (versuchen Sie es mal: Mihai Tschik-sent-mihaji) eine erstaunliche Entdeckung gemacht. Im Schnitt ist die Stimmung während der Arbeitsaktivitäten positiver als während der Freizeitaktivitäten. Die Erklärung des Forschers: Entgegen dem Image von Arbeit (nahe bei Mühsal) und obwohl das Anfangen nicht selten einen inneren Ruck erfordert, fühlen sich Menschen *während* der Arbeitstätigkeiten häufiger als in der Freizeit in passender Weise gefordert und sind häufiger mit allen Sinnen auf ihr Tun konzentriert. Genau dies ist eine Basis für das sog. Flow-Erlebnis – das angenehme völlige «Aufgehen» in einer Tätigkeit. Natürlich ist der Befund ein statistischer Trend, der nicht für jede Arbeitstätigkeit und für jeden Menschen gilt. Und natürlich können auch gut gewählte Freizeitaktivitäten die Stimmung heben. Aber dass man Freizeit «hat», reicht offenbar nicht aus.

In jedem Fall bekommen psychologische Aussagen durch eine sorgfältige Untersuchung ein ganz anderes Fundament, als eine persönliche Erfahrung und Deutung sie jemals haben kann. Zwar können auch Wissenschaftler irren, verbohrt sein und gegenläufige Informationen ausblenden. Aber dann kommt gewiss eine kritische Prüfung von anderen Mitgliedern der wissenschaftlichen Gemeinde und es folgen weitere Studien.

Gelegentlich liefert die Forschung Befunde, die verbreitete Vorstellungen bestätigen. Die Volksweisheit «Wer rastet, der rostet» ist so ein Beispiel. Dann mag ein Laie denken: «War doch klar. Warum musste man das noch untersuchen?» Ja, das muss man. Denn *vorher* ist keineswegs immer sicher, was herauskommt. Es gibt ja genügend Befunde, die scheinbare Selbstverständlichkeiten über den Haufen geworfen haben – wie der eben erwähnte Befund zum Arbeit-Freizeit-Vergleich und viele andere, von denen in diesem Buch die Rede ist. Überdies will die Forschung meist tiefer gehen und auch herausfinden, *warum* es so ist, wie die Volksweisheit besagt.

3. Was dieses Buches vermitteln will

Was für die Allgemeinbildung gilt, gilt auch für die *psychologische* Allgemeinbildung: Es gibt keine verbindliche Definition und Konzeption. Ich habe eingangs dargelegt, dass das vorliegende Buch vorrangig drei Zielbereichen von Allgemeinbildung dienlich sein soll: Lebensbewältigung, Weltverständnis und Skepsis. Daraus ergibt sich aber für das Buch noch nicht eine bestimmte Struktur und Themenauswahl. Für diese Frage habe ich mich von folgenden Gesichtspunkten leiten lassen:

- Es sollen geläufige, viele Laien interessierende Themen angesprochen werden.
- Es sollen weit verbreitete Irrtümer korrigiert werden.
- Es soll zu Ordnung im psychologischen Denken angeleitet werden.

Zu diesen Absichten nun einige Erläuterungen, die zugleich eine Vorschau auf die großen Kapitel geben.

3.1 Grundwissen zu oft diskutierten Themen

Mit welchen psychologischen Fragen und Themen haben auch Laien häufig zu tun? Worüber wird auch in den Medien oft diskutiert? Mit diesem Blickwinkel unterscheidet sich das Buch erheblich von Werken, die sich als Einführung in die Psychologie verstehen. Dort findet man in erster Linie Aussagen über psychische Grundphänomene wie Wahrnehmen, Denken, Emotion, Motivation, Lernen und Gedächtnis, vielleicht auch über die psychische Entwicklung oder individuelle Unterschiede, wobei all diese Phänomene gewöhnlich in allgemeiner Form erörtert werden, also als ein Blick auf «die» Motivation, auf «die» Entwicklung usw.

Das vorliegende Buch gibt hierzu zwar ebenfalls einen kurzen Überblick (Kapitel 4), doch dient er in erster Linie als Grundlage für alle nachfolgenden Kapitel. Vor allem aber greife ich eine Reihe von Themen auf, über die sich nach meinem Eindruck viele Laien Gedanken machen. Und das ist weniger das Phänomen Emotion «als solches», sondern z. B. Stress oder Angst, und weniger das Phänomen Lernen im Allgemeinen, sondern z. B. die Frage nach nützlichen Lernstrategien.

Die Einzelthemen sind nach drei Schwerpunktbereichen geordnet:

- Der erste Bereich (Kapitel 7 und 8) legt den Akzent auf das Individuum, auf die *einzelne Person*. Es geht um die Unterschiedlichkeit von Menschen, um die individuelle Entwicklung und um individuelle Probleme.
- Der zweite Bereich (Kapitel 9 und 10) blickt auf Phänomene, die sich *zwischen* Menschen abspielen, von Zweierkonstellationen über Gruppen bis zu Beziehungen zwischen Großgruppen. Hier geht es also im weiten Sinne um den Umgang mit anderen und dabei auftretende Probleme.
- Der dritte Bereich (Kapitel 11 und 12) betrifft das Praxisfeld *Bildung und Erziehung*. Hier geht es um psychologische Fragen in pädagogischen Kontexten. In solchen Kontexten sind fast alle Menschen als Praktiker gefordert, vor allem in der Elternrolle, aber auch beim eigenen lebenslangen Lernen.

Selbstverständlich gehen die drei Themenbereiche ineinander über. Sie sind drei Schwerpunkte, und der Ausdruck «Schwerpunkt» bedeutet: Es sind nicht getrennte Sachverhalte, sondern unterschiedliche Scheinwerfereinstellungen. So geht es im Bereich Bildung und Erziehung nicht nur um Lernen, sondern auch um personbezogene und zwischenmenschliche Aspekte. Denn pädagogisches Handeln ist darauf gerichtet, die Entwicklung von Menschen zu beeinflussen, und dies geschieht zum großen Teil durch zwischenmenschliche Kommunikation.

In den drei Schwerpunktbereichen werden insgesamt 31 Themen behandelt, und zwar jeweils auf wenigen Seiten. Ich habe versucht, unter dem jeweiligen Thema vor allem solche Erkenntnisse mitzuteilen, über die es einen breiten Konsens gibt und die zugleich für den Alltag von Bedeutung sind. Hingegen kommen theoretische Kontroversen nur selten zur Sprache, ganz anders als in der wissenschaftlichen Literatur. Interessierte finden hierzu mehr Informationen in den am Schluss des Buches angegebenen Publikationen.

3.2 Abschied von populären Irrtümern und Kurzschlüssen

Lang ist die Liste psychologischer Vorstellungen, die viele Menschen für selbstverständliche Wahrheiten halten, die aber in keinem wissenschaftlichen Lehrbuch zu finden sind. Manche dieser Vorstellungen haben durchaus praktische Folgen: Sie verhindern ein sachgerechtes Verstehen von Alltagsproblemen und sie verleiten zu falschen Entscheidungen.

In den drei Schwerpunktbereichen werden deshalb jeweils die ersten fünf Themen von populären Irrtümern und Kurzschlüssen her aufgerollt. Bei je fünf Themen zu Person und Entwicklung, zu zwischenmenschlichem Verhalten und zu Lernen/Bildung/Erziehung, bilden also fragwürdige Annahmen den Einstieg. Darüber hinaus gibt es noch viele weitere Psycho-Mythen. Hier ist eine kleine bunte Sammlung von Beispielen, die in den Hauptkapiteln nicht behandelt werden (zum Teil nach Lilienfeld u. a.):

■ «Der Charakter eines Menschen wird maßgeblich vom *Platz in der Geschwisterreihe* geprägt. Die Ältesten, die Jüngsten und die ‹Sandwichkinder› haben jeweils typische Eigenschaften.» Diese Annahme ist seit einer gründlichen Auswertung von über tausend Studien längst erledigt. Es bestehen allenfalls so minimale Zusammenhänge, dass aufgrund der Geschwisterposition keinerlei Schlüsse auf die Persönlichkeit eines Menschen möglich sind. Das Gleiche gilt für Einzelkinder:

- «*Einzelkinder* sind verwöhnt und wollen immer im Mittelpunkt stehen.» Es gab Zeiten, da waren Einzelkinder etwas Ungewöhnliches. Heute ist das anders, und sie unterscheiden sich so gut wie gar nicht von Kindern mit Geschwistern. Denn sie wachsen ebenfalls mit Gleichaltrigen auf, so etwa in der Krabbelgruppe, im Kindergarten, in der Schule, in der Nachbarschaft.

- «Mit 40, 50 Jahren erleben die meisten Menschen eine *Midlife-Crisis*.» Forschungen zeigen, dass in der mittleren Lebensphase Krisensymptome nicht häufiger sind als in den Jahrzehnten davor und danach. Das schließt nicht aus, dass einzelne Menschen in dieser Zeit eine Krise erleben (s. auch S. 27 zum Verhältnis von Trend und Einzelfall).

- «*Gegensätze ziehen sich an.*» Andersartigkeit mag zuweilen reizvoll sein, aber bei der Partnerwahl sollte man darauf lieber nicht bauen. Unvermeidlich sind Menschen in einigen Punkten verschieden, auch Partner in einer überaus harmonischen Zweierbeziehung. Gelegentlich können sich unterschiedliche Eigenschaften oder Interessen auch gut ergänzen. Aber insgesamt sind die Gemeinsamkeiten die wichtigere Grundlage einer Beziehung. Insofern gilt eher: «Gleich zu Gleich gesellt sich gern».

- «*Vollmond* fördert Verbrechen und stört den Schlaf.» Nach der Forschung muss es heißen: Freispruch für den Mond! Weder Verbrechen noch psychiatrische Einweisungen noch Schlafstörungen sind häufiger bei Vollmond als in anderen Mondphasen. Der subjektive Eindruck mag aber anders sein: Man schläft schlecht, man wacht auf – und man sieht den Mond. Schon scheint der Zusammenhang klar. Wie oft der Mond *nicht* schien, wenn man schlecht schlief, das prägt man sich nicht ein.

- «Wenn du bei einem Test oder Quiz zwischen mehreren Antworten schwankst, *folge der ersten Eingebung.*» Bei schriftlichen Tests mit Ankreuzaufgaben, bei denen auf dem Papierbogen das Korrigieren von Lösungen zu erkennen war, stellten Untersucher fest, dass die ursprünglichen Antworten häufiger falsch waren als die schließlich gewählten. Das spricht eher fürs Nachdenken (das allerdings nicht hilft, wenn man nicht die Spur einer Ahnung hat).

- «Das Kauen von *Kaugummi* fördert die Denkleistung (‹Kau dich schlau›).» Man kann darüber streiten, ob es pädagogisch sinnvoll ist, im Schulunterricht das Kauen von Kaugummi zu verbieten. Dass die Schüler/innen dadurch an guten Leistungen gehindert werden, ist jedoch unwahrscheinlich. Eine neue, gründliche und umfangreiche Studie mit etwa tausend Schüler/innen konnte keinerlei segensreiche Wirkungen auf Denkleistungen, Konzentration und Gedächtnisleistungen ermitteln; man fand sogar eine leichte Tendenz zugunsten der Nichtkauer. Frühere kleine Studien hatten das Gegenteil behauptet.

- *«Was Hänschen nicht lernt, lernt Hans nimmermehr.»* Dieser altbekannte Spruch ist zwar nicht ganz falsch – aber auch nicht ganz richtig. Die Tendenz der Forschung lautet: Kinder lernen leichter, wo es um körpernahe Funktionen geht, um das Lernen im Bereich der Sinneswahrnehmung und der Motorik. Beispiele sind etwa das Radfahren und Gleichgewichthalten, das akzentfreie Sprechen einer Fremdsprache, das erkennende Wahrnehmen von Gegenständen und räumlicher Tiefe (ist für Blinde, deren Augen später erfolgreich operiert wurden, nicht mehr nachzuholen). Kinder sind hingegen unterlegen, wenn es um kulturelle Lerninhalte geht, also um schulisches und akademisches Wissen, zumal wenn es planmäßig gelernt werden soll. Hier sind Erwachsene überlegen, weil sie mehr Vorkenntnisse mitbringen, mehr Lernstrategien einsetzen und sich beim Lernen besser kontrollieren. Auch beim «Memory» könnten sie (bei vergleichbarer Übung) gewinnen, aber wollen sie das? Im Übrigen unterschätzt die Volksweisheit ganz erheblich die Lernfähigkeit im Alter!

Wenn die Kapitel 7, 9 und 11 unter dem Titel «Populäre Irrtümer und Kurzschlüsse» stehen, so werden diese beiden Begriffe in folgender Weise unterschieden: Mit *Irrtümern* sind Behauptungen gemeint, die im Widerspruch stehen zu allen oder den allermeisten wissenschaftlichen Befunden. Das Stereotyp vom Einzelkind oder die schlimmen Wirkungen des Vollmondes sind zwei Beispiele für regelrechte Irrtümer. Mit *Kurzschlüssen* sind Annahmen gemeint, die zwar nicht ganz falsch sind, aber die Dinge über Gebühr vereinfachen. Sie enthalten zwar ein Körnchen Wahrheit, sind aber zugleich irreführend, da sie zu vorschnellen Schlüssen verleiten, wo man noch weitere wichtige Gesichtspunkte beachten müsste. Die Sache mit Hänschen ist hierfür ein Beispiel. Die meisten Fehlannahmen, die in diesem Buch behandelt werden, gehören in die Rubrik Irrtümer.

Haben Fehlannahmen Folgen? Wenn ein Mensch glaubt, dass sich die Sonne um die Erde dreht, ist das ein physikalischer Irrtum, der vermutlich keine Auswirkungen auf sein Leben und Erleben hat. Wenn aber jemand glaubt, dass der Vollmond den Schlaf stört, ist das ein psychologischer Irrtum, der vermutlich nicht folgenlos bleibt: Die Erwartung: «Heute ist Vollmond, da schlaf ich bestimmt schlecht» könnte nämlich eine Unruhe erzeugen, die tatsächlich den Schlaf stört. Das wäre ein Beispiel für eine sich selbst erfüllende Prophezeiung.

Psychologische Fehlvorstellungen sind häufig nicht folgenlos. Denn sie kommen ja meist dort ins Spiel, wo es um Lebensprobleme und Entscheidungen geht und man eine Orientierung benötigt, also z. B. bei der Einschätzung von Personen oder in der Kindererziehung. Die in den späteren Kapiteln erörterten Mythen können fast alle eine praktische Bedeutung erlangen, indem sie zu Fehleinschätzungen oder ungeeigneten Maßnahmen verleiten.

3.3 Ordnung im psychologischen Denken

Alle kennen dieses Ratespiel: Eine Person denkt an einen Begriff (z. B. Pusteblume) und die anderen sollen ihn durch Fragen, die sich mit Ja oder Nein beantworten lassen, herausfinden. Wer hier das «Raten» wörtlich nimmt, wird systemlos Einfälle aneinanderreihen: Ist es ein Fußball? Ist es eine Katze? Ist es ...? Um die uferlose Raterei zu vermeiden, grenzt man üblicherweise den Suchbereich systematisch ein, und zwar mit Hilfe großer *Kategorien* und *Unterkategorien*: «Ist es etwas Lebendiges?», «Ist es eine Pflanze?», «Ist es eine Blume?» So kann man sich bei jeder neuen Aufgabe von allgemeinen zu spezifischen Begriffen durchfragen, *sofern* man allgemeines Weltwissen im Kopf hat, und zwar hierarchisch geordnet (hieran mangelt es Kindern, weshalb sie mehr raten).

Das Gleiche gilt auch innerhalb einzelner Fachgebiete. Ärzte grenzen die Diagnose ein, indem sie zu verschiedenen *Suchbereichen* Fragen stellen und Laborwerte erheben, und ähnlich wird ein Techniker die Ursache einer Störung eingrenzen. Allerdings wird die kognitive Ordnung der Fachleute nicht nur aus Kategorien und Unterkategorien bestehen, sondern auch aus einem inneren Bild, einem sog. mentalen Modell von der Funktionsweise des Organismus bzw. des technischen Gerätes.

All dies braucht man auch im psychologischen Bereich. Wie geht man beispielsweise vor, wenn man herausfinden will, warum jemand Wutanfälle bekommt oder warum ein Kind schlechte Schulnoten nach Hause bringt? Man kann diverse Ideen einfach aneinanderreihen oder man kann in mehreren Faktoren*bereichen* nach Erklärungen suchen – und das sollte man auch tun, um sich nicht voreilig festzulegen. Eine übertragbare Ordnung erlaubt es, systematisch Fragen zu stellen bzw. Informationen zu suchen, um die relevanten Faktoren zu ermitteln: «Ich achte erstens auf ..., ich achte zweitens auf ... usw.» Anders als im Ratespiel besteht das Ergebnis allerdings meist nicht in einem einzigen erklärenden Begriff, sondern in einer Idee von Zusammenhängen.

Selten, so meine Erfahrung, gehen Laien an psychologische Praxisprobleme so methodisch heran. Gute Ordnung im Kopf braucht man aber nicht nur für den Umgang mit Praxisfällen, sondern ebenso für das «theoretische» Verstehen von Sachfragen, über die man nachdenkt und diskutiert. Was würden Sie davon halten, wenn die 31 Einzelthemen von S. 117 bis S. 349 nicht nach Schwerpunkten geordnet wären, sondern ein Zufallsgenerator die Reihenfolge bestimmt hätte? Jedes ordentliche Sachbuch gruppiert daher zusammengehörige Inhalte zu Kapiteln. Mit der Ordnung wächst nicht nur die Übersichtlichkeit, sondern auch das *Verständnis*. Wenn zwei Menschen dieselbe *Menge* einzelner Wissensinhalte besitzen, aber bei A ist dies eine lockere Sammlung von Quizwissen und bei B ein organisiertes Wissensgebäude – wer hat das «intelligentere» Wissen? Gut geordnetes Wissen ist ein typisches Merkmal von Experten.

Dieses Buch bietet keine Schulung zum Experten, doch auch eine psychologische Grundbildung sollte nicht aus einer lockeren Sammlung von Wissensbrocken bestehen, sondern aus einem strukturierten Wissensnetz. Deshalb ist es wichtig, einige ordnende Wissensaspekte hervorzuheben, die sich auf unterschiedliche Themen und Probleme übertragen lassen, auf Erziehungsverhalten, Gesprächsverhalten oder Lernstörungen ebenso wie auf aggressives Verhalten, Hilfeleistung usw. Die folgenden Kapitel 4 und 5 werden dies an Beispielen erläutern.

Verstehen und Anwenden:
Was generell bedeutsam ist

In den Kapiteln 4 bis 6 geht es um elementare Dinge und das «große Ganze». Die Kapitel bieten so etwas wie eine grobe Weltkarte anstelle einzelner Länderkarten. Eine Weltkarte ist zwar nicht so detailliert, dafür aber umfassender – und sie lässt erkennen, in welcher Beziehung die Erdteile und Länder zueinander stehen.

Die Überblickskapitel sorgen also für Ordnung im Kopf und liefern Orientierungen, die sich auf viele Einzelfragen übertragen lassen. Zahlreiche Beispiele werden dies illustrieren.

Kapitel 4 stellt zunächst die psychologischen Grundaspekte vor, die in fast jedem Zusammenhang von Bedeutung sind; hier geht es also um besonders fundamentale Inhalte.

Kapitel 5 macht deutlich, wie sich diese Aspekte als Leitlinie nutzen lassen, um konkrete Einzelfälle besser zu verstehen und Ansatzpunkte für Veränderungen zu finden.

Kapitel 6 erläutert in einem kurzen Überblick, mit welcher Brille bedeutsame theoretische Richtungen die psychologische Weltkarte betrachten.

4. Grundaspekte menschlichen Verhaltens

Gibt es Gesichtspunkte, die immer oder fast immer relevant sind, wenn man das Verhalten von Menschen erklären will? Ja, die gibt es.

4.1 Ausgangsbeispiele: Wortmeldung und ein Ehestreit

Anhand des ersten Beispiels möchte ich die Grundaspekte und die Art ihres Zueinanders vorstellen. An dem zweiten Beispiel, dem Ehestreit, können Sie dann erproben, wie sich diese Aspekte übertragen lassen.

Erstes Beispiel: Sich zu Wort melden

Das zu erklärende Verhalten kennen wir alle aus der Schule oder einem Seminar: Sich melden. Die Frage lautet: Wovon hängt es ab, ob jemand sich meldet oder nicht? Am besten stellen Sie sich jetzt vor, Sie sitzen selber in einem Seminar und wollen zu eben dieser Frage Antworten geben. *Bevor Sie also weiterlesen, notieren Sie bitte drei Ideen, die Sie beitragen würden.*

Vermutlich lassen sich alle Ihre Ideen jeweils einem der folgenden Typen zuordnen:

- Aussagen über *aktuelle innere Prozesse* «hinter» dem Verhalten, also Aussagen über Gedanken, Gefühle oder Motivationen, die sich im Augenblick des Meldens oder Nichtmeldens in dem Menschen abspielen. Beispielsweise: Es hängt davon ab, «ob man eine gute Idee hat», ... «ob man motiviert ist, was beizutragen», ... «ob man Angst hat», ... «ob man sich langweilt», etc.
- Aussagen über die *Person*, die sich meldet oder nicht, mithin Aussagen über ihre Fähigkeiten und Eigenschaften, beispielsweise: Es

hängt davon ab, … «ob man Selbstvertrauen hat», … «ob man ängstlich ist», … «ob man redegewandt ist», … «ob man für das Thema gute Kenntnisse mitbringt», etc.

- Aussagen über die *Vorgeschichte*, allgemeiner: über die *Entwicklung*, dieser Person. Das wären Aussagen wie diese: Es hängt davon ab, «ob man mit seinen Beiträgen meist positive Resonanz erfahren hat», … «ob man von den Eltern früher unter hohen Leistungsdruck gesetzt wurde». Solche Faktoren könnten etwa zu Eigenschaften wie Selbstvertrauen oder Ängstlichkeit geführt haben.

- Aussagen über den *äußeren Kontext*, über *Situationsfaktoren*, etwa: Es hängt ab «von der Thematik», … «von der Schwierigkeit der Aufgabe», … «vom Lärmpegel», … «von den Räumlichkeiten (z. B. Gruppenraum oder Hörsaal)» etc.

- Aussagen über den *interpersonalen Kontext*, über *zwischenmenschliche* Faktoren, beispielsweise: Es hängt davon ab, «ob andere sich ebenfalls melden», … «ob es sich um eine vertraute oder fremde Gruppe handelt», … «was für eine Beziehung man zu der Lehrperson hat». Solche Faktoren sind nicht völlig extern, sondern sind etwas, was «zwischen» Person X und den anderen Personen existiert.

Deutlich wird: Das Meldeverhalten – und das gilt für jedes Verhalten – kann nicht aus einer einzelnen Ursache erklärt werden. Vielmehr lassen sich zahlreiche Gesichtspunkte nennen, die alle auf ihre Weise zur Erklärung etwas beitragen. Sie in verschiedene Typen einzuteilen, wie eben geschehen, ist sehr nützlich, aber eine hinreichende Ordnung ist das noch nicht. Denn in welcher Beziehung stehen diese Aspekte zueinander?

Die Grundaspekte: ein Gefüge – kein «Und-und» !

Die direkteste Erklärung für das momentane Verhalten eines Menschen sind natürlich die inneren Prozesse «dahinter». Manchmal reicht es uns als Erklärung, wenn wir darüber etwas erfahren, bei-

Verstehen und Anwenden: Was generell bedeutsam ist

spielsweise wenn uns jemand sagt, er habe eben «nicht aufgepasst» oder habe unsere Frage «missverstanden». Bei wiederkehrendem und / oder problematischem Verhalten genügt uns das meistens nicht, da wollen wir auch wissen, warum dieser Mensch nicht aufpasst, warum er missversteht oder warum er sich ärgert – warum also genau diese inneren Prozesse auftreten. Um dies zu verstehen, fragt man am besten in zwei Richtungen:

- Was ist das für eine *Person*, die sich so verhält? Was für Wahrnehmungen, Gedanken, Gefühle und Motivationen sind für sie *typisch*? Und eventuell weiter: Wodurch ist dieses Persontypische entstanden? Beides zusammen – die Personfaktoren und deren Entwicklungsfaktoren – bilden zusammen die *Person-Seite* bei der Erklärung des aktuellen psychischen Geschehens.

- *Wo und wann* tritt das Verhalten auf? Bei welchen Anlässen, bei welchen Anforderungen, in welcher Umgebung, bei welchen interpersonalen Konstellationen usw. Solche Situationsfaktoren und interpersonalen Aspekte bilden zusammen die *Kontext-Seite* des psychischen Geschehens.

Weiß man etwas über die Person und den Kontext, dann kann man häufig die inneren Prozesse erahnen, auch wenn man sie als Außenstehender nicht direkt erkennen kann. Aus dem Zusammenwirken beider Seiten ergibt sich also, *was* ein Mensch denkt, *was* er fühlt etc. Beispiele:

Personale Faktoren	→	aktueller Prozess	←	Kontextfaktoren
Prüfungsängstlichkeit	→	Angst	←	Morgen ist Prüfung
Rechenkompetenz	→	Lösungsideen	←	Rechenaufgabe
Fan von Popgruppe X	→	«Da will ich hin»	←	Konzertplakat

Es wäre ein großes Missverständnis, würde man sagen: Das Verhalten wird bestimmt von den inneren Prozessen «und» den Personfaktoren «und» den Entwicklungsfaktoren etc., wenn man dabei «und» als «plus» versteht. Die verschiedenen Aspekte stehen *nicht* additiv *neben-*

einander, sondern in bestimmten Relationen zueinander. Die *Tafel* stellt diese Struktur grafisch dar. Im Zentrum steht das «eigentliche» psychische Geschehen aus Verhalten und inneren Prozessen. Wie es konkret aussieht, wird einerseits bestimmt von Personfaktoren und andererseits von Kontextfaktoren, zu denen immer Situationsfaktoren, meist auch interpersonale Bezüge gehören. Die Personfaktoren sind ihrerseits das Ergebnis von Entwicklungsfaktoren.

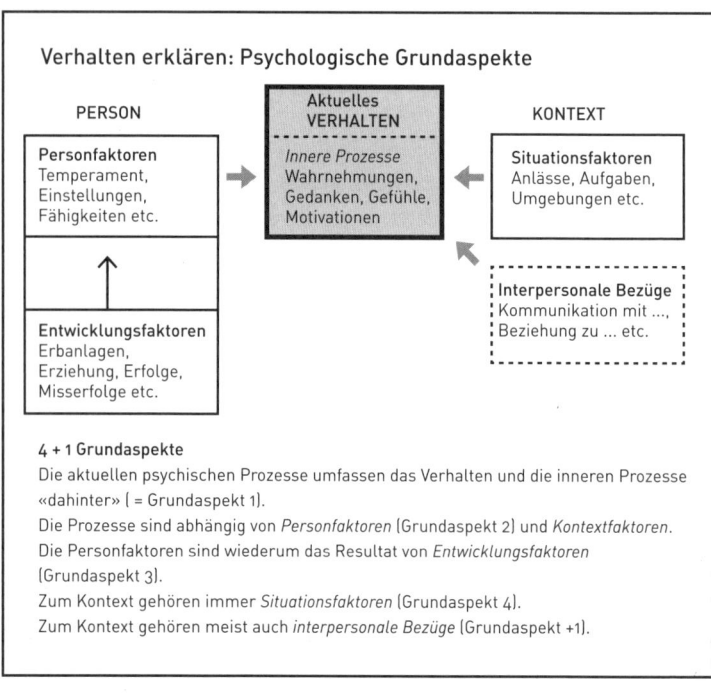

Verhalten erklären: Psychologische Grundaspekte

| PERSON | Aktuelles VERHALTEN | KONTEXT |

Personfaktoren
Temperament,
Einstellungen,
Fähigkeiten etc.

Innere Prozesse
Wahrnehmungen,
Gedanken, Gefühle,
Motivationen

Situationsfaktoren
Anlässe, Aufgaben,
Umgebungen etc.

Entwicklungsfaktoren
Erbanlagen,
Erziehung, Erfolge,
Misserfolge etc.

Interpersonale Bezüge
Kommunikation mit ...,
Beziehung zu ... etc.

4 + 1 Grundaspekte
Die aktuellen psychischen Prozesse umfassen das Verhalten und die inneren Prozesse «dahinter» (= Grundaspekt 1).
Die Prozesse sind abhängig von *Personfaktoren* (Grundaspekt 2) und *Kontextfaktoren*.
Die Personfaktoren sind wiederum das Resultat von *Entwicklungsfaktoren* (Grundaspekt 3).
Zum Kontext gehören immer *Situationsfaktoren* (Grundaspekt 4).
Zum Kontext gehören meist auch *interpersonale Bezüge* (Grundaspekt +1).

Da sich dieses Muster auf beliebige Verhaltensweisen übertragen lässt – z. B. etwas schenken, jemanden beschimpfen, Hilfe leisten etc. –, kann man von psychologischen Grundaspekten sprechen. Allerdings: Die interpersonalen Bezüge entfallen in «Alleinsituationen», in denen das Verhalten nur auf Dinge gerichtet ist, z. B. auf Texte oder Laborgeräte. Aus diesem Grunde spreche ich nicht von 5, sondern von 4 + 1 Grundaspekten und deute das Interpersonale in der Tafel nur schwach an. (Seine korrekte Darstellung erfordert ohnehin eine Verdopplung des Schemas auf zwei Personen; Näheres s. S. 74.)

Zweites Beispiel: Ein Ehestreit

In dem zweiten Beispiel können Sie versuchen, die beschriebenen Grundaspekte wiederzufinden. Zu erklären ist hier das *Gesprächs-verhalten* der Ehepartner, also ihre Äußerungen einschließlich des vermutlichen Tonfalls (der auf Papier ja nicht ganz eindeutig ist). Zur Erklärung tragen folgende Fragen bei: Welche Gefühle, Gedanken, Absichten etc. spielen sich offenkundig oder vermutlich in den Personen ab (= innere Prozesse)? Was könnte für diese Personen charakteristisch sein? Welche Äußerungen im Text sagen hierzu etwas aus (= Personfaktoren)? Wo findet man Aussagen darüber, warum die Personen möglicherweise so geworden sind (= Entwicklungsfaktoren)? Welche äußeren Bedingungen könnten Einfluss haben auf das Verhalten der beiden (= Kontext I: Situationsfaktoren)? Inwiefern ist ihr Verhalten aus ihrer Interaktion, Kommunikation und Beziehung erklärbar (= Kontext II: Interpersonale Bezüge)?

Mein Vorschlag: Lesen Sie das Konfliktgespräch zunächst einmal ganz durch und versuchen Sie dann im zweiten Durchgang einzelne Textstellen den erläuterten Grundaspekten zuzuordnen.

ER *(auf der halben Treppe)* Kannst du mir wohl den Autoschlüssel geben?

SIE *(von unten)* In 20 Minuten, ich muss eben noch die Kleine vom Kindergeburtstag abholen.

ER Aber ich muss doch jetzt weg. Wir haben doch heute unser Extratraining fürs Turnier.

SIE Ja, aber du hattest gesagt, du müsstest um acht Uhr weg.

ER *(jetzt in der Wohnzimmertür)* Nein, ich hab gesagt, ich muss um acht Uhr beim Training sein. Dann muss ich also um halb acht weg.

SIE Ich weiß genau, du hast gesagt: Um acht muss ich weg. Außerdem kannst du wohl auch mal ein paar Minuten später kommen.

ER   Das kann ich nicht !!!

SIE Typisch – immer braust du gleich auf.

ER   Ich brause nicht immer auf, sondern wenn ich merke, dass du meine Interessen überhaupt nicht ernst nimmt.

SIE Ich nehme fast alles ernst, aber sooo wichtig kann Tischtennis nun auch nicht sein.

ER   Dir sind eben andere Dinge wichtig.

SIE Ja, aber was nützt mir das? Wann komme ich mit meinen Interessen denn überhaupt zum Zuge? Und auch für gemeinsame Abende hast du keine Zeit mehr.

ER   So? Das ist mir ja ganz neu.

SIE Das ist aber gar nicht neu. Du hast nur keine Antenne für so was.

ER   Wofür hab ich keine Antenne?

SIE Wenn du mehr Einfühlungsvermögen hättest, dann wüsstest du … – ach, es hat sowieso keinen Zweck. Ich sage am besten gar nichts mehr.

ER   Was heißt das: Ich sage gar nichts mehr? Du bist mal wieder so eine richtige Mimose – genau wie deine Mutter.

SIE Sollen wir jetzt über unsere Eltern reden? Dann könnte ich mich ja auch über die Verwöhnung bei euch zu Hause auslassen.

ER   Was soll denn das nun wieder!? So kommen wir wirklich nicht weiter.

SIE Nein, wirklich nicht.

Dies ist wahrlich ein missglücktes Gespräch – fast wie bei Loriot. Aber darum soll es hier nicht gehen. Vielmehr geht es jetzt, ganz nüchtern, um die Identifizierung der Grundaspekte.

Das zu erklärende Verhalten sind die verbalen Äußerungen und der (anzunehmende) nonverbale Ausdruck. Das Verhalten erklärt sich zunächst einmal durch die *inneren Prozesse*: Das sind die mitgeteilten Gedanken, aber auch die (nicht klar mitgeteilten) Gefühle, vor allem Ärger bei beiden, bei der Frau zum Teil auch Resignation. Hinzu kommen Absichten: Er möchte pünktlich zum Training, sie würde wohl am liebsten ein Gespräch über ihre Beziehungsprobleme führen. Wie die Ehepartner denken, fühlen und sich verhalten, ist einerseits abhängig von ihren jeweiligen *Personmerkmalen*. Dazu kann man aufgrund einer kurzen Szene nicht viel sagen. Der Mann hat offenbar starkes Interesse an Tischtennis; nach der (subjektiven) Aussage der Frau neigt er zum Aufbrausen und mangelt es ihm an Einfühlungsvermögen. Die Frau hat andere Interessen, die aber ungenannt bleiben; sie ist nach der (subjektiven) Aussage des Mannes sehr empfindlich («Mimose»). Einige personale Aspekte werden also als (wenig verlässliche) gegenseitige Zuschreibungen angesprochen. Eine zusätzliche Einschätzung eines Betrachters könnte sein: Die Kommunikationskompetenz für den Umgang mit Konflikten ist wohl bei beiden nicht sehr ausgeprägt. Über *Entwicklungsfaktoren*, aus denen Personfaktoren des jeweils anderen angeblich entstanden sind, äußern sich beide wechselseitig: Ihre Empfindlichkeit hat sie von der Mutter (seine Aussage); er wurde zu Hause verwöhnt (ihre Aussage).

Innere Prozesse und Verhalten werden andererseits von *Kontextfaktoren* bestimmt. Auffällige *situative* Faktoren sind: Es ist ein Gespräch buchstäblich «zwischen Tür und Angel». Er ruft zunächst von der Treppe, spricht dann in der Wohnzimmertür. Sie stehen unter Zeitdruck, weil er ja zum Training will. *Interpersonale Bezüge* sind bei einem Gespräch natürlich von besonderem Interesse: Da ist das Missverständnis (= Kommunikationsstörung) bezüglich der Uhrzeit. Vielleicht hatte er gesagt: «Ich muss um 8 Uhr zum Training» – das kann man so oder so verstehen. Dann ist da die unmittelbare Interaktion: Ihre und seine Äußerungen bedingen sich wechselseitig. Das gilt auch für den gereizten Ton; ein Wort gibt das andere. Außerdem: Das Gespräch offenbart eine schwere Beziehungskrise. Es entzündet sich an einem Uhrzeitproblem und führt immer tiefer in grundsätzliche Enttäuschungen und Haltungen zueinander.

Das Beispiel des Ehestreits sollte erneut verdeutlichen, was mit den Grundaspekten konkret gemeint ist, und es sollte zeigen, dass man Verhalten nicht aus einem einzelnen, sondern nur aus mehreren Faktoren erklären kann. So hätten die beiden vermutlich anders miteinander geredet, wenn auch nur einer der Aspekte anders aussähe, wenn sie z. B. andere «Eigenschaften» hätten, oder wenn sie ohne Zeitdruck zusammensäßen, oder wenn ihre Beziehung eine andere Qualität hätte.

Da die Grundaspekte in jedem Falle hilfreich sind, wenn man Erklärungen für ein Verhalten oder Ansatzpunkte für eine Einflussnahme sucht, werden sie in den folgenden Kapitelabschnitten näher beleuchtet. Zunächst schauen wir auf das zentrale Geschehen: die aktuellen psychischen Prozesse.

4.2 Verhalten und innere Vorgänge: Wahrnehmungen, Gedanken, Emotionen, Motivationen

Psychische Prozesse dienen dazu, die momentane Umgebung aufzunehmen und auf sie einzuwirken. Zum *Aufnehmen* gehören mehrere innere Prozesse: Wir sehen, hören oder nehmen auf andere Weise etwas wahr – Wir erfassen, was es bedeutet (Denken) – Wir freuen, ärgern, fürchten uns (Emotion). Zum *Einwirken* gehören ebenfalls innere Prozesse und natürlich das äußere Verhalten: Wir streben etwas an (Motivation) – Wir denken, wie das zu tun oder zu sagen ist (planendes, steuerndes Denken) – Wir tun oder sagen es (Verhalten).

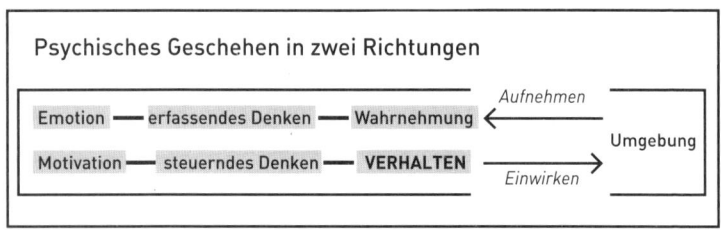

Vielleicht wundern Sie sich, dass das Verhalten in diesem Schema nicht mehr ganz oben steht wie in der Tafel auf S. 46, sondern rechts unten an der Ausgangsseite der einwirkenden Prozesse. Nun, dort lautete die Frage: Wie kommt das *Verhalten* (eine Wortmeldung etc.) zustande? Das Verhalten war insofern das zu erklärende «Produkt», und die Erklärungen wurden als tiefere Ebenen dargestellt. In der Tafel hier geht es hingegen um die Ausdifferenzierung der inneren Prozesse und die Darstellung eines *Geschehens*. Und zu diesem Geschehen gehört, dass es nach dem Verhalten *weitergeht*, dass das Verhalten *einwirkt* (z. B. auf ein Material, auf andere Menschen) oder auch zurückwirkt auf innere Prozesse (Spielen «macht» Spaß). Diesen fortlaufenden Strom soll die Grafik andeuten.

Aber: Wie es ein Schema so an sich hat, vereinfacht es die Dinge. Das gilt schon für die Aufgliederung der inneren Prozesse. Denn tatsächlich sind sie nicht klar unterscheidbar, sondern eng verflochten, oder sie sind verschiedene Seiten eines Gesamtprozesses. Es müssen auch nicht immer alle Prozesse beteiligt sein. So spielt planendes Denken kaum eine Rolle bei impulsivem Verhalten oder eingefahrenen Gewohnheiten. Weiterhin muss ein Vorgang nicht immer bei der Wahrnehmung beginnen, vielmehr kann etwa eine Emotion die Wahrnehmung beeinflussen; Beispiel: Wer Angst hat, hört bedrohliche Geräusche. Was das Schema gleichfalls nicht darstellen kann, ohne unübersichtlich zu werden: Menschen können nicht nur die Umgebung, sondern auch sich selbst wahrnehmen, sie können über sich nachdenken, auf sich selbst einwirken usw.

Sind die aktuellen Prozesse alle bewusst? Nein, nicht unbedingt. Alle Vorgänge, nicht nur Gefühle und Motivationen, auch Teile des Wahrnehmens oder Denkens können unbewusst ablaufen. Wir machen manches völlig automatisch, treffen Bauchentscheidungen oder haben plötzlich eine gute Idee, ohne zu wissen, wie wir darauf kommen. Dass solche Prozesse unbewusst ablaufen können, bedeutet aber nicht, dass man eine abgegrenzte «Schicht» des Unbewussten annehmen sollte, wie etwa das «Es» in der klassischen Psychoanalyse (s. S. 108). Zwischen «bewusst» und «unbewusst» gibt es keine scharfe Grenze, sondern auch Zwischenstufen wie bruchstückhaftes Erkennen oder vages Erspüren.

Es folgen nun einige knappe Erläuterungen zu den psychischen Prozessen Wahrnehmung, Denken, Emotion, Motivation und Verhalten.

Wahrnehmung

Die Sinnesorgane sind sozusagen die Eingangspforten für physikalische Reize wie etwa Lichtwellen, Schallwellen, Temperaturen usw. Aber Sinnesorgane allein erzeugen noch keine Wahrnehmung; die entsteht erst im Gehirn. Im psychologischen Sinne ist mit Wahrnehmung eine erkennende Wahrnehmung gemeint. Wenn ein Laie auf ein Röntgenbild schaut und nur schwarz-weiße Schattierungen sieht, sind das Sinneseindrücke, doch wenn er einen Knochen erkennt, ist das eine Wahrnehmung. Die Wahrnehmung macht aus physikalischen Reizen eine Sache mit Bedeutung. Nur wenn wir bedeutungshaltige Gebilde sehen («Blaulicht») oder hören («Vorsicht, Unfall!») erfüllt die Wahrnehmung ihre eigentliche Aufgabe, nämlich *Orientierung* in der Welt zu ermöglichen. Dazu muss Vorwissen in die Wahrnehmung einfließen.

Zum Gutteil ist die Wahrnehmung also ein «Machwerk» der wahrnehmenden Person und nicht einfach ein getreues Abbild der Umgebung. So können mehrere Personen mit gleich funktionstüchtigen Sinnesorganen dieselbe Umgebung sehr unterschiedlich wahrnehmen. Dies zeigt sich unter anderem bei Zeugenaussagen zu einem Vorfall.

Die Wahrnehmung ist immer *selektiv*, das heißt, wir verarbeiten immer nur einen Teil der objektiv vorhandenen Reize – zum Glück, denn sonst würden wir wegen totaler Reizüberflutung jede Orientierung verlieren. Manchmal steuern wir den Auswahlvorgang ganz bewusst, indem wir unsere *Aufmerksamkeit* auf bestimmte Sachverhalte richten; aber das Auswählen geschieht auch «von selbst». Unter anderem hängt es von unseren Einstellungen, Interessen und Kompetenzen ab, *wofür* wir besonders empfänglich sind, wofür wir «einen Blick» oder ein «geschultes Ohr» haben.

Solche Faktoren beeinflussen nicht nur die Selektion, sondern auch das Ordnen der Reizfülle, die *Organisation* in der Wahrnehmung. Zum Beispiel können wir in einer Zeichnung auf einem flachen Blatt Papier nicht nur Striche und Flächen, sondern sogar Körper und räumliche Tiefe sehen. Diese Fähigkeit ist teilweise eine Sache des Lernens, wie das Beispiel in der Tafel zeigt. Denn die Tiefenwahrnehmung bei einer perspektivischen Zeichnung gelingt nur dann, wenn man mit solchen Darstellungen vertraut ist. Manche Volksstämme haben nicht gelernt, eine perspektivische Zeichnung zu «lesen».

Auch Wahrnehmen muss man lernen

Wer ist dem Mann näher: der Elefant oder die Antilope? «Der Elefant», antworten Menschen, die nicht gelernt haben, eine perspektivische Zeichnung dreidimensional wahrzunehmen (nach Hudson).

Zum Schluss sei betont, wie sehr die Wahrnehmung in die Gesamtheit der aktuellen Prozesse eingebettet ist und eine entscheidende Funktion für das sichtbare Verhalten ausübt, so etwa für die Fortbewegung im Raum, für das Schreiben mit einem Stift und überhaupt für zielgerichtetes Handeln.

Denken

«Oh, es hat geregnet», sagen Sie, als Sie vors Haus treten. Sehen können Sie den Regen nicht mehr, aber aus der nassen Straße folgern Sie das. Wenn in unserem Kopf etwas präsent ist, was wir im aktuellen Moment nicht wahrnehmen können, sprechen wir von Denken.

Denkvorgänge gibt es in zahllosen Varianten. Viele lassen sich, entsprechend dem Schema auf S. 50, dem aufnehmenden Strang zuordnen, andere dem einwirkenden. Denn einerseits verarbeiten wir Wahrnehmungen weiter: Wir erfassen, interpretieren, klassifizieren, verstehen, folgern, bewerten etc. und verschaffen uns so Orientierung in der Welt. Andererseits dient das Denken unserem Handeln: Wir planen, entscheiden, steuern auf Ziele hin und lösen Probleme etc. Dies sind allerdings lediglich unterschiedliche Akzente; in der Praxis geht das Aufnehmen und Einwirken Hand in Hand.

Denken stützt sich immer auf *Gedächtnisleistungen.* Ohne Vorwissen kann man nichts verstehen und kein Problem lösen. Dabei können verschiedene Arten von Wissen eine Rolle spielen: sog. semantisches Wissen, das wohl den größten Teil unseres Schulwissen ausmacht («Was bedeutet Emanzipation?»), sog. prozedurales Wissen für das Ausführen von Tätigkeiten wie Malen, Schreiben oder Multiplizieren sowie episodisches Wissen, das aus Erinnerungen an Ereignisse und erlebte Situationen besteht (mehr hierzu in Kapitel 12.1).

Im sog. *Arbeitsgedächtnis*, gewissermaßen dem zentralen «Ort» des Denkens, treffen Informationen aus der Wahrnehmung und Wissen aus dem Langzeitgedächtnis zusammen. Beispiel: Man sieht über einem Text die Buchstaben: c a u t i o n. Dadurch wird Wissen im Langzeitgedächtnis aktiviert. Beides zusammen ergibt dann Gedanken wie: Das ist Englisch, es bedeutet Vorsicht, in dem Text ist wohl von einer Gefahr die Rede.

Ein Gedächtnis ist das Arbeitsgedächtnis insofern, als die Informationen für einige Sekunden im Bewusstsein gehalten werden. Wäre das nicht so, könnten wir nicht einmal einen langen Satz verstehen, weil wir an dessen Ende den Anfang schon wieder vergessen hätten.

Doch neben dieser Kurzzeitspeicherung ermöglicht das Arbeitsgedächtnis auch Denkleistungen im eigentlichen Sinne: Informationen suchen, relevante von irrelevanten Informationen unterscheiden, Informationen zusammenfassen, Schlussfolgerungen ziehen usw. Ein Teil der neuen Informationen und «Arbeitsergebnisse» wird überdies aus dem Arbeitsgedächtnis ins Langzeitgedächtnis weitergeleitet – als neues Wissen.

Als besonders wertvoll gilt gewöhnlich das *produktive* oder problemlösende Denken, das immer dann gefordert ist, wenn man eine Aufgabe allein mit dem Abrufen von Wissen nicht bewältigen kann. Beispiele: Einen unübersichtlichen Buchtext strukturieren, für eine Bewerbung eine passende Selbstdarstellung formulieren, für eine Reparatur einen Notbehelf «erfinden», weil das passende Werkzeug fehlt. Zum produktiven Denken gehört sowohl die streng logische Lösungssuche, z. B. bei Matheaufgaben, als auch die eher «kreative» Ideenproduktion und freie Ausgestaltung, z. B. bei einem Aufsatz (siehe auch Kapitel 8.1 über Intelligenz).

Denken können Menschen auch über das eigene Denken. Sie können sozusagen in den eigenen Kopf blicken und ihr Denken bewerten oder in eine bestimmte Richtung lenken («Was will ich eigentlich erreichen?»). Solche Phänomene werden in der Psychologie unter dem Begriff *Metakognition* zusammengefasst. Sie haben große Bedeutung für die Qualität des Denkens und Lernens. Die wohl berühmteste Metakognition der Weltgeschichte stammt von Sokrates: «Ich weiß, dass ich nichts weiß.»

Emotion

Wir fühlen uns gut, wir fühlen uns schlecht; wir fühlen Ärger, Stolz, Angst oder Langeweile; wir fühlen selbst dann etwas, wenn wir sagen: «Ich fühle mich ganz leer.»

Während wir das Denken im Kopf lokalisieren, füllen Emotionen gewissermaßen den ganzen Menschen aus – als «leib-seelische»

Befindlichkeit. Und während wir das Denken als ein aktives Tun erleben können, «überkommen» uns die Gefühle einfach. Sie zeigen uns an, wie die aktuelle Lage so ist – in *weitem* Sinne unsere *eigene* Lage. Denn Gefühle sind unterschiedliche «Formen des Berührtseins», wie Ulich & Mayring es ausdrücken. Berührt und daher traurig sind wir z. b. über ein Unglück von Freunden, und wir empören uns auch über ferne Ereignisse, die unsere eigenen Wertvorstellungen verletzen. Aber ohne einen Bezug zu uns selbst mag geschehen, was will – wir spüren weder Ärger noch Freude.

Unterscheiden kann man die Vielfalt der Emotionen zum einem unter dem Aspekt «angenehm» – «unangenehm». Ein weiteres Kriterium ist die Erregung. Zwischen den Polen «ruhig» und «stark erregt» nehmen z. B. Langeweile und Ärger unterschiedliche Plätze ein. In der Umgangssprache wird je nach dem Grad der Erregung zuweilen zwischen Emotion und Gefühl unterschieden; das Wort «Emotion» lässt uns eher an eine starke Erregung denken als «Gefühl» («in der Sitzung prallten die Emotionen aufeinander»). Doch in der deutschsprachigen Psychologie werden die Bezeichnungen meist synonym verwendet.

Aber man kann Emotionen auch ganz anders unterscheiden, nämlich nach ihrem *Bedeutungsgehalt*. Einige Beispiele: Hoffnung und Furcht sind Erwartungs-Emotionen. Bewunderung, Verachtung, Liebe und Hass sind Beziehungs-Emotionen. Stolz und Scham sind positive und negative Bewertungen für selbstverursachtes Verhalten.

So leicht wir im eigenen Erleben Emotionen von Wahrnehmungen und Gedanken unterscheiden können, so falsch wäre es doch, ihren Zusammenhang zu übersehen. Emotionen sind gewöhnlich Reaktionen auf wahrgenommene und *subjektiv aufgefasste* Geschehnisse. Insofern kann man sie den aufnehmenden Prozessen zuordnen. (Das gilt nicht für Zustände, die z. B. durch Biorhythmen oder Krankheiten entstehen). Ein Beispiel für die Rolle des Auffassens oder Interpretierens: Wenn jemand etwas kaputtmacht, dann ärgern wir uns heftig, falls wir dahinter eine böse Absicht vermuten, doch viel weniger, wenn wir es für ein Versehen halten. Dass Emotionen, wie zuvor erwähnt, Bedeutungen und Bewertungen enthalten, zeigt ebenfalls: Sie sind nicht einfach dumpfe Bauch-Phänomene, sondern auch etwas Gedankliches. Versuchen Sie es einmal selbst: Was denkt ein Mensch, was weiß, versteht oder glaubt er, wenn er sagt: «Das ist ja peinlich» oder «Da bin ich begeistert» oder «Dafür bin ich dir dankbar»?

Motivation und Wille

Eine Mutter geht stundenlang von Geschäft zu Geschäft, weil sie ein ganz bestimmtes Geschenk zum Geburtstag ihrer Tochter sucht. Ein Student brütet vor der Prüfung bis tief in die Nacht über Büchern. Demonstranten harren endlose Stunden auf Bahngleisen aus, um einen Atommülltransport aufzuhalten.

Fragen wir nach dem «Warum» eines Verhaltens, so empfinden wir Aussagen zur Motivation als besonders informativ. Es sind Aussagen darüber, dass Menschen *Ziele* anstreben: z. B. jemandem eine Freude zu machen, die eigene Tüchtigkeit zu beweisen, Geld zu verdienen, Anerkennung zu erhalten, Gefahren abzuwehren oder ein Vergnügen zu erleben. Ohne das unsichtbare Phänomen Motivation können wir nicht erklären, dass menschliches Verhalten zielgerichtet, intensiv und beharrlich sein kann. Die Motivation ist nicht nur ein Motor (also ein «Beweg-Grund»), sondern zugleich ein Wegweiser, der die Richtung anzeigt.

Nun erklärt man Verhalten nicht selten auch mit Angst, Ärger, Freude oder Heimweh, also mit Emotionen. Wenn Emotionen ebenfalls motivieren können, wo ist dann der Unterschied zur Motivation? Der Tendenz nach lassen sie sich etwa so gegenüberstellen: Während Emotionen anzeigen, in welcher Lage wir uns gerade befinden («Befindlichkeit»), ist die Motivation auf etwas Künftiges gerichtet, auf eine angestrebte Lage; sie ist insofern proaktiv statt reaktiv. Anders gesagt: Bei der Emotion geht es um einen Ist-Zustand, bei der

Motivation um einen Soll-Zustand. Allerdings: So lassen sie sich zwar unterscheiden, aber nicht voneinander trennen – wie zwei Seiten einer Münze. Je nachdem, ob man mehr auf das Befinden oder auf das Streben schaut, spricht man von Emotion / Gefühl oder von Motivation. In diesem Sinne sind z. B. Langeweile, Angst und Freude eher Emotionen, aber Neugier, Interesse oder Ehrgeiz eher Motivationen.

In der Geschichte der Psychologie hat es immer wieder Versuche gegeben, die vielfältigen Motivationen auf wenige grundlegende Triebe oder Bedürfnisse zurückzuführen, bei Freud etwa auf Eros und Todestrieb. Solche Konzepte haben sich aber nicht bewährt; keines erwies sich als wissenschaftlich überzeugend und konsensfähig. Motivationen werden in der modernen Psychologie größtenteils auch nicht als drängender Trieb gesehen (als *push*-Phänomen), sondern als ein Ergebnis von Anreizen und Erwartungen, durch die Menschen zu einem Ziel hingezogen werden (als *pull*-Phänomen). Konsensfähig ist die Unterscheidung von zwei großen Gruppen: zum einen körpernahe Mangelbedürfnisse wie Hunger, Schlaf, physische Sicherheit etc., zum anderen höhere Wachstumsbedürfnisse wie etwa Interessen oder das Streben nach Leistung, nach Anerkennung oder nach Macht. Für Mangelbedürfnisse passt die Vorstellung vom Drang noch recht gut, für die höheren Motivationen passt eher die Vorstellung von «magnetischen» Zielen.

So hilfreich es ist, die Motivation zu kennen, wenn wir ein Verhalten verstehen wollen, so unmöglich ist es jedoch, einer bestimmten Art des Verhaltens jeweils eine bestimmte Art der Motivation zuzuordnen. Denn dieselbe Motivation kann sich in sehr unterschiedlichem Verhalten äußern. So kann man etwa aus Anerkennungsbedürfnis fleißig sein, anderen nach dem Munde reden, Hilfe leisten oder Geschenke machen. Umgekehrt kann die gleiche Art des Verhaltens sehr unterschiedlich motiviert sein. Wer etwas schenkt, tut es vielleicht, um einen Menschen zu erfreuen, um Zuneigung zu erlangen, um eine Konvention einzuhalten, um zu bestechen, um aus schlechtem Gewissen etwas gutzumachen etc. Ebenso steckt hinter aggressivem Verhalten nicht immer ein Aggressionsbedürfnis, sondern vielleicht ein Bedürfnis nach Beachtung oder Durchsetzung.

Selbstverständlich können hinter einer Handlung gleichzeitig *mehrere* Motivationen wirksam sein. Sie können alle in dieselbe Richtung gehen (z. B. Lernen aus Interesse *und* für die Karriere), oder auch in entgegengesetzte – in diesem Fall spricht man von einem *inneren Konflikt*. Beispiele: Jemand hat den Wunsch nach menschlicher Nähe und zugleich Angst davor; jemand möchte mit seiner Arbeit vorankommen, aber auch Freunde besuchen, auch Fußball spielen usw. Es ist normal, dass Menschen gleichzeitig verschiedene Motivationen spüren. Um handlungsfähig zu bleiben, muss man daher *entscheiden*, welche Motivation zu welchem Zeitpunkt Vorrang haben soll. Sonst würde man ständig hin und her schwanken und nichts wirklich zustande bringen. Dieses geordnete Handeln ergibt sich also nicht aus den Motivationen selbst, sondern man muss zusätzlich dafür sorgen, dass das Handeln *auf Zielkurs bleibt* – zuweilen gegen widrige Umstände, gegen Angst, Ekel oder Unbequemlichkeiten.

Wilhelm Busch über einen inneren Konflikt
Transpirierend und beklommen ist er vor die Tür gekommen, oh, sein Herze klopft so sehr, doch am Ende klopft auch er.

Diese Selbstregulationsprozesse, die für die Umsetzung einer Motivation sorgen, fallen in der Psychologie unter die Begriffe *Wille*, *Wollen* oder *Volition*. Willensprozesse äußern sich unter anderem darin, dass man feste Absichten bildet (z. B. um 8.40 Uhr eine Arbeit zu beginnen), dass man sich den berühmten inneren Ruck zum Anfangen gibt, dass man sich voll auf eine Sache konzentriert und sich gegen Störungen und Ablenkungen abschirmt.

Verhalten und Handeln

Das Verhalten ist sozusagen der äußere Teil der psychischen Prozesse. Durch Verhalten wirken Menschen auf ihre Umgebung ein, beispielsweise durch Sprechen, Gesten, manuelle Tätigkeiten oder die daraus entstehenden Produkte (Schriften, Kunstwerke etc.). Die Art des Verhaltens wird bestimmt von den beschriebenen inneren Prozessen, allerdings in unterschiedlicher Weise. Man kann hier differenzieren in:

- Reflexe, einzelne motorische Reaktionen, z. B. Lidschlussreflex
- Ausführungsroutinen, Automatismen: z. B. Sprechgewohnheiten, Mimik, manuelle Fertigkeiten beim Schreiben, Zeichnen, Musizieren etc.
- Handlungen und Teilhandlungen: einen Text schreiben, ein Lied vortragen, einkaufen etc.

Die Reflexe sind am wenigsten, die Handlungen am engsten an innere Prozesse gebunden. Für Reflexe braucht man nicht einmal eine erkennende Wahrnehmung, erst recht nicht Denken und Motivation. Routinen und Automatismen werden ebenfalls wenig von bewussten Prozessen geleitet, umso mehr hingegen von den Spuren im motorischen Gedächtnis. Aber sie sind gewöhnlich in Handlungen eingebettet, sie stehen in deren Diensten. Das Tippen auf der Tastatur ist eine Routine im Dienste einer Handlung, nämlich einen Text zu schreiben.

Diese *Handlung* selbst wird von Zielen geleitet, gedanklich geplant und durch Willensprozesse kontrolliert. Nur ein Verhalten, das bewusst gesteuert wird, bezeichnet man als Handlung, unwillkürliche reflektorische oder automatisierte Bewegungen hingegen nicht. Eine komplexe Handlung kann aus Teilhandlungen zusammengesetzt sein; beim Einkaufen beispielsweise wären das: Einkaufszettel schreiben, zum Supermarkt gehen, Waren aussuchen etc. Während einer Handlung können wir jederzeit entscheiden, sie abzubrechen oder sie zu verändern, wenn die Situation es erfordert. Insofern sind Handlungen sehr flexibel. Die darin eingebetteten kleinen Ausführungsroutinen sind dagegen ziemlich starr. Versuchen Sie mal, Ihre Handschrift zu verändern oder Ihren Gang oder Eigenheiten des Sprechens. In vieler Hinsicht ist unser Verhalten also automatisiert, und das muss auch so sein. Denn wir wären vollkommen überlastet, müssten wir jede unserer Aktivitäten sorgfältig durchdenken.

Da bei Ausführungsroutinen die bewusste Steuerung so gering ist, glauben manche Menschen, aus solchen individuellen Eigenarten könne man weitreichende diagnostische Schlüsse über die «Persönlichkeit» eines Menschen ziehen. Beispiele dafür sind die Graphologie oder Anleitungen zur «Menschenkenntnis», nach denen bestimmte Eigenheiten der Gestik oder des Ganges bestimmte Persönlichkeitszüge verraten.

Mit solchen Diagnosen kann man leicht danebenliegen. Von praktischer Bedeutung ist eher die Erkenntnis, dass die *Änderung* von Verhalten häufig nicht durch Selbstreflexion und Handlungsplanung zu erreichen ist, sondern nur durch Umlernen auf der Ebene eingeschliffener Routinen – also durch Einübung neuer Verhaltensgewohnheiten.

4.3 Verhalten ist abhängig von Person und Kontext

Dürfte ich nur einen einzigen Satz Psychologie lehren, dann würde ich mich für diese Aussage entscheiden: Wenn du das Verhalten eines Menschen erklären willst, dann achte auf Personfaktoren und auf Kontextfaktoren. Denn, *was* ein Mensch wahrnimmt, *was* er denkt, *was* er fühlt, *was* ihn motiviert, *wie* er sich reguliert und *welches* Verhalten aus alledem herauskommt, das hängt von diesem Menschen ab, aber auch von dem jeweiligen Kontext. Die Eingangsbeispiele «Wortmeldung» und «Ehestreit» haben dies bereits illustriert.

Jetzt geht es um einige grundsätzliche Fragen zum Verhältnis von Person und Kontext, auch um die Bedeutung der Aussage: «Ich bin ich.» Der Persönlichkeitsforscher Lawrence Pervin hat das merkwürdige Spannungsverhältnis beider Seiten, das man bei einer Selbstbetrachtung zuweilen wahrnimmt, sehr schön beschrieben. «Erstens: Unser Verhalten variiert mit der Situation, in der wir uns befinden.

Wir verhalten uns im Beruf anders als auf einer Party. Es ist sogar ein Unterschied, ob wir die Party mit Fremden oder mit Freunden feiern.» (...) «Zweitens: Wir verhalten uns (...) unterschiedlich und betrachten uns doch zugleich als ein und dieselbe Person. Man erlebt beides: Veränderung und Stabilität, unterschiedliches Verhalten und, dieselbe Person zu sein. Wäre mein Verhalten über alle Situationen hinweg immer gleich, so wäre es perfekt vorhersagbar; aber ich und die anderen würden sich fragen, warum ich so rigide bin und mich in manchen Situationen so unangebracht verhalte. Und umgekehrt: Ohne erkennbare Konsistenz oder ohne Linie in meinem Verhalten würde ich oft wie ein Chamäleon erscheinen und hätte mit Gefühlen der Entpersonalisierung zu schaffen. Bei zu viel Flexibilität wüsste man nicht mehr, wer man ist oder ob man überhaupt eine Person ist. Die meisten Menschen stellen sich von Zeit zu Zeit solche Fragen, vorwiegend in der Pubertät, wenn es darum geht, eine Identität zu entwickeln, oder dann, wenn sie etwas tun, was gar nicht zu ihnen ‹passt›, und dann versuchen, ein solches Verhalten wieder mit dem in Einklang zu bringen, was sie von sich wissen und glauben.»

Man braucht also auf jeden Fall beide Seiten. Wir brauchen den Faktor *Kontext*, weil sich derselbe Mensch unterschiedlich verhält, je nachdem, an welchem Ort, vor welcher Aufgabe oder unter welchen Mitmenschen er sich befindet. Ich singe in der Badewanne, aber nicht im Büro; ich melde mich im Fach Englisch, aber nicht in Mathe; ich schimpfe mit dem Azubi, aber nicht mit dem Chef. Je nach Kontext hat man unterschiedliche Wahrnehmungen, Gedanken, Gefühle und Motivationen, und daraus resultiert unterschiedliches Verhalten.

Den Faktor *Person* brauchen wir aus drei Gründen: (1) Verschiedene Menschen verhalten sich in derselben Situation unterschiedlich. Einige reden, andere schweigen; einige schimpfen, andere besänftigen. (2) Ein Mensch zeigt über die Zeit hinweg eine gewisse Stabilität («bleibt sich gleich»). Leo war schon in der Schulzeit eher ein Schweiger, und Ines fiel schon immer durch ihr impulsives Verhalten auf. (3) Meist zeigt ein Mensch auch über verschiedene Kontexte hinweg eine gewisse Konstanz: Leo spricht nicht gern vor Publikum, weder im Seminar noch auf einer Feier. Das alles bedeutet: Menschen sind in einer für sie typischen Weise zu bestimmten Verhaltensweisen «disponiert». Die Personmerkmale werden daher auch als Dispositionen bezeichnet. Entstanden sind sie durch die individuellen Entwicklungsfaktoren.

Wenngleich im Prinzip immer beide Seiten, Person und Kontext, das Geschehen bestimmen, gibt es doch Beispiele mit einem Übergewicht der einen oder der anderen Seite. «Übergewicht» heißt: Ein Verhalten ist typisch für bestimmte Personen bzw. typisch für bestimmte Kontexte. Sehr *person*typisch sind natürlich Fähigkeiten, Interessen, Temperamentsmerkmale usw. (s. S. 64 f.), und in extremer Weise überwiegen Personfaktoren etwa bei krankhaften Erscheinungen wie Wahnvorstellungen oder Süchten. Sie bestimmen zuweilen von früh bis spät das Fühlen, Denken und Verhalten des betroffenen Menschen und lassen sich durch externe Faktoren kaum beeinflussen. Es ist geradezu ein Kennzeichen des Krankhaften, dass diese Menschen nicht mehr flexibel auf wechselnde Situationen reagieren können. Sehr starke Personabhängigkeit kann aber auch «starke Persönlichkeit» in positivem Sinne bedeuten, beispielsweise als moralische Autonomie eines Menschen, der sich, anders als die meisten Mitmenschen, auch gegen Widerstände und Drohungen nicht von seinem Kurs abbringen lässt (extremes Beispiel: Mahatma Gandhi). Dass ihnen diese Eigenständigkeit von Gegnern oft als «Verrücktheit» ausgelegt wird, ist eine andere Sache!

In anderen Fällen wird demgegenüber das Verhalten stark von *Kontext*faktoren bestimmt. Menschen von unterschiedlichster Persönlichkeit verhalten sich weitgehend ähnlich, z. B. bei feierlichen Veranstaltungen, in der Oper oder in der Kirche. Es gibt also Kontexte, die ein bestimmtes Verhalten nahezu «erzwingen».

Von *welchen* Kontexten das Verhalten beeinflusst wird, das ist allerdings zum Teil wiederum von der Person abhängig. Wir sind den Umwelten ja nicht einfach nur ausgesetzt, sondern wir suchen vorrangig bestimmte Umwelten auf – und zwar möglichst passend zu den eigenen Interessen, Vorlieben und Fähigkeiten. Ein Naturfreund sucht den Wald auf, ein extravertierter Mensch sucht Geselligkeiten, ein politisch interessierter Mensch verfolgt Debatten. Und diese Kontexte wirken auf den Einzelnen wieder zurück.

4.4 Die Person: ein einzigartiges Gefüge von Dispositionen

Der vorangehende Abschnitt sollte deutlich machen, dass die konkrete Art des Denkens, Fühlens usw. sowohl von der betreffenden Person als auch vom jeweiligen Kontext abhängt. Schauen wir uns nun die Personfaktoren etwas genauer an.

Person: Worin sich Menschen unterscheiden

Wenn wir einen Menschen «kennen», können wir in gewissem Grade vorhersagen, ob wir ihn eher gelassen oder eher reizbar antreffen werden, ob er viel reden oder viel zuhören wird, ob er temperamentvoll oder bedächtig reden wird, ob er eher über Fußball oder über Politik reden wird usw. Das heißt: Er ist zu *bestimmten* Emotionen, Motivationen, Gedanken und Verhaltensmustern besonders «disponiert». Anders gesagt: Die aktuellen Prozesse haben persontypische Färbungen – und wir bezeichnen diese z. B. als die Einstellungen, Interessen, Fähigkeiten, Vorlieben, Gewohnheiten oder das Temperament eines Menschen. All dies sind ja Begriffe für personale Faktoren bzw. Dispositionen. Streng genommen gehören dazu zwar auch allgemeinmenschliche Dispositionen wie etwa Reflexe oder biologische Bedürfnisse. Aber gemeint sind fast immer solche Aspekte, in denen sich Menschen unterscheiden.

Die Psychologie hat immer wieder versucht, die uferlose Zahl von Einzelaspekten, in denen Menschen sich unterscheiden, auf eine überschaubare Zahl von Eigenschaften zu reduzieren. Besonders häufig wird in der gegenwärtigen Psychologie das sog. Big-Five-Konzept erwähnt. Big Five – das sind in Südafrika Büffel, Elefant, Leopard, Löwe und Nashorn, und in der Persönlichkeitspsychologie sind es die folgenden umfassenden Eigenschaften (hier in der deutschen Umschreibung nach Lothar Laux).

Extraversion:	gesprächig, bestimmt, aktiv, abenteuerlustig
Emotionale Labilität:	gespannt, ängstlich, nervös, unsicher
Offenheit für Erfahrung:	neugierig, fantasievoll, intellektuell, künstlerisch
Verträglichkeit:	liebenswürdig, mitfühlend, herzlich, kooperativ
Gewissenhaftigkeit:	sorgfältig, organisiert, zuverlässig, überlegt

Die fünf Personmerkmale wurden nicht intuitiv gebildet, sondern aufgrund von empirisch auffindbaren Zusammengehörigkeiten. Andere Personmerkmale lassen sich gut als Kombination von Big-Five-Dimensionen verstehen. So ist etwa Schüchternheit nach Jens Asendorpf als eine Verbindung aus hoher emotionaler Labilität und geringer Extraversion zu verstehen.

Es ist leicht zu erkennen, dass mit diesen Eigenschaften vorrangig die Persönlichkeit im engeren Sinne erfasst wird, Fähigkeiten und Kompetenzen hingegen kaum repräsentiert sind (am ehesten unter «Offenheit für Erfahrungen»). Diese wären daher als weiterer großer Bereich von Personfaktoren zu ergänzen.

Mit Begriffen wie Personmerkmal, Personfaktor oder Disposition sind zwar gewöhnlich umfassende Eigenschaften und Fähigkeiten gemeint. Aber Menschen können auch in sehr spezifischer Weise «disponiert» sein, etwa mit ihren Sprechgewohnheiten und ihrer Mimik, ihren Interessen, Abneigungen und Ängstlichkeiten, mit ihren Fertigkeiten und Kenntnissen. Mit solchen «kleinen» Personfaktoren ist ein Mensch beispielsweise «disponiert», immer für eine bestimmte politische Partei zu stimmen, auf eine Quizfrage die richtige Antwort zu geben, in einem Notfall Erste Hilfe zu leisten oder vor einer Maus wegzulaufen, aber nicht vor Hunden.

Menschen lediglich mit globalen Eigenschaftswörtern zu beschreiben («X ist ängstlich», «ist ehrgeizig», «ist intelligent») und anzunehmen, der Mensch «habe» solche Eigenschaften so wie seine Augenfarbe, ist aus diesem Grunde nicht differenziert genug (s. hierzu Kapitel 7.1, S. 117 ff.). In der Praxis sind deshalb Aussagen über die Einstellungen, Interessen, Kompetenzen etc. oft viel treffender und nützlicher – nützlicher vor allem dann, wenn man ein konkretes Problem nicht nur verstehen, sondern auch Ansatzpunkte für Einflussnahmen finden möchte.

Konstanz im Wandel

Egal, ob nun globale Eigenschaften wie Extraversion oder ganz spezifische Aspekte wie z. B. mimische Gewohnheiten – als persontypisch würden wir sie nur dann ansehen, wenn sie bei einem Menschen über lange Zeit, vielleicht das ganze Leben hindurch, anzutreffen sind. Doch zugleich verändern sich Menschen selbstverständlich von ihrer Geburt bis zum hohen Alter, und insofern können die Personfaktoren immer nur der jeweilige Entwicklungsstand eines Menschen sein.

Wie verträgt sich also das Phänomen «Person» mit dem Phänomen «Entwicklung»? Eine Antwort liegt in der Formel «Konstanz im Wandel». Das heißt beispielsweise: Ein Mensch ist über lange Zeit oder gar lebenslang ängstlich oder musikalisch interessiert, doch äußert sich dies im Kleinkindalter anders als im Schulalter oder Erwachsenenalter.

Bezüglich der Big-Five-Eigenschaften erwähnt Laux neuere Untersuchungen an Erwachsenen vom 21. bis zum 60. Lebensjahr, die zeigen, dass gewisse Veränderungen eintreten, allerdings nicht für alle fünf in gleichem Maße. Gewissenhaftigkeit und Verträglichkeit nehmen in diesen 40 Jahren bei beiden Geschlechtern kontinuierlich zu, Offenheit nimmt leicht ab, und Extraversion bleibt weitgehend konstant. Emotionale Labilität geht bei Frauen zurück und bleibt bei Männern konstant.

Aber das sind statistische Trends, sie gelten nicht für jeden einzelnen Menschen. Menschen verändern sich auch nicht nur in alterstypischer Weise, sondern ebenso entsprechend ihrem ganz persönlichen Lebenslauf. So kann jemand durch intensives Lernen bestimmte Kompetenzen steigern, durch berufliche Erfolge mehr Selbstvertrauen entwickeln, unter dem Einfluss anderer Menschen seine Werthaltungen verändern oder durch Psychotherapie ausgeprägte Ängste verlieren.

Damit kommen wir zu der grundsätzlichen Frage, von welchen Faktoren die individuelle Entwicklung bestimmt wird

4.5 Person-Entwicklung: ein Ergebnis von Reifen und Lernen

Die Antwort auf die Frage, was die Entwicklung eines Menschen vorantreibt, liegt vor allem in fünf zentralen Begriffen: Zum einen geht es um *Reifungs*vorgänge, die wesentlich durch das *Genom* eines Menschen gesteuert werden. Zum andern geht es um *Lernvorgänge*, die durch die *Umwelt* und die *Eigenaktivität* der Person gesteuert werden.

Reifung

Der Begriff der Reifung ist nicht in einem wertenden Sinne zu verstehen («Sie ist reifer und vernünftiger geworden»), sondern in einem biologischen: als Entfaltung eines genetischen Programms, das das Wachstum von Gehirn, Sinnesorganen, Muskulatur etc. steuert. Die Reifung zeigt sich besonders deutlich in der alterstypischen Entwicklung der ersten Lebensjahre, etwa in der Abfolge vom Krabbeln bis zum ersten Laufen um den 13. Lebensmonat herum oder in der Produktion von Zwei-Wort-Sätzen ungefähr um den 18. Lebensmonat. Solche Verläufe findet man bei fast allen Kindern, und man kann diese Entwicklung auch nicht nennenswert beschleunigen. Typisch und unvermeidlich sind aber auch Alterungsprozesse; sie werden zuweilen als negative Reifung bezeichnet.

Für all diese Entwicklungen bildet das *Genom*, die Gesamtheit der genetischen Informationen eines Menschen, die entscheidende Grundlage. Die genetische Verankerung bedeutet aber nicht, dass die Umwelt dabei keine Bedeutung hat. Normale Reifung braucht eine normale Umwelt; eine gravierend mangelhafte Umwelt (z. B. Schadstoffe, schlechte Ernährung, Kontaktmangel) kann die Reifung behindern. Und auch wenn ein bestimmtes Reifungsniveau erreicht ist, beispielsweise für das Erlernen von Sprachfertigkeiten, hängt es doch von der Umwelt ab, was tatsächlich gelernt wird. Das gilt für die alterstypische Entwicklung ebenso wie für die frühzeitige Entfaltung besonderer Begabungen. (Mehr zur Rolle individueller Erbanlagen in Kapitel 7.2, S. 124 ff.)

Lernen

Der Begriff des Lernens meint in der Psychologie nicht allein die Aneignung von Wissen und Fertigkeiten, sondern jede Veränderung von Dispositionen aufgrund von *Erfahrungen*. Auch Einstellungen, soziale Kompetenzen, Selbstkontrolle oder Ängste können gelernt werden. Der Lernvorgang selbst kann allerdings unterschiedlich aussehen. Frühe Theorien, die jegliches Lernen nach einem einzigen Prinzip erklären wollten, haben sich nicht bewährt. Wie viele Lernarten zu unterscheiden sind, ist zwar nicht verbindlich festgelegt, aber einige Arten werden in jedem Lehrbuch genannt und kommen auch an mehreren Stellen dieses Buches zur Sprache.

Da ist zunächst eine Lernform, die jeder kennt: das *Lernen am Modell*. Man lernt hier, indem man beobachtet, was andere Menschen vormachen, und das kann vieles sein: z. B. Sprachmuster, Essmanieren, das Bedienen einer Maschine, Erziehungspraktiken, Diskriminierung bestimmter Gruppen oder Abneigung gegen bestimmte Speisen. Bedeutsam ist das Lernen am Modell also für soziale oder motorische

Verhaltensweisen ebenso wie für emotionale Reaktionen. Das eigentliche Lernen ist dabei nur das Speichern des beobachteten Verhaltens im Gedächtnis; ob es tatsächlich nachgeahmt wird, ist eine andere Sache. So haben fast alle Menschen schon im Krimi gesehen, wie man einen Mensch töten kann, ohne dies jemals nachzumachen. Letztlich hängt die Nachahmung, wie jedes Verhalten, von vielerlei Person- und Kontextfaktoren ab.

Wir lernen aber nicht nur am Modell, sondern auch *am Effekt*; genauer: aus den Konsequenzen unseres Verhaltens. Im Umgang mit Menschen lernt man Verhaltensweisen, die freundliche Reaktionen hervorrufen, und vermeidet andere, für die man böse Blicke erntet. Man lernt aus den Reaktionen eines Autos, die Kupplung sanft zu bewegen und den Motor nicht abzuwürgen. Man entwickelt eine Vorliebe für Tätigkeiten, die man gut kann, und eine Abneigung dort, wo man nur Misserfolge hat. Genau genommen lernt man durch die Effekte nicht ganz neues Verhalten, sondern Gewohnheiten, also die *Tendenz*, bestimmte Verhaltensweisen auszuführen oder zu vermeiden. Übrigens sind für dieses Lernprinzip neben Lernen am Effekt auch andere Bezeichnungen üblich: Lernen am Erfolg und Misserfolg, Lernen durch Verstärkung oder Bekräftigung sowie operante Konditionierung (in Fachbüchern). Lernen durch Versuch und Irrtum passt ebenfalls, sofern der Erfolg durch blindes Probieren zustande kommt, doch oftmals geschieht dies durchaus gezielt und planmäßig.

Als einfachstes Lernprinzip, das man schon bei so niedrigen Organismen wie Fadenwürmern findet, gilt die sog. *klassische Konditionierung* (auch reaktive Konditionierung oder bedingter Reflex). Entdeckt wurde sie von dem russischen Physiologen Pawlow. In seinem berühmtesten Experiment bekam ein Hund sein Futter mehrmals gleichzeitig mit einem Glockenton, und bald darauf reagierte er allein schon auf den Ton mit Speichelfluss. Nach diesem Prinzip kann ein Kind z. B. Angst vor weißen Kitteln erlernen, weil es von einem Arzt im weißen Kittel eine Spritze bekam. Überhaupt hat diese Lernart beim Menschen große Bedeutung für *unwillkürliche*, insbesondere für *emotionale* Reaktionen. Während das Lernen am Effekt aktives Verhalten verändert, geht es hier also um eher passive Reaktionen auf bestimmte Reize, auf die man zuvor nicht so reagiert hat.

Die drei beschriebenen Lernarten haben vornehmlich Bedeutung für das Erlernen von Verhalten, Verhaltenstendenzen und emotionalen Dispositionen, nur sehr begrenzt hingegen für den Erwerb von Wissen und geistigen Kompetenzen. Deren Entwicklung beruht vorrangig auf Lernprozessen, die als *kognitiv* oder informationsverarbeitend bezeichnet werden. Bei ihnen ist in hohem Maße Denken im Spiel, während das Lernen am Modell und das Lernen am Effekt auch unbewusst ablaufen können (die klassische Konditionierung ohnehin). Kognitives Lernen ist jedoch nicht ein einheitliches Prinzip, sondern eher ein Spektrum unterschiedlicher Prozesse. Denn es gibt verschiedene Arten von Wissen und Wissensbildung: von beiläufigem Behalten über mechanisches Einprägen bis hin zu schöpferischem Konstruieren. All dies wird an anderen Stellen ausführlich behandelt (s. Kapitel 12.1, S. 305 ff.).

Solche geistigen Lernprozesse kommen aber nicht nur bei schulischen und akademischen Wissensgebieten zur Geltung, sondern auch bei der Veränderung von Verhalten, von Emotionen und Motivationen. So wird ja das soziale Verhalten von Menschen maßgeblich von ihrem sozialen Wissen und Verständnis geleitet, und zu welchen Emotionen und Motivationen ein Mensch neigt, das hängt ganz wesentlich von seinen Bewertungen ab (hierzu mehr in den Kapiteln 8.2 und 8.3 über Stress bzw. Angst).

Die Begriffe Lernen und Gedächtnis gehören eng zusammen, denn Lernen bedeutet, dass z. B. eine Wahrnehmung, ein Gedanke oder eine emotionale Erfahrung *Spuren* hinterlässt – und die müssen irgendwo gespeichert sein. Begrifflich liegt beim «Lernen» der Akzent auf der Bildung der Spuren, beim «Gedächtnis» auf dem Behalten und Reproduzieren. Im Alltagsverständnis von «Gedächtnis» ist dabei ein bewusstes Erinnern gemeint, also ein Denkvorgang. Da aber Vorlieben, motorische Fertigkeiten usw. auch «gedanken-los» erlernt und reproduziert werden können, muss es hierfür ebenfalls ein «Gedächtnis» geben; in der Psychologie spricht man hier häufig von «implizitem Gedächtnis».

Umwelt und Eigenaktivität

Was Menschen lernen, hängt in erheblichem Maße von ihrer Umwelt ab. Zur Umwelt gehören die Mitmenschen, kulturelle Normen, materielle Lebensverhältnisse und andere Bedingungen. Einige Umweltaspekte sind für (fast) alle Menschen gleich, etwa dass sie unter sprechenden Mitmenschen aufwachsen. Andere Umweltaspekte werden nur von den Mitgliedern bestimmter Kulturen, Religionsgemeinschaften usw. geteilt. Wieder andere sind familienspezifisch und werden nur von Geschwistern geteilt. Und viele wichtige Aspekte der Umwelt sind selbst für Geschwister ganz verschieden (mehr dazu in Kapitel 7.3).

In jedem Falle: Die Umwelt ist ein Raum für Erfahrungen, und mit der Art der Umwelt variiert auch die Art der Lerninhalte. Lernpsychologisch betrachtet unterscheiden sich Umwelten unter anderem darin, *welches* Verhalten häufig vorgemacht wird, *welche* Verhaltensweisen Erfolg oder Misserfolg mit sich bringen, *welche* Sprache, Erkenntnisse und Denkweisen vermittelt werden usw.

Aber wird das Lernen ausschließlich von der Umwelt bestimmt? Warum lesen Sie z. B. dieses Buch? War das nicht Ihre eigene Entscheidung? Und entwickeln Sie nicht häufig auch eigene Gedanken zu den Dingen, die Ihnen von der Umwelt «vermittelt» werden?

Offenkundig sind Menschen zum Teil selber Gestalter ihrer Entwicklung, weil sie durch *eigene Aktivitäten* mitbestimmen, was sie lernen:

- Menschen werden nicht einfach nur passiv von Umweltereignissen «geprägt», sondern sie verarbeiten, interpretieren und bewerten sie.

- Menschen beeinflussen und gestalten jene Umwelt, von der ihre Entwicklung mitbestimmt wird.
- Menschen suchen bevorzugt bestimmte Umwelten auf und meiden andere.
- Menschen setzen selber Lernprozesse in Gang, indem sie z. B. lesen, üben, trainieren, entdecken usw.

Ein Beispiel: Wer «musikalische Gene» mitbekommen hat und in einer musikalischen Familie aufwächst, wird wahrscheinlich gerne Konzerte besuchen, sich Musikinstrumente kaufen, Unterricht nehmen und zu Hause kräftig üben. So wirken Genom, Umwelt und Selbstgestaltung zusammen.

Sicherlich, die Eigenaktivitäten sind durchaus auch ein Produkt von Anlage und Umwelt. Doch das ändert nichts daran, dass das «Produkt» zugleich eine treibende Kraft ist – und zwar von Anfang an. Hat denn ein neugeborenes Kind nicht weit mehr Einfluss auf seine Umwelt als umgekehrt?!

4.6 Der Kontext: Situationsfaktoren und interpersonale Bezüge

Nach der Personseite ist nun die Kontextseite an der Reihe. Zum Kontext gehören in jedem Fall diverse Aspekte der äußeren Situation, der Umgebung.

Situationsfaktoren

Der zweijährige Leon hat ein schönes Kinderzimmer mit reichlich Spielzeug. Aber viel lieber spielt er bei Mama in der Küche. Dies ist allerdings selten möglich, weil die Küche ziemlich klein ist, und so breitet er dann sein Spielzeug auf dem Flur vor der Küche aus. Die Eltern äußern darüber ihr Missfallen, aber Leon möchte einfach nicht in sein Kinderzimmer am anderen Ende der Wohnung «abgeschoben» werden.

Ein äußerer Faktor wie die Wohnungsarchitektur kann in ein psychologisches Problem münden. Und das gilt für viele Aspekte der Wohnsituation, wie Antje Flade berichtet. So spielen Kinder, die in hohen Stockwerken wohnen, seltener draußen mit anderen Kindern als Kinder aus unteren Etagen. Verkehrsbelastungen vorm Haus führen zu ähnlichen Einschränkungen und verzögern so indirekt auch die Entwicklung der Motorik und der Selbständigkeit.

Unendlich viele Situationsfaktoren können unser Fühlen, Denken und Verhalten mitbestimmen: räumliche Bedingungen, Gegenstände wie Mobiliar und Werkzeug, physikalische Bedingungen wie Licht oder Lärm, Symbole wie Verkehrszeichen oder Uhren, verbale Informationen wie Texte oder Prüfungsaufgaben, andere anwesende Personen (sie bilden einen Übergang zu dem interpersonalen Grundaspekt, s. u.). Jeder einzelne solcher Faktoren kann darüber entscheiden, was man tut und wie man sich fühlt. Denken Sie nur an die Macht des Zeitdrucks, an eine schwierige Aufgabe oder einen hohen Geräuschpegel.

Psychologisch ist auch die zeitliche Unterscheidung in *vorangehende* und *nachfolgende* Situationsbedingungen von Interesse. Die Rotschaltung einer Ampel oder eine Matheaufgabe wirken als vorangehender Stimulus auf das Denken und Verhalten. Doch auch nachfolgende Effekte wie Belohnungen und Bestrafungen haben eine Wirkung. Sie können das Verhalten sogar schon beeinflussen, bevor sie eintreten – sofern man sie nämlich *erwartet*. Erwartet man positive Effekte, heißt das: Die Situation bietet einen *Anreiz*, z. B. bei dieser Aufgabe eine gute Leistung zu zeigen. So entsteht dann eine aktuelle Motivierung – sofern die betreffende Person für solche Anreize empfänglich ist (dies ist der personale Faktor).

Nachbemerkung: Wie aus den erwähnten Beispielen leicht zu erkennen ist, sind Situationsfaktoren inhaltlich dasselbe wie Umweltfaktoren. Aber als Situationsfaktoren wirken sie *im aktuellen Moment*, während der Begriff der Umwelt eher an relativ konstante Lebensbedingungen denken lässt. Nicht mehr «aktuell» und insofern nicht mehr «situativ» sind *vergangene* Situationseinflüsse. Falls sie aber «Spuren» in der Person hinterlassen haben (= Lernen), sind sie ein Faktor in der Entwicklungsgeschichte dieses Menschen geworden.

Interpersonaler Kontext:
Interaktion, Kommunikation, Beziehung

Zwei Menschen, die man einzeln als liebenswürdig und vernünftig kennt, können zusammen ein ziemlich zerstrittenes Paar ergeben. Wo Menschen zusammentreffen, ist ihr Verhalten eben nicht allein aus ihrer Person und den Situationsfaktoren zu erklären, sondern immer auch aus der besonderen *inter*personalen Konstellation und Wechselwirkung.

Zwar kann schon die bloße Anwesenheit anderer Personen, z. B. ein Publikum, auf einen Menschen Einfluss ausüben. Dann sind sie für ihn eher ein Situationsfaktor. Beim «Inter» geht es jedoch um mehr: um die wechselseitige Bezogenheit und Beeinflussung, um ein Zusammenspiel, das man nur versteht, wenn man die Personen *gemeinsam* betrachtet. Psychische Prozesse gibt es natürlich nur *in* den Personen und nicht zwischen ihnen. Das «Inter» ergibt sich aber daraus, dass die Prozesse aufeinander ausgerichtet sind und miteinander

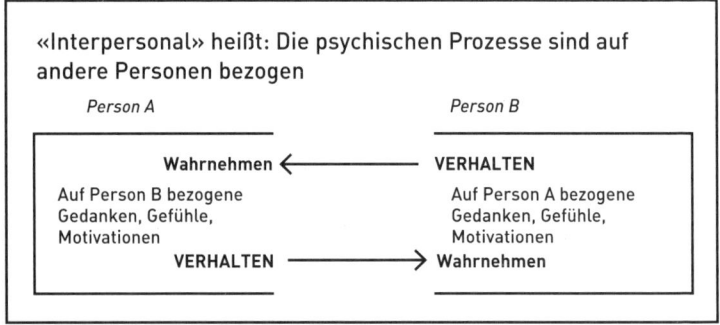

Verstehen und Anwenden: Was generell bedeutsam ist

zusammenhängen. Das heißt: Person A nimmt das Verhalten von Person B wahr und wirkt mit seinem Verhalten auf B ein, B nimmt dieses Verhalten wahr usw. Auch die Gedanken, Gefühle und Motivationen sind irgendwie auf die andere Person bezogen (s. Tafel).

Das interpersonale Geschehen wird gewöhnlich unter den Stichworten Interaktion und Kommunikation behandelt. Sie gehören eng zusammen, haben aber doch unterschiedliche Akzente. Die *Interaktion*, genauer: die soziale Interaktion, meint das *Verhalten zueinander*. Eine ältere Person besteigt den Bus, eine andere Person steht auf und überlasst ihr den Sitzplatz, worauf die ältere Person freundlich nickt. Oder: Während der Lehrer zur Tafel blickt, schneidet ein Schüler Grimassen, worauf ein Mitschüler lacht, worauf der Lehrer in ihre Richtung schaut, worauf der Schüler wieder «ernst» nach vorne blickt usw.

All dies ist sichtbares Verhalten, wie man es mit der Kamera aufnehmen könnte. Auch ohne Ton erkennt man: Die Verhaltensweisen von A und von B hängen miteinander zusammen, und zuweilen folgen sie dabei bestimmten Regeln, z. B. welchen räumlichen Abstand man einhält oder wie lange ein Blickkontakt zwischen fremden Personen dauert (Fahrstuhlsituation!).

Nicht selten verlaufen Interaktionen *kreisförmig*. Bei einer gewalttätigen Eskalation wäre dies ein Teufelskreis, bei wechselseitigen Hilfeleistungen ein «Engelskreis». In einem Kreisprozess ist jedes Verhalten von A und von B zugleich eine Aktion und eine Reaktion. Im Falle von Konflikten passiert es aber leicht, dass A sein eigenes Verhalten nur als Reaktion auf unangemessenes Verhalten von B empfindet und B genau umgekehrt – divergierende Sichtweisen, die eine Konfliktlösung behindern.

Der Begriff der *Kommunikation* meint die Übermittlung von *Nachrichten* oder Botschaften innerhalb des Interaktionsprozesses. Zur Kommunikation gehört daher nicht nur das Verhalten zueinander, sondern vor allem das Mitteilen und Verstehen. Wenn A den Mittelfinger reckt und B daraufhin die Zunge rausstreckt, so ist dies eine

Verhaltens-Interaktion, aber einen «Sinn» ergibt die Abfolge nur, wenn man versteht, was die beiden Gesten *bedeuten*.

Als Kommunizierende sind Menschen also Sender und Empfänger von Botschaften. Dazu setzt eine Person etwas Inneres, nämlich die gemeinte Botschaft, in äußere Zeichen um, und die empfangende Person entschlüsselt diese Zeichen und macht daraus wieder etwas Inneres: die verstandene Botschaft.

Gemeinte Botschaft → äußere Zeichen → verstandene Botschaft

Die Zeichen, mit denen man kommuniziert, sind die mündliche und schriftliche Sprache, Bilder, nonverbales Ausdrucksverhalten wie Mimik, Körperhaltung und Gestik, im Prinzip aber auch jedes andere sichtbare Handeln, z. B. den Raum verlassen, etwas schenken.

Beim Kommunizieren sind alle psychischen Prozesse beteiligt, also Wahrnehmungen, Gedanken, Emotionen, Motivationen und sichtbares Verhalten, das ja die Zeichen bildet. Aber anders als in Alleinsituationen sind die Prozesse in diesem Fall auf eine andere Person bezogen.

Ein Kommunikationsvorgang gilt als «gelungen», wenn das Verstandene mit dem Gemeinten übereinstimmt; andernfalls liegt eine Kommunikationsstörung, ein Missverständnis vor. Wenn A sagt: «Bring mir mein Buch demnächst zurück», denkt A vielleicht an zwei Wochen, B hingegen an zwei Monate. Oder: A macht B in helfender Absicht auf einen Fehler aufmerksam, B empfindet dies aber als persönliche Kritik. Auf jeden Fall gilt: Nach der *empfangenen* Botschaft richten sich unsere Gefühle und unser Verhalten – egal, wie sie «wirklich» gemeint war. Leider sind Missverständnisse kein seltenes Phänomen; Kommunikation ist ein sehr störungsanfälliges Geschehen. (Zu möglichen Störfaktoren und Abhilfen siehe Kapitel 10.1, S. 225 ff.)

Während Interaktion und Kommunikation ein aktuelles Geschehen sind, meint der Begriff der *Beziehung*, genauer: der sozialen Beziehung, eine mehr oder minder dauerhafte Art des Zueinanders. Beziehungen haben eine Vorgeschichte, zumindest eine kurze. Im Übrigen unterscheiden sich Beziehungen nach Kriterien wie eng oder oberflächlich, persönlich oder formal (z. B. am Arbeitsplatz) und Qualitäten wie «freundschaftlich», «vertrauensvoll», «feindselig» etc. Die Art der Beziehung schlägt sich in der konkreten Interaktion und Kommunikation nieder. Ein Verhalten, das gegenüber einem Freund «passt», passt vielleicht nicht gegenüber dem Chef.

Zur Beziehung gehört auch, dass jeder Einzelne eine *Einstellung* zum anderen entwickelt. Das bedeutet: Man hat ein «Bild» vom anderen, eine emotionale Haltung (z. B. Sympathie, Verachtung) und damit verbundene Verhaltenstendenzen; mit manchen sucht man das Gespräch, anderen geht man aus dem Wege. Mit anderen Worten, man ist «disponiert», bezüglich des anderen Menschen in bestimmter Weise zu denken, zu fühlen und sich zu verhalten. Wenn all dies fehlt, sagt man vielleicht, man habe «keine Beziehung» zu diesem Menschen.

Beziehungen entwickelt man nicht nur zu einzelnen Personen, sondern auch zu *Gruppen*. Manchen Gruppen fühlt man sich selber zugehörig («Wir-Gruppen»), andere lehnt man vielleicht ab. In einer Gruppe wird das Verhalten stark durch andere beeinflusst. Manche Probleme lassen sich nur verstehen, wenn man diesen interpersonalen Kontext beachtet. Terrorismus ist dafür ein Beispiel. Hier sollte man nicht nur fragen: «Was sind das für Menschen, die so etwas tun?», sondern zunächst einmal: Was sind das für Gruppen? (s. auch Kapitel 10.2 zu Gruppendynamik, Kapitel 10.5 zu politischer Gewalt).

5. Anwendung «mit System»

Kleine Verletzungen, verstopfte Nase, Kopfschmerzen – bei vielen Gesundheitsproblemen gehen Menschen nicht gleich in die Arztpraxis, sondern allenfalls an ihre Hausapotheke. Es ist selbstverständlich, dass man bei «klein» erscheinenden Beschwerden zunächst einmal abwartet oder sich mit Hausmitteln zu kurieren versucht. Weit größer ist dieser Anteil der Selbsthilfe sicherlich bei psychologischen Problemen im Alltag, z. B. bei zwischenmenschlichen Konflikten, bei Lernschwierigkeiten, bei manchen Ängsten.

So wie man bei Gesundheitsproblemen durch Sachkenntnis die Selbsthilfe verbessern kann, so kann man dies auch bei psychologischen Problemen. Gestützt auf die Grundaspekte menschlichen Verhaltens, die im vorangehenden Kapitel erläutert wurden, möchte dieses Kapitel dazu anleiten, in konkreten Fällen *einigermaßen systematisch* nach Erklärungen und Wegen zur Veränderung zu suchen. «Systematisch» heißt: Die ersten Gedanken nicht sogleich zur «festen Überzeugung» erheben, sondern schrittweise verschiedene Erklärungsaspekte in Betracht ziehen und abwägen. So verringert man die Gefahr, dass man etwas Wichtiges völlig außer Acht lässt.

5.1 Hilfreiche Fragen für eine Minimaldiagnose

Als ich in ein Lehrerkollegium eingeladen wurde, um eine Fortbildung zum Thema Unterrichtsstörungen zu halten, bat ich vorweg um konkrete Fragen und Fallbeispiele, um gezielt darauf eingehen zu können. Ich erhielt eine Liste mit Stichworten wie etwa: «Schüler schreien herum», «schlechtes Arbeitsverhalten», «mangelnde Rücksichtnahme» – offenbar in der Annahme, damit seien die Probleme hinreichend beschrieben.

In anderen Fällen fragen Menschen: «Ich habe zu wenig Selbstvertrauen. Was kann man dagegen tun?» «Unser Max ist ein sehr unruhiges Kind. Wie soll ich mit ihm umgehen?» «Mein Mann streitet mit mir dauernd über Kleinigkeiten. Was raten Sie mir?» – und erwarten eine Antwort, die haargenau auf ihren speziellen Fall passt. Leider suggerieren Beratungsecken in manchen Illustrierten, dass es möglich sei, zu einer Problemschilderung von wenigen Zeilen konkrete Empfehlungen zu geben, und das auch noch aus der Ferne.

Wer zum Arzt geht, wird sicher nicht nur sagen: «Ich habe öfter Bauchweh. Können Sie mir da was verschreiben?», sondern er wird z. B. hinzufügen: «Ich habe seit zwei Wochen zwischen den Mahlzeiten so ein brennendes Gefühl im Magen», und sich gewiss nicht wundern, wenn der Arzt genauer nachfragt und untersucht. Es ist typisch, dass Fachleute ein Problem erst einmal zu verstehen versuchen, bevor sie Lösungen erwägen. Bei psychologischen Problemen aber erwarten viele Menschen, dass sie mit einer kurzen, allgemein gefassten *Benennung* des Problems («unkonzentriert», «aggressiv» etc.) Erklärungen und Hilfestellungen für den konkreten Einzelfall bekommen können. Doch Standardantworten, die immer passen, sind selten möglich. In der Regel muss man den Einzelfall zunächst unter die Lupe nehmen. Und genau dies ist hier mit «Diagnose» gemeint: planmäßiges Vorgehen, um ein konkretes Problem besser zu *verstehen*. Nicht gemeint ist, das Ergebnis nach Art medizinischer Krankheitsbezeichnungen unter einem Fachbegriff zusammenzufassen.

Worauf man achten sollte

Was für Fragen können Sie selber stellen, um ein Verhalten besser zu verstehen? Und welche Informationen sollte man anderen Personen mitteilen, die bei einem Problem mitdenken oder beraten sollen?

Die in Kapitel 4 vorgestellten Grundaspekte eignen sich hierfür als «Suchbereiche», und die nachfolgende Tafel enthält einige diagnostische Fragen, die sich auf zahlreiche Beispiele übertragen lassen.

Der wichtigste Punkt sei noch einmal in Erinnerung gebracht: Die aktuellen Prozesse – das Verhalten und die inneren Prozesse «dahinter» – werden von Aspekten der Person *und* des Kontextes bestimmt.

Man beginnt am besten mit *beobachtbaren* Aspekten und nicht mit solchen, bei denen sich nur Vermutungen anstellen lassen. Beobachtbar sind das Verhalten und einige Kontextfaktoren:

- *Konkretes Verhalten von X:* Wie sieht das zu erklärende Verhalten genau aus? Was tut Person X? Was sagt sie? Das sollte man möglichst konkret beschreiben; z.B. «Max macht gezielt Sachen kaputt» statt «Max verhält sich aggressiv».
- Kontext I: *Situationsfaktoren.* Bei welchen Anlässen oder Gelegenheiten, bei welchen Anforderungen, in welchen Umgebungen, zu

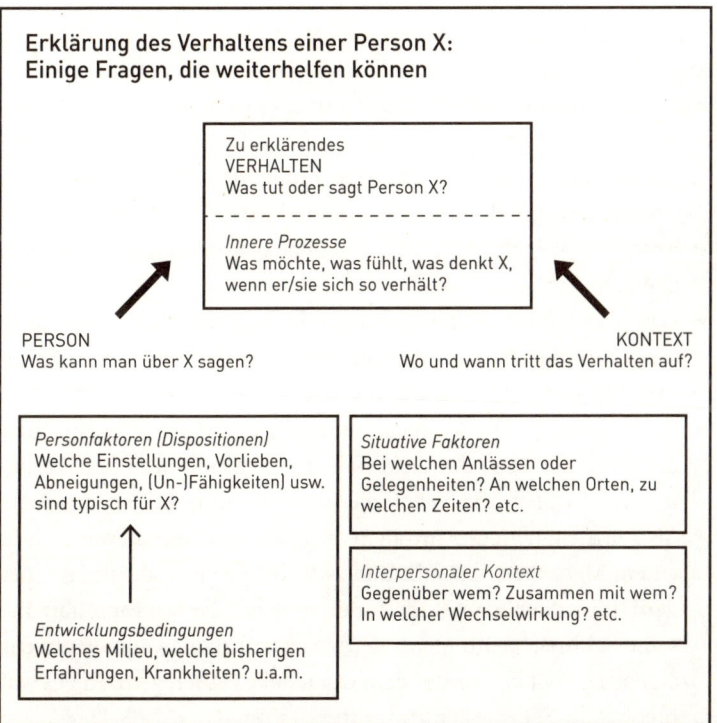

Erklärung des Verhaltens einer Person X:
Einige Fragen, die weiterhelfen können

Zu erklärendes
VERHALTEN
Was tut oder sagt Person X?

- - - - - - - - - - - - - - - - - - - -

Innere Prozesse
Was möchte, was fühlt, was denkt X,
wenn er/sie sich so verhält?

PERSON
Was kann man über X sagen?

KONTEXT
Wo und wann tritt das Verhalten auf?

Personfaktoren (Dispositionen)
Welche Einstellungen, Vorlieben,
Abneigungen, (Un-)Fähigkeiten usw.
sind typisch für X?

Situative Faktoren
Bei welchen Anlässen oder
Gelegenheiten? An welchen Orten, zu
welchen Zeiten? etc.

Interpersonaler Kontext
Gegenüber wem? Zusammen mit wem?
In welcher Wechselwirkung? etc.

Entwicklungsbedingungen
Welches Milieu, welche bisherigen
Erfahrungen, Krankheiten? u.a.m.

welchen Zeitpunkten etc. tritt das Verhalten auf? Und: Wann und wo tritt es *nicht* auf? (Dies eröffnet manchmal Perspektiven für eine Änderung.)

- Kontext II: *Interpersonale* Bezüge. Gegenüber welchen Personen tritt das kritische Verhalten auf und gegenüber welchen nicht? Zusammen mit wem tritt es auf (z. B. in einer Clique)? Die sprachlichen und nichtsprachlichen Interaktionen der Beteiligten lassen sich direkt beobachten, während die Kommunikationsprozesse in den Köpfen, also z. B. Missverständnisse, für Außenstehende allenfalls zu erschließen sind (= innere Prozesse). Hilfreich ist es fast immer, wenn man auch über die interpersonalen Beziehungen, z. B. Hierarchien oder Freundschaften, etwas weiß.

Überwiegend auf Vermutungen bzw. subjektive Einschätzungen angewiesen ist man gewöhnlich bei folgenden Suchbereichen:

- *Personfaktoren:* Die Einschätzung von Eigenschaften, Kompetenzen, Vorlieben etc. ergibt sich meist aufgrund wiederholter Beobachtungen. Gut ist es, wenn diese aus unterschiedlichen Kontexten stammen und nicht immer aus demselben (z. B. dem Arbeitsplatz). Aussagen über das Persontypische bleiben dennoch häufig unsicher.
- Das gilt auch für die *Entwicklungsfaktoren:* Je nach Einzelfall ist es sehr unterschiedlich, wie viel man hierüber wissen kann – und wie viel man überhaupt wissen muss.
- *Innere Prozesse:* Die Wahrnehmungen, Gedanken, Gefühle und Motivationen sind die unmittelbare «Kraft» hinter dem Verhalten und insofern eigentlich die interessanteste Erklärungsebene. Als Außenstehender kann man aber oft nur erahnen, was sich in einem Menschen abspielt, und zwar indem man aus der Art des Verhaltens, der Kontextfaktoren und der Person-Einschätzung seine Schlüsse zieht. Mehr weiß man natürlich, wenn es um das eigene Innenleben hinter dem eigenen Verhalten geht. Aber auch hier hat die Selbsterkenntnis ihre Grenzen.

Abgesehen von der Empfehlung, bei der Diagnose mit dem Verhalten und beobachtbaren Kontextaspekten zu beginnen, gibt es keine feste Reihenfolge in der Analyse. Natürlich spielt auch eine Rolle, in welchen Bereichen man leicht erkunden kann und in welchen die Antworten offen bleiben müssen. In jedem Fall wird man aber mit einer halbwegs systematischen Analyse eher Ansatzpunkte für Veränderungen finden als ohne sie.

Beispiel: Konzentrationsschwierigkeiten

Konzentrationsschwierigkeiten sind ein Allerweltssymptom, das mit vielen «eigentlichen» Problemen zu tun haben kann: mit äußeren Ablenkungen ebenso wie mit psychischen Störungen, mit Übererregung ebenso wie mit Langeweile. Ob man nun selber das Problem hat oder z. B. ein Schulkind – es ist wichtig, die Faktoren einzugrenzen.

Schauen wir zunächst auf das *Verhalten*. Zeigen sich die Konzentrationsprobleme beispielsweise in körperlicher Unruhe? In sprunghaftem Aktivitätswechsel? In vorschnellen Reaktionen? In Tagträumerei? In vielen Flüchtigkeitsfehlern? Im «Vergessen» von Erledigungen? Oder worin?

Situativer Kontext: Tritt das Problem nur bei bestimmten Anforderungen auf oder durchgängig, z. B. bei Hobbys ebenso wie bei der Arbeit, bei Schulfach A ebenso wie bei Schulfach B? Tritt es gleich zu Beginn auf oder erst nach einer Weile? Sind äußere Ablenkungen ein typischer Faktor; wenn ja, welche? Spielt auch der *interpersonale* Kontext eine Rolle? Ist die Konzentration z. B. in der Schulklasse gestört und ebenso bei der selbständigen Erledigung der Hausaufgaben? Bei Hausaufgaben mit der Mutter ebenso wie mit dem Vater? Gibt es Personen, die das Problem gar nicht beobachten? Schon solche und ähnliche Fragen können erste Folgerungen nahelegen: Wenn das Problem nur in bestimmten Kontexten auftritt, könnte es mit einem spezifischen Motivations- oder Kompetenzmangel zu tun haben. Tritt es in sehr vielen Kontexten auf, ist eher eine allgemeine Störung der Aufmerksamkeit anzunehmen.

Person: Was weiß man über ihre Fähigkeiten und Schwächen? Neigt sie zu impulsivem statt zu reflektiertem Verhalten? Steht sie oft «unter Dampf»? Neigt die Person zum Grübeln? Wirkt sie antriebslos und deprimiert? *Entwicklungsgeschichte:* Ist es ein altes Problem? Gibt es einen Zeitpunkt, an dem es begonnen hat? Wie sind die Angehörigen damit umgegangen?

Innere Prozesse: Welche Gedanken und Emotionen stecken typischerweise hinter der Unkonzentriertheit? Zum Beispiel: Wird die Person durch Sorgen abgelenkt; durch welche? Denkt sie an Dinge, die sie viel lieber täte; an welche? Außenstehende können hierzu nur Vermutungen anstellen, es sei denn, die betroffene Person äußert sich selber. Viel hängt hier von einer vertrauensvollen Beziehung und einfühlsamen Gesprächen ab.

Insgesamt dürfte deutlich geworden sein, dass sich zu einem Problem namens «Konzentrationsschwierigkeiten» ohne nähere Angaben schwerlich ein Rat geben lässt, eher schon, wenn man es auf Schwierigkeiten «in folgender Hinsicht» eingegrenzt hat. Vor allem wenn eher ein allgemeines, nicht kontextspezifisches Problem anzunehmen ist, wäre das ein Grund, psychologische und / oder fachärztliche Hilfe zu suchen. In diese Konsultationen kann man dann die Informationen mitbringen, die sich aus den eigenen Erkundungen ergeben haben.

Beispiel: «Die Schüler schreien rum»

Bei dem Eingangsbeispiel mit dem problematischen Schülerverhalten (s. S. 79) wäre zu fragen: Welche Angaben sollte eine Lehrkraft machen, wenn sie von anderen Rat einholen möchte?

Zunächst: *Wer* ist mit «die Schüler» gemeint? Von wessen Verhalten ist die Rede? Schreien alle, schreien viele, schreien einige? Sind es immer dieselben? Geht es also eher um individuelle Auffälligkeiten oder eher um kollektives Verhalten? Ein Problem mit einigen notorischen Schreihälsen ist jedenfalls nicht dasselbe wie ein Klassenproblem. Zu wissen, wer typischerweise beteiligt ist und wer nicht, macht die Sache schon etwas transparenter. Und natürlich erfordert ein Klassenproblem ein anderes Vorgehen als ein individuelles (s. S. 99 f.).

Nun zum *Verhalten*: Was heißt «schreien»? Ist es sozusagen lautes Sprechen? Ist es aggressives Anschreien? Werden Unterrichtsbeiträge ohne Meldung in den Raum gebrüllt? Rufen sich Schüler/innen etwas Privates zu? Oder was ist gemeint?

Dies führt auch schon zum *situativen Kontext*. Der ist wichtig, denn niemand schreit von früh bis spät, auch Schüler nicht. Wann und wo also tritt das Verhalten typischerweise auf? In der Pause? Im Unterricht? Besonders zum Stundenbeginn? Nach einer Lehrerfrage? Bei Gruppenarbeit? Bei Unterbrechungen des Unterrichts? Wenn die Lehrkraft an der Tafel steht? Oder bei welchen Anlässen? Ebenso wichtig: Gibt es auch ruhige Phasen (z.B. bei kleinen Tests)? Sollte beispielsweise herauskommen: Sobald die Lehrkraft eine Frage stellt, brüllen alle ihre Antworten in den Raum – dann würde man speziell dafür eine Lösung suchen.

Vom *interpersonalen Kontext* war indirekt bereits die Rede. Bei *kollektivem* Verhalten ist die Interaktion ein zentraler Punkt, in diesem Fall: die wechselseitige Ansteckung. Bei genauem Hinsehen können aber auch besondere Schülerbeziehungen eine Rolle spielen, z.B. rivalisierende Cliquen, die sich gegenseitig anschreien. Und nicht zu vergessen: Zum interpersonalen Kontext gehört auch die Lehrkraft! Tritt das problematische Verhalten gleichermaßen bei allen Lehrkräften auf oder nur bei bestimmten?

Mit *personalen* Aspekten würde man sich in diesem Fall nur dann näher beschäftigen, wenn einzelne Schüler bei dem Problem eine besondere Rolle spielen. Dann würden z.B. Erkenntnisse über deren Fähigkeiten und Defizite, ihr Temperament und ihre soziale Kompetenz zum Verständnis des Problems beitragen. Kennt man auch deren persönliche Interessen und Vorlieben, so lassen sich daraus zuweilen individuelle Anreize zur Förderung «guten» Verhaltens ableiten.

Noch bedeutsamer könnten Aussagen zu personalen Aspekten der *Lehrkraft* sein, etwa zu ihrer emotionalen Belastbarkeit oder ihrem typischen Umgang mit Konflikten. Denn falls das Schülerverhalten stark lehrerabhängig ist, liegt im Lehrerverhalten der wichtigste Ansatzpunkt für eine Problemlösung (s. auch Kapitel 11.5 zu Disziplin).

Mit den *Entwicklungsfaktoren* einzelner Schüler wird man sich meist nur am Rande beschäftigen können. Hilfreich kann es sein, wenn die Lehrkraft ihre eigene berufliche Lerngeschichte zu verstehen sucht: Warum neige ich zu diesem oder jenem Verhalten? Beachtung verdient sicherlich auch die Vorgeschichte der Lehrer-Schüler-Beziehung. Vermutlich haben beide Seiten im Laufe der Zeit wechselseitig ein Bild voneinander entwickelt, das mit entsprechenden Gefühlen und Verhaltenstendenzen einhergeht. Eine Problemlösung ist dann vermutlich nicht von heute auf morgen und nicht durch eine einzelne Maßnahme zu erreichen.

Die zwei Beispiele zeigen, wie wichtig es ist, ein Problem zu spezifizieren. Natürlich ergibt sich damit nicht automatisch schon eine Lösung. Aber ein genaueres Verständnis öffnet häufig den Blick für mögliche Ansätze, oder durch die gewonnene Klarheit geht man gelassener mit dem Problem um, oder man erkennt, dass man sachkundigen Rat einholen sollte.

5.2 Einfache diagnostische Hilfen

Ging es zuvor um die Suchbereiche, in denen man (Teil-)Erklärungen für ein Verhaltensproblem finden kann, so geht es jetzt um *Wege*, diese Bereiche genauer zu erfassen. Dabei sind hier nur einfache diagnostische Hilfen gemeint, die man auch als Laie einsetzen kann, hingegen keine professionellen Methoden wie etwa psychologische Tests.

Solche Hilfen sind vor allem: (1) genaue Beschreibung, (2) gezielte Beobachtung, (3) Selbstreflexion, (4) Perspektivenübernahme und Einfühlung, (5) Gespräch und Befragung. Sie können systematischere und differenziertere Erkenntnisse liefern als eine intuitive Einschätzung auf den ersten Blick.

Genaue Beschreibung und gezielte Beobachtung

Es ist immer gut, ein Problem zunächst einmal genau und nüchtern zu beschreiben. «Genau» heißt: Man hält sich an konkrete Sachverhalte, die man sehen oder hören kann. Und «nüchtern» heißt: Man verzichtet auf alle Wertungen, Deutungen, Erklärungen oder gar Schuldzuweisungen. Denn es kommt zunächst nur darauf an, Tatsachen zu erfassen. Eine ganz andere Frage ist dann, wie man sie interpretiert und bewertet.

Konkrete Beschreibungen sollten, wie erwähnt, Angaben zum Verhalten und zu beobachtbaren Kontextfaktoren enthalten. Beispiele:

- Statt einer allgemeinen und wertenden Aussage wie «Jan ist furchtbar unkonzentriert» könnte man das Problem etwa so beschreiben: «Bei den Hausaufgaben (= situativer Kontext) steht Jan oft vom Schreibtisch auf (= Verhalten).» Oder: «Er wechselt minutenweise (= Verhalten) zwischen Hausaufgaben und Gitarre (= situativer Kontext).»
- Statt der pauschalen Aussage «Sie verhält sich total dominant» spezifiziert man z. B. so: «In unserer Gruppe (= interpersonaler Kontext) redet sie fast immer am längsten, fällt anderen häufig ins Wort, argumentiert weiter für ihre Lösung, selbst wenn sich die Mehrheit schon anders entschieden hat».
- Statt «Lola ist ein aggressives Kind» wäre diagnostisch informativer: «Lola reißt kleineren Kindern (= interpersonaler Kontext) häufig ihre Sachen weg», oder «Sie brüllt laut, wenn ich (= interpersonaler Kontext) ihr im Supermarkt eine Leckerei verwehre (= situativer Kontext).»

Solche konkreten Beschreibungen enthalten nicht selten Hinweise auf Veränderungsmöglichkeiten. Vielleicht würde es Jan die Selbstkontrolle erleichtern, wenn die Gitarre in einem anderen Raum läge. Oder: Falls es im Supermarkt nie ein Drama gibt, wenn Tante Susi mit Lola einkauft, könnte man schauen: Was macht Tante Susi anders?

Die *inneren Prozesse* kann man naturgemäß nicht wahrnehmen und beschreiben – außer vielleicht bei sich selbst. Hier kann die Beschreibung als Ich-Botschaft formuliert und vielleicht auch mit einer Angabe zum Ausprägungsgrad verbunden werden:

- «Ich merke, es macht mich kribbelig, wenn ich ein unaufgeräumtes Zimmer vor mir sehe.»
- «Immer wieder kommen mir Gedanken, die mich von der Aufgabe ablenken.»
- «Meine Angst zu Beginn der Prüfung lag auf einer Temperaturskala von 0 bis 100 etwa bei 70.»

Einschätzungen zum Ausprägungsgrad sind bei Personfaktoren besonders geläufig. Man sagt beispielsweise: «Oskar ist *ziemlich* ehrgeizig», «Ines kann *sehr* lebendig vorlesen», «Ich bin *wenig* interessiert an moderner Kunst.» Solche Aussagen über das Typische eines Menschen sind eine Zusammenfassung mehrerer Beobachtungen. Auch dies sind Beschreibungsversuche, aber sie sind viel subjektiver als konkrete Angaben zu Verhaltensweisen und Kontextaspekten.

Sofern man Tatbestände überhaupt erst erkunden muss, um sie beschreiben zu können, wäre eine *gezielte Beobachtung* die Methode der Wahl. Beobachten kann man sowohl andere Menschen als auch sich selbst. Beispiele:

- Man notiert einen Tag lang jeden beobachteten Vorfall, bei dem Kind X schlägt, tritt, kneift oder auf andere Weise körperlich angreift.
- Man beobachtet, bei welchen Anlässen sich in der Schulklasse das «Rumschreien» steigert.

- Man registriert bei sich selbst, wann man im Laufe eines Tages eine Zigarette raucht oder bei welchen Anlässen man sich ärgert.

Durch Strichlisten und Notizen erhält man Informationen, die möglicherweise pauschale Aussagen zurechtrücken und später als Vergleichswert dienen, wenn man Veränderungsmaßnahmen ausprobiert.

Wie erwähnt, kann es sehr nützlich sein, wenn man nicht nur herausfindet, wann das kritische Verhalten auftritt, sondern auch, wann es *nicht* auftritt. Vielleicht stellt man dann z.B. fest, dass ein Kind bei bestimmten Aktivitäten durchaus konzentriert arbeitet, oder dass die Schüler bei bestimmten Aufgaben oder bei bestimmten Lehrkräften keineswegs «rumschreien». Und daraus lässt sich vielleicht etwas machen.

Selbstreflexion und Sich-Hineinversetzen

Die Gedanken, Gefühle und Motivationen hinter einem Verhalten kann man auch bei sich selbst zuweilen nur schwer erfassen. Wäre das Erkennen des eigenen Innenlebens immer eine einfache Sache, hätte die Psychotherapie-Branche nicht so viel zu tun. Viele Therapieformen sind im Grunde eine Anleitung zu tiefer Selbstreflexion.

Doch natürlich kann man im Alltag auch ohne professionelle Unterstützung Selbstreflexion betreiben. Man kann beispielsweise Fragen wie diesen nachgehen:
- «Warum macht mir diese Sache so viel aus?», «Was genau finde ich daran so belastend?»
- «Was hindert mich daran, mich so zu verhalten, wie ich es gerne möchte?»
- «Ist mir wirklich klar, welches Verhalten ich mir wünsche?»

Sofern es um ein Problem mit anderen Menschen geht, hat die Selbstreflexion auch zu klären, wieweit man durch sein eigenes Verhalten zu dem Problem beigetragen hat.

Solche Fragen gehen über eine bloße Selbstbeschreibung hinaus. Sie versuchen vielmehr auch zu klären, *warum* ein bestimmtes Gefühl auftritt oder was genau man eigentlich anstrebt. Die Selbstreflexion registriert also nicht nur, sondern stellt Zusammenhänge her und sorgt mithin für ein tieferes Verständnis.

Eine gute Möglichkeit, die Selbstreflexion zu intensivieren, ist das *Schreiben*, eine andere ist das *Gespräch* mit einem einfühlsamen und anregenden Zuhörer. In vielen Fällen, aber sicherlich nicht immer, führt allein die Selbstreflexion schon zu emotionalen Veränderungen oder auch zu Verhaltensänderungen.

Geht es um die inneren Prozesse einer *anderen* Person, kann man versuchen, sich in sie *hineinzuversetzen*. Man fragt sich, wie das Problem wohl aus ihrer Warte aussieht (Perspektivenübernahme) und welche Gefühle und Motivationen sie empfindet (Einfühlung). Vielleicht kommt man so auf neue Ideen, wie ihr Verhalten zu erklären sein könnte: dass beispielsweise die «Faulheit» eines Schülers auch ein Zeichen von Entmutigung sein kann, oder dass das eigene große Geschenk den anderen vielleicht eher beschämt als erfreut hat. Sicherlich: Es sind immer nur Vermutungen!

Befragung und Gespräch

Mehr als nur Vermutungen erlangt man häufig durch eine Befragung bzw. ein Gespräch. In einer *Befragung* ist klar verteilt, wer fragt und wer antwortet. Ein *Gespräch* ist dialogisch und im Alltag meistens der natürliche Weg. Ein gutes Gespräch kann sowohl die Selbstreflexion als auch das Einfühlen in den Gesprächspartner fördern.

Nicht selten hört man die Frage: «Warum hast du dich so verhalten?» Auf den ersten Blick scheinen Warum-Fragen der direkte Weg zur Diagnose zu sein. Doch tatsächlich sind sie oftmals ganz unergiebig. Selbst wenn die befragte Person zu offener Auskunft bereit ist – häufig weiß sie es selber nicht so genau (s. o.). Das gilt nicht nur für Kinder, sondern auch für Erwachsene. Wir haben vielleicht eine unpassende Bemerkung gemacht, aber die Frage «Warum hast du das gesagt?» können wir nur unvollkommen beantworten. Spielten da Gefühle mit, die wir noch nicht erkannt hatten? Oder irgendeine versteckte Absicht? Oder war es einfach nur eine verunglückte Formulierung, weil uns gerade nicht die passenden Worte einfielen?

Die Alternative zur Warum-Frage ist ein einfühlsames Gespräch, ein Gespräch mit einem hohen Anteil von aktivem Zuhören und Mitdenken – immer mit dem Blick auf die inneren Prozesse. Das könnte z. B. so klingen:

- «Du bist also selber noch unsicher, was für ein Gefühl du da hattest?»
- «Wenn ich es richtig verstehe, hattest du eher erwartet, dass …»
- «Heißt das, Sie waren enttäuscht, dass so wenig Resonanz kam?»

Man greift also auf, was die andere Person sagt, aber nicht als Echo, sondern indem man den Kern des Erlebens zu erfassen versucht. Dies gibt man in eigenen Worten zurück, worauf die andere Person wiederum korrigieren oder vertiefen kann. Schritt für Schritt kann so das Verstehen der inneren Prozesse voranschreiten – nicht nur für die zuhörende, sondern auch für die mitteilende Person. (Mehr hierzu in Kapitel 10.1, S. 252 ff.)

Ein Gespräch kann manchmal auch Auskünfte über Personfaktoren und Entwicklungsbedingungen liefern, sofern der Gesprächspartner beispielsweise mitteilt, wie er selbst seine Fähigkeiten, sein Temperament, seine Interessen etc. einschätzt oder an welche Erfahrungen mit den Eltern und Geschwistern er sich erinnert. Dies ist eine zusätzliche diagnostische Quelle, aber: Auch solche Auskünfte sind keine Tatsachenberichte, sondern subjektive Einschätzungen und Erinnerungen.

5.3 Veränderung beim Einzelnen = personbezogen

Eine Studentin möchte ihre ausgeprägte Prüfungsangst verlieren. Ein Lehrer möchte durch eine andere Klassenführung die Störungen eindämmen. Ein Kind soll im Supermarkt ganz brav an der Quengelware vorbeigehen. In allen Fällen ist es das Ziel, dass eine Person sich in bestimmten Situationen anders verhält, anders denkt oder andere Gefühle hat als vorher, und zwar nachhaltig. Mit anderen Worten: die Person will bzw. soll etwas lernen.

Das gezielte Einleiten und Steuern von Lernprozessen ist das gemeinsame Merkmal von Erziehung, Ausbildung, Unterricht, Training und Psychotherapie. Einige Prinzipien, die für viele Kontexte relevant sind und sich zum Teil auch von Laien anwenden lassen, sollen hier im Überblick vorgestellt werden. Das Beeinflussen und Verändern in speziellen Kontexten wird in späteren Kapiteln des Buches zur Sprache kommen.

Änderung von Verhalten, von Wissen, von Emotionen

Wer den Führerschein machen will, braucht sowohl theoretisches Wissen als auch praktische Fertigkeiten – verschiedene Ziele, für die man auch verschiedene Lernwege benötigt. Durch Vorträge und Texte, also auf rein kognitivem Wege, kann man zwar die Verkehrsregeln erlernen, nicht aber den Umgang mit dem Fahrzeug. Hierfür muss man praktisch üben, bis sich motorische Routinen entwickeln. Umgekehrt bekommt man durch solche Übungen kein umfangreiches Regelwerk in den Kopf.

Bei allen gezielten Einflussnahmen macht man sich die in Kapitel 4.5 (s. S. 67 ff.) beschriebenen Lernarten zunutze, und zwar mit wechselnden Anteilen – je nachdem, was verändert werden soll: Verhalten, kognitive Leistungen oder Emotionen und Motivationen.

Veränderung von Verhalten: Ein Sportlehrer macht eine Turnübung vor, Eltern machen ihrem Kind vor, wie man eine Straße überquert, eine Psychologin führt vor, mit welchen Worten und Gesten man ganz gelassen einen Konflikt regeln könnte. Für vielfältigste Anliegen lässt sich also das Lernen am Modell nutzen, wobei das Modell nicht unbedingt leibhaftig auftreten muss, sondern z. B. auch auf dem Bildschirm erscheinen kann.

Neues Verhalten kann man überdies erwerben, indem man sich selber etwas ausdenkt, z. B. eine Konfliktlösung oder eine Hilfeleistung. Zu solchem produktiven Denken kann man sogar schon Kindergartenkinder anregen, wie erfolgreiche Programme zum sog. sozialen Problemlösen zeigen. Die Kinder lernen dabei, in Alternativen zu denken und auch mögliche Folgen ihres Handelns zu bedenken. Dazu stellt man Fragen wie diese: «Was könntest du tun?», «Ja, das ist eine Möglichkeit. Was könntest du sonst noch tun?» und: «Was wird passieren, wenn du dies tust?» Auf diesem kognitiven Weg entsteht Handlungswissen. Die Umsetzung erfordert oft allerdings noch Übung.

Beim Üben spielt das Lernen am Erfolg und Misserfolg (Lernen am Effekt) eine zentrale Rolle. Gelungenes Verhalten verfestigt sich, unpassendes verliert sich allmählich. Wenn die übende Person selber nicht sicher bewerten kann, ob das abgeschaute oder das selbst erdachte Verhalten «gut gelungen» ist, helfen die Rückmeldungen eines Trainers, vielleicht auch mit Video-Unterstützung. Dabei ist die sog. positive Bekräftigung des erwünschten Verhaltens von besonderer Bedeutung. Dies gilt übrigens auch im Bereich der Erziehung: Das Fördern des erwünschten Verhalten durch positive Resonanz ist langfristig viel erfolgreicher als das Hemmen des unerwünschten Verhaltens durch negative Reaktionen bzw. Bestrafungen. (Mehr hierzu in Kapitel 12.4.)

Veränderung von Wissen und Einsichten. Hier wird man zuallererst an das Lernen in Schule und Studium denken, doch soll dies an dieser Stelle kein Thema sein, weil der Bereich der Bildung in den Kapiteln 11 und 12 mehrfach zur Sprache kommt. Kognitive Lernprozesse spielen aber, wie eben gezeigt, auch bei Verhaltensänderungen eine gewisse Rolle, und dasselbe gilt für die folgende Ebene:

Veränderung von Emotionen und Motivationen. Emotionale Dispositionen eines Menschen zu verändern, z. B. die Neigung zu extremen Ängsten, zu depressiven Stimmungen oder übertriebenem Ärger, ist gewöhnlich das Ziel einer Psychotherapie. Hierbei spielen kognitive Prozesse eine überragende Rolle. So ist das Erkennen eigener Gefühle, Ziele und Bedürfnisse ein gemeinsames Element fast aller Therapien.

Ein interessanter kognitiver Ansatzpunkt für das emotionale Umlernen sind die *Bewertungen.* Denn Gefühle hängen eng mit der Art und Weise zusammen, wie ein Mensch Ereignisse oder Handlungen anderer Menschen bewertet – oder auch sich selbst. Für den Umlernprozess muss man zunächst seine Bewertungsmuster erkennen (z. B.: «Im Grunde denke ich immer, es ist eine Katastrophe, wenn ich einen Fehler mache»). Sodann reflektiert man darüber, wie realistisch und sinnvoll diese Denkweise ist, und schließlich formuliert man für sich eine Alternative (z. B.: «Ich arbeite sorgfältig, muss aber nicht perfekt sein»). Diese neue Bewertung spricht man innerlich zu sich selbst, um seine Emotionen zu beeinflussen. Tiefsitzende Bewertungen lassen sich allerdings nicht durch eine einmalige Einsicht und nicht von heute auf morgen verändern. Meist ist es ein längerer Prozess, der nicht selten fachliche Unterstützung erfordert.

Auch das Lernen am Modell kann zu emotionalen Veränderungen führen, beispielsweise indem ein Kind einem anderen vormacht, wie man ohne Zeichen von Angst eine Spinne einfängt. Weiterhin kann die klassische Konditionierung (s. S. 69) genutzt werden. Wer eine Entspannungsmethode gelernt hat, kann im entspannten Zustand Spinnenfotos anschauen, Plastikspinnen anfassen und schließlich eine richtige Spinne auf die Hand nehmen, bis die Reiz-Reaktions-Verbindung «Spinne-Angst» zur Verbindung «Spinne-Ruhe» umkonditioniert ist.

Motivationen haben ebenfalls mit kognitiven Bewertungen zu tun. Denn eine Motivation impliziert, dass man ein bestimmtes Ziel für «wichtig» oder «erstrebenswert» hält. Wer in dieser Hinsicht seine bisherige Rangordnung überdenkt, ändert damit die Ausprägung persönlicher Motive – beispielsweise durch Abstriche bei der Karriere und eine Höherstufung der Gesundheit. Erneut spielt auch das Lernen am Effekt eine wichtige Rolle. Denn Motivation ist das Streben nach einem bestimmten Effekt. Und wie jeder weiß: Das Erleben von Erfolgen steigert, das Erleben von Misserfolgen schwächt häufig die Motivation für weitere Aktivitäten.

Wer steuert das (Um-)Lernen?

Das gezielte Einleiten von Veränderungen kann vorrangig bei der lernenden Person selbst liegen oder in der Regie einer anderen Person.

Im Falle von *Erziehung*, *Unterricht* und *Ausbildung* spielen Erziehende und Lehrende eine aktive Rolle. Das heißt nicht unbedingt, dass sie alles lenken und dirigieren. Doch sicher haben sie Ziele vor Augen, entscheiden über Inhalte und Methoden, kontrollieren das Erreichen der Ziele, revidieren ihr Vorgehen usw. Zwangsläufig liegt aber auch vieles in der Hand der Lernenden. Selbst eine intensive Außenlenkung stößt an ihre Grenzen – wie manche Eltern oder Lehrkräfte frustriert erleben, wenn ein Kind beispielsweise beim Aufsatzschreiben partout nicht so vorgeht, wie sie es immer predigen.

Psychotherapie ist im Wesentlichen Hilfe zur Selbsthilfe. Ohne Eigenaktivität ist Therapie kaum möglich; sie funktioniert nicht wie eine medizinische Behandlung. Die Art der Eigenaktivität, auch die Art der Selbstreflexion, wird allerdings durch die Therapie angestoßen und gelenkt, und je nach Therapieform kann dies recht unterschiedlich aussehen – darin zeigt sich deren Regie. (Hierzu s. Kapitel 8.6.)

Beim *Training* liegt die Regie oftmals in hohem Maße beim Lernenden selbst. Er setzt sich Ziele, wählt Übungsmethoden, kontrolliert seine Fortschritte usw. Manchmal geschieht dies allerdings unter der Überwachung und Beratung durch einen Trainer. Völlig in Eigenregie liegt das *autodidaktische Lernen*. Hier ist man in jeder Hinsicht vollständig sein eigener Lehrer: Man entscheidet über die Lernziele, über die Themen, über den Lernort und die Lernzeit, über die Lernmethoden, die Lernkontrolle und die Selbstbewertung.

Auch Selbstveränderungen beim Verhalten, bei Emotionen und Motivationen kann man sozusagen autodidaktisch betreiben. Wenn z. B. ein Mensch innehält und sich fragt, warum er sich immer wieder «gestresst» fühlt, wo andere ganz gelassen bleiben, dann dient diese *Selbstreflexion* nicht nur der Diagnose, sondern führt möglicherweise auch zu einer Veränderung. Man kann im stillen Kämmerlein über eigene Wünsche und Belastungen nachdenken, und man kann die Gedanken auch zu Papier bringen. Das Schreiben ist jedenfalls eine gute Form der Selbstklärung und hat nicht selten heilsame Wirkungen, wie James Pennebaker nachgewiesen hat.

Selbstmanagement geht über Selbstreflexion noch hinaus. Dazu gehört unter anderem: sich selbst beobachten, sich Ziele setzen, neues Verhalten erproben und einüben, sich selbst bewerten und sich für Fortschritte positiv bekräftigen. Auf diesem Wege könnte es beispielsweise gelingen, seine Essgewohnheiten oder sein Lernverhalten zu verändern. Da man beim Versuch der Selbstveränderung häufig auf Hindernisse stößt, die die guten Vorsätze und Planungen torpedieren, verbessert es das Selbstmanagement, wenn man sich auch darauf vorbereitet, wie man mit solchen Hindernissen umgeht.

Im Beispiel von *Konzentrationsschwierigkeiten* (s. S. 83 zur Diagnose) könnte das Selbstmanagement bedeuten: Durch Selbstbeobachtung findet man heraus, in welcher Umgebung, bei welchen Aufgaben usw. man sich schlecht konzentriert und wann es besser geht. Man schaut auch nach innen auf eigene Gedanken und Gefühle (z. B. Sorgen, Abneigung gegen bestimmte Aufgaben). Je nachdem, was die Selbstdiagnose ergibt, werden unterschiedliche Konsequenzen naheliegen, beispielsweise diese: Man wählt einen Platz mit wenig Ablenkungen. Man setzt sich ein konkretes Arbeitsziel («Ich versuche, in 30 Minuten diesen Text zusammenzufassen»). Man sagt innerlich zu sich selbst:

«Ich schaue aufmerksam auf den Text; andere Gedanken schiebe ich beiseite», «Ich fasse jeden Absatz in ein, zwei Aussagen zusammen und notiere sie». Als zusätzliche Selbstmotivierung gewährt man sich eine Belohnung («Wenn ich die Sache pünktlich erledigt habe, gönne ich mir eine Tasse Kaffee»).

Selbstveränderung in eigener Regie ist also prinzipiell möglich, aber leicht ist sie meistens nicht. Tief eingravierte Vorlieben, Abneigungen und Gewohnheiten, gegenläufige Bedürfnisse oder die Einbettung in vorgegebene Arbeitsabläufe können einer Änderung entgegenwirken. Und natürlich gibt es unüberschreitbare Grenzen, etwa beim eigenen Temperament. Ein introvertierter Mensch kann sich nicht zu einem extravertierten machen und umgekehrt.

5.4 Veränderung im Miteinander = interpersonal

Eine Fußballmannschaft braucht nicht nur gute Spieler, sondern auch ein exzellentes Zusammenspiel. Eine Zweierbeziehung besteht nicht nur aus zwei Personen, sondern vor allem aus ihrem Umgang miteinander. Der Erfolg einer Firma hängt nicht nur von qualifizierten Mitarbeitern ab, sondern auch von gut organisierter Zusammenarbeit.

In all diesen Aussagen liegt der Fokus auf dem «Inter», und für die Lösung von Problemen heißt das: Man sucht das Heil nicht in individuellem Umlernen oder im Austauschen einzelner Personen, sondern in einer *gemeinsamen* Veränderung ihres Miteinanders. Natürlich muss dabei auch jede einzelne Person etwas lernen, z.B. neue Arten der Kommunikation oder der Verabredung, aber jeder weiß: Für die anderen gilt das ebenso, und insofern ist es ein direkt aufeinander bezogenes Umlernen.

Natürlich kommt es vor, dass einzelne Personen das gesamte Miteinander behindern, z.B. durch eine ausgeprägte Ärgerneigung, durch eine Tendenz zur Abkapselung oder andere Personfaktoren. Aber in vielen Fällen ist niemand «gestört», und dennoch funktioniert das System nicht. Das gibt es in Paarbeziehungen, in Familien, in Schulklassen, im Betrieb. Gestört ist hier die Interaktion, Kommunikation und Beziehung der Beteiligten.

Der entscheidende Punkt des interpersonalen oder sog. systemischen Ansatzes ist also: Alle Beteiligten sind einbezogen: beide Partner einer Zweierbeziehung, Eltern und Kinder einer Familie, oder alle, die in einem Arbeitsbereich gut organisiert zusammenarbeiten müssen. Es gibt Fachleute, die auf solche Konzepte spezialisiert sind und als Berater, als Therapeut, als Supervisor oder als Mediator (Vermittler) tätig werden. Doch auch ohne professionelle Hilfe folgen Menschen dem interpersonalen Ansatz, wenn sie sich zusammensetzen und überlegen, wie sie künftig Missverständnisse vermeiden oder ihr Handeln besser koordinieren können.

Beispiel: Paarbeziehung

Sicherlich hängt das Schicksal jeder Zweierbeziehung mit der Persönlichkeit der Partner zusammen. So kann beispielsweise die Aggressivität oder mangelnde Verlässlichkeit eines Mannes mit jeder neuen Partnerin wieder zu heftigen Konflikten führen. Doch in anderen Fällen scheitern zwei Menschen, die beide eigentlich keine problematischen Eigenschaften mitbringen und die sich auch in ihren Interessen und Lebenszielen nicht zu weit unterscheiden. Sehr oft liegt es einfach an der Art ihrer Kommunikation.

Das mag trivial klingen, aber es ist keineswegs selbstverständlich, dass die Betroffenen das so sehen. Häufig sieht jeder das Problem beim anderen: «Du musst dein Verhalten ändern», oder gar: «Geh du mal zum Psychiater». Wer so denkt, sucht eine personale Lösung, nicht eine interpersonale. Dasselbe gilt, wenn in einer Familie ein bestimmtes Kind als gestört gesehen wird, nicht das Familienleben.

Einen guten Beweis für die Nützlichkeit des interpersonalen Ansatzes liefern Paartherapien. Denn sie richten – der Name sagt es –

den Blick nicht auf persönliche Eigenschaften oder gar die «Schuld» von A oder B, sondern ganz auf den Umgang miteinander. Wie Studien belegen, können auf diesem Wege in vielen Fällen Beziehungen «geheilt» werden, obwohl die Partner schon eine lange Geschichte der Kränkungen und der Entmutigungen hinter sich haben.

Eine Verbesserung der Paarbeziehung ist, wie gesagt, vor allem eine Verbesserung der Kommunikation. Konkret kann das bedeuten: Die Partner achten darauf, dass sie nicht aneinander vorbeireden, sondern gute Sender und gute Empfänger sind. Wer etwas mitteilt, sagt dies nicht auf dem Weg zur Tür, sondern deutlich an den Partner gewandt. Der Empfänger wiederum zeigt, dass er zuhört, bestätigt etwas oder fragt noch mal zurück. Weiterhin lernen sie, ihre Gefühle, ihre Wünsche oder Kritik in einer Weise mitzuteilen, die einerseits für Klarheit sorgt, andererseits nicht bedrängend oder verletzend wirkt. (Hierzu mehr in Kapitel 10.1.)

Beispiel: Schulklasse

Nehmen wir an, das Problem mit den «rumschreienden» Schülern (s. S. 84) sei primär als Klassenproblem diagnostiziert worden und nicht als Problem mit einzelnen Schreihälsen. Dann ist folgerichtig eine Lösung auf Klassenebene zu versuchen. Die könnte etwa so aussehen, dass die Lehrerin, statt weiterhin einzelne Schüler zu ermahnen, der ganzen Klasse vorträgt, was sie als Problem empfindet: «Ich kann nicht in Ruhe erklären, ich komme in eine gereizte Stimmung, die Leiseren unter euch dringen mit ihren Antworten gar nicht durch» usw. Dann fragt sie die Schüler/innen nach ihrer Sichtweise. Damit auch die Stillen zu Wort kommen und ehrliche Äußerungen nicht durch Hemmungen gegenüber der Lehrkraft und Mitschülern verhindert werden, wählt sie hierfür eine anonyme Befragung mittels Fragebogen.

Sehr wahrscheinlich kommt heraus, dass viele Schüler/innen sich einen ruhigen und geordneten Ablauf wünschen, und sie sammelt nun Vorschläge, wie man das erreichen könnte. Man einigt sich auf verschiedene Maßnahmen: Eine Kuhglocke soll das Signal für den Stundenbeginn sein. Wenn die Lehrerin eine Frage an die Klasse stellt, legt sie den Finger auf den Mund, damit alle dran denken: Jetzt melden statt reinbrüllen. Wenn doch jemand brüllt, wird ein Strich an der Tafel notiert. Wenn nicht mehr als zehn Striche zusammenkommen (was in ihrem Unterricht der Hälfte des bisherigen Pegels entspräche), wird am Ende der Stunde Spielzeit gewährt oder die Hausaufgabe reduziert. Das Ziel wird von Woche zu Woche anspruchsvoller und die täglichen Belohnungen werden schrittweise durch verzögerte große Belohnungen ersetzt (z. B. Spielzeit am Freitag, ein Klassenfest in zwei Monaten). Vermutlich wird die Lehrerin schnell feststellen, dass sich die Schüler gegenseitig flüsternd ermahnen, damit sie die Belohnungen nicht verlieren. Da zu einem Klassenprojekt auch Verhaltensänderungen bei der Lehrerin gehören, verpflichtet sie sich, erstens keine Zurufe zu verwerten, auch wenn es gute Antworten sind, zweitens alle, die sich melden, wenigstens einmal pro Stunde dranzunehmen, und drittens auf Drohungen zu verzichten und nur mit den Belohnungen zu «locken».

Im Ergebnis ändern sich die Lehrer-Schüler-Interaktion und die Schüler-Schüler-Interaktion. Ein Klassenproblem wurde interpersonal gelöst und nicht durch Umerziehung von «Störern». Das schließt nicht aus, dass Gespräche mit Einzelnen und andere individuelle Maßnahmen noch hinzukommen.

Um ein anderes Problem unter Schüler/innen einzudämmen, nämlich Mobbing, ist es sogar sinnvoll, nicht nur die Klasse, sondern sogar die ganze Schule einzubeziehen. Denn Mobbing findet vorwiegend in den Pausen statt und richtet sich häufig gegen Kinder aus anderen Klassen. Auf der Ebene der Schule können einheitliche Verhaltensregeln, gleichartiges Handeln des gesamten Kollegiums und Unterstützung aus der friedlichen Mehrheit der Schülerschaft zu einem besseren Opferschutz beitragen. (Hierzu mehr in Kapitel 9.4.)

5.5 Veränderung durch äußere Faktoren = situativ

Frühes Aufstehen ist für viele Menschen ein schwieriger Akt der Selbstkontrolle. Wie also bringt man Millionen Menschen dazu, entgegen ihren eingeschliffenen Gewohnheiten beispielsweise um 6 Uhr statt um 7 Uhr aufzustehen? Nun, alle kennen die Lösung mit der sog. Sommerzeit: Wir benennen 6 Uhr in 7 Uhr um, indem wir die Uhren eine Stunde vorstellen. Diese relativ sanfte Methode funktioniert weltweit, und zwar nicht nur durch den Situationsfaktor namens Wecker, sondern weil sich das gesamte Umfeld zeitlich mitverändert: das Radioprogramm, die Fahrpläne, die Ladenöffnungen etc. Klar, der eigene Biorhythmus muss ein bisschen umlernen, aber ansonsten ändert sich das Verhalten ohne Änderung der Person, sondern ausschließlich durch den äußeren Kontext.

Situationsfaktoren, die unser Verhalten beeinflussen, gibt es in großer Zahl (s. S. 72 ff.), und manchmal kann man sie so gestalten, dass man bestimmte erwünschte Effekte erzielt.

Umgebungsfaktoren

Was kann eine Lehrerin tun, wenn zwei Schüler zu oft miteinander schwatzen? Nach einem alten Rezept setzt man die beiden auseinander. Was kann der Leiter eines Supermarktes tun, damit die Kunden nicht zu viele Billigprodukte kaufen? Er platziert die teuren Waren in Augenhöhe und die billigen als Bückware. Und wie kann ein Architekt in einer Wohnanlage soziale Kontakte fördern? Er baut z. B. eine kleine Grünfläche mit Sitzbänken vor den Hauseingang, wo sich Bewohner leicht begegnen und ein wenig aufhalten können. Andere einflussreiche äußere Faktoren sind Verkehrszeichen, Klingeltöne oder eine gute Beleuchtung in Wohnanlagen, die zur Eindämmung krimineller Handlungen beitragen kann.

Richard Thaler und Cass Sunstein bezeichnen kleine Faktoren, die das Verhalten in eine bestimmte Richtung lenken, ohne den Menschen ihre Entscheidungsfreiheit zu nehmen, als «nudge», als sanften Schubs. Als besonders kurioses Beispiel für die «Macht» eines kleinen optischen Reizes erwähnen sie die Fliege im Urinal. Weil manche Männer nicht so genau darauf achten, dass nichts danebengeht, klebte man in den Herrentoiletten des Amsterdamer Flughafens Schiphol (inzwischen auch anderswo) mitten in jedes Urinal das Bild einer Stubenfliege – ein Blickfang und eine Herausforderung, die die Treffsicherheit offenbar immens steigerte.

Ein ganz andersartiges Beispiel sind attraktive Spielangebote für Schulkinder. So konnten Murphy und Mitarbeiter erreichen, dass in der Grundschule während der Pausen aggressive Verhaltensweisen wie Schlagen, Wegnehmen oder Zerstören zurückgingen, indem sie Seilspringen, Wettrennen und Ähnliches organisierten. Hier setzt die Einflussnahme allerdings nicht nur an äußeren Umgebungsfaktoren an (Spielzonen, Spielmaterial), sondern zugleich am interpersonalen Miteinander.

Informationen, die stupsen, locken oder hemmen

Von außen kommen nicht nur physikalische Reize, sondern auch Informationen. Bezüglich unseres Themas ist dabei nicht die Kommunikation im persönlichen Austausch gemeint, sondern die anonyme externe Beeinflussung, wie wir sie aus der Werbung oder aus öffentlichen Kampagnen im Bereich der Gesundheit oder des Umweltschutzes kennen. Jeder weiß, dass deren Erfolg nicht nur von der Sache, sondern ganz entscheidend von der Informationsgestaltung abhängt. Dazu gehört die visuelle und auditive «Verpackung», aber auch die besondere Botschaft. Forschungen zeigen, dass kaum etwas so erfolgreich ist wie die Information, dass *andere Menschen* das Gewünschte bereits tun.

In einem Experiment zum Thema Steuererklärung, das im amerikanischen Bundesstaat Minnesota durchgeführt wurde, erhielt ein Teil der Steuerzahler Informationen über die segensreiche Verwendung ihrer Steuern (z. B. für Schulen, Polizei usw.), einer zweiten Gruppe wurde Strafen für Steuerhinterziehung angedroht, einer dritten Gruppe wurde Hilfe beim Ausfüllen der Erklärung angeboten und der vierten wurde nur mitgeteilt, dass 90 Prozent der Bürger ihre Steuern bereits korrekt bezahlt hätten. Und welche Botschaft half der Ehrlichkeit auf die Beine? Nur die letzte, wie Sunstein und Thaler berichten.

Wer die Zahlungsmoral verbessern möchte, sollte also lieber nicht öffentlich die bekannte Klage wiederholen, dass Steuerhinterziehung zum Volkssport geworden sei. Und wenn 15 Prozent der Jugendlichen noch rauchen, sind das zwar immer noch zu viele, aber zu betonen wäre: Die große Mehrheit raucht nicht – es ist cool, nicht zu rauchen.

In gewissem Sinne könnte man solche Einflussnahmen dem interpersonalen statt dem situativen Ansatz zuordnen, weil gewissermaßen mit dem Vorbild anderer Menschen gearbeitet wird. Es handelt sich jedoch insofern um eine rein externe Beeinflussung, als es hier keine Interaktion und Kommunikation mit jenen Menschen gibt, über deren Verhalten informiert wird. Wie man sieht, kann aber eine anonyme Mehrheit ebenfalls als Orientierung für das eigene Verhalten wirken.

Seit ewigen Zeiten versucht man auch, andere Menschen zu bestimmten Handlungen zu zwingen oder zu stupsen, indem man ihnen die Konsequenzen, nämlich Belohnungen oder Strafen, vor Augen hält. Mit positiven *Anreizen* arbeitet man besonders in der Wirtschaft, z. B. in Gestalt von Frühbucherrabatten, Bonuspunkten oder Preisausschreiben; *Strafandrohungen* sind das übliche Mittel gegen kriminelle Handlungen oder falsches Verhalten im Straßenverkehr.

Sehr einflussreich können *unmittelbare Rückmeldungen* zum eigenen Verhalten sein. Da gibt es beispielsweise das Signal im Auto «Ihr Gurt ist noch nicht angelegt» oder die digitalen Tafeln am Straßenrand, die dem Autofahrer in einer Tempo-30-Zone mitteilen: «Sie fahren 43 km/h». Dies sind sofortige Rückmeldungen, und die sind wirksamer als verzögerte. Beim Alkoholkonsum etwa stellt sich die gelöste Stimmung schon sehr bald ein, der Kater hingegen viel später. Wer würde sich noch betrinken, wenn es genau umgekehrt wäre?

Ebenso sind *auffällige* Rückmeldungen für das alltägliche Handeln gewöhnlich wirksamer als reine Informationen. Man stelle sich vor: Alle Treibhausgase sind knallrot und man sieht sie z. B. aus dem eigenen Auto, aus Flugzeugen oder aus Rinderpopos aufsteigen – würde das nicht das Autofahren, das Fliegen und den Konsum von Rindfleisch viel wirksamer reduzieren als alle wissenschaftlichen Informationen und alle Appelle von Umweltschützern?!

Selbstlenkung durch Situationsgestaltung

Odysseus hat es vorgemacht: Um nicht dem betörenden Gesang der Sirenen zu erliegen und damit sein Schiff ins Verderben zu steuern, befahl er seinen Mannen, sich die Ohren mit Wachs zuzustopfen, und sich selbst ließ er an einen Mast binden. Das ist ein schönes Beispiel für eine Selbstlenkung durch Gestaltung externer Faktoren; im Fachterminus nennt man das Stimuluskontrolle.

Die gezielte Beeinflussung durch Situationsfaktoren muss also nicht in den Händen anderer Personen liegen – es geht auch in Eigenregie, und jeder Mensch macht es, wenn auch weniger spektakulär als Odysseus. Da heftet man einen kleinen Zettel an die Tür, um sich beim Verlassen des Hauses an mitzunehmende Briefe zu erinnern. Oder ein Raucher kauft sich zum allmählichen Abgewöhnen ein Zigarettenetui, das sich nur alle zwei Stunden öffnen lässt. Oder eine Studentin, die ihrem impulsiven Umgang mit Geld misstraut, bittet ihre Eltern: Überweist mir lieber jede Woche eine Rate und nicht das gesamte Monatsgeld auf einmal. Auch beim Gestalten eines Arbeitszimmers oder einer Wohnung kann man sich von dem Ziel leiten lassen, ein bestimmtes Verhalten zu erleichtern, beispielsweise konzentriertes Lesen und Schreiben.

All dies kann noch erweitert werden um Selbstbelohnungen und Selbstbestrafungen. Damit geht diese Eigenregie über rein situative Beeinflussungen hinaus und gehört schon zu den früher erwähnten Selbstmanagement-Methoden, die einen personbezogenen Umlernprozess unterstützen (s. S. 96).

6. Einzelne Richtungen und ihre Menschenbilder

In der Öffentlichkeit wird Psychologie häufig mit Tiefenpsychologie oder noch spezieller mit Psychoanalyse gleichgesetzt. Dabei ist dies lediglich eine bestimmte Sichtweise, eine «Theorie-Brille», mit der das psychische Geschehen gedeutet wird. Eine andere ist der Kognitivismus. Er ist unter Laien sicher weniger bekannt, spielt jedoch in der akademischen Psychologie heute eine viel bedeutendere Rolle als die Tiefenpsychologie. Und weitere Theorierichtungen kommen hinzu.

Worauf beziehen sich die Unterschiede? Nicht auf die in Kapitel 4 vorgestellten Grundaspekte als solche. So würde keine Richtung behaupten, dass für die Erklärung menschlichen Verhaltens und Erlebens Personfaktoren oder ihr Entwicklungshintergrund oder Situationsfaktoren oder der interpersonale Kontext bedeutungslos seien. Die Lehrmeinungen unterscheiden sich vielmehr in der Ausdeutung dieser Aspekte. So geht es beispielsweise um die Frage, durch welche Kräfte die Entwicklung vorrangig bestimmt wird, oder wie weit innere Prozesse bewusst oder unbewusst sind oder ob psychisches Geschehen insgesamt stärker von Personfaktoren oder Kontextfaktoren abhängt. Auf solche Fragen geben die theoretischen Grundströmungen zum Teil recht unterschiedliche Antworten; um solche Fragen werden wissenschaftliche Debatten geführt.

Es ist nirgends festgelegt, wie viele theoretische Richtungen zu unterscheiden sind. Aber einige besonders einflussreiche Ansätze werden in fast jedem Lehrbuch genannt, nämlich die Psychoanalyse (erweitert: die Tiefenpsychologie), der Behaviorismus und der Kognitivismus. Daneben wird auch die Humanistische Psychologie relativ häufig erwähnt. Diese Richtungen haben nicht nur für das theoretische Verständnis psychischen Geschehens große Bedeutung, sondern auch für praktisches Handeln, insbesondere für die Psychotherapie.

Tiefenpsychologie

Der bekannteste Name ist ohne Frage Sigmund Freud (1856–1939), der Begründer der *Psychoanalyse*. Sie ist die Urform der Tiefenpsychologie, wobei das Wort «tief» zwei Bedeutungen hat: Zum einen werden die entscheidenden Kräfte unterhalb des Bewusstseins angesiedelt – in einer Schicht des Unbewussten. Zum anderen ist eine zeitliche Tiefe gemeint, da gerade frühkindliche Erfahrungen als sehr bedeutsam für die Persönlichkeitsentwicklung angesehen werden. Hauptmotor psychischen Geschehens sind nach Freud angeborene Triebe. Ursprünglich war das nur der Sexualtrieb, später fügte er noch den Todestrieb hinzu, der nach Freud eigentlich auf Selbstvernichtung gerichtet ist, sich aber auch als Aggression gegen andere Menschen äußert.

Die klassische Psychoanalyse beschäftigt sich also vornehmlich mit den Motivationen und Emotionen und betrachtet diese als weitgehend unbewusst. Art und Ausprägung dieser inneren Prozesse werden vorrangig aus der Person und ihrer Entwicklungsgeschichte erklärt, Kontextfaktoren haben weit weniger Gewicht. Knapp formuliert lautet das Menschenbild: Wir werden von inneren Kräften gesteuert, in die wir nur wenig Einsicht haben.

Die Psychoanalyse bietet aber nicht nur ein Menschenbild. Vor allem ist sie eine Theorie zur Entstehung psychischer Störungen, nämlich durch unbewusste Konflikte, und nicht zuletzt eine Therapiemethode zur Behandlung solcher Störungen (s. Kapitel 8.6). Hierin liegt ihre praktische Bedeutung.

In der Fortentwicklung der Psychoanalyse entfernten sich andere Analytiker meist von der Freud'schen Trieblehre und setzten neue Akzente, etwa mit einer stärkeren Gewichtung eines «autonomen Ichs» oder der sozialen Einflüsse. Heute finden interpersonale Beziehungen und ihre Vorgeschichte, zumeist in der Mutter-Kind-Beziehung, besondere Beachtung; wichtige Begriffe sind hier Bindung und Objektbeziehung. Trotz der deutlichen Distanz zu Freud haben diese Sichtweisen wegen der Betonung unbewusster Kräfte und frühkindlicher Erfahrungen weiterhin tiefenpsychologischen Charakter.

Schon früh haben zwei Freud-Kollegen eigene Schulen gegründet. Alfred Adler (1870–1937), der Begründer der *Individualpsychologie*, sieht nicht so sehr aggressive und sexuelle Bedürfnisse als Hauptmotor psychischen Geschehens, sondern das Geltungsstreben. Mit diesem Streben, so Adler, versuchen Menschen das frühe Erlebnis eines Minderwertigkeitsgefühls zu überwinden. Carl Gustav Jung (1875–1961) erweitert in seiner *Analytischen Psychologie* die sexuelle Triebenergie zu einer allgemeinen Lebensenergie. Weiterhin nimmt er an, dass alle Menschen mit einem «kollektiven Unbewussten» ausgestattet sind, das in symbolischer Form Erfahrungen aus der Menschheitsgeschichte enthält. Solche Symbole seien auch in Märchen, Mythen und Religionen zu finden.

Behaviorismus

Im strengen Behaviorismus gelten innere Prozesse als pure Spekulation und werden nicht untersucht. Damit steht er auf den ersten Blick in krassem Gegensatz zur Tiefenpsychologie. Und doch ist ihren Menschenbildern eines gemeinsam: Bewusstsein und Einsicht gelten in ihnen wenig. Aber nach der Tiefenpsychologie werden wir Menschen unbewusst von innen gesteuert, nach dem Behaviorismus durch äußere Reize.

Der Behaviorismus entstand Anfang des vorigen Jahrhunderts in den Vereinigten Staaten und blieb dort lange Zeit die beherrschende Strömung. Als Begründer gilt John B. Watson (1878–1958), ein weiterer bekannter Name ist Burrhus F. Skinner (1904–1990). Beide vertreten einen orthodoxen Behaviorismus, der nur objektiv Beobachtbares, nämlich Verhalten und Situationsfaktoren, untersucht, und Aussagen über innere Prozesse für unwissenschaftlich hält. Verhalten erklärt sich danach aus vorangehenden und nachfolgenden Reizen, und Menschen verändern ihr Verhalten, wenn neue Verknüpfungen mit Auslösereizen oder mit Bekräftigungen bzw. Bestrafungen erworben werden (klassische Konditionierung und operante Konditionierung;

s. auch S. 69). Es ist diese Lerngeschichte, die den einzelnen Menschen formt.

Obwohl behavioristische Forscher zahlreiche Belege für die Wirksamkeit dieser Lernvorgänge vorlegen und nützliche Anwendungen in Erziehung und Therapie demonstrieren konnten, erwies es sich doch auf Dauer als unhaltbar, innere Prozesse außer Acht zu lassen. So entwickelte sich seit den 1960er Jahren, maßgeblich eingeleitet von Albert Bandura, der sog. Kognitive Behaviorismus. Zwischen Reizen und Verhaltensweisen werden jetzt auch kognitive Prozesse wie Bewertungen und Erwartungen angenommen. Der Mensch ist damit nicht mehr nur ein Reagierender, sondern zugleich ein aktiver Gestalter seiner Umwelt und seiner Lernprozesse. Im Zuge dieser Fortentwicklung wurde auch die aus dem Behaviorismus hervorgegangene Verhaltenstherapie nach und nach immer mehr zur Kognitiven Verhaltenstherapie.

Kognitivismus

Wer den Menschen als denkendes, erkenntnisfähiges und zielgerichtet handelndes Wesen versteht, ist in dieser Theorierichtung am besten aufgehoben. Aus ihrer Sicht verarbeiten wir Informationen aus der aktuellen Situation, und mit Hilfe unserer Gedächtnisinhalte verleihen wir ihnen Bedeutung. Durch bewusstes Handeln verändern wir die Situation, nehmen diese wiederum wahr, geben ihr eine Bedeutung, handeln erneut und so fort in ständigem Wechselspiel.

Der Kognitivismus hat keinen einzelnen Begründer, aber eine Reihe von frühen Vorläufern. Zu ihnen kann man schon Wilhelm Wundt (1832–1920) zählen, der 1879 an der Universität Leipzig das erste psychologische Experimentallabor der Welt gründete (die ersten Experimente befassten sich übrigens mit Reaktionszeiten). Seine Bewusstseinspsychologie setzte ganz andere Akzente als Freuds Lehre vom Unbewussten. In den 1920er Jahren blühte in Deutschland die sog. Gestaltpsychologie, die empirisch untersuchte, wie sich Wahrnehmungs- und Denkprozesse strukturieren. Einer ihrer Vertreter war Max Wertheimer (1880–1943), der, wie viele Gestaltpsychologen, aus Nazi-Deutschland in die USA emigrierte und dort zu erforschen suchte, wie produktives, schöpferisches Denken zustande kommt. Der Schweizer Jean Piaget (1896–1980) machte sich seit den 1940er Jahren einen Namen durch seine Theorien zur Entwicklung des kindlichen Denkens.

Zu einer breiten Strömung, die sämtliche Bereiche des psychischen Geschehens erfasst, wurde der Kognitivismus erst etwa seit den 1960er Jahren. Wo Tiefenpsychologen nach unbewussten Gefühlen und Konflikten suchen und orthodoxe Behavioristen nach Reiz-Reaktions-Verbindungen, bemühen sich Kognitivisten, gedankliche Prozesse aufzuspüren. Einige Stichwörter mögen die Bandbreite andeuten: Informationsverarbeitung, Wissensaufbau, Erwartung, Neugier, Bewertung, Zielsetzung, Attribution (Ursachenzuschreibung), Entscheidung, Handlungsplanung, Selbststeuerung, kreatives Denken, Selbstbild, Kommunikation, Einfühlung usw. Selbst hoch emotionale Phänomene wie Stressempfinden oder Angst lassen sich kognitivistisch ausdeuten (s. Kapitel 8.2. und 8.3).

Humanistische Psychologie

Mitte der fünfziger Jahre entwickelte sich in den USA die sog. Humanistische Psychologie. Auch sie hat keinen einzelnen Gründer, aber eine Reihe wichtiger Namen. Unter anderem sind dies Charlotte Bühler (1893–1974), eine berühmte Entwicklungspsychologin, Carl R. Rogers (1902–1987), der Begründer der klientenzentrierten Gesprächspsychotherapie, und Abraham Maslow (1908–1970), dessen Hierarchie menschlicher Bedürfnisse tausendfach zitiert wird. Nach Maslow müssen zuerst Defizitbedürfnisse wie Hunger und Sicherheit befriedigt sein, ehe Menschen nach Wachstum streben, mithin nach Leistung, Anerkennung, Ästhetik und Selbstverwirklichung.

Gerade diese Wachstumsbedürfnisse sieht die Humanistische Psychologie als wesentliches Merkmal des Menschen. Weiterhin betont sie, wie sehr wir alle in unserer ganz persönlichen Welt leben und welch große Bedeutung es hat, wie wir uns *selbst* erleben und über uns denken. Das Selbstbild ist einer ihrer zentralen Begriffe. Personale Aspekte haben für das Erleben und Verhalten somit stärkeres Gewicht als situative.

Die Humanistische Psychologie verstand sich damals als «dritte Kraft» neben der klassischen Psychoanalyse und dem orthodoxen Behaviorismus. Sie wandte sich vor allem gegen deren mechanistische Menschenbilder, in denen Erkennen und Entscheiden wenig Platz hatten. Mit der «Wiederentdeckung» des Bewusstseins trug die Humanistische Psychologie auch zum kognitivistischen Denken bei, das einige Zeit später, wie dargestellt, zu einer breiten Strömung wurde. Sie ist aber nicht so rationalistisch wie einige strenge Kognitivisten, sondern betont eher das Erleben von Gefühlen und Motivationen.

Darüber hinaus haben sich weitere theoretische Sichtweisen entwickelt, von denen einige kurz erwähnt seien. So hat in den letzten Jahrzehnten *systemisches* Denken in einigen Feldern an Bedeutung gewonnen. Die systemische Sichtweise betont besonders die *inter*personalen Bezüge und sieht den einzelnen Menschen als Teil eines umfassenderen Systems mit engen Verflechtungen (z. B. eine Familie). Diese Sichtweise findet man heute auch innerhalb der zuvor beschriebenen Richtungen, also z. B. als psychoanalytische Familientherapie oder als verhaltenstherapeutisches Paartraining.

In jüngster Zeit ist auch von der *biopsychologischen* Perspektive immer wieder die Rede, die psychische Phänomene vor allem aus der Funktionsweise des Gehirns und Nervensystems sowie der Hormone erklärt. Allerdings handelt es sich hier weniger um eine theoretische Richtung, eher um einen besonderen Blickwinkel auf psychisches Geschehen; denn *dass* dieses eine organische *Seite* hat, ist im Prinzip selbstverständlich. In weitem Sinne biologisch ist auch der *evolutionspsychologische* Ansatz. Er versucht, psychische Phänomene wie z. B. Emotionen aus der Stammesgeschichte des Menschen zu erklären.

Insgesamt liefert wohl jede Theorierichtung wichtige Beiträge zum Verständnis psychischen Geschehens. Häufig lässt sich ein bestimmtes Phänomen leichter aus dem Ansatz A und ein anderes leichter aus Ansatz B klären. Zudem kann man wohl sagen, dass heute die einzelnen Strömungen weniger als vor Jahrzehnten nur nebeneinander existieren und konkurrieren. Viele Forscher sehen durchaus Berührungspunkte und bemühen sich um eine Integration der Theorien. Orthodoxe Positionen und reine Lehren werden kaum noch vertreten.

Soweit man die Grundideen als Menschenbilder versteht, bleibt es fraglich, ob überhaupt jemals eine Entscheidung darüber möglich ist, welches Bild dem «Wesen» des Menschen am besten gerecht wird. Einzelne Hypothesen, die aus den Grundannahmen der Theorieansätze abgeleitet werden, lassen sich jedoch häufig überprüfen – und das ist das Geschäft der Wissenschaft.

Schwerpunkt:
Person und Entwicklung

In diesem Schwerpunkt richtet sich der Blick vorrangig auf den einzelnen Menschen und seine Entwicklung. Von den insgesamt elf Themen werden die ersten fünf von fragwürdigen populären Vorstellungen her aufgerollt (Kapitel 7). Die weiteren sechs Themen (Kapitel 8) stehen unter geläufigen Titelbegriffen. Es geht dort um individuelle Merkmale und Probleme von Menschen (Intelligenz, Stress, Angst, Glück) sowie um einige Fragen der Diagnostik und Therapie.

7. Populäre Irrtümer und Kurzschlüsse

Die Aussagen, die als Titel über den fünf Themen dieses Kapitels stehen, klingen vielleicht wie Binsenweisheiten, und doch kann man sie aus wissenschaftlicher Sicht nicht so stehen lassen. Die Aussagen über die Macht von Charakterzügen und über das turbulente Jugendalter sind zwar nicht ganz falsch, aber doch sehr einseitig. Die anderen drei Aussagen sind als regelrechte Irrtümer anzusehen. Sie betreffen die Frage, was Erblichkeit bedeutet, ob Geschwister in der gleichen Umwelt aufwachsen, und ob es der kindlichen Entwicklung schadet, wenn beide Eltern berufstätig sind.

7.1 «Der Charakter bestimmt das Verhalten eines Menschen»

Als die Mutter des jungen Mannes schwer an Krebs erkrankte, pflegte er sie lange und aufopferungsvoll, und als sie starb, war er so tief erschüttert, wie der behandelnde Arzt selten einen Menschen gesehen hatte. Diesem Arzt, einem frommen Juden, der sich fürsorglich um die kranke Frau bemüht hatte, dankte der junge Mann mit den Worten: «Ich werde Ihnen, Herr Doktor, ewig dankbar sein». Und das war er dann auch. In den folgenden Jahren schickte er ihm Neujahrsgrüße aus Wien, und noch dreißig Jahre später, als er zum Führer des Deutschen Reiches aufgestiegen war, stellte er ihn beim «Anschluss» seiner österreichischen Heimat unter seinen besonderen Schutz. «Lebt mein guter alter Dr. Bloch noch», soll er gefragt haben, und er befahl, dass der Arzt in seiner Linzer Wohnung bleiben durfte und diese nicht als Judenwohnung gekennzeichnet wurde. Später emigrierte Eduard Bloch in die Vereinigten Staaten.

Gewiss würde niemand sagen, dass Sorge um das Wohlergehen der Mitmenschen zu Hitlers herausragenden Charakterzügen gehörte, zumal wenn es sich um Juden handelte. Und dennoch: der schlimmste Antisemit der Weltgeschichte stellte einen Juden unter seinen Schutz, wie die Historikerin Brigitte Hamann herausgefunden hat. Macht das Hitler zu einer widersprüchlichen Persönlichkeit? Ist ein Verhalten, das von persontypischen Tendenzen abweicht, psychologisch ungewöhnlich? Das wäre es nur, wenn man davon ausgeht, jegliches Verhalten eines Menschen müsse sich auf einen Nenner bringen lassen, auf eine feststehende Charaktereigenschaft, von der es ausschließlich bestimmt wird. Wie in Kapitel 4 erörtert, wird Verhalten aber immer auch von Kontextfaktoren bestimmt, in diesem Fall von einer besonderen interpersonalen Beziehung. Die Annahme, das Verhalten eines Menschen sei ein Ausdruck seiner Charaktereigenschaften, ist damit zwar nicht falsch, aber doch ein Kurzschluss, eine unzulässige Vereinfachung.

Während im Beispiel Hitler ein Mensch mit deutlich antisozialen Eigenschaften positives Sozialverhalten zeigt, findet man ebenso das Umgekehrte, nämlich gewalttätiges Verhalten durch Menschen, die ansonsten von allen, die sie kennen, als friedfertig bezeichnet werden. Oder sollte man annehmen, dass z. B. alle Soldaten, die im Zweiten Weltkrieg eingezogen wurden und sich am Töten und Verwüsten beteiligten, insgeheim gewalttätige Charaktere waren? Eine solche Annahme übersieht die Macht der speziellen Situation, die von den beteiligten Personen Handlungsweisen erzwingt, die sie weder davor noch danach jemals zeigten bzw. zeigen. Wie viel Sinn macht da die gelegentlich zu hörende Deutung, in dieser Situation habe sich der «wahre Charakter» gezeigt? Ist das persontypische Verhalten dann sozusagen «unwahr»?

Die Alltagspsychologie neigt dazu, erstens das Gewicht personaler Faktoren zu überschätzen und die Rolle von Kontextfaktoren zu unterschätzen, und zweitens die Personfaktoren als sehr umfassende Eigenschaften zu verstehen («X ist ordentlich», «Y ist aggressiv», «Z ist humorvoll» etc.).

Vorsicht: Überschätzung der «Person»

Zum ersten Punkt: Wenn wir das Verhalten eines anderen Menschen erklären, schauen wir vornehmlich auf die Person und vernachlässigen äußere Einflüsse. Für diese Tendenz gibt es seit langem zahlreiche Belege. In einem Experiment von Napolitan und Goethals schlossen Beurteiler aus dem freundlichen bzw. dem unfreundlichen Verhalten einer jungen Frau auf einen warmherzigen bzw. einen kühlen Menschen – auch dann, wenn man ihnen erklärt hatte, dass die Frau sich so verhalten *sollte*, das Verhalten somit eigentlich situationsbedingt war. In einem anderen Experiment betrachteten die Beurteiler einen in einem «Redewettbewerb» geäußerten politischen Standpunkt überwiegend als Ausdruck der wirklichen Einstellung des Redners, auch wenn sie informiert worden waren, dass ihm dieser Standpunkt vorgegeben war.

Was hier passiert ist, wird in der Psychologie als «fundamentaler Attributionsfehler» (Zuschreibungsfehler) bezeichnet. Es ist die Tendenz, vom Verhalten eines Menschen auf persönliche Eigenschaften, Einstellungen etc. zu schließen, selbst wenn sich dieses Verhalten durch offensichtliche Situationsfaktoren (in den Experimenten: durch die Anweisung) gut erklären lässt. Wie selbstverständlich scheint das, was ein Mensch tut, aus ihm selbst zu entspringen.

Die Verschmelzung von Verhalten und Person wird durch unsere Sprache unterstützt. Man sagt: «X *verhält sich* dominant ..., feindselig ..., unterwürfig ...» usw., und ebenso sagt man: «X *ist* dominant ..., feindselig ..., unterwürfig ...». Diese Sichtweise wird auch gepflegt, wenn z.B. Schüler bei der Behandlung eines Dramas aus den Äußerungen und Handlungen der Figuren – interessanterweise auch «Charaktere» genannt! – eine *Person*beschreibung ableiten sollen, selten hingegen eine Kontextbeschreibung. Auf diese Weise wird ganz nebenbei Alltagspsychologie verfestigt: Das Verhalten der «Charaktere» ist eben Ausdruck ihres Charakters. Die sprachliche Gleichsetzung verrät die psychologische Denkweise.

Wie kommt es zu dieser Tendenz? Ein Grund für die Personzentrierung ist sicherlich die Blickrichtung. Als Betrachter schaut man auf die handelnde Person, sie ist Akteur und zieht die Aufmerksamkeit auf sich. Der umgebende Kontext wird lediglich wie eine Kulisse im Hintergrund wahrgenommen. Wenn dies so ist, wäre zu erwarten, dass Menschen ihr *eigenes* Verhalten weniger «personal» erklären. Denn wir selbst schauen sozusagen von innen auf die Situation und weniger auf uns selbst. In der Tat werden beim eigenen Verhalten die Erklärungen meist «situativer». Beobachten wir etwa bei einem anderen Menschen einen Ärgerausbruch, werden wir eher schließen, er sei «jähzornig», als bei uns selbst – da sehen wir doch vorrangig den Anlass, der uns dazu «gebracht» hat. Ross und Nisbett berichten über eine Studie, in der Studierende nach den Gründen für ihr Engagement bzw. ihr fehlendes Engagement bei der Vorbereitung einer Uni-Veranstaltung gefragt wurden. Die Betroffenen selbst verwiesen vornehmlich auf die gute bzw. schlechte Bezahlung, während Außenstehende viel eher Unterschiede in der persönlichen Einsatzbereitschaft vermuteten.

Neben der Wahrnehmungsperspektive – Blick auf die Person bzw. auf das Umfeld – lenkt auch die *soziale Wertung* unsere Erklärungen, und zwar besonders dann, wenn es um das eigene Verhalten geht. So kann man eigenes Fehlverhalten natürlich gut mit der Situation «entschuldigen», während man lobenswertes Verhalten eher als Ausdruck persönlicher Einstellungen betrachtet («Ist doch selbstverständlich»). In klangvollem Psychologen-Deutsch heißt dies: Menschen bevorzugen Erklärungen, die «selbstwertdienlich» sind.

Vorsicht: Eigenschaftswörter verallgemeinern!

Nun zu der zweiten erwähnten Tendenz der Alltagspsychologie: Personmerkmale werden oft als *umfassende* Eigenschaften verstanden: «X ist ein friedfertiger Mensch», «Y ist eine ehrliche Haut». Zeigt nun ein Mensch verschiedene Facetten, die sich nicht leicht auf einen Eigenschaftsnenner bringen lassen, hilft man sich gelegentlich, indem man auch dies zu einer Eigenschaft macht: «X ist ein widersprüchlicher Charakter», ist «unberechenbar» oder gar «schizophren». Aber sind z. B. Schüler widersprüchliche Persönlichkeiten, wenn sie sich bei Lehrer A ganz brav und bei Lehrer B chaotisch verhalten?

Eigenschaften, die man einem Menschen zuschreibt, sind in jedem Fall Konstruktionen im Kopf des *Urteilers* – offen bleibt, wie gut sie damit die Persönlichkeit des *Beurteilten* treffen. Häufig verallgemeinert man dabei über Gebühr. Kann man wirklich sagen, dass ein Mensch ordentlich «ist», ehrlich «ist», hilfsbereit «ist», friedfertig «ist», aggressiv «ist»? Sind dies nicht eher Verkürzungen, die außer Acht lassen, dass dieser Mensch sich nur in bestimmten Kontexten so verhält, in anderen aber nicht? Möglich ist auch, dass eine Person X sich in bestimmter Hinsicht tatsächlich sehr konstant verhält, in anderer Hinsicht jedoch eher uneinheitlich je nach Situation. Vielleicht legt Herr X Wert darauf, sich immer friedfertig zu verhalten, aber nicht immer ehrlich, während es bei Frau Y eher umgekehrt ist.

Nun wird auch in der Psychologie versucht, vielfältige Verhaltenstendenzen auf umfassende Eigenschaften zu reduzieren, allerdings erst nach ausgiebigen Zusammenhangsanalysen. Das Musterbeispiel sind die Big Five (s. S. 65). Doch auch sie können das Verhalten von Menschen nicht erschöpfend erklären; auch sie machen also einen gründlichen Blick auf Person- *und* Kontextfaktoren und die Art ihres Zusammenspiels nicht überflüssig.

Bei Aussagen über Personfaktoren gibt es jedoch auch Alternativen. Statt mit Charaktereigenschaften lässt sich das Verhalten eines Menschen oft leichter mit *weniger allgemeinen* Personfaktoren erklären und vorhersagen, etwa mit Einstellungen, Interessen, Vorlieben, Abneigungen und Verhaltensgewohnheiten. Solche Angaben sind spezifischer, weil sie faktisch auch Kontexte mit ansprechen, denn es geht dann ja um eine Einstellung «zu» … (z. B. Kernenergie), ein Interesse «für» … (z. B. Malerei) oder eine Abneigung «gegen» … (z. B. deutsche Schlager). Mit spezifischen Angaben wird vielleicht auch aus einem «ängstlichen» Menschen ein Mensch mit starker Prüfungsangst, aber ohne Höhenangst. Ein «hilfsbereiter» Mensch ist dann vielleicht einer, der fast immer ja sagt, wenn man ihn um einen Gefallen bittet, allerdings nicht in einer Hilfsorganisation mitarbeitet. Oder ein «ordentlicher» Mensch lässt in seiner Wohnung nichts herumliegen, aber die Ordnung in den Schränken ist nicht so seine Sache. Solche spezifischen Aussagen zur Person passen meist besser zu dem sichtbaren Verhalten als Eigenschaftswörter (s. auch S. 65 f.).

Noch ein weiterer Aspekt kann den Erklärungswert von personbezogenen Aussagen verbessern. Bei *Charakter*eigenschaften denkt man nämlich vorrangig an die sozialen Haltungen und moralischen Wertvorstellungen eines Menschen. Dass Verhalten auch eine Frage des *Könnens* ist, wird leicht übersehen. So haben manche Menschen durchaus den Wunsch, Beziehungen anzuknüpfen, nicht aber die soziale Kompetenz, dies auch umzusetzen. Manche Menschen möchten sich weniger aggressiv verhalten, aber es mangelt ihnen an der Fähigkeit zur Selbstkontrolle. Wenn man also auf der Personseite auch Aspekte des Könnens wie Fähigkeiten oder eingeschliffene Automatismen beachtet, kommt man meist weiter als mit Erklärungen allein aus dem «Charakter».

Dennoch ist es schwer, im Alltag ohne allgemeine Eigenschaftswörter wie «extravertiert», «ängstlich», «hilfsbereit», «intelligent» auszukommen. Wir können sie kaum vermeiden, wenn wir uns mit anderen in knapper Form über typische Verhaltenstendenzen eines Menschen verständigen wollen. Ihr Nutzen liegt dann aber weniger darin, konkretes Verhalten zu erklären, als Personen zu *beschreiben*, und dabei vergleichen wir sie implizit mit anderen Menschen. Eine Aussage wie «Ines ist ziemlich ehrgeizig» ergibt ja nur einen Sinn, wenn es Menschen gibt, die nicht ehrgeizig sind. Durch Wörter wie «sehr», «ziemlich», «wenig» usw. wird eine Person in ein gedachtes Spektrum von Menschen eingeordnet. «Ines ist ziemlich ehrgeizig» bedeutet dann «überdurchschnittlich» ehrgeizig. «Maria ist sehr hilfsbereit» heißt dann: Nur wenige Menschen, die ich kenne, helfen so oft und so gerne wie Maria. «Otto ist wenig aggressiv» bedeutet dann: Verhaltensweisen wie Beleidigen, Spotten, Hänseln oder Handgreiflichkeiten zeigt er seltener als die meisten Menschen.

Die Beschreibungen sind in jedem Fall subjektiv, und wer sich dessen bewusst ist, kann sie in eine Ich-Form kleiden wie etwa: «Ich empfinde Otto als ziemlich schüchtern» oder: «Auf mich wirkt Ottilie ziemlich dominant.» Und vielleicht fügt man noch hinzu, aus welchen Kontexten man die Person kennt. Denn es ist ja nicht bedeutungslos, ob wir jemanden nur aus dem Beruf kennen oder nur aus dem Sportverein oder nur aus privaten Geselligkeiten oder aus all diesen Kontexten.

Folgen einseitiger Person-Betonungen

Schaut man bei Verhaltenserklärungen vorwiegend auf Personaspekte, kann das zuweilen problematische Folgen haben. Nicht selten wirkt es sich in zwischenmenschlichen Konflikten recht destruktiv aus. Kommt es beispielsweise in einer Paarbeziehung zu Konflikten, werfen sich die Partner häufig gegenseitig vor, «schuld» zu sein, und vergiften damit das Klima. Ihre Aussage lautet dann im Grunde: «Du bist das Problem», obwohl der Konflikt möglicherweise auch anders betrachtet werden könnte, nämlich als Problem «zwischen» ihnen. Sagt man: «*Wir* haben ein Problem» (z.B. Missverständnisse, divergierende Interessen), dann wird aus einem Personproblem ein interpersonales Problem.

Ein anderes Beispiel ist die schriftliche Beurteilung eines Menschen, beispielsweise in Form von sog. Kopfnoten zum Leistungs- und Sozialverhalten in manchen Schulzeugnissen. Ein Argument für solche Noten lautet, dass eventuelle Arbeitgeber auf diese Weise nützliche Informationen über die Bewerber erhalten. Das ist zwar denkbar, aber keineswegs sicher. Die Beurteilungen können auch irreführen. Denn rein personbezogene Aussagen können den Eindruck erwecken, dass X beispielsweise aggressiv, unzuverlässig oder widerspenstig «ist», obwohl man eigentlich auch die Kontextfaktoren kennen müsste.

Man erfährt also nicht, ob der Schüler das benotete Verhalten wirklich bei allen Lehrkräften zeigt oder nur bei X und Y, oder ob er sich nur zusammen mit seiner Clique so verhält, nicht aber allein. Ohne solche Spezifizierungen könnten Leser sich von dem Schüler ein festes Bild machen, das sich an einem interessanten Arbeitsplatz und unter neuen Kollegen möglicherweise gar nicht bestätigen würde. Ein Schüler, der in der Schule «faul» und «unzuverlässig» erscheint, wird vielleicht anders auftreten, wenn er beispielsweise seiner großen Leidenschaft fürs Kochen nachgehen kann – aber aufgrund der Kopfnote bekommt er keine Lehrstelle als Koch.

Eine weitere problematische Folge einseitig personaler Erklärungen könnte sein, dass die Lösung eines Problems nur auf der Personebene («X muss sich ändern») gesucht wird. So könnte der Blick versperrt bleiben für eine Änderung der Umstände (z. B. der Arbeitsbedingungen) oder für eine Änderung auf interpersonaler Ebene (z. B. Kommunikationstraining für Paare), obwohl solche Ansätze vielleicht viel aussichtsreicher wären.

7.2 «Zu 70 Prozent erblich = zu 30 Prozent beeinflussbar»

Erblichkeit ist nicht nur ein Thema für die Wissenschaft, sondern auch für politische Debatten und Ideologien. So hat denn wohl jeder schon einmal Zahlen gehört wie etwa diese: «Die Intelligenz ist zu 55 Prozent erblich» oder «Charaktereigenschaften sind zu 40 Prozent erblich». Doch was bedeuten eigentlich solche Aussagen? Und was hat die folgende Geschichte damit zu tun?

Cocotanien war bislang ein Land mit sozialen Gegensätzen. Während die meisten Menschen niemals eine Schule besuchten und für immer Analphabeten blieben, bekamen die Kinder einer reichen Oberschicht eine geradezu elitäre Schulbildung. Aber zwei Ereignisse veränderten das Land innerhalb weniger Jahre. Zum einen wurden in Cocotanien riesige Erdölvorkommen entdeckt, und zum anderen bekam das Land einen neuen Regenten. König Coco XII. war menschlicher und weiser als seine Vorgänger und lenkte das Geld aus den Erdölexporten in das Bildungssystem seines Landes. Bald gingen alle Kinder zur Schule und erhielten eine so exzellente Förderung, dass auch die Bildungspolitiker aus allen 16 deutschen Bundesländern heimlich anreisten, um von Cocotanien zu lernen.

Aber auch die Wissenschaftler kamen mit ihren Tests herbei. 20 Jahre zuvor hatten sie schon einmal in Cocotanien landesweite Erhebungen durchgeführt und stellten nun mit Freude fest, dass sich die geistigen Fähigkeiten – sowohl schulische Kompetenzen als auch Intelligenztestleistungen – tatsächlich im Durchschnitt deutlich verbessert hatten und dass überdies die Unterschiede der Cocotanier hinsichtlich dieser Fähigkeiten nicht mehr so groß waren wie früher.

Die Forscher nutzten darüber hinaus die Gelegenheit für eine erneute Studie zur Erblichkeit geistiger Fähigkeiten, wie üblich mit Hilfe von Zwillingsstudien und Adoptionsstudien. Und nun kommt die entscheidende Frage: Welches Ergebnis wäre nach den Veränderungen in Cocotanien für den *Grad der Erblichkeit* zu erwarten? Zu welcher der folgenden Antworten würden Sie tendieren?

☐ Vermutlich hat sich die Erblichkeit *verringert*.

☐ Vermutlich hat sich die Erblichkeit *vergrößert*.

☐ Solche Änderungen in der Umwelt *ändern nichts* an der Erblichkeit.

☐ Keine Ahnung. Ich kenne Cocotanien ja gar nicht.

Nehmen Sie sich etwas Zeit zum Nachdenken!

Um die Frage zu beantworten, muss man wissen, worauf sich Prozentzahlen zur Erblichkeit beziehen. Weiß man dies, wird man folgern, dass durch die Bildungsrevolution in Cocotanien der Grad der Erblichkeit steigen müsste! Wieso das?, werden Sie vielleicht fragen. Sollte man nicht annehmen, dass durch eine intensive Schulbildung eher der Umweltanteil mehr Gewicht bekommt? Nein, diese Annahme beruht auf einem verbreiteten, auch in öffentlichen Debatten mitschwingenden Irrtum zum Thema «Erblichkeit»! Der Sachverhalt ist nach meinen Erfahrungen allerdings nicht ganz leicht zu verstehen. Ich gebe zu, dass es mir bei der ersten Beschäftigung mit dem Thema auch so ging.

Grad der Erblichkeit = Stärke der genetischen Wirkung?

Der Irrtum liegt in der Annahme, die Prozentzahlen gäben an, ob die Erbanlagen oder die Umweltfaktoren sozusagen mehr «Kraft» bei der Entwicklung einer Person entfalten; man denkt an Wirkungen *innerhalb* eines Menschen. Tatsächlich beziehen sich die Anteile jedoch auf die Erklärung von *Unterschieden* zwischen den Menschen: Welche Rolle spielen hierbei genetische oder Umweltunterschiede? Auf den Einzelnen bezogen gibt es, genau genommen, gar nicht mehr oder weniger Umwelt-«Einfluss», sondern nur unterschiedliche Arten der Umwelt. Wenn man z. B. die schulische Förderung intensiviert, heißt

Wie Pferde und Jockeys

In anschaulicher Weise vergleicht der Persönlichkeitsforscher Jens Asendorpf die Anteile von Erbe und Umwelt mit den Anteilen von Pferd und Jockey beim Pferderennen. Will man die Unterschiede in den Rennleistungen erklären, so gilt: Je «gleicher» die Pferde, umso wichtiger der Jockey und umgekehrt. Wenn alle Pferde gleich gut sind, kommt es nur auf den Jockey an; sein Anteil am Erfolg steigt rechnerisch auf 100 Prozent und der Anteil der Pferde sinkt auf null. Sind alle Jockeys gleich gut, hängen die Leistungen zu hundert Prozent von den Pferden ab. Dennoch bleibt es bei jedem einzelnen Pferd-Jockey-Paar eine gemeinsame Leistung: Pferd und Jockey wirken untrennbar zusammen, beide sind sozusagen zu hundert Prozent beteiligt.

das ja nicht, dass die Umwelt jetzt mehr Einfluss bekommt, sondern dass die Person jetzt einer *anderen* Umwelt ausgesetzt ist und ihre Entwicklung damit in eine andere Richtung gelenkt wird.

Mit welchem Anteil diese Umweltunterschiede und die genetischen Unterschiede an der Unterschiedlichkeit von Menschen beteiligt sind – nur darum geht es bei den Prozentzahlen. Die individuellen Unterschiede sind umso eher genetisch bedingt, je mehr sich die Menschen in ihren Genomen unterscheiden, und ebenso ist der «Einfluss» der Umwelt umso bedeutender, je größer die Umweltunterschiede sind. Eine Aussage wie etwa «Die Intelligenz ist zu 55 Prozent erblich bedingt» ist insofern eine missverständliche sprachliche Verkürzung. Sie müsste eigentlich lauten: In der untersuchten Bevölkerung beruhen die Intelligenzunterschiede zu 55 Prozent auf genetischen Unterschieden (im Fachterminus: die Varianz der Intelligenzwerte lässt sich zu 55 Prozent durch genetische Varianz erklären). Dabei handelt es sich übrigens immer um statistische Werte aus Untersuchungen an größeren Stichproben, nicht um Zahlen, die sich auf zwei konkrete Personen übertragen lassen.

Bei jedem *einzelnen* Menschen wirken Erbe und Umwelt untrennbar zusammen. Man kann also z.B. die Ängstlichkeit von Otto A. nicht zu 40 Prozent auf seine Gene und zu 60 Prozent auf die Umwelt oder die Intelligenz von Ottilie B. zu 70 Prozent auf ihre Gene und zu 30 Prozent auf die Umwelt zurückführen. Jeder Faktor funktioniert nur zusammen mit dem anderen, und ihre Mitwirkungsanteile auseinanderzurechnen, wäre so unergiebig, wie wenn man darüber stritte, ob der Magen oder die Nahrung den größeren Anteil an der Verdauung hat. Wenn der eine Mensch lernbehindert und der andere ein Genie ist – in beiden Fällen haben sein Genom wie auch seine Umwelt jeweils sozusagen zu hundert Prozent mitgewirkt.

Aber man kann fragen, woher der *Unterschied* zwischen diesen beiden Menschen kommt, und daran könnten genetische Unterschiede und Umweltunterschiede in unterschiedlichem Maße beteiligt sein. Der genetische Anteil kann hierbei sogar null sein, sofern es sich nämlich um eineiige, also genetisch identische Zwillinge handelt. Den umgekehrten Fall, nämlich eine absolut identische Umwelt für zwei Menschen, gibt es real zwar nicht, aber könnte man sie erschaffen, so wäre der Umweltanteil an den Unterschieden der Menschen ebenfalls null – ohne dass sie für jeden Einzelnen weniger bedeutsam wäre! Selbst wenn eine Krankheit eindeutig auf einer genetischen Abweichung beruht und deshalb als «Erbkrankheit» gilt, heißt das nicht, dass sie sich ohne Umwelt entwickeln kann. Es heißt vielmehr: dass ein bestimmter Mensch die Krankheit bekommt, während andere sie nicht bekommen – dieser Unterschied beruht auf einer unterschiedlichen genetischen Ausstattung.

Und nun zurück zu Cocotanien. Weil dort durch die Einführung der Schulpflicht die Umwelt für die Heranwachsenden «gleicher» geworden ist, also die Umweltunterschiede geringer geworden sind, beruhen die Intelligenzunterschiede zwischen den Bewohnern nun stärker als vorher auf genetischen Unterschieden. Und man könnte das Beispiel noch weiter denken: Wenn es gelänge, jeden einzelnen Bewohner wirklich optimal zu fördern, dann wären die verbleibenden Unterschiede nur noch genetisch erklärbar.

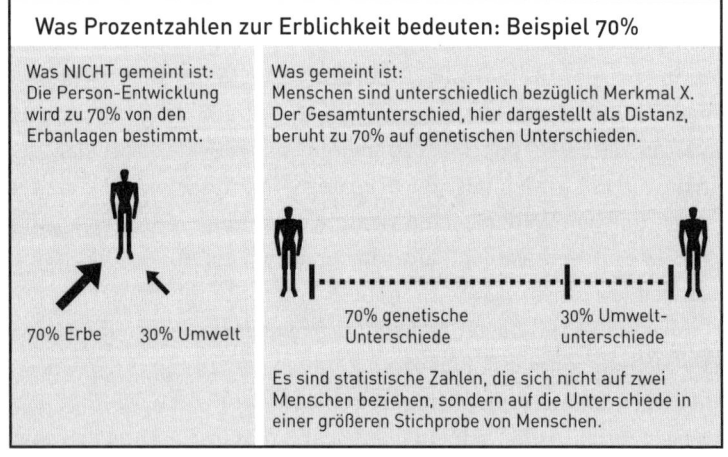

Was Prozentzahlen zur Erblichkeit bedeuten: Beispiel 70%

Was NICHT gemeint ist:
Die Person-Entwicklung wird zu 70% von den Erbanlagen bestimmt.

70% Erbe   30% Umwelt

Was gemeint ist:
Menschen sind unterschiedlich bezüglich Merkmal X. Der Gesamtunterschied, hier dargestellt als Distanz, beruht zu 70% auf genetischen Unterschieden.

70% genetische Unterschiede   30% Umwelt-unterschiede

Es sind statistische Zahlen, die sich nicht auf zwei Menschen beziehen, sondern auf die Unterschiede in einer größeren Stichprobe von Menschen.

Mit den vorangehenden Klarstellungen, die in der Tafel noch einmal zusammengefasst sind, erweisen sich auch zwei weitere Annahmen als Missverständnisse: dass nämlich Prozentzahlen zur Erblichkeit feste Größen seien und vor allem, dass sie etwas über das Ausmaß der Beeinflussbarkeit aussagen. Wieso sind das Missverständnisse?

Erblichkeitszahlen: feste Größen?

Wie das fiktive Beispiel der Schulpflicht in Cocotanien deutlich macht, sind Erblichkeitsprozente keine konstanten Größen. Sie können von Bevölkerung zu Bevölkerung variieren und sich mit gesellschaftlichem Wandel verändern. Die meisten Zwillings- und Adoptionsstudien beziehen sich auf westliche Industrienationen, und die dort gefundenen Zahlen lassen sich nicht ohne weiteres auf andere Populationen übertragen. Wo die Umweltunterschiede sehr krass sind, spielen sie, wie dargelegt, auch für die individuellen Unterschiede eine große Rolle und entsprechend kleiner ist rechnerisch der Anteil der Erblichkeit, und wo die Umwelt für alle Menschen identisch wäre, wären alle Unterschiede nur noch erblich.

Erblichkeitszahlen variieren überdies natürlich auch, je nachdem um *welche psychischen Merkmale* es geht. Es gibt keine Prozentzahlen für die Unterschiedlichkeit «ganzer» Menschen, sondern nur für einzelne Merkmale wie etwa Intelligenz, Musikalität, Einstellungen oder Religiosität. So ermittelt man beispielsweise für Intelligenzunterschiede gewöhnlich eine höhere Erblichkeit als für Unterschiede in Einstellungen. Aufs Ganze gesehen, also bei einer Gesamtschau auf viele Einzelmerkmale, haben genetische Unterschiede und Umweltunterschiede ungefähr dasselbe Gewicht.

Genetisch bedingt = unveränderlich?

Prozentzahlen zur Erblichkeit haben nichts zu tun mit der Frage, wie weit die Erziehung und andere Umwelteinflüsse etwas bewirken können! «70 Prozent erblich» bedeutet also nicht: «Nur noch zu 30 Prozent beeinflussbar, erziehbar, trainierbar». Denn da ja Erblichkeitswerte nur zur Erklärung individueller Unterschiede dienen und nicht zur Erklärung der individuellen Entwicklung, können sie auch nichts darüber sagen, wie weit diese Entwicklung zu beeinflussen ist. Wie dargelegt, wirken in der Entwicklung jedes einzelnen Menschen Erbe und Umwelt (sowie die Eigenaktivität; s. S. 71) untrennbar zusammen, ohne dass sich ihre Beiträge beziffern ließen.

Will man Aussagen über die Beeinflussbarkeit machen, so müsste man die Umweltunterschiede künstlich vergrößern und z. B. in einem Experiment eine Gruppe in bestimmter Weise fördern, die andere nicht. Im Prinzip macht man genau dies, wenn man pädagogische oder therapeutische Methoden erprobt (ohne dass man hier von «Umweltunterschieden» spricht). Allerdings erlauben solche Versuche keine allgemeinen Aussagen über das, was *maximal* möglich ist, also über das Ausmaß der Beeinflussbarkeit. Man kann immer nur sagen, dass man mit den *bislang* ausprobierten Beeinflussungen dies oder jenes oder gar nichts bewirkt hat.

Wie groß der Spielraum für Veränderungen ist, lässt sich also nicht beziffern. Vielleicht könnte er größer sein als bisher gedacht, wenn neue Erziehungsmethoden oder besser auf den Einzelfall zugeschnittene Förderungen entwickelt würden. Und wo psychologische Einflussnahmen scheitern, können eines Tages vielleicht Medikamente, wie etwa «Gedächtnispillen», Wirkungen erzielen, die bislang undenkbar schienen.

Selbst bei hundertprozentiger Erblichkeit kann eine Einflussnahme möglich sein. Ein in der Wissenschaft berühmtes Beispiel ist die Stoffwechselstörung Phenylketonurie. Diese Krankheit beruht eindeutig auf einer genetischen Abweichung und führt unter «normalen» Umweltbedingungen zu schweren geistigen Behinderungen. Aber mit einer speziellen Diät, die von früh auf eingehalten wird, ist eine nahezu gesunde Entwicklung möglich. Eine andere Umwelt in Form einer besonderen Ernährung kann also den Ausbruch dieser Krankheit verhindern. «Genetisch bedingt» bedeutet also nicht zwangsläufig: «Man kann nichts machen.»

So wie hier ein «krankhaftes» Gen durch Umwelteinflüsse neutralisiert wird, so können umgekehrt auch «positive» Gene wirkungslos bleiben, wenn die passende Umwelt fehlt. Ein Mensch mag genetisch noch so hervorragend auf die Entwicklung hoher Intelligenz oder Musikalität vorbereitet sein – solange es an Lerngelegenheiten fehlt (an Schulen, Lesestoff, Musikinstrumenten usw.), wird von diesen verborgenen Potenzialen nichts zur Geltung kommen.

In jüngster Zeit sorgt die sog. *Epigenetik* für Aufsehen und eröffnet ein neues Verständnis von der Art und Weise, wie Erbe und Umwelt zusammenwirken. Dazu muss man wissen, dass das «Haben» von Genen zu unterscheiden ist von der *Aktivität* der Gene. Gene sind nämlich nicht immer aktiv; sie können angeschaltet und abgeschaltet werden. Und dabei spielen die Umwelt und das Verhalten eines Menschen eine wichtige Rolle. Sie können biochemische Prozesse auslösen, die wiederum die Aktivität der Gene beeinflussen, sie also aktivieren oder lahmlegen. So ist es denkbar, dass längere Stressphasen oder psychische Traumata, die Art der Ernährung oder körperliche Bewegung die Gen-Aktivität verändern und dass die Gene auch in dem entsprechenden Zustand vererbt werden. Dieser Forschungsbereich eröffnet möglicherweise ganz neue Wege für die Prävention und Therapie körperlicher und psychischer Probleme.

7.3 «Sie sind zusammen aufgewachsen, also in derselben Umwelt»

Der Junge war 12 Jahre alt, als er einen der schmerzlichsten Augenblicke seiner Kindheit erlebte. Während er selber in einer Fabrik arbeiten musste, erhielt seine ältere Schwester Fanny ein Stipendium der Königlichen Musikakademie. Seine Eltern nahmen ihn zur Preisverleihung mit, und er schreibt später, wie ihm dabei die Tränen flossen: «Ich konnte es nicht ertragen, an mein eigenes Leben zu denken, das jenseits solchen ehrenvollen Wetteifers und Erfolges lag» (aus Dunn & Plomin, S. 102).

Dieser Vergleich zwischen seinem eigenen Leben und dem seiner Schwester, verbunden mit der Erfahrung, dass ihm weniger elterliche Zuneigung zuteil wurde, hinterließ tiefe Spuren bei Charles Dickens und war wohl ein Grund dafür, dass er sich später in seinen Romanen so sehr für die Armen und Benachteiligten engagierte.

Warum Geschwister (oft) so verschieden sind

Es ist erstaunlich, nicht zuletzt für Eltern, wie unterschiedlich Geschwister sein können. Wie ist das möglich? Haben sie nicht weitgehend dieselben Erbanlagen und dieselbe Umwelt?

Was die Erbanlagen betrifft, so haben Geschwister im Durchschnitt 50 Prozent gemeinsame und 50 Prozent unterschiedliche Genvarianten (sog. Allele). Im Einzelfall können sie von diesem 50-Prozent-Durchschnitt abweichen und genetisch stärker oder geringer übereinstimmen. Von eineiigen Zwillingen einmal abgesehen, sind Geschwister jedenfalls in bedeutsamem Maße genetisch verschieden, und das ist einer der Gründe für ihre Unterschiede.

Doch es kommt noch hinzu, dass auch ihre Umwelt überwiegend unterschiedlich ist. Das mag merkwürdig klingen, denn beim Stichwort «Umwelt» denkt man zunächst an gemeinsame Eltern, gemeinsame Verwandtschaft, eine gemeinsame Wohnung, einen gemeinsamen Wohnort, das gleiche Wohlstandniveau etc. und kommt so zu der Vorstellung, dass zusammen aufwachsende Geschwister selbstverständlich in der gleichen Umwelt aufwachsen.

Nun zeigen aber die Forschungen, dass Geschwister dennoch in verschiedenen Umwelten leben und dass selbst die Einflüsse *innerhalb* der Familie eher unterschiedliche Entwicklungen von Geschwistern fördern, als sie zu nivellieren. Vor allem für sozial-emotionale Personmerkmale wie Selbstvertrauen, Ängstlichkeit, Depressivität,

Impulsivität, Geselligkeit etc. sind die innerfamiliären Unterschiede von besonderem Gewicht. Wenn sich Charles Dickens mit dem erfolgreichen Kind einer Nachbarsfamilie verglichen hätte, hätte das dann eine ebenso tiefe Wirkung gehabt? Wohl kaum.

Was sind das im Einzelnen für Umweltaspekte, die psychologisch so wirksam sind? Da ist zunächst das *Verhalten der Eltern*. Auch wenn sie die Absicht haben, ihre Kinder «gleich» zu behandeln, wird dies nur unvollkommen gelingen – zum Teil schon deshalb, weil die Kinder sich in vieler Hinsicht, z. B. in Alter und Temperament, unterscheiden. Wie die Studien des bekannten Forscherpaares Judy Dunn und Robert Plomin zeigen, ist es normal, dass Eltern einem Kind mehr Aufmerksamkeit schenken als einem anderen, dass sie einem Kind mehr Zuwendung geben als einem anderen, oder dass sie ein Kind stärker kontrollieren als ein anderes.

Solche Unterschiede mögen Außenstehenden gering erscheinen, doch wenn ein Kind bemerkt, dass sein Geschwister anders behandelt wird als es selbst, so hat diese Erfahrung eine nachhaltige Wirkung auf die individuelle Entwicklung. So wird etwa ein Kind, das weniger Zuwendung und mehr Kontrolle erfährt als ein Geschwister, wahrscheinlich auch eher ängstlich und depressiv werden. Man kann es auch so sagen: Es kommt nicht nur darauf an, wie ein Kind von seinen Eltern behandelt wird, sondern auch darauf, wie im Vergleich dazu die Geschwister behandelt werden. Welche Unterschiede ein Kind hier wahrnimmt, das hat große Bedeutung für die Persönlichkeitsentwicklung.

Weiterhin ist die familiäre Umwelt für Geschwister auch deshalb verschieden, weil sie naturgemäß *nicht dieselben Geschwister* haben; Kind A hat B als Geschwister, B dagegen A. Und das kann wichtig sein. Beispiele: Ein Geschwister nimmt gegenüber einem anderen eine Führungsrolle ein, übt eventuell sogar starke Dominanz aus. Oder: Ein Geschwister ist für das andere ein Lehrer, es macht Verhalten vor und erklärt die Welt. Oder: Ein Geschwister ist dem anderen Helfer, Unterstützer und Vertrauensperson. Auf jeden Fall dient ein

Geschwister dem anderen als Vergleichsperson, z.B. hinsichtlich der Schulleistungen, der Beliebtheit bei anderen Kindern oder, wie erwähnt, bezüglich der Behandlung durch die Eltern.

Darüber hinaus, und dies ist leichter erkennbar, haben Geschwister auch *außerhalb der Familie* unterschiedliche Umwelten. Sie haben meist unterschiedliche Lehrer, oft auch unterschiedliche Schulen. Sie haben unterschiedliche Freunde und unterschiedliche Freizeitgruppen. Sie erleben unterschiedliche Ereignisse wie Unfälle und Krankheiten, Erfolge und Misserfolge. Sie haben später unterschiedliche Partner in einer Zweierbeziehung.

All dies bedeutet, dass auch Geschwister, die zusammen aufwachsen, nur zum geringeren Teil in einer gemeinsamen Umwelt leben, überwiegend aber in unterschiedlichen Umwelten. Selbst Zwillinge, die gleichzeitig aufwachsen, haben ihre «eigene Welt» – sowohl innerhalb der Familie als auch außerhalb. Dabei darf auch nicht vergessen werden, dass ja die Umwelt jedes Einzelnen nicht einfach «da ist», sondern durch die individuelle *Eigenaktivität* aufgesucht, geschaffen und gestaltet wird (s. S. 71 f.).

All dies heißt keineswegs, dass die Familie für die Entwicklung unwichtig ist. Es bedeutet nur, dass die familiären Erfahrungen von Kindern viel individueller sind, als das äußere Faktum «in derselben Familie aufgewachsen» auf den ersten Blick erwarten lässt.

Gemeinsame und nicht gemeinsame Umwelt im Vergleich

Die ganz individuelle Umwelt hat nicht immer so entscheidendes Gewicht wie bezüglich der oben erwähnten emotionalen und sozialen Persönlichkeitsaspekte. Bei anderen Personmerkmalen kommt der *gemeinsame*, der sozusagen familientypische Einfluss stärker zur Geltung, zumindest während der Kindheit. Das gilt etwa für die Intelligenz oder die Musikalität, da die Familie hier meist ein ungefähr gleiches Anregungsniveau für alle Kinder bietet. Weiterhin spielt der gemeinsame Familienhintergrund für Werthaltungen, Einstellungen,

Weltanschauungen und Religiosität sowie für die Neigung zu aggressivem und delinquentem Verhalten eine deutliche Rolle.

Nach der Kindheit verringert sich jedoch der Familieneinfluss auch bezüglich der eben genannten Merkmale, da mit dem Verlassen der Herkunftsfamilie die Umwelten der Geschwister weiter auseinandergehen. So stimmen denn auch die Intelligenzwerte von Geschwistern nach der Kindheit weniger überein als während der Kindheit. Bei Adoptivgeschwistern gibt es nur im Grundschulalter eine schwache Korrelation und nach der Kindheit gar keine mehr.

Zusammengefasst: Die Unterschiede zwischen Menschen beruhen sowohl auf genetischen Unterschieden als auch auf Umweltunterschieden (s. Kapitel 7.2). Die Umweltunterschiede sind aber nicht einfach Familienunterschiede, denn auch für Geschwister, die in derselben Familie aufwachsen, sind die Umwelten außerordentlich unterschiedlich. Und, für viele überraschend: Es sind gerade diese Unterschiede in der ganz individuellen Umwelt, die (neben genetischen Unterschieden) erklären können, warum sich Menschen in ihrer Persönlichkeit unterscheiden. *Welche* Umweltfaktoren Geschwister im Einzelnen gemeinsam haben und welche nicht, das kann von Fall zu Fall variieren. Klar ist aber, dass es immer gemeinsame und nicht gemeinsame Umweltanteile gibt.

Sie werden fragen: Wie kann man das überhaupt ermitteln? Denn wenn man behauptet, dass auch in einer scheinbar gleichen Umwelt heranwachsende Menschen in einer «eigenen Welt» leben und dass diese für ihre Persönlichkeitsentwicklung bedeutsamer ist als der gemeinsame Familieneinfluss, dann muss man diese Anteile ja auseinanderrechnen können. Hier bringen *Adoptionsstudien* wichtige Erkenntnisse. Denn Adoptivgeschwister haben nicht mehr gemeinsam als irgendwelche Zufallspaare – außer eben, dass sie in derselben Familie aufwachsen. Nun untersucht man: In welchem Maße werden sie durch diesen Tatbestand einander ähnlicher, verglichen mit zwei Menschen, die getrennt aufwachsen? Anders gefragt: Wie stark verringern sich dadurch ihre Unterschiede, verglichen mit Zufallspaaren?

Wie die Forschungen zeigen, werden Adoptivgeschwister nur geringfügig ähnlicher als zwei Menschen, die weder verwandt noch durch Adoption verschwistert sind. Das Gleiche gilt für biologische Geschwister, die von derselben Familie adoptiert werden. Sie haben genetische Gemeinsamkeiten (im Schnitt 50 Prozent) und stimmen schon deshalb stärker überein als Zufallspaare. Doch auch sie werden nicht viel ähnlicher als biologische Geschwister, die von verschiedenen Familien adoptiert werden.

Daraus den Schluss zu ziehen, dann müsse ihre Unterschiedlichkeit bzw. ihre Ähnlichkeit fast völlig genetisch bedingt sein, wäre aber falsch. Denn, wie erwähnt (S. 129), haben das Genom und die Umwelt im Großen und Ganzen etwa das gleiche Gewicht, wie man unter anderem aus der Zwillingsforschung weiß. Die Schlussfolgerung lautet also vielmehr: Bei jenen Personmerkmalen, bei denen der gemeinsame Familieneinfluss auf Geschwister nur eine geringe Rolle spielt, geht der Löwenanteil des Umwelteinflusses auf das Konto der nicht gemeinsamen, der ganz persönlichen Umwelt. Die Umwelt eines Menschen ist eben nicht nur außerhalb, sondern auch innerhalb einer Familie höchst individuell.

7.4 «Beide Eltern berufstätig – das muss dem Kind ja schaden»

«Das Interview mit Frau Dr. R. war und ist für Frauen, die sich aus den unterschiedlichsten Gründen gegen die berufliche Karriere und für die Familie entschieden haben, ein Schlag ins Gesicht» – so der empörte Leserbrief einer Mutter.

Was war passiert? Die Schulärztin hatte der *Neuen Osnabrücker Zeitung* berichtet, dass im Einschulungsalter Kinder von berufstätigen Müttern häufiger schulreif seien als Kinder von Müttern, die nicht arbeiten. Eine solche Aussage wird von nicht berufstätigen Müttern schwerlich als bloßer statistischer Befund zur Kenntnis genommen, sondern sie wird, menschlich verständlich, wie eine persönliche Bedrohung empfunden. Auch wissenschaftliche Themen können eben manchmal ein echter Aufreger sein, wenn sie die Lebensgestaltung oder Weltanschauung von Menschen in Frage stellen.

Das Thema «Berufstätigkeit beider Eltern» erhitzt die Gemüter von Zeit zu Zeit immer wieder. So war es in den 1970er Jahren bei der Diskussion um die «Tagesmütter», und ebenso waren in den letzten Jahren unter dem Stichwort «Krippenerziehung» heftige Debatten zu hören. Wichtig ist das Thema nicht nur für berufstätige Eltern, sondern auch für viele Alleinerziehende, die auf eine Erwerbstätigkeit oft gar nicht verzichten können.

Die Frage lautet also: Wie wirkt sich die Berufstätigkeit der Eltern, verbunden mit ihrer zeitweiligen Abwesenheit und einer Fremdbetreuung, auf die Entwicklung eines Kindes aus, zum einen auf die kognitive, zum andern auf die soziale und emotionale Entwicklung? Kann man sagen, ob dies im Vergleich zur rein häuslichen Betreuung schädlich oder vielleicht sogar vorteilhaft ist?

Der Forschungstrend ist eindeutig

Das Thema ist leider ideologisch belastet, und wenn in TV-Talkshows und anderen öffentlichen Debatten Politiker und Kirchenvertreter, nicht aber Fachleute zu Wort kommen, mag zuweilen der Eindruck entstehen, hier stünde einfach Meinung gegen Meinung. Doch die Auskünfte der psychologischen Forschung weisen schon seit Jahrzehnten (!) immer in dieselbe Richtung: Statistisch gesehen, also beim Vergleich von größeren Stichproben, ist die Berufstätigkeit beider Eltern per se nicht schädlich. Das gilt für das Kleinkindalter ebenso wie für das Grundschulalter und das Jugendalter. Im ersten Lebensjahr kann zwar ein häufiger Wechsel der Pflegepersonen problematisch sein, doch prinzipiell kommen auch Kinder unter drei Jahren mit weiteren Bindungspersonen zusätzlich zu ihren Eltern gut zurecht.

Schon in den 1970er Jahren fasste die bekannte Entwicklungspsychologin Ursula Lehr den Stand der Forschung zusammen und gab Entwarnung. Dieselbe Botschaft sendet in jüngerer Zeit Lieselotte Ahnert mit einer umfassenden Forschungsübersicht, die sich unter anderem auf kulturvergleichende Studien stützt.

Wenn man also in einem konkreten Fall im Bekanntenkreis lediglich den Tatbestand kennt, dass beide Eltern berufstätig sind, dann verbietet sich jegliche Aussage über die Folgen für das Kind. Die Forschungsergebnisse fordern vielmehr zu einer differenzierten Betrachtung auf. Das heißt: Nur wenn man mehrere Bedingungen berücksichtigt (von denen gleich die Rede sein soll), kann man zu einer fundierten Beurteilung gelangen. Im Einzelfall kann die doppelte Berufstätigkeit ungünstig oder auch günstig sein – immer verglichen mit der beständigen häuslichen Anwesenheit eines Elternteils, meist der Mutter. Umgekehrt gilt dasselbe! Wenn man lediglich weiß, dass die Mutter nicht berufstätig ist, kann man noch nichts darüber sagen, ob dies für das Kind günstig oder ungünstig ist.

Seltsamerweise wird öffentlich fast ausschließlich diskutiert, ob die *Berufstätigkeit* bei zeitweiliger Fremdbetreuung für das Kind schädlich ist. Ob umgekehrt vielleicht auch die *ausschließlich häusliche* Betreuung des Kindes Risiken bergen könnte, wird hingegen kaum einmal gefragt. Dabei ist doch eigentlich weithin bekannt, wie lieblos, wie eintönig, zuweilen gar gewalttätig es in manchen Familien zugeht. Dem Slogan derer, die streng am traditionellen Familienmodell festhalten, nämlich «Krippenerziehung ist Risikoerziehung», könnte man also entgegenhalten: Nirgends ist, statistisch gesehen, das Risiko einer Misshandlung so groß wie in der eigenen Familie. Doch auch dann, wenn man nicht an solche Extremfälle denkt, kann man so manchem Kind sicherlich nur wünschen, dass es wenigstens zeitweilig außerhalb der Familie unter freundlicher und anregungsreicher Betreuung lebt, womöglich zusammen mit anderen Kleinkindern.

Viele Mütter, die sich zu Hause «um die Familie kümmern», verbringen bei genauem Hinsehen die Zeit vorrangig mit Haushaltstätigkeiten und der physischen Versorgung der Kinder, sprechen aber mit ihren Kindern nicht mehr als Mütter, die vom Beruf heimkehren. Und falls eine Mutter, die «viel Zeit für das Kind» hat, den ganzen Tag an ihm herumerzieht, statt dem Kind Raum für Neugier und Selbsterprobung zu geben, dann «kümmert» sie sich zwar um das Kind, aber nicht in einer förderlichen Weise.

Weil es viele solcher problematischen Fälle gibt, ist leicht zu verstehen, dass *im statistischen Vergleich* die rein familiäre Betreuung nicht überlegen ist. Verschiedene Forschungen sprechen sogar eher dafür, dass, jedenfalls ab dem zweiten Lebensjahr, eine ergänzende außerfamiliäre Betreuung nicht nur nicht schädlich, sondern sogar förderlich ist. Das gilt zum einen für die kognitive Entwicklung (und damit auch für die Schulreife), die in Kindertagesstätten von professionellen Erzieherinnen durch anregendes Sprechen und Spielen gefördert werden kann. Es gilt auch für die Selbständigkeit und das Selbstvertrauen sowie die soziale Kompetenz und Kontaktfähigkeit im Umgang mit anderen Kindern. Das liegt offenbar nicht nur an den Anregungen und Kontakten, die das Kind außer Haus bekommt, sondern auch an den berufstätigen Müttern. Sehr häufig legen sie selbst Wert auf Bildung, Leistung und Selbstentfaltung, bringen aus dem Berufsleben nützliche Erfahrungen mit (z. B. im Umgang mit Technik, im Organisieren), und können mit diesen Haltungen und Kompetenzen auch in der Familie als Vorbild wirken und in vielen Dingen Anregungen geben.

All dies schließt nicht aus, dass in bestimmten *Einzelfällen* die Berufstätigkeit beider Eltern doch problematisch sein kann, die ausschließlich häusliche Betreuung allerdings auch!

Worauf es ankommt

Auf welche Bedingungen sollte man im Einzelfall achten? Wovon hängt es ab, welche Auswirkungen zu erwarten sind? Die Berufstätigkeit von Eltern steht nicht für sich allein, sondern ist in den gesamten familiären Kontext sowie in äußere Lebensumstände eingebettet.

Daraus ergibt sich, dass in manchen Fällen besondere Faktoren zu bedenken sind, die in anderen Fällen keine Rolle spielen. Die folgenden Punkte sind aber so gut wie immer von Bedeutung:

- Es kommt nicht darauf an, ob die Mutter berufstätig ist oder nicht, sondern darauf, ob sie mit ihrer Rolle *zufrieden* ist. Wenn Sie also gerne zu Hause oder gerne berufstätig ist, ist dies eine günstige Bedingung. Wenn Sie hingegen ungern Hausfrau oder ungern berufstätig ist, kann das auch für die Kinder problematisch sein. In welcher Stimmung die Mutter zu Hause tätig ist bzw. in welcher Stimmung sie von der Arbeit zurückkehrt, das ist also durchaus von Bedeutung. Hier ist sicher auch wichtig, ob der Partner die jeweilige Rolle moralisch und praktisch unterstützt oder nicht. Problematisch ist es, wenn der Partner die Berufstätigkeit seiner Frau ablehnt oder sie umgekehrt zum Geldverdienen drängt.

- Der Kernpunkt: Es ist nicht so wichtig, *wie lange* die Mutter anwesend ist, sondern *wie* sie anwesend ist, also wie sie mit dem Kind umgeht: Ob sie mit dem Kind spricht, ob sie gut zuhört, ob sie seine Bedürfnisse erspürt, ob sie zärtlich ist, ob sie mit ihm spielt, ob sie vorliest, ob sie Fernsehbilder erklärt, ob sie vorrangig durch positive Resonanz auf erwünschtes statt durch Strafen für «falsches» Verhalten erzieht – all dies ist wichtig. Zugespitzt: Drei Stunden feinfühliger, anregungsreicher Umgang mit dem Kind sind besser als neun Stunden Anwesenheit, in denen das «Kümmern» vor allem in physischer Versorgung oder gar in permanenten Zurechtweisungen besteht.

- Zu bedenken ist selbstverständlich immer auch die *Qualität der verfügbaren Fremdbetreuung.* Die Krippe, die Tagesmutter und der Kindergarten können so vorzüglich sein, dass sie für das Kind eine große Bereicherung sind. Aber zuweilen kann man natürlich auch auf fragwürdige Betreuungsangebote stoßen. Dabei gilt auch für die Betreuungseinrichtungen, ebenso wie für die Familie, dass der persönliche Umgang der Betreuer/innen mit den Kindern der wichtigste Punkt ist, wichtiger als etwa die materielle Ausstattung.

Rückblick: Das Thema «mütterliche Berufstätigkeit» ist ein Beispiel dafür, dass eine Frage, die sich nur durch wissenschaftliche Tatsachenforschung beantworten lässt, in der Öffentlichkeit wie eine Frage von Glaubenssätzen und moralischen Wertungen («Rabenmütter») debattiert wird. Es ist zugleich ein Beispiel für die Neigung, allein aus einem äußeren Tatbestand psychologische Schlüsse zu ziehen, ohne nach den Sachverhalten zu fragen, auf die es wirklich ankommt. Der Tatbestand «Mutter fast immer zu Hause» oder «Mutter geht zur Arbeit» ist sichtbar und wird daher in seiner Bedeutung überschätzt. Das, was wirklich zählt, nämlich die feinfühlige Mutter-Kind-Interaktion, ist eher subtil und unauffällig und wird daher in seiner Bedeutung oft nicht richtig erkannt.

7.5 «Das Jugendalter ist eine Zeit des Aufruhrs»

Jugendliche sind seltsame Wesen, die sich gerne ins Koma saufen, die Arme einritzen und Krawalle veranstalten. Sie sind stimmungslabil, mimosenhaft, unzugänglich und dauernd in Opposition zu Eltern und Lehrern. Und woher das kommt, ist auch klar: die Hormone! Da man gegen Naturgesetze nichts machen kann, kann man wohl nur geduldig warten, bis die Krise vorbei ist.

Dies ist, überspitzt gezeichnet, das Bild, das viele Erwachsene vom Jugendalter haben. Und Klagen über «die heutige Jugend», zumindest über deren Widersetzlichkeit, haben eine lange Tradition; es gab sie schon im Altertum. Im 18. Jahrhundert, in der Epoche der Romantik, wurde das Jugendalter zur Phase von «Sturm und Drang» erklärt, und diese Vorstellung hat zeitweilig auch die Entwicklungspsychologie beeinflusst.

Jugendalter – Zeit der Krise und der Mängel?

Um es vorwegzunehmen: Das Klischee enthält durchaus etwas Wahres. Aber es übertreibt maßlos, es übersieht die positiven Seiten des Jugendalters, und es verleitet zu dem Kurzschluss, dass auftretende Probleme von und mit Jugendlichen selbstverständlich mit der Entwicklungsphase zu tun hätten, während die Gründe oft an ganz anderen Stellen liegen.

Das Jugendalter beginnt mit dem Eintritt der Geschlechtsreife, und die kommt natürlich nicht ohne hormonelle Umstellungen zustande. Es treten gravierende körperliche Veränderungen ein, die äußerlich sichtbar sind, und es vollziehen sich (übrigens nicht zum ersten Mal) Umstrukturierungen im Gehirn, die nicht sichtbar sind. Was das Verhalten betrifft, so distanzieren sich die Jugendlichen in gewissem Grade vom Elternhaus und orientieren sich stärker an den Gleichaltrigen. Überdies ist das Jugendalter eine Zeit, in der die Selbstbetrachtung eine zentrale Rolle im Denken und Fühlen spielt. Das alles sind bedeutsame Veränderungen, und ihre Begleiterscheinungen sind nicht immer auf den ersten Blick verständlich und können vor allem den Eltern Sorgen bereiten.

Aber: Ist das Jugendalter wirklich eine Zeit der labilen Stimmungen? Eine Zeit des verminderten Selbstwertgefühls? Eine Zeit des Aufruhrs gegen die Eltern? Eine Zeit der Gewalttätigkeit? Forschungen der letzten Jahrzehnte können dies so nicht bestätigen, wie Rolf Oerter und Eva Dreher in ihrem Überblick berichten. Zwar findet man, wie auch in anderen Altersphasen, gravierende Probleme bei einer Minderheit von Jugendlichen (s. u.), doch aufs Ganze gesehen sind im Jugendalter die emotionalen Probleme nicht größer als in anderen Entwicklungsabschnitten. Im statistischen Durchschnitt sind Jugendliche nicht emotional labiler, nicht ängstlicher, nicht depressiver, nicht feindseliger als Kinder und Erwachsene. Auch sind das Selbstbild und die Selbstakzeptanz bei den meisten Jugendlichen stabil.

Was die Beziehungen zu den Eltern betrifft, so fasst der Entwicklungspsychologe Alexander Grob die Befunde so zusammen: «Die

Zeit, die Kinder mit ihren Eltern verbringen, nimmt im Jugendalter ab. Dennoch verstehen sich die meisten Jugendlichen mit ihren Eltern gut und nehmen sie als Berater in wichtigen Lebensfragen in Anspruch. Konflikte entwickeln sich häufig bei abrupten Veränderungen familialer Bindungen (z. B. Auszug älterer Geschwister, Trennung der Eltern). Dann versuchen die Jugendlichen neue Rechte und Sicherheit zu gewinnen. Jugendliche erleben mit ihren Müttern intensivere Konflikte als mit den Vätern, wohl weil Mütter stärker in die Erziehung der Kinder eingebunden sind als Väter. Mütter wünschen sich auch mehr Informationen über die Aktivitäten der Jugendlichen. Dieser Wunsch kann von den Jugendlichen als Kontrolle wahrgenommen werden und zu Konflikten führen. Da sich der Kommunikationsstil der Jugendlichen mit zunehmendem Alter verbessert, indem sie häufiger Begründungen für ihre Position liefern und ihre Ansichten klarer ausdrücken, werden die Konflikte in der Folge auch häufiger positiv gelöst.» Die Jugendlichen streben meist nicht wirklich von der Familie weg, sondern suchen schrittweise mehr Autonomie und mehr außerhäusliche Beziehungen. Es ist weniger eine Ablösung vom Elternhaus als vielmehr eine Neustrukturierung der Beziehungen.

Interessant ist übrigens, dass Probleme mit dem Jugendalter, so Jeffrey Arnett, in vielen traditionellen Gesellschaften in Asien und Afrika weit weniger ausgeprägt sind als in den westlichen Industrienationen, in denen die individuelle Selbstbestimmung einen hohen Wert hat. Die Veränderungen im Jugendalter einschließlich eventueller «Krisensymptome» können also nicht einfach eine Wirkung von Hormonen sein – denn die sind in anderen Kulturen natürlich ebenso am Werke.

In unserer Gesellschaft sehen sich Jugendliche häufig mit zwiespältigen Erwartungen und Bewertungen der Umwelt konfrontiert. Einerseits signalisiert man ihnen, sie seien nun «groß genug», sich so vernünftig wie Erwachsene zu benehmen. Andererseits werden sie in vielfacher Hinsicht gegängelt. In Schule und Lehre haben sie vorgegebene Lernprogramme zu absolvieren und werden noch jahrelang wie

Unmündige behandelt und nicht wie Menschen, die sich mit eigenen Ideen und Kompetenzen entfalten können. Dieser grundsätzliche Zwiespalt erklärt manche Konflikte zwischen Erwachsenen und Jugendlichen, wenn auch nicht die gravierenden Probleme bei einer Minderheit.

Im Übrigen erleben wohl manche Erwachsene, die den Jugendlichen eine Krise attestieren, im Grunde selber eine Krise, weil sie mit dem Verlust kindlicher Anhänglichkeit, mit der Distanzierung, dem Autonomiestreben und manchen Meinungen und Vorlieben ihrer Kinder nicht klarkommen.

Wozu das Jugendalter gut ist: Wenn man das Jugendalter in erster Linie als Krisenzeit zwischen Kindheit und Erwachsenenalter betrachtet, übersieht man völlig die wichtigen Entwicklungsaufgaben, die diese Phase zu erfüllen hat und bei den meisten auch erfüllt. Die sozialen Beziehungen außerhalb der Familie erweitern sich durch die stärkere Hinwendung zu den Gleichaltrigen und die Bildung erster Paarbeziehungen. Hinzu kommen Fortschritte in den kognitiven Fähigkeiten, besonders im abstrakten Denken; im persönlichen Zeithorizont gewinnt der Blick in die Zukunft große Bedeutung. Als *das* Leitthema des Jugendalters gilt gewöhnlich die Suche nach einer Identität, nach Antworten auf die Frage «Wer bin ich?». Dies zeigt sich unter anderem in zunehmender Selbstreflexion und der Entwicklung einer eigenen Weltanschauung. All dies sind notwendige Veränderungen im Prozess des Erwachsenwerdens.

Wilhelm Busch
über eine gelungene
Identitätsentwicklung
Früher, da ich unerfahren
und bescheidner war als heute,
hatten meine höchste Achtung
andre Leute.
Später traf ich auf der Weide
außer mir noch mehre Kälber,
und nun schätz ich sozusagen
erst mich selber.

Jugendliche fördern

Unterstützt werden kann die positive Entwicklung im Jugendalter durch einen angemessenen Erziehungsstil und durch passende Aufgaben.

Was die *Erziehung* betrifft, so sagen manche Experten: Jugendliche kann man gar nicht mehr «erziehen», mit der Pubertät ist die Erziehungsphase vorbei. Tatsächlich ist es wohl besser, vom «Umgang» mit den Jugendlichen zu sprechen. Auf jeden Fall ist es vernünftig, in erster Linie auf den Dialog zu setzen, auf einfühlsame Kommunikation und zuweilen auch Überzeugungsarbeit (s. Kapitel 12.4, S. 329 ff.). Gut ist es, wenn die Erziehenden angenehme Gesprächspartner sind und die Kinder als gleichwertige Gesprächspartner behandeln. Gut ist es, wenn sie mitdenken und beraten, aber auch eigene Wünsche, Sorgen und Erwartungen mitteilen – ganz so, wie es auch unter Erwachsenen sein sollte! Gut ist es, wenn Eltern dies schon von früh auf in jeweils altersgemäßer Weise praktizieren und damit die Kinder schrittweise zu selbständigem und verantwortungsbewusstem Verhalten anleiten. Dann ist es unwahrscheinlich, dass es zu einem dramatischen Bruch kommt zwischen der Kindheit, in der «erzogen» wurde, und der Jugendzeit, in der sich die Erzogenen der Erziehung entziehen!

Weiterhin ist es wichtig, Jugendliche vor *Aufgaben* zu stellen, die den wachsenden Kompetenzen und dem Streben nach Autonomie und Selbsterprobung besser gerecht werden als die weitgehend fremdbestimmten und oft auch weltfernen Lernstoffe der Schule. In der Tat kann man ja erleben, dass Jugendliche – ohne eine Spur von Null-Bock-Mentalität – sich bei manchen Aktivitäten bis zum Äußersten fordern, z. B. wenn sie Musik machen, Theater spielen, Sport treiben, eine Abenteuerreise unternehmen oder eine Schülerfirma organisieren (Fahrradservice, Schulkiosk etc.).

Nicht wenige lassen sich auch durchaus von schulischen Lerninhalten begeistern, aber selten vom Gesamtprogramm, sondern eher von einzelnen Fächern oder auch nur von speziellen Themenbereichen eines Faches. Es wird wohl zu wenig beachtet, dass sich im Laufe des Jugendalters die individuellen Interessen differenzieren. Das heißt: Das Interesse an bestimmten Sachgebieten wächst oder bleibt erhalten, während es in vielen Fächern nachlässt. Diese Konzentration auf wenige Bereiche dient der psychischen Ökonomie – denn auf

Dauer ist es schwer möglich, überall interessiert und kompetent zu sein. Die Folge dieses Auswahlprozesses ist aber, dass in allen Fächern das durchschnittliche Interesse der Schüler/innen sinkt. Viele Lehrkräfte bekommen das zu spüren – aber interessieren sie sich denn selber für all die Fächer, die an der Schule gelehrt werden?!

Um der natürlichen Interessendifferenzierung im Jugendalter gerecht zu werden, wäre es vielleicht sinnvoll, nach und nach die Wahlmöglichkeiten in der Schule auch über das traditionelle Fächerspektrum hinaus zu erweitern (wie etwa in Großbritannien), statt die Lernzeit der Jugendlichen mit Pflichtfächern vollzustopfen, die sie nach dem Abitur nie mehr anrühren werden.

Jugendliche mit gravierenden Problemen

Dass Kinder, die bislang völlig stabil, freundlich, lernmotiviert und sozial kompetent waren, sich mit dem Eintritt ins Jugendalter plötzlich in labile, widerspenstige, lustlose, aggressive und kiffende Wesen verwandeln – diese Vorstellung ist, wie dargelegt, so nicht haltbar. Zugleich trifft es aber zu, dass es bei einem Teil der Jugendlichen gravierende Probleme gibt.

Bei einer Minderheit findet man Beeinträchtigungen des Selbstwertgefühls, insgesamt eher bei Mädchen als bei Jungen. Eine Minderheit der Jugendlichen fällt auch durch problematisches Sozialverhalten auf. Einige werden in schwerwiegender Weise gewalttätig, einige opponieren beständig gegen Anweisungen und Anforderungen, einige trinken Alkohol bis zum Exzess, nehmen Drogen und Medikamente, und manche begehen Suizid oder Suizidversuche. Diese Minderheit prägt allzu leicht das Klischee von «der» Jugend.

Aber bei dieser Minderheit gab es meist schon in der Kindheit Anzeichen für emotionale Störungen und Erziehungsschwierigkeiten – nur dass diese jetzt viel auffälliger und konfliktreicher zutage treten. Statt mit einer vorübergehenden Entwicklungsphase können die Probleme also mit der *Persönlichkeit* des Jugendlichen zu tun haben,

z. B. mit emotionaler Labilität, mit depressiven Neigungen, mit mangelnder Selbstkontrolle oder Aggressivität. Sie werden daher wahrscheinlich auch nicht einfach abklingen, wenn die Jugendzeit vorbei ist.

Gewaltausübung ist ein gut untersuchtes Beispiel für die Verwechslung eines Personproblems mit einem Jugendphase-Problem. Forschungen belegen, dass man zwei ganz verschiedene Sachverhalte auseinanderhalten muss: Da ist einerseits die große Mehrheit, die in der Jugendzeit allenfalls leichte Formen der Gewalt oder Delinquenz zeigt (z. B. Ladendiebstähle). Dies hat vermutlich mit Abenteuerlust oder Statussymbolen zu tun, es kommt nur gelegentlich vor und hört bald wieder auf. Andererseits gibt es eine Minderheit von Jugendlichen mit deutlich antisozialen Tendenzen. Es mag zwar sein, dass sie erst im Jugendalter öffentlich auffallen, weil ihre Taten jetzt viel spektakulärer sind als im Kindesalter, etwa durch Waffengebrauch und Bandenbildung. Tatsächlich waren die Jugendlichen aber bereits im Kindesalter hochaggressiv, und viele von ihnen haben leider eine lange, manchmal lebenslange kriminelle «Karriere» vor sich.

Darüber hinaus – und verflochten mit der Persönlichkeit – kann es Probleme in den *interpersonalen Beziehungen* geben. Da ist zuallererst an die *Familie* zu denken, vor allem an die Eltern-Kind-Beziehung. Jugendliche mit emotionalen Problemen und / oder antisozialem Verhalten kommen häufig aus Familienverhältnissen mit Ehekriegen, aggressiven Vorbildern und einem problematischen Erziehungsstil. Ungünstig ist eine vernachlässigende Erziehung ohne Zuwendung und ohne Regeln, ebenso aber auch ein autoritärer Stil mit emotionaler Kühle und ausgeprägter Fremdbestimmung (Näheres s. S. 332). Neben den familiären können natürlich auch *außerfamiliäre* Beziehungen des Jugendlichen Probleme bereiten. Zu denken ist etwa an problematische Freundschaften, an antisoziale Cliquen oder an vereinnahmende weltanschauliche Gruppen.

Außer mit der Person des Jugendlichen oder seinen Beziehungen können die Auffälligkeiten natürlich auch mit den zu bewältigenden

Situationen zu tun haben, z. B. mit schulischen Anforderungen, die als Überforderung erlebt werden, oder mit der Schwierigkeit, eine geeignete Ausbildung zu finden.

Alle diese Faktoren wirken gewöhnlich nicht unabhängig voneinander, sondern spielen zusammen. So sucht sich ein Jugendlicher mit delinquenten Neigungen eine «passende» Clique. Dass er dies tut, liegt aber häufig auch am Familienklima und dem elterlichen Vorbild. Ebenso können bei einer Überforderung in der Schule allzu hohe elterliche Erwartungen der Hintergrund sein.

Fazit: Problematisches Verhalten von Jugendlichen sollte man nicht vorschnell auf das Jugendalter zurückführen. Denn wer massive emotionale Probleme und Eltern-Kind-Konflikte für eine unvermeidliche, aber vorübergehende Episode hält, übersieht möglicherweise psychische Störungen beim Jugendlichen, Probleme in der Familie oder schwierige Anforderungen, und Erziehende könnten es versäumen, das eigene Verhalten rechtzeitig zu korrigieren oder professionelle Hilfe zu suchen.

8. Weitere personbezogene Themen

In diesem Kapitel geht es um ein kognitives Personmerkmal, nämlich die Intelligenz, sowie drei emotionale Aspekte: Stress, Angst und Glücklichsein. Auch Testdiagnostik sowie Psychotherapie kommen zur Sprache, da sie der Erfassung bzw. der Veränderung von Personmerkmalen dienen. Erörtert wird, worin sich seriöse von unseriösen Tests unterscheiden und welche Varianten von Psychotherapie besonders verbreitet sind.

8.1 Intelligenz – oder Intelligenzen?

Woran orientieren Sie sich, wenn Sie einen Menschen als «intelligent» bezeichnen: Am Schulzeugnis? An der sprachlichen Gewandtheit? Am beruflichen Status? An originellen Einfällen? An überzeugenden Argumentationen? Am Meistern schwieriger Lebenssituationen? Oder an ...?

Jeder kennt den Begriff, jeder bezeichnet gelegentlich einen Menschen als «sehr» intelligent oder «nicht so» intelligent. Klar ist also, dass man davon mehr oder weniger haben kann – aber wer könnte Intelligenz definieren?

In der Tat ist «Intelligenz» ein schillernder Begriff – nicht nur in der Öffentlichkeit, auch in der Psychologie. In der Geschichte der Intelligenzforschung entstand aus den langen Kontroversen über eine angemessene Definition das spöttisch-resignierende Bonmot «Intelligenz ist das, was der Intelligenztest misst». Und das könnte je nach Test in gewissem Maße variieren, und zwar auch dann, wenn man sich ganz auf die «Denk»-Intelligenz beschränkt und nichtkognitive Fähigkeiten wie «emotionale Intelligenz» oder «musikalische Intelligenz» beiseite lässt (s. u.).

Intelligenz ist also kein eindeutiger Sachverhalt, aber die Lage ist auch nicht chaotisch. Es gibt durchaus erhebliche *Übereinstimmungen*. Kaum strittig ist, dass Aspekte wie Lernfähigkeit, Problemlösefähigkeit und Abstraktionsvermögen dazugehören und zwar bei verschiedenen Arten von Anforderungen, besonders sprachlichen, rechnerischen und bildlich-räumlichen.

In Intelligenztests werden daher meistens unterschiedliche Aufgaben gestellt, und die Ergebnisse werden zum sog. Intelligenzquotienten zusammengerechnet. Der IQ gibt dann an, wie gut jemand *im Vergleich zu anderen Personen seiner Altersgruppe* in derselben Bevölkerung abschneidet. Nach einer alten Konvention bekommt dabei die durchschnittliche Leistung die Zahl 100. Um die 100 herum verteilen sich die Leistungen nach dem Muster der Gauß'schen Normalverteilung (Glockenkurve): Mittlere Leistungen kommen häufig vor, sehr hohe über 130 und sehr niedrige unter 70 hingegen nur mit etwa 2,5 Pro-

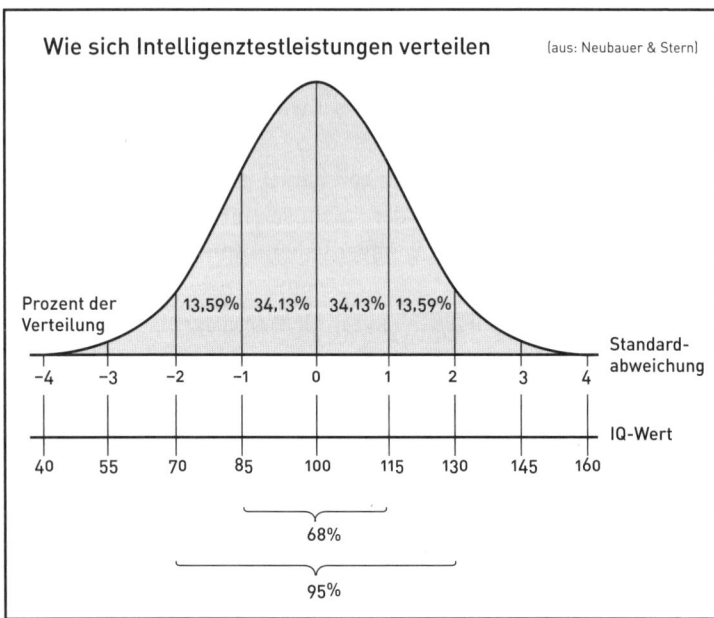

Wie sich Intelligenztestleistungen verteilen (aus: Neubauer & Stern)

Schwerpunkt: Person und Entwicklung

zent (s. Tafel). Der Ausdruck «Quotient» ist ein Überbleibsel aus der Frühzeit der Intelligenzmessung, als eine andere Berechnungsweise üblich war; heute ist der IQ mathematisch kein Quotient, sondern markiert eine Abweichung vom Durchschnitt.

Die männliche und weibliche Bevölkerung unterscheiden sich übrigens nicht im Durchschnitt, doch sowohl extrem hohe Intelligenzwerte (Hochbegabung) als auch extrem niedrige Werte (geistige Behinderung) kommen bei männlichen Personen etwas häufiger vor als bei weiblichen.

Mögliche Missverständnisse

Klar ist: Der Intelligenzquotient zeigt eine *Leistung* an, die jemand in einem Test erbringt. Er zeigt hingegen *nicht* an, welches Potenzial jemand durch seine Erbanlagen mitbekommen hat. Zwar kann das Testergebnis beispielsweise nahelegen, dass ein Schüler mit seinen Schulleistungen «unter seinen Fähigkeiten» bleibt (dass er ein sog. «underachiever» ist), aber es kann nicht aussagen, welche Entwicklung maximal möglich ist. (Zum Problem von Erbe und Umwelt s. Kapitel 7.2).

Weiterhin wäre es ein Missverständnis, würde man einen Testwert wie eine Messung der Körpergröße betrachten. Ein IQ von 123 in einem Test heißt *nicht*, dass dieser Mensch eine Intelligenz von 123 «hat», so wie er 1,79 Meter groß ist. Bei einem anderen Test oder zu einem anderen Zeitpunkt könnten etwas andere Werte herauskommen (völlig andere sind kaum zu erwarten), und jeder Wert muss interpretiert werden. Ausgebildete Diagnostiker wissen das und würden einen IQ-Wert nie wie ein persönliches Kennzeichen auf die Stirn malen, sondern bei wichtigen Begutachtungen weitere diagnostische Verfahren heranziehen.

Intelligenzquotienten bleiben im Lebensverlauf insgesamt ziemlich stabil; Menschen behalten also gewöhnlich ihre *Position* innerhalb ihrer Altersgruppe ungefähr bei. Aber das *absolute Niveau* kognitiver Fähigkeiten verändert sich mit der Entwicklung durchaus, insbesondere steigt es natürlich in den ersten Lebensjahren kräftig an. Darüber hinaus kann ein Mensch durch intensive Lernprozesse manche Fähigkeiten so verbessern, dass sich das auch in einem Intelligenztest bemerkbar macht.

Man kann jedoch nicht seine Intelligenz verbessern, indem man mit einem Übungsbuch für einen Intelligenz*test* trainiert. So mag man sich zwar auf typische Arten von Testaufgaben vorbereiten und den gemessenen IQ ein wenig steigern, aber intelligenter geworden ist man dadurch nicht! Denn die Übungen verbessern die Denkfähigkeit nur bei den geübten Aufgabenarten und nicht generell (s. auch Kapitel 11.2 und 11.3 zur angeblichen Denkförderung durch bestimmte Fächer bzw. durch sog. Gehirnjogging).

«Die» Intelligenz oder verschiedene Fähigkeiten?

Eine alte Kontroverse bezieht sich auf die Frage, ob verschiedenartige geistige Leistungen nur verschiedene *Seiten* einer umfassenden Fähigkeit, eben «der» Intelligenz sind, oder ob es sich um voneinander unabhängige *Teilfähigkeiten* handelt. Anders gefragt: Sind Menschen einfach mehr oder weniger intelligent, oder kann derselbe Mensch in manchen Bereichen ausgeprägte Begabungen haben (z. B. im Sprachverständnis) und in anderen relative Schwächen (z. B. im Rechnen)? Im ersten Fall wäre mit dem IQ-Wert eine gute Aussage über die betreffende Person möglich. Im zweiten Fall wäre das Bild erst realistisch, wenn man hinzufügt, wo die relativen Stärken und Schwächen liegen.

Für beide Intelligenzkonzepte gibt es empirische Belege. Die Tendenz lautet: Es gibt einen «Generalfaktor», durch den sich Menschen im Gesamtniveau unterscheiden. Aber es gibt auch speziellere Fähigkeiten, die beim Einzelnen unterschiedlich ausgeprägt sein können. Der Generalfaktor zeigt sich darin, dass ein Mensch mit sehr gutem Sprachverständnis wahrscheinlich auch im räumlichen Vorstellungsvermögen besser als der Durchschnitt ist, aber – und das spricht für spezifische Begabungen – er ist nicht überall auf demselben Niveau.

Welche Bestandteile sind dabei zu unterscheiden? Bewährt hat sich seit langem die Unterscheidung in fluide und kristallisierte Intelligenz. *Fluide* (flüssige) Intelligenz umfasst dabei Denkprozesse wie Abstrahieren, Folgern, schnelles Erkennen usw. *Kristallisierte* Intelligenz ist Wissen im umfassenden Sinne: Spuren bisheriger Erfahrungen. Das mag manche Laien überraschen, die Denken und Wissen eher als Gegensätze sehen und nur Leistungen, die nicht auf Wissen beruhen, als Zeichen von Intelligenz werten. Tatsächlich fließen aber in Denkleistungen fast immer irgendwelche Gedächtnisspuren mit ein. Die machen sich nicht nur als mitteilbares Wissen bemerkbar, sondern beispielsweise schon dadurch, dass man aufgrund seiner Erfahrungen bei bestimmten Aufgaben ein Gefühl der Vertrautheit erlebt. Fluide und kristallisierte Anteile wirken also zusammen. In den Tests überwiegt jedoch bei manchen Aufgaben der fluide Anteil (Beispiel: Vorgesprochene Zahlen in umgekehrter Reihenfolge wiedergeben) und bei anderen der kristalline Anteil, etwa das Erkennen einer gleichartigen Relation (Baum verhält sich zu Zweig wie Hand zu ...?). Während die kristallisierte Intelligenz im Laufe des Lebens beständig wächst, nehmen fluide Leistungen nur bis ins frühe Erwachsenenalter zu und gehen dann ganz langsam, im hohen Lebensalter stärker wieder zurück.

Andere Einteilungen von Intelligenzfaktoren unterscheiden nach Art ihrer inhaltlichen Ausrichtung. Dazu gehören dann, wie erwähnt, vor allem sprachliche Fähigkeiten wie Wortverständnis und Wortflüssigkeit, rechnerische Fähigkeiten sowie figural-räumliches Vorstellungsvermögen. Anders als beim Intelligenzdurchschnitt lassen sich bezüglich solcher Fähigkeiten gewisse Unterschiede zwischen den Geschlechtern finden. Tendenziell schneiden weibliche Personen bei sprachlichen Aufgaben besser ab, männliche eher beim räumlichen Vorstellungsvermögen. Allerdings sind dies nur statistische Trends! Das heißt, die *Mittelwerte* weiblicher und männlicher Personen differieren ein wenig. Viel größer sind jedoch die Unterschiede *innerhalb* der weiblichen und *innerhalb* der männlichen Bevölkerung.

Grenzen: Was im IQ nicht enthalten ist

Obwohl das traditionelle Intelligenzverständnis durchaus nicht schmalspurig ist, da es ja verschiedene Fähigkeiten umfasst, betonen doch viele Experten, dass es bei weitem nicht das gesamte Spektrum menschlicher Denkfähigkeiten abbildet, sondern im Wesentlichen nur jenen Ausschnitt, der mit typischen Anforderungen in Schule und Studium zu tun hat.

Aber was für Denkleistungen könnte es denn noch geben? Ein interessanter Aspekt ist *Kreativität*. Bei ihr geht es weniger um logisches Folgern, Abstrahieren etc., sondern um das Produzieren von neuen Ideen, besonders solchen, die ungewöhnlich, originell oder witzig sind. Zwei Beispiele: Was kann man alles mit einer alten Zeitung machen? Oder: Was könnte man unter einem «Krallenanschlag» verstehen? (eine Aufgabe aus der Fernsehsendung «Genial daneben». Denken Sie sich lustige Bedeutungen aus!).

Kreative Fähigkeiten sind unter anderem für literarische und künstlerische Leistungen von Bedeutung. Das dabei geforderte Denken wird auch «divergentes Denken» genannt, weil es in unterschiedliche Richtungen geht, während man bei typischen Intelligenzaufgaben ganz «konvergent» auf eine bestimmte richtige Lösung zusteuert. Um kreativ-divergente Denkleistungen zu erfassen, wurden Kreativitätstests entwickelt, die allerdings in ihrer Aussagefähigkeit weniger eindeutig sind als Intelligenztests, auch deshalb, weil der Begriff der Kreativität stärker «schillert». Im Übrigen kann die Kreativität schwerlich ein allgemeines Personmerkmal sein, weil kaum jemand rundum kreativ ist, sondern vorrangig in bestimmten Bereichen, z. B. im technischen, im sprachlichen oder im musikalischen Bereich.

Die Ergebnisse von Kreativitätstests stehen, statistisch gesehen, nur in mäßigem Zusammenhang mit der Testintelligenz – was unterstreicht, dass es sich im Prinzip um verschiedenartige Leistungen handelt. Im Einzelfall gibt es natürlich Menschen mit gleichermaßen guten konvergenten *und* divergenten Leistungen. Doch darf man sich eben auch nicht wundern, wenn manch ein «intelligenter» Mensch, der (zumindest in seinen Gebieten) durch präzise Analyse und logische Schlüsse beeindruckt, nicht zugleich ein witziger Erzähler oder Sprachkünstler ist.

Weiterhin hat sich gezeigt, dass die Bewältigung von *komplexen* Problemen nur mäßig mit der Testintelligenz zusammenhängt. Komplex ist ein Problem, bei dem zahlreiche Aspekte miteinander vernetzt sind. Wer eine Firma zu managen oder als Bürgermeister für das Wohlergehen seiner Stadt zu sorgen hat,

Wilhelm Busch über Kreativität

Begeistert blickt er in die Höh'
«Willkommen herrliche Idee.»

muss z. B. wirtschaftliche und juristische und politische und soziale und andere Aspekte beachten und bei jeder Entscheidung auch bedenken, welche Nebenwirkungen sie mit sich bringen kann. Das gilt aber nicht nur für Führungsaufgaben in Politik und Wirtschaft. Viele Anforderungen «im wirklichen Leben» sind im Prinzip von dieser Art. Eine Schulklasse führen, eine Examensarbeit schreiben, einen Familienkonflikt lösen – dabei muss man vieles gleichzeitig bedenken und meist auch mehr als nur intellektuelle Kompetenzen mitbringen. Insofern sind dies ganz andere Anforderungen als das Lösen gut überschaubarer Test- und Denksportaufgaben, und das ist wohl ein Grund, weshalb beruflicher Erfolg nur begrenzt mit der Testintelligenz zusammenhängt. Wie erfolgreich kann beispielsweise ein Manager sein, der zwar ein «scharfer Analytiker» ist, aber schlecht kommuniziert und kooperiert und dadurch immer wieder gute Mitarbeiter verliert oder organisatorische Abläufe behindert?

Nimmt man also die Bewältigung anspruchsvoller Aufgaben im beruflichen und privaten Bereich als Maßstab, dann erfasst Intelligenz im traditionellen Sinn gewiss nicht alle relevanten Fähigkeiten. Dies veranlasste einige Forscher zu einer deutlichen Ausweitung des Intelligenzbegriffs.

Erweiterungen: Erfolgsintelligenz, multiple Intelligenzen

Robert Sternberg ist ein Beispiel für einen Menschen, der eine Kluft zwischen Testintelligenz und persönlichem Erfolg am eigenen Leibe erlebte. Er ist ein ungemein produktiver Wissenschaftler und bekannter Intelligenzforscher, doch als Kind schnitt er in Intelligenztests nach eigener Auskunft ziemlich miserabel ab. Als weiteres Beispiel erwähnt er Nobelpreisträger James Watson.

Sternberg entwickelte daher das Konzept der *Erfolgsintelligenz*. Darunter versteht er «jene Art von Intelligenz, die wir einsetzen, um wichtige Ziele zu erreichen», und die gründet sich nach Sternberg auf drei Komponenten: (1) *Analytische Intelligenz*: Sie entspricht weitgehend der traditionellen Intelligenz. (2) *Kreative Intelligenz*: Sie zeigt sich darin, dass man interessante Probleme entdeckt, Ideen produziert und eigene Projekte entwickelt. (3) *Praktische Intelligenz*: Sie beweist sich in der Umsetzung von Ideen, beispielsweise im Vereinfachen von Arbeitsabläufen oder im geschickten Befragen; die nonverbale Kommunikation spielt hier oft eine wichtige Rolle. Menschen mit Erfolgsintelligenz, so Sternberg, kennen ihre Stärken und wissen sie zu nutzen, sie kennen auch ihre Schwächen und wissen sie zu korrigieren oder zu kompensieren. Und sie suchen und erkennen, wo und wann sie ihre Stärken gut entfalten können.

Noch weiter gefasst ist das Konzept der *multiplen Intelligenzen* von Howard Gardner. Neben der sprachlichen, der mathematisch-logischen und der räumlichen Intelligenz gehören hierzu auch die musikalische Intelligenz, die kinästhetische Intelligenz (bedeutsam z. B. für Tänzer und Schauspieler), die naturalistische Intelligenz (z. B.

Umgehen mit Lebewesen), die *inter*personale Intelligenz (bedeutsam z.B. in Therapie und Erziehung) und die *intra*personale Intelligenz (Selbstverständnis und Selbstregulation). Gardner begründet sein Konzept vor allem damit, dass Menschen spezielle Begabungen oder Behinderungen haben können, und er nimmt an, dass die Intelligenzen in verschiedenen Bereichen des Gehirns lokalisiert sind.

Populär geworden ist in jüngerer Zeit auch die *emotionale Intelligenz*. Zu ihr gehört die Fähigkeit, Gefühle bei sich und anderen Menschen wahrzunehmen, ihr Auftreten zu verstehen, eigene Gefühle verbal oder nonverbal auszudrücken und eigene Emotionen zu regulieren (z.B. Ärger zu dämpfen). Das Konzept ähnelt also den intrapersonalen und interpersonalen Intelligenzen von Gardner. Bedenkt man, dass vor allem *inter*personale Fähigkeiten auch zur praktischen Intelligenz von Sternberg gehören, so gehen die Ausweitungen des Intelligenzbegriffs besonders oft in eine Richtung, die im Deutschen *soziale Kompetenz* genannt wird. Zumindest gibt es anscheinend einen breiten Konsens, dass soziale Befähigungen außer im privaten Bereich auch für die Qualifikation in Führungspositionen und vielen anderen anspruchsvollen Aufgabenfeldern von großer Bedeutung sind.

Allerdings: Wichtige Fähigkeiten sind eine Sache, die begriffliche Klarheit ist eine andere. Und unter diesem Aspekt werden manche Ausweitungen auch kritisiert: Der Intelligenzbegriff werde immer diffuser, wenn man alle wünschenswerten Fähigkeiten von Menschen – auch soziale, emotionale und motorische – als «Intelligenz» bezeichne. Vielleicht verführt einfach der gute Klang von «Intelligenz» dazu, den Terminus auf andere Sachverhalte zu übertragen. Wäre die «Emotionale Intelligenz» so ein Bestseller-Thema geworden, wenn man sie stattdessen «Emotionale Kompetenz» getauft hätte?

Was nützen Intelligenztests?

Wenn die traditionelle Test-Intelligenz längst nicht alle kognitiven Fähigkeiten eines Menschen erfasst und schon gar nicht alle Faktoren für erfolgreiches Handeln – stellt das nicht auch den Nutzen von Intelligenztests in Frage? Nein, durchaus nicht. Sie sind bei vielen Anlässen so nützlich wie in der Medizin eine Röntgenaufnahme, von der man auch nicht verlangt, dass sie den «ganzen» Körper erfasst. In einer sorgfältigen psychologischen Untersuchung sind Intelligenztests nur eines von mehreren diagnostischen Instrumenten.

Ein wichtiger Anlass für seine Anwendung sind *Lernschwierigkeiten.* Wenn beispielsweise ein Kind Probleme mit dem Lesen und Schreiben oder mit dem Rechnen hat, dann ist es wichtig zu wissen, ob es bei normaler Intelligenz eine spezifische Lese-Rechtschreib-Schwäche bzw. eine Rechenschwäche hat, oder ob die Probleme ein Zeichen einer allgemeinen Lernschwäche sind. Von der Diagnose hängt auch ab, wie umfassend die Förderung des Kindes sein sollte.

Ebenso ist ohne Intelligenztests ein «Verdacht» auf *intellektuelle Hochbegabung* kaum zu klären, zumal hochbegabte Schüler/innen nicht immer durch exzellente Schulleistungen auffallen, sondern manchmal nur schwache Noten nach Hause bringen. Die Diagnose erleichtert dann Entscheidungen über eine besondere Förderung, etwa das Überspringen einer Klasse oder zusätzliche Lernbereiche wie z. B. Chinesisch.

Weiterhin können in der *Berufs- und Laufbahnberatung* unter anderem auch Intelligenztests hilfreich sein. Hier ist dann oft weniger der Gesamt-IQ die interessante Information, sondern eher die Begabungsschwerpunkte und -schwächen. Sicher wird manche getestete Person dabei nur bestätigt finden, was sie sowieso schon ahnte. Doch nicht immer können Menschen hinreichend realistisch einschätzen, wie gut z. B. ihre sprachlichen Fähigkeiten oder ihr räumliches Vorstellungsvermögen im Vergleich zu anderen potenziellen Bewerbern sind – das wäre aber wichtig, wenn jemand mit dem Gedanken spielt, beispielsweise Journalist oder Architekt zu werden.

8.2 Stress: Hat man oder macht man sich?

Auch Stress ist, wie Intelligenz, so ein Wort, das jeder kennt, das aber zumindest in der Alltagssprache keine eindeutige Bedeutung hat. Die Bemerkung «Oh, was hatte ich heute wieder einen Stress!» meint gewöhnlich *Ereignisse*, z. B. Streit mit dem Chef, Termindruck, Misserfolge, Pannen. Doch in der Aussage «Nach Feierabend muss ich erst mal Stress abbauen» ist mit Stress offenkundig etwas anderes gemeint, nämlich ein *Empfinden*: ein angespannter emotionaler und körperlicher Zustand. Solche Mehrdeutigkeiten wären unwichtig, wenn alles zu einem einzigen Phänomen verschmolzen wäre, wenn also der objektive Stress (Ereignis) automatisch mit dem subjektiven Stress (Empfinden) gekoppelt wäre. Aber ist das wirklich so?

Stressgeschehen: Ein Reiz-Reaktions-Mechanismus?

Nach populären Vorstellungen sind die Stressreaktionen tatsächlich eine direkte Folge des äußeren Stress-Ereignisses, in der Fachsprache Stressor genannt:

Stressor → Stressreaktionen (affektiv und körperlich)

Erleben kann man dabei die affektive Erregung und Spannung sowie ein Gefühl der Überforderung, aber auch den Anstieg von Herzschlag, Atmung, Körpertemperatur, Schweißproduktion usw. Nicht erlebbar sind die biologischen Vorgänge «dahinter», unter anderem die Ausschüttung der Stresshormone Adrenalin, Noradrenalin und Kortisol. Der biologische Sinn dieser sog. Alarmreaktion ist es, dem Körper Energie zu liefern für zwei elementare Formen der Stressbewältigung: Kampf oder Flucht. (Dass die meisten Stressoren, denen heutige Menschen ausgesetzt sind, besser auf anderen Wegen zu bewältigen sind, kommt noch zur Sprache; s. S. 163). Falls das Bemühen um die Stressor-Bewältigung fehlschlägt und die Reserven schwinden, kommt es schließlich zur Erschöpfung. Die drei Phasen Alarmreaktion – Widerstand – Erschöpfung bilden zusammen das «allgemeine

Adaptationssyndrom» (nach Hans Selye, dem Pionier der Stressfor-
schung).

Nun stellt sich aber die Frage, ob das körperlich-emotionale
Geschehen wirklich unmittelbar durch einen Stressor ausgelöst
wird. Führen beispielsweise ein Ehekrach, eine kritische Bemerkung,
eine Panne oder Termindruck automatisch zu diesen Reaktionen?
So einfach kann es nicht sein! Sonst müsste ein bestimmtes Ereignis
bei allen Menschen die gleichen Reaktionen auslösen – was ja nicht
zutrifft. Auch wird vielleicht derselbe Mensch von manchen Stressoren alarmiert (z. B. einen Vortrag halten), von anderen hingegen gar
nicht (z. B. vor Publikum Theater spielen).

Was steckt hinter diesen Unterschieden? Nach einer viel zitierten
Theorie von Richard Lazarus sind dabei zwei Bewertungsprozesse
(«appraisals») im Spiel:

- Primäre Bewertung: Die *Situationsbewertung*. Wird die Situation
  als bedrohlich, schädlich oder übermäßig dringlich bewertet, fördert dies Stressreaktionen, nicht hingegen, wenn sie als harmlos
  oder belanglos bewertet wird. Sollte sie als spannend, als reizvoll,
  als interessante Herausforderung bewertet werden, ist sogar eine
  positive, eine Schwung verleihende Anspannung zu erwarten (sog.
  Eustress = «schöner» Stress).
- Sekundäre Bewertung: Die *Selbstbewertung*, genauer: die Einschätzung der Bewältigungschancen. Habe ich genügend Kompetenzen
  für diese Anforderung? Traue ich mir zu, das zu schaffen? Oder
  auch: Kann ich mit Hilfe und Unterstützung rechnen?

Stress wird erlebt, wenn subjektiv ein *Ungleichgewicht zwischen den beiden Bewertungen* besteht, wenn also die Situation als bedeutsam und
als schwierig oder bedrohlich eingeschätzt wird, die eigenen Hand-
lungsmöglichkeiten dagegen als gering. Nur dann kommt es zu den
affektiven und körperlichen Stressreaktionen.

Das Reiz-Reaktions-Modell wäre also so abzuwandeln, dass die
beiden Bewertungsprozesse dazwischengeschoben werden. Doch es

kommt noch etwas hinzu: Menschen *tun* etwas, um die Stress-Situation, aber auch die eigene Anspannung zu *bewältigen*. Beispielsweise erhöhen sie ihre Anstrengungen oder sie denken erst mal nach oder sie nehmen eine Beruhigungstablette. Diese Handlungen wirken wieder zurück: Sie verändern die Stress-Situation, die Bewertungen und den eigenen Zustand. Das Schema in der Tafel fasst dies zusammen. Ganz anders als bei der Reiz-Reaktions-Vorstellung handelt es sich nach diesem Modell also um ein Geschehen, an dem die Person mit ihrem Denken und Handeln aktiv beteiligt ist – und hier liegen auch Ansatzpunkte für den Umgang mit Stress.

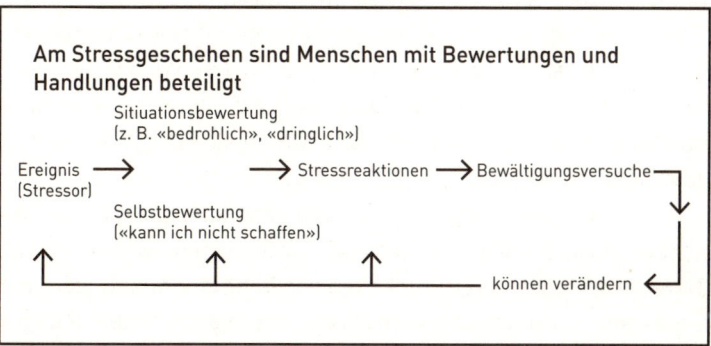

Am Stressgeschehen sind Menschen mit Bewertungen und Handlungen beteiligt

Sitiuationsbewertung
(z. B. «bedrohlich», «dringlich»)

Ereignis → → Stressreaktionen → Bewältigungsversuche
(Stressor)

Selbstbewertung
(«kann ich nicht schaffen»)

← können verändern ←

Alle diese Prozesse und nicht nur die Existenz von Stressoren sind entscheidend dafür, welche *Stressfolgen* zu erwarten sind. Das können bekanntlich zahlreiche gesundheitliche Probleme sein. Kurzfristige Folgen sind z. B. Schlafprobleme, Alkohol- oder Tablettenkonsum, gereizte Stimmung. Zu möglichen langfristigen Folgen zählen z. B. Herz-Kreislauf-Erkrankungen, Schwächungen des Immunsystems oder Depressionen.

Fazit: Wenn Menschen Stress «haben», dann meinen sie gewöhnlich die Umstände, von denen sie sich belastet fühlen. Doch die Art und Weise, wie sie die Situationen verarbeiten und damit umgehen, «macht» oder entschärft die Belastungen. Und hierin zeigt sich der personale Anteil – grob gesagt: die Stressanfälligkeit.

Personfaktoren

Menschen unterscheiden sich also darin, wie leicht bei ihnen die beschriebenen Stresszustände auftreten. Doch was für Dispositionen im Einzelnen dahinter stecken, ist wiederum ein Thema für sich, zu dem hier nur knappe Hinweise möglich sind.

Zunächst kann man auf umfassende Eigenschaften verweisen, vor allem auf den Faktor «Emotionale Labilität» (s. S. 65 zu den Big Five). Wer emotional labil ist, wird z.B. in Situationen mit Zeitdruck oder mit Konflikten heftigere Stressreaktionen erleben als emotional stabile Menschen. Als problematisch gilt auch die Kombination aus Feindseligkeit, Konkurrenzstreben und Ungeduld, die in der Herzinfarktforschung als «Typ A» bezeichnet wurde (Typ A soll stärker zu Infarkten disponiert sein als der ruhigere Typ B). Weitere stressrelevante Personfaktoren sind Pessimismus und die Tendenz, sich hilflos und ausgeliefert zu fühlen. All diese Merkmale können sich selbstverständlich überlappen.

Die personalen Faktoren lassen sich aber auch vom *positiven* Pol her aufrollen, also von einer *geringen* Anfälligkeit für Stresszustände. Zu nennen sind dann Eigenschaften wie hohe emotionale Stabilität, Optimismus, Erfolgszuversicht, Selbstvertrauen und die Tendenz, sich als wirksamer Akteur zu fühlen. In jüngerer Zeit werden zwei weitere Begriffe häufig erwähnt. Da ist zum einem das *Kohärenzgefühl*, eine Art Lebenseinstellung mit drei Komponenten: Man betrachtet Anforderungen (1) als verstehbar, (2) als «machbar» (aus eigener Kraft oder mit Hilfe anderer) und (3) als sinnvolle Aufgaben, für die sich die Anstrengung lohnt. Da ist zum anderen der Begriff der *Resilienz*, eine Widerstandsfähigkeit, die sich darin beweist, dass sich ein Mensch trotz harter Lebensereignisse und Lebensumstände psychisch gesund entwickelt.

Konkreter wird es, wenn man sich auf die Ebene der *Bewertungsprozesse* begibt. Stressanfällige Menschen neigen dazu, viele Situationen als Stressor zu bewerten, also überall Schwierigkeiten und Bedrohungen zu entdecken und selbst kleine Anforderungen, Pannen oder

Konflikte zu dramatisieren, wobei dies mit einer Geringschätzung der eigenen Möglichkeiten einhergeht:

- «Eine Katastrophe, es läuft alles schief.»
- «Oje, ausgerechnet Dreisatz, den kann ich sowieso nicht.»
- «Ich kleines Licht kann doch nicht mit dem Chef reden.»

Am positiven Pol findet man ganz andersartige Bewertungen: Die Anforderungen werden als reizvolle Herausforderungen erlebt, für die man prinzipiell genügend Kompetenzen mitbringt, eventuell sogar nach einer Pleite:

- «Ist doch mal was Neues», «Schön aufregend.»
- «Beim nächsten Mal wird es klappen.»
- «Der Mensch wächst mit seinen Aufgaben.»

Die Bewertung der eigenen Möglichkeiten leitet über zum Umgang mit Stress. Doch geht es dabei nicht nur um Bewertungen, sondern auch um das tatsächliche Verhalten.

Umgang mit Stress

Wie man den Belastungen des Lebens am besten begegnet, das ist wohl ein ewiges Thema. Seit jeher findet man dazu weise Lebensregeln in Religionen und Weltanschauungen, und heute versorgen uns viele Medien mit Alltagstipps.

Was bedeutet das «Umgehen» mit Stress? Hier sind zwei Zielrichtungen zu unterscheiden:

- Problemlösungsversuche, auch instrumentelle Bewältigung genannt.
- Die Beeinflussung des Stresszustandes, also eine emotionale Bewältigung.

Beide Typen braucht man, und sie können sich auch gegenseitig stützen. So kann beispielsweise ein Lösungsplan zur Entspannung beitragen, und umgekehrt kann Selbstberuhigung problemlösendes Nachdenken erleichtern.

Zunächst zu den *Problemlösungsversuchen*. Sie können an verschiedenen Stellen ansetzen: bei den Stressoren, bei den Bewertungen und beim Verhalten. Eine *Verminderung der Stressoren* ist zwar nicht immer möglich, aber häufig gibt es doch Spielraum für Veränderungen, und hier anzusetzen, ist sicherlich der erste Impuls vieler Menschen. Beispiele wären etwa die Reduzierung der Arbeitsbelastung oder das Meiden von Personen, mit denen man häufig in Konflikt gerät. Ein problematisches Lösungsverhalten ist Überengagement, also das Bemühen, jeden kleinen Mangel in der bisherigen Leistung durch immer größeren Einsatz wettzumachen. Das kann in eine permanente Selbstüberforderung und schließlich in einen Burnout-Zustand, eine depressive Erschöpfung, münden.

Auch eine *Neubewertung* von Anforderungen, Konflikten und anderen Stressoren kann zu einer Problemlösung beitragen. Man würde sich beispielsweise fragen:

- «Schätze ich die Anforderungen richtig ein? Wird wirklich so viel von mir erwartet, oder male ich mir das selber aus?»
- «Sind meine Ziele realistisch? Laufe ich meinen Ansprüchen nicht ständig hinterher?»
- «Muss ich diese Kritik wirklich so schwer nehmen? Kann ich nicht einfach damit leben, dass X das anders sieht als ich selbst?»

Solche Überlegungen führen vielleicht zu realistischeren Einschätzungen und Zielsetzungen und damit zu neuen Bewältigungschancen.

Außer bei den Stressoren und den Bewertungen kann man auch beim *Verhalten*, bei den Bewältigungshandlungen, ansetzen. Im Leistungsbereich könnten das beispielsweise frühzeitige Planung, effektivere Lernstrategien oder Checklisten gegen Vergesslichkeit sein. In anderen Fällen, etwa bei wiederkehrenden destruktiven Konflikten, wäre vielleicht ein Kommunikationstraining von Nutzen. Und gegen pannenreiche Hektik hilft vielleicht eine Selbstinstruktion, ein inneres Kommando wie: «Ich mache das jetzt langsam, Schritt für Schritt.»

Nun zur *Beeinflussung des Stresszustandes*. Ratschläge in dieser Richtung liest man besonders häufig – wer kennt sie nicht? Da geht es um Ablenkung und Ausgleich durch vergnügliche Hobbys, unterhaltsame Spiele oder angenehme Geselligkeiten und nicht zuletzt um körperliche Bewegung und sportliche Aktivitäten, die ja sogar die Behandlung von Depressionen unterstützen können. Empfohlen werden weiterhin Entspannungsverfahren wie autogenes Training, Muskelentspannung oder Meditation. Und dann gibt es auch noch allerlei Dinge zum Einnehmen, von Beruhigungstees über Alkoholika bis zu Medikamenten. Hier greift die Werbung kräftig ein, und hier lauern natürlich auch Gefahren, wie jeder weiß. Denn solche Wohltuer sind leicht verfügbar und rasch in der Wirkung. Gerade deshalb erfordert es Selbstkontrolle, hier nicht in eine Falle zu geraten. – Alle diese Beispiele sind Handlungen, gehören also zu Einflussnahmen auf der *Verhaltens*ebene.

Doch gerade bei der Regulierung von Emotionen sollte man auch die *Bewertungen* nicht vergessen. Die Neubewertung der Anforderungen, wie sie oben an Beispielen beschrieben wurde, dient nicht nur einer realistischeren Problembewältigung, sondern auch der Emotionsregulierung. Wer es schafft, seine Bewertungen in die Richtung «Das ist nicht so dramatisch» oder «Schritt für Schritt kann ich das schaffen» zu lenken, wird damit auch seine Emotionen beruhigen.

Sinnvolle Tipps sind eine Sache, ihre Beherzigung ist eine andere! Was nützen die schönsten Entspannungsmethoden, wenn man glaubt, man habe dafür keine Zeit?! Vielleicht dringt man eher zum Kernproblem vor, wenn man sich fragt: Warum mache ich das nicht, obwohl es mir sicher gut tun würde? Es könnte herauskommen, dass das ganz persönliche Stressproblem tief in die eigene Lebensgestaltung, in zentrale Werte und Bedürfnisse eingebettet ist. Es könnte z.B. damit zu tun haben, dass man seinen Selbstwert nur über perfekte Leistungen definiert oder dass man bestrebt ist, es allen recht zu machen und niemanden zu enttäuschen. So wird vielleicht deutlich, dass «weniger Stress» nicht zu haben ist ohne eine Änderung der Lebensziele und Lebensgestaltung.

Wichtig wäre also zunächst eine gründliche Selbstdiagnose (zu diagnostischen Hilfen s. Kapitel 6.2). Auf der personalen Seite wären zumindest eigene Einstellungen und Gewohnheiten unter die Lupe zu nehmen, und auf der Kontextseite sollte man spezifizieren, was genau als Belastung empfunden wird, z.B. welche Aufgaben oder welche Erwartungen von Mitmenschen. Es kann hilfreich sein, die Reflexionen aufzuschreiben oder einfühlsame Mitmenschen ums Mitdenken zu bitten. Möglicherweise führt dieser Klärungsprozess zu jenen Stellen, an denen Änderungen möglich sind.

8.3 Angst, Ängstlichkeit und Angststörungen

Eigentlich ist Angst etwas Gutes: ein Warnsignal, das Menschen wie Tiere veranlasst, gefährliche Situationen zu meiden. Doch sie wird zum Problem, wenn Gefahr und Gefühl nicht mehr zusammenpassen, wenn selbst kleine und harmlose Anlässe große Angst hervorrufen. Dies ist das Problem von «ängstlichen» Menschen, und, noch extremer, von Menschen mit Angststörungen.

Angst hat viele Facetten. Zunächst einmal ist sie ein *Gefühl*, und zwar ein Gefühl der Bedrohung, verbunden mit Unruhe, Nervosität, Unsicherheit und Anspannung. Begleitet wird Angst oft auch von *körperlichen* Symptomen wie erhöhtem Herzschlag, heftiger Atmung, Schwitzen, unruhigen Bewegungen, einem «flauen Magen», Weinen und Zittern. Weiterhin zeigt sie sich in vielfältigen V*erhaltensweisen*, darunter solchen, die der Schutzsuche dienen (sich von der Gefahr fernhalten, weglaufen, sich anklammern usw.), oder solchen, die der Selbstberuhigung dienen (langsames Ausatmen, Einnahme von Tabletten usw.).

Nicht vergessen darf man die *kognitive* Seite: die *Besorgnis*. Die

Gedanken sind beherrscht von Situations- und Selbstbewertungen: «Das ist bedrohlich» und: «Ich kann nichts tun». Diese beiden Aspekte von Angst kennen wir schon aus dem Stressmodell von Richard Lazarus (s. S. 160). Zwischen den Phänomenen Stress und Angst gibt es ja deutliche Überschneidungen. Doch Stressempfinden bezieht sich eher auf Anforderungen, Angst auf Gefahren.

Angst ist aber nicht gleich Angst, und nicht alle eben genannten Kennzeichen müssen in jedem Fall auftreten. Häufiger erwähnt wird eine Unterscheidung zwischen Angst und Furcht, nach der sich Furcht auf umgrenzte, benennbare Bedrohungen bezieht und Angst als eher diffuse Lebensangst verstanden wird. Dieser Sprachgebrauch hat sich allerdings nicht wirklich durchgesetzt; man müsste sonst z. B. von Prüfungsfurcht statt von Prüfungsangst sprechen, da hier ja klar ist, worauf sich die Angst bezieht. Die wichtigere und viel interessantere Unterscheidung betrifft den Inhalt der Angst:

Wovor haben Menschen Angst?

Die meisten Ängste lassen sich einem von zwei umfassenden Typen zuordnen:

- Angst vor physischer Bedrohung
- Angst vor Selbstwertbedrohung

Bei der *Angst vor physischer Bedrohung* geht es um Gefahren für Leib und Leben einschließlich der Angst vor Schmerzen. Beispiele sind die Angst vor Gewalt, Angst vor Tieren, Höhenangst, Angst vorm Zahnarzt oder Angst vor Krankheiten, darunter Angst vor plötzlichem Herzstillstand.

Die *Angst vor Selbstwertbedrohung* tritt in Bewährungssituationen auf, in denen man von anderen Personen bewertet wird oder werden könnte. Ängste dieser Art sind für die meisten Menschen wohl ein größeres Problem als die Angst vor physischen Bedrohungen, obwohl sie sich meist nicht so dramatisch äußern.

Zum einen ist hier an *soziale Ängste* zu denken. Dazu gehören Verlegenheit, Scham und ähnliche Gefühle, und wer dazu neigt, gilt als schüchtern. Konkrete Erscheinungsformen sind unter anderem die Angst, in einer Gruppe das Wort zu ergreifen, die Angst vor Autoritäten oder Unbehagen bei geselligen Anlässen. Es sind Ängste in Situationen, in denen man besorgt ist, dass man durch «falsches» Verhalten einen «schlechten» Eindruck machen könnte.

Zum anderen ist die *Leistungsangst* eine Angst vor Selbstwertbedrohung. Sie entsteht in Situationen, in denen man zeigen soll, was man kann. Beispiele sind die Prüfungsangst in Schule und Ausbildung und das Lampenfieber von Künstlern vor einem öffentlichen Auftritt. Prüfungsangst zeigt sich nicht nur bei einzelnen «großen» Prüfungen, sondern auch bei vergleichsweise kleinen Anlässen wie z. B. bei einer Klassenarbeit, beim Halten eines Referates oder beim Vorrechnen an der Tafel. Im Grunde ist die Leistungsangst eine Variante sozialer Angst, sofern die Leistung im sozialen Kontext zu erbringen ist (wie meistens). Denn es kommt ja darauf an, wie man vor anderen Menschen dasteht, man hat also Angst vor ihren Bewertungen.

Besonders für solche Ängste bietet das Modell mit den Komponenten Situationsbewertung und Selbstbewertung eine nützliche Erklärung – und zugleich zwei kognitive Zugänge zur Angstverminderung. Beispiel Prüfung: Erkundigt man sich und erfährt von anderen Prüflingen, dass der Prüfer freundlich ist und an Schwachstellen nicht lange nachbohrt, so entschärft das die Situationsbewertung. Weiß man überdies, wie man sich gut vorbereiten und was man sagen kann, falls man mit einer Frage nicht zurechtkommt, gewinnt man Handlungskompetenz, verbessert also die Selbstbewertung.

Nicht bei allen Ängsten spielen Einschätzungsprozesse eine so bedeutende Rolle. Bei vielen Ängsten vor physischer Bedrohung, insbesondere bei spezifischen Phobien (s. u.), lösen bestimmte Reize völlig mechanisch und unwillkürlich eine Angstreaktion aus. Dies kann daher rühren, dass der kritische Reiz, z. B. ein Hund, mit einer eigenen schmerzhaften Erfahrung verbunden ist – ein Lernvorgang nach dem Prinzip der klassischen Konditionierung (s. S. 69). Aber auch durch die Beobachtung anderer können solche Reaktionen erlernt werden, z.B. wenn ein Kind sieht, wie ein anderes Kind von einem Hund gebissen wird und schreit – das ist dann ein Fall von Lernen am Modell (s. S. 68).

Personfaktoren: Ängstlichkeit(en)

Ängstlichkeit ist die individuelle Disposition zum Erleben von Angst. Als «ängstlich» würde man einen Menschen bezeichnen, der über einen längeren Zeitraum wiederkehrend Angst erlebt und dies nicht nur bei ganz bestimmten Auslösern (z.B. Höhenangst, Angst vorm Zahnarzt), sondern in unterschiedlichsten Situationen.

Manchmal ist es problematisch, einen Menschen pauschal als «ängstlich» zu bezeichnen, weil es nicht wirklich eine durchgängige Neigung ist. Menschen mit ausgeprägter Selbstwert-Ängstlichkeit haben gewöhnlich nicht mehr Angst vor physischen Bedrohungen als andere Menschen. So kann jemand stark von Prüfungsangst geplagt sein, nur wenig hingegen von Angst vor Verletzungen oder Krankheiten. Die persönlichen Ängstlichkeiten können sogar noch spezifischer sein. So erzählte mir eine Studentin, die an der Uni unter heftiger Prüfungsangst litt, dass sie keine Probleme habe, vor großem Publikum angstfrei zu singen – obwohl es sich in beiden Fällen um Bewährungssituationen handelt.

Entwicklungsfaktoren der individuellen Ängstlichkeit(en) liegen sowohl im Genom als auch in der Lebensgeschichte. Hier spielen z.B. ein autoritäres oder unberechenbares Erziehungsverhalten der Eltern sowie andere familiäre Erfahrungen eine Rolle, daneben auch, wie erwähnt, spezifische Erlebnisse.

Ein altes Thema ist die Frage, ob Mädchen / Frauen ängstlicher sind als Jungen / Männer. Die Befunde sprechen eher für ein Nein. Dass Frauen sich häufiger in eine Therapie begeben, ist ebenso wenig ein verlässlicher Indikator wie Selbstberichte in Befragungen. Offenbar sprechen Frauen leichter über Emotionen als Männer und geben somit auch Ängste eher zu. Doch nach objektiven Angstindikatoren (Verhalten, Leistungen, körperliche Erregung) waren in verschiedenen Untersuchungen keine Unterschiede zwischen weiblichen und männlichen Personen zu finden (nach Lazarus-Mainka & Siebeneick). Auf jeden Fall ist in punkto Ängstlichkeit das Geschlecht ein wenig ergiebiger Gesichtspunkt. Viel wichtiger ist es, auf die einzelne Person zu schauen.

Exkurs zu misserfolgsängstlichen Menschen: Angst in Leistungssituationen gibt es nicht nur als heftige Prüfungsangst bzw. Lampenfieber (s. o.). Weniger auffällig sind die Phänomene, die man bei den als misserfolgsängstlich oder misserfolgsmotiviert bezeichneten Menschen findet. Während die sog. Erfolgszuversichtlichen eine Leistungssituation als Herausforderung erleben und gewöhnlich einen Erfolg erwarten, sofern sie sich nur genügend anstrengen, kreisen bei den Misserfolgsängstlichen die Gedanken nur um einen Misserfolg und die Frage, wie sie ihn vermeiden können. (Zwischen den Typen gibt Zwischenstufen).

Misserfolgsängstliche – das können auch Menschen mit guten Leistungen sein! – möchten Leistungssituationen am liebsten ganz meiden, aber das ist natürlich oft unmöglich. Ein Ausweg kann es da sein, sich ganz niedrige oder unrealistisch hohe Ziele zu setzen. Denn das leichte Ziel schafft man sicher, das zu hohe schafft auch sonst kein Mensch. So vermeidet man echtes Versagen – aber einen Erfolg erlebt man auch nicht! Mittelschwere Ziele (ein bisschen über dem bisherigen Niveau) wählen sich Misserfolgsängstliche deutlich seltener als Erfolgszuversichtliche.

Typisch ist auch, wie sie sich ihre Leistungen erklären. Was eigentlich ein Erfolg ist (z. B. eine gute Note), erklären sie nach dem Motto: «Blindes Huhn findet auch mal ein Korn», nämlich mit äußeren Faktoren wie glücklichen Umständen oder mildem Lehrerurteil – sodass sie wiederum keinen Erfolg *erleben.* Misserfolge dagegen führen sie auf sich selbst zurück, genauer: auf die eigene Unfähigkeit («Wusste ja, das kann ich nicht»). Weder Erfolg noch Misserfolg erklären sie mit dem Faktor Anstrengung, also mit Vorbereitung, Übung oder «Aufpassen» – während Erfolgszuversichtliche sich nach einem Misserfolg sagen: «Ich hab wohl zu wenig getan, nächstes Mal bügele ich das aus.» Wenn man Erfolge auf glückliche Umstände und Misserfolge auf Unfähigkeit zurückführt – wie könnte dann eigene Anstrengung etwas bringen?!

Nach den Forschungen von Falko Rheinberg lässt sich Misserfolgsängstlichkeit am besten mildern, indem man sich nicht mit anderen vergleicht (= soziale Bezugsnorm), sondern mit sich selbst, genauer: mit seiner bisherigen Leistung (= individuelle Bezugsnorm). So kann man die Erfahrung machen, dass ein realistisches Ziel, nämlich ein persönlicher Fortschritt, durch eigene Anstrengung zu schaffen ist, während es nur begrenzt in der eigenen Macht liegt, andere zu überholen.

Angststörungen

Wenn Angst auch in völlig harmlosen Situationen auftritt, spricht man von einer Angststörung. Es ist die extreme Ausprägung einer Ängstlichkeit. Der betroffene Mensch leidet darunter und wird in seiner Lebensgestaltung behindert. Solche Störungen gibt es in verschiedenen Varianten:

- Bei einer *Phobie* wird die Angst durch spezifische Situationsfaktoren ausgelöst und klingt wieder ab, sobald man die Situation verlässt. Hierzu gehören Höhenangst, Flugangst, Klaustrophobie (Angst in engen Räumen) und Agoraphobie (Angst außerhalb der Wohnung, z. B. in einer Menschenmenge oder im Bus). Phobien können sich auch auf bestimmte Objekte beziehen, beispielsweise Angst vor weißen Kitteln, Spritzen, Blut, Spinnen, Mäusen oder Schnecken. Weiterhin gibt es *soziale Phobien*, nämlich Angst in Situationen, in denen man unter der Beobachtung anderer Menschen steht. Sie zeigt sich etwa als Angst vor öffentlichem Sprechen, Angst vor

Party-Gesprächen oder Angst, unter den Augen anderer Menschen zu essen und zu trinken.

- Ein anderer Typ ist die *Panikstörung*. Hier sind nicht bestimmte Situationen als Auslöser erkennbar, vielmehr bricht die Angstattacke mit heftigen körperlichen Symptomen scheinbar «aus heiterem Himmel» aus – aber nur scheinbar. Tatsächlich gibt es körperliche Reize, die als bedrohlich missdeutet werden, z. B. den Herzschlag. Dadurch kommt eine Teufelsspirale in Gang: Die ausgelöste Angst erzeugt Körperreaktionen, die als noch gefährlicher erlebt werden und so fort und so fort. Dass die Missdeutung körperlicher Vorgänge der Anfang des Panikprozesses ist, ist den Betroffenen meist nicht bewusst. Panikstörungen sind häufig auch mit einer Agoraphobie (s. o.) verbunden. (Wie erkennbar, hat Panik hier eine spezifischere Bedeutung als in der Alltagssprache.)

- Anders als die beschriebenen Typen ist die *generalisierte Angststörung* eine fortdauernde ängstliche Stimmung ohne konkrete Auslöser. Die Betroffenen sehen überall Gefahren und tragen sie in ihrem Kopf mit sich herum. Sie machen sich ständig Sorgen, dass ihnen oder ihrer Familie etwas Schlimmes zustoßen könnte, und kommen aus dem Grübeln nicht heraus. Solche Störungen beginnen meist schon in der Kindheit oder Jugend, ohne dass die Betroffenen den Zeitpunkt spezifizieren können.

Angststörungen sind ganz individuelle Probleme, und die Hintergründe müssen in jedem Einzelfall untersucht werden. Verallgemeinerbare Ursachen gibt es nicht. Es lassen sich z. B. keineswegs immer traumatische oder schmerzhafte Ereignisse als Ursprung finden. Häufig ist es sowieso weniger ergiebig, nach dem Ursprung zu suchen, als zu fragen, warum das Problem nicht weggeht. Und hierfür lässt sich ein typischer Grund nennen: nämlich, dass die Betroffenen kritische Situationen mehr oder minder perfekt meiden – so kann die Angst nicht «verlernt» werden. In jedem Einzelfall wäre all dies im Rahmen einer Therapie sorgfältig zu diagnostizieren.

Zum Abschluss noch der Hinweis, dass es auch eine Störung sein kann, (fast) keine Angst zu erleben, auch keine Angst vor Strafen. So etwas findet man bei einigen Menschen mit starken antisozialen Neigungen, bei den sog. Psychopathen oder Soziopathen. Sie empfinden weder Angst noch Mitleid und behandeln ihre Mitmenschen nur als nützliche Objekte. Dies wäre dann, neben dem Nutzen der Angst als Warnsignal, ein weiterer guter Grund, kein angstloser Mensch sein zu wollen.

8.4 Die guten Gefühle: Glück und Zufriedenheit

Lange Zeit hat sich die Psychologie nur mit den problematischen Seiten des menschlichen Verhaltens und Erlebens beschäftigt. Doch das hat sich inzwischen geändert. Nicht nur ist positives Sozialverhalten längst ein Thema geworden (s. Kapitel 9.3 zu Hilfeleistung), sondern auch das *Wohlbefinden* in all seinen Facetten.

Hierzu gehört natürlich die *Freude*, der schöne Götterfunke. Freude entsteht als Reaktion auf ein positives Ereignis. Man freut sich über erfolgreiche Arbeit, über netten Besuch, über ein «echtes Schnäppchen». Ähnlich «situativ» ist auch der *Genuss*. Hier ist das gute Gefühl aber an Sinneserlebnisse gebunden, an das Sehen, Hören, Schmecken usw. Wir kennen Genuss z. B. als Augenweide, als Ohrenschmaus oder als Gaumenfreude. Mit Glück und Zufriedenheit ist dagegen relativ dauerhaftes Wohlbefinden gemeint, wobei *Zufriedenheit* eine ruhige, abwägende Bewertung enthält, *Glück* hingegen recht emotional ist.

Wie weit ist nun solcher Art von Wohlbefinden ebenfalls «situativ», also eine Frage der Lebensumstände, und wie weit hängt es mit der Person zusammen? Auf den ersten Blick sind Menschen glücklich, weil sie Glück «haben». Auf den zweiten Blick könnte uns aber auch die Geschichte vom Hans im Glück einfallen: Hängt das Glücklichsein nicht davon ab, wie ein Mensch die Dinge betrachtet? Begrifflich ist auf jeden Fall das Glück als Glücklichsein vom Glückhaben zu unterscheiden. Im zweiten Schritt ist dann zu untersuchen, wieweit das Glücklichsein mit den glücklichen Zufällen und Lebensbedingungen zu tun hat.

Um es vorwegzunehmen: Glücklichsein hat natürlich mit den Lebensumständen zu tun, aber nicht so entscheidend, wie viele Menschen glauben und manche Ratgeber versprechen, insbesondere solche, die den Weg zum Wohlstand als den Weg zum Wohlbefinden anpreisen. Man darf eben die personale Seite nicht vergessen: Manche Menschen haben sozusagen mehr «Talent» zum Glücklichsein als andere.

Lebensbedingungen

Bei einigen Lebensbedingungen ist die Sache klar. Wer einen *Arbeitsplatz* hat, an dem er sich mit seinen Neigungen und Kompetenzen entfalten kann, hat einen Glücksbringer erwischt. Ebenso erhöht es gewöhnlich den persönlichen Glückspegel, wenn man die richtigen *Mitmenschen* um sich hat, wenn man von einer Familie, einer Paarbeziehung und Freundschaften getragen wird. Auch die Menschen am Arbeitsplatz, insbesondere die Vorgesetzten, spielen hier eine wichtige Rolle.

Umgekehrt dämpft es gewöhnlich Glück und Zufriedenheit, wenn man ohne Arbeit ist, wenn man notgedrungen einen unangenehmen Job annehmen muss, wenn man einsam ist oder unter unfreundlichen Menschen zu leiden hat, ganz abgesehen von traumatischen Ereignissen wie dem Erleben von Gewalt, dem Tod wichtiger Mitmenschen oder einer schmerzhaften Trennung. Allerdings ist es von Fall zu Fall unterschiedlich, wie nachhaltig solche Ereignisse wirken. Unter anderem ist dabei von Bedeutung, ob es positiv ausgleichende Lebensbedingungen gibt.

Nicht so eindeutig ist die Rolle von *Geld und Wohlstand*. «Geld macht nicht glücklich», diesen Satz hört man häufig, und im Großen und Ganzen ist er auch zutreffend. Während in den letzten fünfzig

Jahren der Wohlstand (nach Kaufkraft definiert) z. B. in Deutschland und in den USA immer weiter gewachsen ist, die Menschen sich also immer schönere Wohnungen, immer komfortablere Autos und immer aufwendigere Reisen leisten konnten, ist das subjektive Wohlbefinden nicht gewachsen.

Aber: Belanglos ist der wirtschaftliche Wohlstand auch nicht. Denn dass die Menschen in den armen Ländern glücklicher seien als wir Wohlstandsmenschen, ist eher eine fromme Legende von der heilen Welt jenseits des Materialismus. Im Durchschnitt sind die Menschen in armen Ländern weniger glücklich, wenn auch bei weitem nicht so viel weniger wie ihr Wohlstand niedriger ist, wobei diese Befunde sich immer auf den durchschnittlichen Glückspegel der Bevölkerung beziehen.

Wenn man auf *einzelne Menschen* schaut, so zeigt sich ebenfalls, dass Geld durchaus glücklicher machen kann. Es kommt nur darauf an, wer der Empfänger ist: Für einen mittellosen Menschen sind tausend Euro etwas völlig anderes als für einen reichen. Im unteren Bereich des Einkommens kann Geld also durchaus «beglücken», im oberen hingegen kaum.

Dass die objektiven Verhältnisse im Ganzen nur einen mäßigen Einfluss auf unser Glücksempfinden haben, liegt also zum Teil an den *Maßstäben*, nach denen wir die Dinge bewerten. Dabei lassen sich nach David Myers zwei Mechanismen der Relativierung unterscheiden:

Erstens: Unser Wohlbefinden hängt davon ab, wie wir *im Vergleich zu unseren bisherigen Erfahrungen* dastehen. Es gab Zeiten, da war für eine Sekretärin eine elektrische Schreibmaschine ein Anlass zu Freude – wenn sie bisher nur eine mechanische zur Verfügung hatte. Im Zeitalter des PC wäre sie eher ein Ärgernis. Ob uns etwas glücklich macht oder nicht, hängt also zum Teil davon ab, was wir aufgrund bisheriger Erfahrungen erwarten können; die Erwartungen ändern sich mit den Realitäten. Dieser Anpassungsprozess ist selbst bei Schicksalsschlägen wie einer Querschnittslähmung wirksam und hilfreich.

Zweitens: Es fördert unsere Zufriedenheit, wenn wir *im Vergleich zu anderen Menschen* gut dastehen. Wer das Elend mancher Bevölkerungsgruppen näher kennenlernt, beispielsweise um als Journalist darüber einen Bericht zu schreiben, wird die eigenen Lebensverhältnisse vermutlich mehr zu schätzen wissen. In erster Linie bedeutsam für unsere Gefühle ist der Vergleich mit «vergleichbaren» Menschen, z. B. mit Kollegen im Betrieb, aber nicht mit Bettlern oder Top-Managern. Wenn Menschen in unserer Nähe aufsteigen und wir finden, das hätten wir eigentlich auch verdient, dann macht das unzufrieden.

Ob ein Ereignis bei uns positive oder negative Gefühle weckt, hängt also maßgeblich von unseren Erwartungen ab, von Erwartungen, die durch die persönliche Vorgeschichte oder durch den Vergleich mit anderen entstehen. Doch darüber hinaus muss unser Wohlbefinden auch irgendwie mit der Persönlichkeit zu tun haben.

Personfaktoren

Nehmen wir an, Sie wollen einen bestimmten Menschen besuchen. Erwarten Sie dann nicht aufgrund früherer Erfahrungen, dass Sie wahrscheinlich auf einen heiteren, gut gelaunten oder dass Sie auf einen eher mürrischen Zeitgenossen treffen werden? Sind manche Menschen nicht fast ständig heiter, und andere nur dann, wenn sie gerade eine tolle Nachricht bekommen haben? Ist also der Grad des Wohlbefindens, den jemand ausstrahlt, nicht typisch für diesen Menschen? Und wundern wir uns nicht manchmal, dass ausgerechnet ein Mensch, der gewiss «kein leichtes Leben» hat, recht glücklich zu sein scheint, während ein anderer, dessen Wohlstand, Erfolg und netten Ehepartner wir kennen, eher gedämpfter Stimmung ist?

Es ist offenkundig: Menschen sind auch in dieser Hinsicht verschieden. Offenbar gibt es so etwas wie eine persönliche Disposition zum Wohlbefinden. Auf die Lebensbedingungen bezogen würde das, etwas überspitzt, bedeuten: Es sind nicht bestimmte Ereignisse und Umstände, die Menschen glücklich machen; es sind vielmehr bestimmte Menschen, die aus den Ereignissen glückliche Ereignisse machen – wie eben der Hans im Glück.

Eine Untersuchung von Diener & Seligman verglich die glücklichsten zehn Prozent einer studentischen Stichprobe mit mäßig glücklichen und unglücklichen Studenten. Dabei zeigte sich, dass die überaus glücklichen nicht mehr objektiv erfreuliche Ereignisse (erfolgreiche Prüfungen, angenehme «dates» u. a.) zu berichten hatten als die anderen. Allerdings waren sie durchweg gut in soziale Beziehungen eingebunden.

Andere Studien fanden, dass positive oder negative Ereignisse nur für kurze Zeit das Wohlbefinden steigern oder senken, selbst bei so einschneidenden Erfahrungen wie einem hohen Lottogewinn auf der einen Seite und einer Behinderung durch Unfall auf der anderen Seite. Allerdings sind die Befunde hier nicht ganz einheitlich. Es ist zwar unstrittig, dass es einen Gewöhnungseffekt gibt und sich die Euphorie bzw. die Verzweiflung wieder *in Richtung* auf die typische Stimmung vor dem Ereignis zurückbewegt. Strittig ist jedoch, ob jeder Mensch gar auf einen «set point» des Wohlbefindens eingestellt ist, zu dem er immer wieder zurückpendelt.

Dass die Grundstimmung eines Menschen Teil seines Temperamentes ist, ist immerhin gut gesichert. Denn tendenziell ist das Wohlbefinden bei extravertierten Menschen höher als bei introvertierten, und es ist tendenziell geringer bei Menschen mit hoher emotionaler Labilität oder gar depressiven Neigungen. Insofern ist das persontypische Glücksniveau sicher nur teilweise aus der Lebensgeschichte zu erklären, sondern es ist auch genetisch bedingt. Eineiige Zwillinge, berichtet Philipp Mayring, sind in ihrem Wohlbefinden ähnlicher als zweieiige.

Ist jeder seines Glückes Schmied?

Mit Blick auf die eben erwähnten Dispositionen könnte man diese Frage wohl kaum bejahen. Jedenfalls kann man sein eigenes Temperament genauso schwer verändern wie manche Lebensumstände. Spielraum gibt es eher auf den Ebenen des Bewertens und des Handelns.

Wie dargelegt, ist für das eigene Wohlbefinden ganz wesentlich, wie man Ereignisse im Leben *bewertet*. Darüber hinaus, so zeigen andere Forschungen, ist sehr bedeutsam, wie man sich selbst bewertet. Sogar in der Therapie von Depressionen hat das Verändern von Bewertungen heute einen wichtigen Platz, ebenso beim Umgang mit Stress (s. Kapitel 8.2).

Auf der Ebene des *Handelns* liegt das Glück maßgeblich in der Gestaltung der eigenen Lebensumstände, sofern man ihnen nicht wirklich ausgeliefert ist. Hier gute Entscheidungen zu treffen und sie aktiv umzusetzen, so kann man das Sprichwort vom «Schmieden» verstehen, und im Prinzip versuchen das wohl fast alle Menschen. Doch durch richtige Entscheidungen das Glück herbeizuführen, ist nicht immer einfach, weil wir in vielen Fällen kaum vorhersehen können, welche Entscheidung uns tatsächlich glücklich machen wird: Sollte ich dieses Stellenangebot annehmen oder lieber noch weitersuchen? Wird eine gemeinsame Wohnung die Zweisamkeit festigen oder Konflikte schaffen? Gebe ich das Geld lieber für eine Reise oder für neue Kleidung aus? Wenn wir immer wissen könnten, welche Handlungen uns glücklich und zufrieden machen, dann wäre das «Schmieden» eine viel leichtere Sache.

Am Schluss eine Zusammenfassung von Glücksfaktoren, auf die wohl die meisten Menschen *in begrenztem Maße* Einfluss nehmen können:

- Erfüllende Lebensinhalte, das heißt Tätigkeiten, die den eigenen Lebenszielen, Wertvorstellungen und Überzeugungen entsprechen; das Verfolgen von persönlichen «Projekten».
- Packende Aktivitäten, die man selbstbestimmt und kompetent ausüben kann; auch Hobbys, in denen man so richtig «aufgeht» und die den beglückenden «Flow»-Zustand erzeugen.
- Soziale Einbindung in Paarbeziehungen, Familien, Freundschaften

und Gemeinschaften, in denen man sich akzeptiert und aufgehoben fühlt.

- Bereitschaft zur Überprüfung eigener Bewertungen: Ist dieses Ereignis wirklich so schlimm? Hat die Sache nicht auch positive Seiten?
- Ausreichend Schlaf, körperliche Aktivitäten und andere gesunde Dinge.

Betrachtet man diese Faktoren, so scheint es immerhin einen gewissen Spielraum für das «Schmieden» von Glück und Zufriedenheit zu geben. Doch insgesamt unterliegt unser Wohlbefinden sehr vielfältigen Einflüssen, auch solchen, die sich unserem Handeln entziehen.

8.5 Tests: Wie ihre Qualität getestet wird

Bestimmt haben Sie schon einmal in einer Publikumszeitschrift einen «Psycho-Test» ausgefüllt («Sind Sie ein Menschenkenner?», «Sind Sie ehetauglich?»). Vielleicht haben Sie auch schon einmal im Zuge einer professionellen psychologischen Beratung, z. B. einer Berufsberatung, einen langen Fragebogen oder Fähigkeitstest bearbeitet. Was Laien in allen Fällen zu sehen bekommen, sind die Fragen und Aufgaben. Aber kann man daran erkennen, ob es sich um einen seriösen Test handelt?

Daran alleine sicher nicht. Denn es gibt Tests, die vielen Laien durchaus plausibel erscheinen, bei Fachleuten aber nur Stirnrunzeln auslösen, wie etwa Tests zur Diagnose des «Lerntyps» (s. unten). Umgekehrt gibt es Aufgaben, die einem Laien vielleicht merkwürdig vorkommen und die dennoch gut fundiert sind: Wieso werde ich in einem Intelligenztest beispielsweise gefragt: «Wie groß ungefähr sind bei uns Frauen im Durchschnitt?» Was hat das denn mit Intelligenz zu tun?

Wenn die einzelnen Aufgaben nicht der entscheidende Punkt sind, was unterscheidet dann einen seriösen Test von einem unseriösen?

Sicher könnte man sich am Kontext orientieren: Bei einer Illustrierten kann man eher vermuten, dass der Test allenfalls ein unterhaltsames Spiel ist. Wenn man dagegen in einer Beratungsstelle von einer Psychologin getestet wird, hat man eher Gründe, die Sache ernst zu nehmen. Aber auch die Psychologin ist darauf angewiesen, dass sie einen sauber entwickelten und keinen «handgestrickten» Test zur Verfügung hat.

Ein Beispiel für einen handgestrickten Test

Wie macht man einen Test? Man setzt sich an den Schreibtisch, denkt sich ein paar Aufgaben aus und behauptet: Dieser Test kann Folgendes feststellen. Ein schönes Beispiel für diese naive Vorstellung ist der Lerntypen-Test von Frederic Vester. Vester hat in den 1970er Jahren durch eine Fernsehreihe und ein Sachbuch die Annahme propagiert, dass Menschen sich danach unterscheiden, über welchen «Eingangskanal» sie am besten lernen: über das Sehen, Hören, Betasten oder Lesen. Das sind drei Sinneskanäle und Lesen als weiterer Kanal. Damit man effektiver lernt, so empfiehlt er, solle man seinen bevorzugten Eingangskanal und damit seinen Lerntyp herausfinden, und zu dessen Ermittlung liefert er den folgenden Behaltenstest gleich mit:

(1) Eingangskanal Lesen: Ein Partner gibt der Testperson zehn Gegenstandswörter zu lesen, die sie sich jeweils zwei Sekunden anschauen kann (Handtuch – Klavier – Fingerhut ...).

(2) Eingangskanal Hören: Der Partner liest zehn andere Gegenstandswörter laut und deutlich im Abstand von zwei Sekunden vor (Dose – Pantoffel – Teppich ...).

(3) Eingangskanal Sehen: Der Partner legt der Testperson zehn Haushaltsgegenstände im Abstand von zwei Sekunden nacheinander auf den Tisch (Waschlappen – Schlüssel – Heft ...)

(4) Eingangskanal Anfassen: Der Partner verbindet der Testperson die Augen und legt ihr alle zwei Sekunden zehn Gegenstände in die Hand (Brille – Gabel – Zahnbürste ...).

Nach jedem Durchgang bekommt die Testperson jeweils 30 Sekunden lang Aufgaben zum Kopfrechnen und soll dann in 20 Sekunden zeigen, wie viele Wörter bzw. Gegenstände sie behalten hat. Von Interesse ist nun, ob es dabei Unterschiede zwischen den vier Durchgängen gibt. Vesters entscheidende Aussage lautet: «Jede Abweichung in eine Richtung bedeutet eine Bevorzugung des betreffenden Eingangskanals.»

Nun also die Frage: Was wäre an diesem Test zu bemängeln? Ist das nicht alles einleuchtend und sorgfältig durchdacht? Die Antwort: Nach bloßem Augenschein kann man den Test nicht hinreichend beurteilen. Der entscheidende Mangel (den Laien nicht erkennen können) ist, dass er überhaupt nicht erprobt und auf seine Qualität getestet wurde. Wenn man weiß, worauf es bei einer solchen Qualitätsprüfung ankommt, wird man allerdings bezweifeln, dass der Test dabei gut abschneiden würde. Wie würde die Prüfung aussehen?

Tests auf dem Prüfstand

Auch versierte Psychologen können nach bloßem Augenschein kein sicheres Urteil über einen Test fällen, ebenso wenig können sie aus freier Intuition ein diagnostisches Verfahren konstruieren. Tests müssen getestet werden! Ein seriöser standardisierter Test entsteht in einem *jahrelangen Entwicklungsprozess* mit einer ausgiebigen Erprobung. (Einen solchen Aufwand können sich Psychotests in Unterhaltungsblättern natürlich nicht leisten.)

Alles, was die Testentwickler in der Erprobungsphase herausfinden, müssen sie in einem Testbegleitbuch veröffentlichen, sodass sich die Testanwender über die Stärken, aber auch über die Grenzen des Tests informieren können. Bei der Beurteilung der Qualität eines Tests stehen drei sog. Gütekriterien im Vordergrund.

Das erste ist die *Objektivität*: Sind die Testbefunde *unabhängig von der untersuchenden Person*? Bei der Testanwendung sollte in der Hand von Untersucher A dasselbe Ergebnis herauskommen wie in der Hand von Untersucher B: Objektivität = intersubjektive Übereinstimmung.

Es darf nicht so laufen wie oftmals bei Schulnoten oder Examensprüfungen, dass nämlich derselbe Aufsatz oder dieselbe Mathearbeit von A anders bewertet wird als von B. Hundertprozentig gelingt das auch bei vielen Tests nicht. Bei der Durchführung, bei der Auswertung und bei der Interpretation der Befunde gibt es manchmal Spielraum. Die Übereinstimmung mehrerer Untersucher muss jedoch ziemlich hoch sein, und wie hoch sie tatsächlich ist, das wird in der Erprobungsphase ermittelt und durch einen statistischen Kennwert angegeben.

Im Beispiel von Vesters Lerntypentest geschieht dies nicht. So wissen wir nicht, ob die Behaltensleistungen beispielsweise auch davon abhängen, wie exakt der als Tester agierende Helfer den Zwei-Sekunden-Takt einhält oder mit welchen Betonungen er im Durchgang «Hören» die Wörter vorliest. Wahrscheinlich sind Probleme mit der Objektivität hier aber nicht so groß wie mit dem zweiten Gütekriterium:

Wie zuverlässig sind die Messungen, im Fachterminus: Wie hoch ist die *Reliabilität*? Zuverlässig heißt: Der Testbefund soll keinen zufälligen Schwankungen unterliegen. Das Problem kennt man von Prüfungen, bei denen das Ergebnis z. B. von Missverständnissen im Prüfungsgespräch oder von den zufällig «drangekommenen» Fragen abhängt, ganz abgesehen von der Tagesform des Prüflings. So verlässlich wie bei einer Waage, die für ein Paket auch bei hundert Wägungen immer dasselbe Gewicht anzeigt – so zuverlässig können psychologische Messungen natürlich nie sein. Man kann z. B. nicht völlig ausschalten, dass Aufgaben durch Raten gelöst werden oder dass Antworten durch ein Missverständnis zustande kommen.

Aber durch sorgfältige Testkonstruktion versucht man, solche Einflüsse zu minimieren. Aufschluss über die tatsächlich erreichte Mess-Verlässlichkeit erhält man unter anderem, indem man bei denselben Personen den Test zu verschiedenen Zeitpunkten wiederholt oder indem man zwei Versionen des Tests entwirft und schaut, wie gut die Ergebnisse übereinstimmen. Das Ergebnis der Erprobungen wird in Form von Kennwerten mitgeteilt.

In Vesters Lerntypentest wird das Problem unzuverlässiger Messungen völlig übersehen, wie die grotesk naive Aussage zeigt: «Jede Abweichung in eine Richtung bedeutet eine Bevorzugung des betreffenden Eingangskanals.» Denn kleine Abweichungen können eben reiner Zufall sein, und wie groß deshalb die Unterschiede zwischen den vier Kanälen sein müssen, um eine persontypische «Bevorzugung» herauslesen zu können, das bleibt völlig unklar. Jedenfalls würde kein seriöser Diagnostiker etwa nach einem Intelligenztest sagen: Sie haben beim Wortverständnis 80 Prozent gelöst und beim Rechnen 78 Prozent, also liegt Ihre Begabung eher im Sprachlichen.

Nun zum dritten Gütekriterium: *Sagt der Test etwas über den Sachverhalt aus, den er erfassen will?* Es kommt ja nicht nur darauf an, dass ein Test überhaupt verlässlich misst, sondern eben genau *das*, was er messen *soll*. Im Fachterminus geht es hier um die *Validität* oder *Gültigkeit*. Wie gut kann man beispielsweise mit einer bestimmten Art des Bewerbungsgesprächs die berufliche Eignung von Bewerbern erfassen? Oder: Wie weit misst eine Mathearbeit unter scharfem Zeitdruck wirklich die mathematische Kompetenz und wie weit vielleicht, unbeabsichtigt, die Stressfestigkeit?

In psychologischen Tests wird die Validität auf sehr unterschiedliche Weise geprüft – je nach Testzweck. Bei einem Eignungstest würde man untersuchen, wie erfolgreich die getesteten Personen später tatsächlich sind (z.B. im Studium oder im Beruf), bei einem Ängstlichkeitsfragebogen würde man unter anderem ermitteln, wie gut die Testergebnisse mit anderen Indikatoren für Ängstlichkeit zusammenpassen, und manche Tests sind «in sich» valide, weil eindeutig ist, was sie prüfen, z.B. die Leistung in der Rechtschreibung oder in den Grundrechenarten – es sei denn, die Rechenaufgaben sind in Texte gekleidet, sodass auch die Sprachkompetenz eine Rolle spielt. Bei einigen Tests ist ihre Validität wissenschaftlich umstritten, und manche diagnostischen Instrumente sind mangels Validität auch ganz auf der Strecke geblieben, so etwa die Graphologie.

Im Beispiel des Lerntypentests wird einfach vorausgesetzt, dass er Aussagen über eine persontypische Lerndisposition erlaubt. Überprüft wurde nichts. Zum Beispiel: Behält jemand, der vorgelesene Gegenstandswörter am besten behalten hat (= Eingangskanal Hören), ebenfalls abstrakte Wörter (Philosophie, Gerechtigkeit, Zukunft …) besser, wenn er sie hört, als wenn er sie liest? (Sehen und Anfassen sind hier ohnehin ausgeschlossen.) Und vor allem: Zeigt sich die ermittelte «Bevorzugung» eines Eingangskanals außer bei zusammenhanglosen Wortreihen auch beim Lernen aus Vorträgen, verglichen mit dem Lernen aus Texten? Jedenfalls ist das Auswendiglernen von Gegenstandswörtern bzw. von gesehenen oder betasteten Gegenständen doch wohl nicht gerade typisch für das Studium von Physik, Geschichte oder anderen Fächern! (Mehr zum Thema Lerntypen und Lerntypentests in Kapitel 11.1, S. 269 ff.)

Wie erwähnt, ist es bei seriösen Tests üblich, in einem Begleitbuch und / oder Fachzeitschriften mitzuteilen, auf welche Weise die genannten Qualitäten geprüft und welche Ergebnisse dabei ermittelt wurden. Diese Angaben betreffen den fertigen Test. Doch schon vorher in der Entwicklungsphase müssen die Testkonstrukteure geeignete *Aufgaben* oder *Fragen* zusammenstellen. Auch dies geschieht nicht in freier Intuition, sondern in einem langwierigen Auswahlprozess. Dabei wird jede einzelne Frage oder Aufgabe geprüft. So muss man bei Leistungs- und Fähigkeitstests den Schwierigkeitsgrad jeder Aufgabe kennen (wie viel Prozent der Personen lösen das korrekt?) und sie gegebenenfalls im Test nach Schwierigkeit staffeln. Auch sollten die einzelnen Aufgaben gut zwischen schwachen Testpersonen (= niedriger Gesamtwert) und starken Testpersonen (= hoher Gesamtwert) differenzieren. Wenn eine Aufgabe gleichermaßen von allen gelöst wird oder von niemandem, ist sie nicht «trennscharf» und daher ungeeignet. All dies wird in Vorstudien untersucht.

Zu einem standardisierten Test gehört weiterhin eine *Eichung* bzw. *Normierung*. Man muss wissen, wie sich die Testergebnisse in einer größeren Stichprobe verteilen, um den Befund einer einzelnen Testperson einordnen zu können (s. das Beispiel der IQ-Verteilung auf

S. 150). Sonst erkennt man ja nicht, ob das Ergebnis von Person XY eine starke oder eine schwache Leistung ist oder ob es eine hohe oder geringe Ängstlichkeit anzeigt. Die Vergleichsgruppe ist manchmal die Gesamtbevölkerung, manchmal auch nur eine spezielle Gruppe, so etwa 15-jährige Schülerinnen und Schüler, wie in der Pisa-Studie.

Gerade an diesem Beispiel lässt sich gut illustrieren, wie schwer es ist, ohne statistische Normen die Leistungen Einzelner einzuschätzen. So zeigte sich nämlich in Pisa 2000, dass etwa zehn Prozent der Schüler/innen noch nicht einmal das unterste Niveau der Lesekompetenz erreichten. Fragte man jedoch in den Hauptschulen die Lehrer/innen, so stuften sie die allermeisten ihrer Schüler/innen, die so schlecht abgeschnitten hatten, gar nicht als leseschwach ein. Es fehlte ihnen offenbar ein übergreifender Maßstab. Lehrer/innen können zwar innerhalb einer Klasse ihre Schüler/innen recht gut nach der Lesekompetenz in eine Rangordnung bringen. Doch haben sie als Vergleichsgruppe nicht die Gesamtheit aller 15-Jährigen quer durch alle Schultypen vor Augen. Solche übergreifenden Normen sind eben ein wesentlicher Vorteil standardisierter Tests.

In Vesters Lerntypentest fehlen übrigens jegliche Normen zu den Behaltensleistungen bei den vier «Kanälen». Da dies nicht an einer größeren Stichprobe untersucht wurde, bleibt völlig unklar, ob beispielsweise die für das Sehen ausgewählten Gegenstände leichter zu merken sind als die für das Betasten, und ob nicht überhaupt für fast alle Menschen eine der Varianten die leichteste ist und insofern gar nichts über eine *individuelle* «Bevorzugung eines Eingangskanals» aussagt.

Zum Schluss noch der Hinweis auf ein weiteres Merkmal guter Diagnostik, das erst *nach* der Durchführung eines Tests zur Geltung kommt: Wird der Test unter der Regie von Experten absolviert, können diese die Befunde in der Regel interpretieren und relativieren, gegebenenfalls durch Hinzunahme weiterer Verfahren. Laien, die mit einem «handgestrickten» Test alleine gelassen sind, haben diese Möglichkeit nicht. Auch wenn sie selbst sehr sorgfältig vorgehen, bleibt doch das schwierige Problem einer angemessenen Interpretation der Befunde bestehen.

8.6 Psychotherapie: die Vielfalt der Hilfen

Ist Psychotherapie eine Methode, bei der sich ein Mensch auf eine Couch legt und dem hinter ihm sitzenden Therapeuten seine Träume erzählt? So kann es zwar sein und so begann es auch, aber dieses Arrangement ist keineswegs typisch für «die» heutige Psychotherapie. Psychotherapie ist ein Sammelbegriff für alle Behandlungsformen, die psychische Störungen mit psychologischen (statt medizinischen) Mitteln zu heilen versuchen. Auch bei manchen organischen Störungen wird Psychotherapie ergänzend eingesetzt.

Anders als bei vielen medizinischen Behandlungen kann man in einer Psychotherapie nicht einfach passiv «behandelt werden». Vielmehr spielen die Patienten immer eine aktive Rolle, etwa indem sie über ihr Erleben und Verhalten reflektieren, indem sie ihre Gefühle und Gedanken mitteilen, oder indem sie neue Verhaltensweisen einüben. Insofern ist Psychotherapie letztlich eine Hilfe zur Selbsthilfe. Psychotherapie kann anstrengende Arbeit sein und auch nur Erfolg haben, wenn die Patientin bzw. der Patient wirklich selbst motiviert ist und nicht lediglich von anderen «geschickt» wurde.

Anlässe für eine psychotherapeutische Behandlung können unter anderem sein: Ängste, Depressionen, gewalttätiges Verhalten, Suchtprobleme, Lernstörungen, psychosomatische Erkrankungen. Bei Problemen wie z. B. Migräne, chronischen Schmerzen oder Tinnitus kann Psychotherapie eine medizinische Behandlung unterstützen. Vor einer Psychotherapie muss eine medizinische Untersuchung klären, ob die Störung nicht rein organisch bedingt ist. Psychotherapie gibt es für alle Altersgruppen, auch für Kinder, aber hier natürlich mit einem andersartigen Charakter als bei Erwachsenen.

Unterschiede zwischen Therapieformen

Unterschiedlich ist zunächst einmal das äußere Arrangement. Es gibt Einzeltherapie, Paartherapie, Familientherapie, Gruppentherapie. Bei der Paar- und Familientherapie gehen zusammengehörige Personen gemeinsam in die Therapie; in Gruppentherapien kommen Menschen zusammen, die ähnliche Probleme haben. Meistens werden Therapien ambulant durchgeführt, zuweilen auch stationär.

Die therapeutischen Verfahren sind sehr unterschiedlich; ihre Vielfalt ist mittlerweile kaum noch zu überschauen. So werden in einem Handbuch 70 Therapieformen beschrieben, nach anderen Zählweisen kommt man auf mehrere Hundert. Einige sind etwas exotisch und haben auch nur geringe Verbreitung gefunden, andere Verfahren wie etwa Entspannungstrainings haben einen unbestrittenen Platz, und sei es nur als Komponente einer umfassenderen Behandlung. Die meisten Therapieformen lassen sich einer von mehreren «großen» Richtungen zuordnen. Zu nennen sind vor allem tiefenpsychologische Therapien, verhaltenstherapeutische, humanistisch-psychologische und systemische (zum theoretischen Hintergrund, aus denen sie entstanden sind, siehe Kapitel 6).

Die *Psychoanalyse*, die bekannteste tiefenpsychologische Therapie, richtet sich vor allem auf die Bewusstmachung bislang unbewusster Bedürfnisse, Gefühle und innerer Konflikte sowie auf deren Ursprung in vergangenen Erfahrungen, häufig in der frühen Kindheit. In der klassischen Psychoanalyse spielte die Aufklärung unbewusster Triebimpulse und Triebkonflikte eine zentrale Rolle, unter anderem durch das Deuten von Erlebnisberichten, Träumen, Assoziationen oder auch der Körpersprache. Die heutige Psychoanalyse ist dagegen deutlich «interpersonaler»; sie blickt weit mehr auf die Beziehungen zu anderen Menschen und ihren Hintergrund in (gestörten) frühkindlichen Beziehungen. Auch die Erwartungen und Gefühle in der aktuellen Beziehung zwischen Patient und Analytiker werden zum Thema, wiederum mit Blick auf die Lebensgeschichte des Patienten. Im Übrigen verlaufen heute die therapeutischen Sitzungen deutlich dialogischer als früher. – Neben der Psychoanalyse gibt es weitere Therapieformen mit anderer tiefenpsychologischer Orientierung, so etwa nach der analytischen Psychologie von C. G. Jung oder der Individualpsychologie Alfred Adlers (s. Kapitel 6).

In der *Verhaltenstherapie* spielt das Gespräch zwar ebenfalls eine wichtige Rolle, doch darüber hinaus packt sie sehr direkt die emotionalen Probleme und Verhaltensweisen an, die der Anlass für die Therapie sind, beispielsweise Panikattacken oder selbstunsicheres Verhalten gegenüber anderen Menschen. Die Verhaltenstherapie ist insofern handlungsorientiert und hat häufig den Charakter eines Trainings, praktische Übungen und Hausaufgaben eingeschlossen. Ganz besonders in der Behandlung von Ängsten hat sie große Erfolge vorzuweisen. Seit den 1980er Jahren ist die Verhaltenstherapie deutlich «kognitiver» als früher. Das heißt, sie zielt darauf ab, problematische Denkmuster zu verändern, die zu belastenden Gefühlen führen und effektives Handeln behindern (z. B. dramatisierendes Denken). Die Patienten lernen unter anderem, ihr «inneres Selbstgespräch» so zu lenken, dass sie Anforderungen realistischer bewerten und ihre Selbstkontrolle verbessern. Die Verhaltenstherapie umfasst ein breites Arsenal von Behandlungsmethoden für unterschiedliche Störungen.

Zu den *humanistischen Ansätzen* gehören unter anderem die klientzentrierte (oder personzentrierte) Gesprächspsychotherapie sowie die Gestalttherapie. Ein Klima zu schaffen für die Beschäftigung mit dem eigenen Selbstbild und den (vielleicht noch verborgenen) Tendenzen zur Selbstentfaltung, ist ein wichtiges Ziel dieser Therapieformen. Während die Gesprächstherapie in einem sehr einfühlsamen Dialog die «Selbstexploration» des Patienten zu fördern sucht, richtet die Gestalttherapie ihr Augenmerk mehr auf das nonverbale Ausdrucksverhalten.

Systemische Therapieformen beschäftigen sich vorwiegend mit mehreren Menschen, die zusammen ein soziales Beziehungsgefüge (ein «System») bilden, also vor allem mit Familien oder Paaren. Nicht die einzelne Person, sondern dieses System ist dann der «Patient» – selbst wenn zunächst die Auffälligkeiten bei einer der Personen der Anlass für die Therapie sind. Die systemischen Therapien bilden zum Teil eine eigene Richtung mit eigenem theoretischen Fundament, doch gibt es auch bei den zuvor genannten Richtungen systemische Varianten, etwa als psychoanalytische oder personzentrierte Familientherapie oder als verhaltenstherapeutisches Kommunikationstraining für Paare.

Gibt es auch Gemeinsamkeiten?

Während die großen therapeutischen Richtungen lange Zeit in einem Konkurrenzverhältnis standen, gibt es heute immer häufiger Verknüpfungen von Elementen aus verschiedenen Ansätzen. Auch sind die Übergänge zwischen den Therapieschulen insgesamt fließender geworden, und in der Praxis hängt es natürlich immer auch vom jeweiligen Therapeuten ab, welche therapeutischen Elemente besonders zum Zuge kommen.

Einige Forscher haben Tausende von empirischen Studien zu Therapiewirkungen durchforstet und nach jenen Faktoren gefahndet, die erfolgreiche Therapien gemeinsam haben, auch wenn sie ansonsten sehr unterschiedlich aussehen. Zu solchen allgemeinen Wirkfaktoren gehört es offenbar, dass die «Ressourcen» des Patienten genutzt werden (z. B. seine Fähigkeiten, Vorlieben, unterstützende Mitmenschen), dass Hilfen für die Bewältigung konkreter Probleme gegeben werden, und natürlich auch, dass geklärt wird, wie sich die Probleme entwickelt haben. Zu diesem letzten Punkt ist allerdings zu sagen, dass eine Therapie auch dann erfolgreich sein kann, wenn sich die Ursachen nicht mehr hinreichend aufklären lassen. Nichtsdestoweniger ist es natürlich ein verständlicher Wunsch von Patienten, Erklärungen für ihre Probleme zu finden.

Es gibt sicher keine Therapie, die generell für jedes Problem und für jede Person die beste wäre. Manche Experten fordern deshalb, dass Psychotherapeuten nicht nur eine bestimmte Richtung vertreten, sondern ein breites Spektrum therapeutischer Methoden beherrschen sollten. Dieses Ideal erfüllen bislang aber nur wenige. Die Patienten müssen daher selber eine Therapie wählen, und das ist gewiss nicht einfach. Hinzu kommt, dass natürlich auch die Person der Therapeutin bzw. des Therapeuten von großer Bedeutung ist. Nicht nur gibt es, wie in jeder Branche, besonders erfolgreiche und weniger erfolgreiche. Von Bedeutung ist auch, wie gut die Arbeitsweise und Persönlichkeit des Therapeuten mit den Erwartungen, Sympathien und Antipathien des Patienten «zusammenpassen». Manche Patienten werden mit Therapeutin A gut zurechtkommen, aber nicht mit Therapeut B, während es bei anderen umgekehrt ist.

In jedem Fall ist es wichtig, dass Patienten sich in der Therapie gut aufgehoben und verstanden fühlen; sonst ist es besser, woanders einen neuen Versuch zu wagen. Denn obwohl Psychotherapie in den meisten Fällen zu Verbesserungen führt, ist – wie in der Medizin – nicht jede Behandlung erfolgreich; und auch unerwünschte Nebenwirkungen sind möglich (z. B. übermäßige Abhängigkeit von der Person des Therapeuten bzw. der Therapeutin).

Qualifizierte Psychotherapie wird von psychologischen oder ärztlichen Psychotherapeuten angeboten, die nach ihrem Psychologie- bzw. Medizinstudium eine mehrjährige Zusatzbildung absolviert haben. Nützliche Informationen bei der Suche nach einem passenden Psychotherapeuten bzw. einer Psychotherapeutin findet man unter www.therapie.de. Drei Richtungen sind in Deutschland als «kassenfähig» anerkannt: Verhaltenstherapie, Psychoanalyse und ein Spektrum von «tiefenpsychologisch fundierten Therapien», die zum großen Teil ebenfalls psychoanalytisch orientiert sind, aber keine mehrjährige Langzeitanalyse betreiben. Das «ausprobierende» Suchen wird dadurch erleichtert, dass die Kassen fünf sog. probatorische Sitzungen bei verschiedenen Therapeuten bezahlen. Danach muss bei der Kasse ein Antrag für eine bestimmte Therapie gestellt werden.

Schwerpunkt:
Zwischenmenschliches Verhalten

Dieser Schwerpunktbereich blickt nicht so sehr auf einzelne Menschen, sondern auf Menschen im Miteinander und Gegeneinander. Behandelt werden «*inter*personale» Themen, bei denen man sich beispielsweise ein Paar oder eine Gruppe vorstellen muss. In diesen Bereich fallen Themen wie Gesprächsführung, Hilfeleistung und aggressives Verhalten. In allen Fällen geht es um das Verhalten, Denken, Streben und Fühlen, das auf *andere* Menschen bezogen ist, sowie um wechselseitige Beeinflussungen zwischen den Beteiligten. Wie in dem vorangehenden Schwerpunkt nehmen die ersten fünf Themen (Kapitel 9) auch diesmal ihren Ausgang bei einer fragwürdigen populären Annahme. Danach folgen fünf weitere «zwischenmenschliche» Themen (Kapitel 10).

9. Populäre Irrtümer und Kurzschlüsse

Wie unterschiedlich sind Männer und Frauen in Bezug auf ihr zwischenmenschliches Verhalten? Um diese Frage geht es beim ersten Thema. Das zweite Thema beleuchtet den Zusammenhang von Einstellungen und Verhalten: Was bedingt was? Die Rolle sozialer Einstellungen bzw. Werthaltungen bildet auch den Ausgangspunkt für das Thema Hilfeleistung, für *pro*soziales Verhalten. Anschließend geht es zweimal um *anti*soziales Verhalten, nämlich beim Thema Mobbing und bei der Frage, wie sich aggressive Affekte und Stimmungen vermindern lassen. Dies sind zwei Unteraspekte des Themenbereichs «Aggression». Wer zunächst mit einem Überblick zur Psychologie der Aggression beginnen möchte, sei auf Kapitel 10.4 verwiesen.

9.1 «Männer und Frauen kommunizieren ganz unterschiedlich»

«Ein Mann – ein Wort; eine Frau – ein Wörterbuch.» «Männer kommen vom Mars, Frauen von der Venus.» Wer hat solche Sprüche nicht schon gehört? Ganz abgesehen vom Einparken und der Vorliebe für Schuhe sollen sich Frauen und Männer auch in der Art ihrer Kommunikation so sehr unterscheiden, dass sie sich dauernd missverstehen. Unterschiede zwischen den Geschlechtern sind jedenfalls ein ewiges Thema, und offenkundig eignet es sich hervorragend für lustige Fernsehunterhaltung ebenso wie für Bestseller im Sachbuchbereich.

Publikationen, die Männer und Frauen wie psychologische Gegenpole behandeln, haben eines gemeinsam: Sie stützen sich kaum auf die Forschung, sondern vornehmlich auf persönliche Eindrücke und etablierte Klischees. Und dort, wo sie die Forschung zitieren, vergröbern sie die Befunde wiederum so sehr, dass die Unterschiede riesig und die Übereinstimmungen gering erscheinen. Natürlich kann jede Leserin und jeder Leser aus persönlicher Erfahrung Beispiele nennen, die die Kluft zu bestätigen scheinen. Aber mit einzelnen Beispielen ist das so eine Sache (s. S. 27), denn es lassen sich immer auch Gegenbeispiele finden. Und so stellt sich bei jedem Beispiel die Frage: Ist hier das Verhalten wirklich geschlechtstypisch oder nicht eher persontypisch?

Um dies voneinander zu trennen, um also das Geschlechtstypische herauszufiltern, braucht man empirische Studien an großen Stichproben. Die gibt es in beachtlicher Zahl, und nicht wenige beziehen sich auf den Bereich der Kommunikation oder, etwas weiter gefasst, auf das interpersonale Verhalten. Hierauf liegt im Folgenden der Schwerpunkt.

Kommunikation und Einfühlung

Beginnen wir mit der Vorstellung, dass «die» Quasselstrippe weiblich ist. Reden Frauen wirklich mehr als Männer? Das kann man ja mal auszählen, und genau dies, so berichten Lilienfeld u. a., hat eine Forschergruppe mit 400 College-Studenten und -Studentinnen gemacht. Sie trugen kleine Recorder mit sich, die über den ganzen Tag sämtliche Gespräche aufzeichneten. Das Ergebnis: Die Frauen gaben pro Tag im Durchschnitt etwa 16 000 Wörter von sich – und die Männer genauso! Dies ist nur eine Untersuchung aus jüngerer Zeit. Doch auch eine sog. Meta-Analyse aus insgesamt 73 Studien kommt zu einem ähnlichen Ergebnis. Danach lässt sich zwar ein etwas größerer Redefluss von Frauen errechnen, doch ist der Unterschied so winzig, dass er im Alltag weder wahrnehmbar noch praktisch bedeutsam ist. Janet Hyde, seit Jahrzehnten führend auf dem Gebiet der empirischen Geschlechterforschung, hat Studien zu zahlreichen Einzelaspekten zusammengestellt und konnte im Bereich Kommunikation und Sozialverhalten (ebenso wie in anderen Bereichen) fast immer nur unbedeutende Geschlechterdifferenzen ermitteln.

Das gilt offenbar auch für die Neigung, Gesprächspartner zu unterbrechen. Hier sollen es eher die Männer sein, die das tun. Die Tendenz geht zwar in diese Richtung, aber der Unterschied ist viel zu gering, um damit ein Klischee zu untermauern. Überdies ist es unwahrscheinlich, dass die Häufigkeit des Unterbrechens überhaupt direkt mit dem Geschlecht zu tun hat. Viel wichtiger ist offensichtlich der soziale Status. Vor allem im Beruf haben Männer weit öfter eine höhere Position als Frauen. Dort, wo Frauen eine höhere Position einnehmen, sind sie es, die häufiger und länger das Wort ergreifen – und andere unterbrechen. Man muss also, wie so oft, auch hier den interpersonalen Kontext berücksichtigen.

Eine weitere Frage betrifft die inhaltliche Seite der Kommunikation. Geben Frauen von sich selber mehr preis als Männer? Die Tendenz geht ein wenig in die Richtung, dass Frauen sich gegenüber vertrauten Personen eher öffnen, dass sie eher über ihre Gefühle sprechen als Männer und vor allem eher zugeben, dass sie Angst haben (s. auch S. 169 über Angst). Das kann nicht daran liegen, dass Männer weniger emotionale Wesen sind, denn die physiologischen Anzeichen emotionaler Erregung sind bei ihnen genauso stark. Es ist also wohl eher eine Frage des Preisgebens.

Nicht nur sprachlich, auch *nonverbal* drücken Frauen ihre Emotionen stärker aus als Männer – doch nicht immer: Ausnahmen sind Ärger und Enttäuschung, so Andrea Abele. Am größten ist der Unterschied bei einem eher erfreulichen Element des nonverbalen Verhaltens: Frauen lächeln viel mehr als Männer!

Und wie ist es mit dem *Verstehen* von nonverbalem Verhalten? Erkennen Frauen eher als Männer aus Gesichtern, ob ein anderer Mensch z.B. traurig, ärgerlich oder glücklich ist? Solch eine Sensibilität ist ein wichtiger Aspekt der Einfühlung in andere Menschen, und in diesem Punkt scheinen Frauen im Durchschnitt tatsächlich sensibler zu sein. Allerdings ist damit noch nicht ganz klar, ob Männer weniger Einfühlungs*vermögen* besitzen oder ob sie nur weniger daran *interessiert* sind, was in anderen vorgeht, worauf es auch Hinweise gibt. Wenn Frauen im Durchschnitt mehr nonverbale Sensibilität und mehr Einfühlung *zeigen* als Männer, ist dies also womöglich eher eine Frage der Motivation als der Fähigkeit.

Helfendes und aggressives Verhalten

Zwei weitere interessante Aspekte des interpersonalen Verhaltens sind Hilfeleistung und aggressives Verhalten. Da beiden Themen eigene Buchabschnitte gewidmet sind, soll an dieser Stelle nur der Geschlechteraspekt angesprochen werden.

Zunächst zur *Hilfeleistung*. Zu der Frage, ob sich die Geschlechter in diesem Punkt unterscheiden, gibt es zahlreiche Untersuchungen, und in der Quersumme aus verschiedenartigen Hilfeleistungen kommt man zu keinem Unterschied. Differenziert man hingegen nach Arten der Hilfeleistung, findet man in mancher Hinsicht durchaus Unterschiede. So leisten Frauen eher Hilfe fürsorglicher Art, z. B. indem sie Kranke pflegen, Kinder betreuen oder ein offenes Ohr für seelische Nöte haben. Anders ist es bei technischen Pannen oder bei der Hilfe in akuten Notsituationen. Männer retten eher Menschen aus einem brennenden Haus oder Ertrinkende aus einem Fluss, und sie greifen auch eher ein, um einen Menschen vor einem gewalttätigen Angriff zu schützen (wobei hier dienstliche Einsätze, z. B. der Feuerwehr oder Polizei, nicht mitgezählt sind). Erneut zeigt sich also, wie wichtig es ist, die Kontextfaktoren mit zu beachten.

Auch für *aggressives Verhalten* lassen sich nur mit einer differenzierten Betrachtung fundierte Aussagen machen. So ist es wichtig, zwischen aktiven und reaktiven Aggressionsvarianten zu unterscheiden. Eindeutig häufiger verüben nämlich männliche Personen nicht provozierte, aktiv initiierte Angriffe, sei es, um Macht auszuüben oder sich zu bereichern, sei es aus purer Lust am Kämpfen oder Drangsalieren. Keine nennenswerten Unterschiede gibt es hingegen bei provozierten, ärgerbedingten Reaktionen. Mit Ärger gehen Frauen nicht «netter» um als Männer, so die Ärgerexpertin Hannelore Weber.

Differenzieren muss man auch hinsichtlich der äußeren Verhaltensformen. Bei *verbaler* Aggression gibt es keinen bedeutsamen Unterschied zwischen den Geschlechtern. Indirekte, *versteckte* Formen (jemanden ausschließen, heimlich verleumden, Beschimpfungen per Internet usw.) kommen bei Mädchen bzw. Frauen anscheinend etwas häufiger vor.

Körperliche Gewalt wird, aufs Ganze gesehen, tatsächlich überwiegend von männlichen Personen ausgeübt – aber das gilt nicht für jeden Kontext. Angriffe auf dem Schulhof, Gewaltkriminalität, Beteiligung an Krieg und Terrorismus – all dies ist größtenteils «Männersache». Im häuslichen Bereich hingegen ist der Unterschied gering, jedenfalls in westlichen Gesellschaften. Das betrifft nicht nur die Züchtigung und Misshandlung von Kindern. Auch Gewalt gegen den Partner verüben Frauen ebenso häufig wie Männer, wenn auch zum Teil in anderer Form (z. B. Werfen von Gegenständen) und mit geringeren Verletzungsfolgen. Zutage tritt dies allerdings nur in Studien zum sog. Dunkelfeld, die John Archer ausgewertet hat, und deren Befunde widersprechen nicht nur gängigen Vorstellungen, sondern auch der Polizeistatistik (sog. Hellfeld). Männer, die von Frauen misshandelt werden, schämen sich ihrer Schwäche, sie fürchten, dass man ihnen nicht glaubt, und sie verzichten daher gewöhnlich auf eine Anzeige.

Die Klischees: nützlich und riskant

Insgesamt sind die Unterschiede im interpersonalen Verhalten, insbesondere in der verbalen und nonverbalen Kommunikation, bei weitem nicht so groß, wie die Geschlechterstereotype uns weismachen wollen, zum Teil gibt es gar keine nennenswerten Unterschiede. Lilienfeld u. a. zitieren hier die amerikanische Psychologin Kathryn Dindia, die die psychologische Distanz zwischen Männern und Frauen in folgendem hübschen Vergleich zusammenfasst: Männer kommen nicht vom Mars und Frauen nicht von der Venus; eher müsste man sagen: Männer kommen aus North Dakota und Frauen aus South Dakota.

Leider werden Wissenschaftler aber wohl nie eine Chance haben, in einer breiten Öffentlichkeit die maßlosen Übertreibungen zu korrigieren. Warum sind demgegenüber die Klischeepropagandisten so erfolgreich? Vermutlich spielen hier zwei Gründe eine wichtige Rolle. Zum einen sind große Unterschiede viel interessanter als geringe. Wer ein Buch über die Ähnlichkeiten von Männern und Frauen schreibt, hätte wohl kaum eine Chance, in eine Talkshow eingeladen zu werden. Und auch die TV-Comedians, die mit den angeblichen Unterschieden ihre Späße treiben, wären ziemlich arm dran.

Zum andern sind die Stereotype im persönlichen Miteinander oft nützlich. Es ist nämlich wunderbar entlastend, wenn man ein *Problem* zwischen einer weiblichen und einer männlichen Person einfach auf das unterschiedliche Geschlecht schieben kann. Da man für sein Geschlecht ja nicht verantwortlich ist, brauchen die Beteiligten nicht auf sich selbst als Person und auf eigene Fehler zu schauen, sie brauchen weder Feinheiten ihrer Kommunikation noch tiefere Beziehungsstörungen unter die Lupe zu nehmen, sie brauchen sich auch nicht um persönliches Umlernen zu bemühen. Kommt es also allen Betroffenen nicht sehr entgegen, wenn man sich einfach darauf einigen kann: «Da sind Männer eben anders als Frauen»?

Man sollte nicht vergessen, dass auch wissenschaftlich bestätigte Unterschiede immer nur Differenzen zwischen dem *Mittelwert* vieler Frauen und dem *Mittelwert* vieler Männer sind. Diese Unterschiede sind aber nur klein im Vergleich zu den *individuellen* Unterschieden innerhalb der Geschlechter. Frauen unterscheiden sich also untereinander und Männer unterscheiden sich untereinander weit mehr, als die beiden Geschlechter sich im Durchschnitt unterscheiden!! Und das bedeutet, dass man im Alltag ohnehin in erster Linie auf die einzelne Person schauen muss und nicht glauben sollte, man hätte schon viel verstanden, wenn man ein Verhalten als «typisch Mann» oder «typisch Frau» einordnen zu können glaubt.

Die Klischees im Kopf können nicht nur zu einem oberflächlichen Verständnis bei konkreten Paarproblemen verleiten, sondern auch zu einer Fehleinschätzung von Entwicklungspotenzialen. Könnte es nicht beispielsweise ein Hindernis für beide Seiten sein, wenn Männer und / oder Frauen glauben, Männer könnten von Natur aus nicht so fürsorglich sein wie Frauen? Immerhin war es früher einmal ein Hindernis für die Entwicklung von Frauen, dass man ihnen bei geistigen Leistungen weniger zutraute als Männern. Wer hätte vor Jahrzehnten vorhergesagt, dass Schülerinnen und Studentinnen ihre Mitschüler und Mitstudenten überflügeln würden – so wie es heute, statistisch gesehen, eingetreten ist.

9.2 «Um Verhalten zu ändern, muss man zuerst die Einstellung ändern»

Es war die Zeit der Sommerferien 1949 in den USA. 24 Jungen im Alter von etwa 12 Jahren reisten zu einem dreiwöchigen Ferienlager in die Berge und wurden dort anfangs in einer großen Baracke untergebracht. Sie alle hatten sich zuvor nicht gekannt, doch schon in den ersten Tagen entwickelten sich schnell Sympathiebeziehungen. Nun aber beschloss die Lagerleitung, die Jungen auf zwei Hütten zu verteilen, wo sie getrennt voneinander wohnen und ihre Ferien gestalten sollten. Bei der Aufteilung wurde keine Rücksicht auf die Sympathien genommen. Im Gegenteil, die Betreuer steckten vornehmlich solche Jungen zusammen, die sich noch nicht angefreundet hatten. Wie wirkte sich das aus?

Freundschaft, Feindschaft, Versöhnung

Durch die herzlos erscheinende Entscheidung der Betreuer wurde die Stimmung für den Rest der Ferien keineswegs vermiest. Denn schon nach kurzer Zeit wurden die neu zusammengewürfelten Jungen miteinander warm, und fragte man sie nach ihren «besten Freunden» im gesamten Lager, so nannten sie fast ausschließlich Jungen aus ihrer neuen Gruppe. Dies geschah, ohne dass irgendjemand versucht hatte, eine positive Einstellung gegenüber diesen Jungen zu wecken, die zuvor ja nicht zu den «Freunden» gehört hatten. Der sozusagen erzwungene Umgang miteinander veränderte auch die Einstellung ihnen gegenüber, das heißt, er veränderte die Bewertungen und Gefühle gegenüber den «Neuen».

Noch interessanter für die Relation von Einstellung und Verhalten sind jedoch die späteren Phasen dieses einfallsreichen Feldexperimentes von Muzafer Sherif, das in der Sozialpsychologie weltberühmt ist. Nachdem sich in jeder der beiden Gruppen ein gutes Wir-Gefühl entwickelt hatte, schürten die Betreuer einen Gruppenkonflikt, indem sie sportliche Wettkämpfe vorschlugen und attraktive Preise aussetzten – nur für die Siegergruppe. Es kam, wie es kommen sollte: Die enttäuschten Verlierer erhoben bald Vorwürfe wegen Fouls und Mogeleien, was wiederum die Sieger erboste, und alsbald mündete das Ganze in eine lange Serie gegenseitiger Racheakte mitsamt einem krassen Feindbild von «denen da drüben».

In der dritten Phase wurden verschiedene Wege zur Aussöhnung ausprobiert. Nach dem Prinzip «Zuerst die Einstellung ändern» versuchten die Betreuer, Feindbilder abzubauen, indem sie positive Informationen über die Gegenseite verbreiteten und an den guten Willen zur Beendigung der Feindschaft appellierten – doch ohne jeden Erfolg. Genauso erging es einem Pfarrer, der eine Predigt über Nächstenliebe, Versöhnung mit dem Feinde und gegenseitige Hilfe hielt. Die Predigt selbst kam zwar bestens an, doch schon wenige Minuten später ging es mit den Racheakten wieder los.

Bloße Kontakte beider Gruppen bei einem Feuerwerk oder einem Kinobesuch reichten ebenfalls nicht aus – wohl aber die wiederholte *Zusammenarbeit* unter einem übergeordneten Ziel. So brach eines Tages die Wasserversorgung zusammen, und die Gruppen suchten gemeinsam nach der Störung. Dann blieb der Lkw stecken, der die

Verpflegung brachte, und nur die vereinten Kräfte *beider* Gruppen an *einem* Seil konnten ihn wieder flottmachen. Zu diesen Formen gemeinsamer Not kam noch eine Zusammenarbeit zwecks gemeinsamer Freude, nämlich die Vorführung eines attraktiven Films, für den nur beide Gruppen gemeinsam das nötige Geld aufbringen konnten. Im Laufe dieser Kooperationen ließen die Feindseligkeiten nach, Mitglieder aus verschiedenen Gruppen setzten sich an einen Tisch oder bildeten Freundschaften, und am Ende der Ferien stimmten fast alle dafür, gemeinsam in einem Bus statt getrennt nach Hause zu fahren.

Die Einstellung kann dem Handeln folgen

In diesem Experiment wurde durch äußere Anlässe ein kooperativer Umgang mit dem Gegner herbeigeführt, und als Folge davon änderte sich auch die Einstellung zueinander. Das schließt nicht aus, dass Veränderungen bei der Einstellung beginnen können, aber der umgekehrte Weg ist häufig der leichtere, etwa dann, wenn man das Verhalten gegenüber sozialen Minderheiten verändern möchte. Ein gemeinsames Ziel, das sich nur durch Kooperation erreichen lässt, ist dabei der ideale Ausgangspunkt. Im politischen Bereich sind dies häufig wirtschaftliche Vorteile für beide Seiten. Die Kooperation ermöglicht dann positive Erfahrungen mit der anderen Seite und bringt dadurch eine Änderung der interpersonalen Einstellung mit sich.

Aber es gibt noch eine weitere interessante Erklärung: Man passt seine Einstellung seinem tatsächlichen Verhalten an, um mit sich selbst im Einklang zu sein. Denn ein Widerspruch zwischen Einstellung und Handeln erzeugt eine unangenehme Spannung, die als kognitive Dissonanz bezeichnet wird. Um diese Dissonanz zu reduzieren, gibt es verschiedene Möglichkeiten. So kann man sein Handeln lediglich als einmaligen Ausrutscher betrachten, der die eigene Einstellung nicht wirklich in Frage stellt. Oder man bewertet sein Handeln jetzt anders, das heißt: Man ändert seine Einstellung. Jetzt findet man es richtig, wie man sich verhalten hat. Das ist vor allem dann der leichtere Weg, wenn das Verhalten wiederkehrend vorkommt.

Menschen, die sich z. B. aufgrund ihrer Berufsrolle veranlasst sehen, über längere Zeit so zu handeln, wie es eigentlich nicht zu ihrer ursprünglichen Einstellung passt, werden wahrscheinlich ihre Einstellung nach und nach der Realität ihres Verhaltens anpassen. Wenn z. B. ein junger Lehrer vielleicht aus Hilflosigkeit zu Drohungen und Bestrafungen greift, obwohl dies zunächst seinem pädagogischen Selbstverständnis widerspricht, wird er sich vermutlich nach einiger Zeit sagen: Mein Verhalten ist richtig, es geht eben nur so. Das heißt: Durch sein Handeln verändert sich seine Einstellung.

Auch Reden kann Handeln sein. Wenn man einen Anlass hat, vor anderen eine Position zu vertreten, die nicht der eigenen Überzeugung entspricht, etwa aus reinem Opportunismus oder auch nur im Rollenspiel, dann kann es passieren, dass die eigenen Worte auf die Einstellung zurückwirken, dass man den eigenen Worten «glaubt».

Ähnlich wirkt die Foot-in-the-door-Methode. Wird jemand dazu gebracht, einen kleinen Schritt in eine bestimmte Richtung zu gehen, erhöht das die Wahrscheinlichkeit, dass er künftig auch zu einem größeren Schritt bereit ist. Wären Sie bereit, in Ihrem Garten ein riesiges Schild «Fahr vorsichtig» aufzustellen? Wahrscheinlich nicht. In einem Experiment von Freedman und Fraser waren in einer ersten Stichprobe nur 17 Prozent dazu bereit. In einer zweiten Stichprobe hingegen waren es 76 Prozent. Warum? Bei diesen Personen hatte man zwei Wochen vorher einen Fuß in die Tür bekommen: Man hatte sie nämlich gebeten, ein kleines Schild mit dem Appell «Sei ein sicherer Fahrer» in ihrem Fenster anzubringen. Die erste Handlung hatte eine Einstellung wachgerufen, die dann wiederum die nächste Handlung erleichterte.

So bleibt man mit sich selbst in Einklang. Das Prinzip gilt für prosoziale Handlungen ebenso wie für antisoziale, für eine Steigerung von kleinen zu großen Hilfeleistungen ebenso wie für eine Steigerung von schwachen zu immer schlimmeren Gewaltakten – so wie etwa bei der Judenverfolgung in der Nazizeit oder in Milgrams Gehorsams-experimenten (s. S. 244). Das alles bedeutet: Einstellungen und Verhalten können sich wechselseitig beeinflussen.

Einstellungen: ein Faktor unter vielen

Um zu verstehen, warum Einstellungen keineswegs immer «der» entscheidende Drehknopf für Verhaltensänderungen sind, sollte man bedenken, dass unser Verhalten auch von anderen Faktoren abhängt. Wenn nicht einmal der Charakter alleine das Verhalten bestimmt (s. Kapitel 7.1), so gilt das erst recht für eine einzelne Einstellung. Menschen haben ja nicht nur eine, sondern verschiedene Einstellungen, die manchmal auch miteinander konkurrieren; sie haben Fähigkeiten und Fähigkeitsdefizite; sie haben Interessen und Lebensziele; sie sind vielleicht ängstlich, aufbrausend, introvertiert etc. Und zu all diesen Personfaktoren kommen die Kontextfaktoren noch hinzu. Im Ergebnis ist es dann beispielsweise möglich, dass jemand als persönliche Einstellung zwar ein ausgeprägtes Umweltbewusstsein bekundet, aber mit dem Flugzeug in den Urlaub reist und mit dem Auto die Brötchen besorgt.

Oftmals findet man also nur schwache Zusammenhänge zwischen Einstellungen und dem tatsächlichen Verhalten. Jedenfalls gilt dies für allgemeine Einstellungen, etwa zu anderen Völkern, zu gesellschaftlichen Minderheiten, zu Hilfeleistung oder Umweltschutz. Anders ist es, wenn die Einstellung selbst schon auf einen konkreten Kontext bezogen ist: «Man darf Kinder nicht schlagen» (statt: «Man muss friedfertig sein») oder: «Man sollte Ökostrom beziehen» (statt «Man sollte das Klima schützen») – solche spezifischen Einstellungen leiten das konkrete Handeln viel wirksamer als allgemeine.

Nach alledem bleibt übrig: Im Prinzip ist es zwar möglich, durch Informationen und Argumente Einstellungen zu verändern, und eventuell ändert sich dann auch das Verhalten. Aber man kann nicht sagen, dass man zuerst die Einstellung ändern muss.

9.3 «Niemand hat geholfen – da sieht man den Wertezerfall»

Ein Theologiestudent sitzt in einem Raum und macht sich Gedanken über einen Bibeltext. Thema: Der barmherzige Samariter. Seine Überlegungen sollen anschließend in einem Nebengebäude mit dem Recorder aufgezeichnet werden. Auf dem Weg dorthin trifft er auf einen Mann, der völlig zusammengesackt ist, heftig hustet und stöhnt. Was wird der Theologiestudent tun? In einer ersten Serie dieses Experiments von Darley und Batson boten die allermeisten Studenten in irgendeiner Weise Hilfe an. In einer zweiten Serie hingegen liefen fast alle vorbei. Warum? Waren bei diesen Studenten die Werte zerfallen? Die Erklärung war viel einfacher. Die «Gleichgültigen» der zweiten Serie hatte man unter Zeitdruck gesetzt: Die Aufsicht kam in den Vorbereitungsraum, schaute auf die Uhr und sagte: «Oh, Sie werden drüben schon erwartet». Die Studenten der ersten Serie hatte man so informiert, dass es drüben noch einige Minuten bis zur Aufnahme dauern könnte.

Kontextfaktoren

Zeitdruck ist ein Faktor, der unser Handeln im Alltag sehr oft bestimmt, und das gilt eben auch für die Hilfeleistung. Dabei ist er nur einer von vielen Kontextfaktoren, von denen es abhängt, ob Hilfe geleistet oder unterlassen wird.

Sehr wichtig ist die *Art der geforderten Hilfe.* Bei einer Autopanne zupacken, für die Sorgen anderer Menschen ein offenes Ohr haben, ein Kind aus einem brennenden Haus retten oder einen kranken Menschen betreuen – das sind sehr unterschiedliche Anforderungen, und die meisten Mensch helfen gerne auf die eine Weise, aber nicht auf die andere. Wer bei der freiwilligen Feuerwehr mitmacht, schreibt meist nicht auch Briefe für politische Gefangene. Wer für ein Kinderhilfswerk Geld spendet, spendet ihm meistens nicht auch seine Freizeit.

Und psychologisch ist es auch ein großer Unterschied, ob man einer Aufforderung zur Hilfeleistung folgt oder von selbst die Initiative ergreifen muss. Helfen und Helfen ist eben nicht dasselbe.

Zu der Art der Anforderung gehören auch die sog. *Kosten* der Hilfeleistung. Dazu zählen der Zeitaufwand, die Anstrengung, die Risiken, die materiellen Verluste. Nachts auf der Landstraße eine winkende Person mitzunehmen, mag riskant erscheinen; und ein verschmutzter, blutender Mensch wird weniger gerne auf den Autositz gelassen als ein total Erschöpfter.

Viele Faktoren betreffen den *interpersonalen* Kontext. So spielt natürlich die *Beziehung* zwischen Helfer und Hilfeempfänger eine erhebliche Rolle. Guten Freunden zu helfen, gilt meist als selbstverständlich; innerhalb der Verwandtschaft zu helfen, ist für viele Menschen eine Pflicht. Anders ist es meist bei Fremden oder anonymen Notleidenden. Doch auch hier wird man eher helfen, wenn man sich dem Hilfeempfänger durch eine Gemeinsamkeit verbunden fühlt, etwa durch die Religion oder die politische Einstellung. Weiterhin hilft man eher Menschen, die *schuldlos* in Not geraten sind (z. B. durch ein Erdbeben, durch Krieg), als Menschen, die dafür selbst verantwortlich erscheinen (z. B. Straftätern, Suchtkranken).

Ein bedeutsamer Faktor in der akuten Situation ist die *Anwesenheit anderer Personen.* Immer wieder kommt es vor, dass mehrere Personen auf eine Notsituation stoßen, aber niemand Hilfe leistet. Dann liest man vielleicht in der Presse: «Obwohl in der U-Bahn-Station mindestens zwölf Personen Zeuge des Vorfalls wurden, hat niemand eingegriffen oder die Polizei gerufen.» Doch statt «obwohl» müsste es eher heißen: *Weil* mehrere Personen anwesend waren. Wenn man nämlich sieht, dass auch andere den Notfall sehen, kommt es leicht zur sog. *Verantwortungsdiffusion:* Man fühlt sich nicht selbst zum Helfen aufgerufen, weil die anderen es ebenso gut tun könnten. Doch genau so denken die wahrscheinlich auch! Hinzu kommt, dass das passive Verhalten der anderen auch die eigene *Beurteilung* des Geschehens beeinflusst. Sieht man Menschen, die in Ruhe zuschauen, so kann das die Beurteilung in die Richtung «nicht so schlimm» lenken. Oder es fällt dadurch einfach schwer, vor den Augen der anderen einzugreifen oder sie zum Mithelfen aufzufordern. Wer möchte schon als aufgeregtes Huhn erscheinen?

Zusammengenommen heißt das, dass passive Zuschauer sich gegenseitig in ihrem Nichtstun bestärken – ein Teufelskreis. Wäre man als Einzelner auf die Notsituation gestoßen, hätte man eher eingegriffen. Oder sobald einer der Anwesenden die Passivität durchbricht, werden andere wahrscheinlich folgen, es sei denn, weitere Hindernisse, wie etwa die Gefährlichkeit des Einsatzes, stehen dem entgegen. Für die Praxis heißt das: Wer den Teufelskreis des Nichtstuns durchschaut, sollte selber den Anfang machen und andere Menschen direkt auffordern: «Sie in der grünen Jacke, könnten Sie bitte die Polizei anrufen; ich kümmere mich um den Verletzten.»

Nicht nur die Anwesenheit anderer kann hemmen. In manchen Situationen scheut man sich, in die Privatsphäre anderer Menschen einzudringen, etwa dann, wenn es um Gewalt in der Ehe oder gegen die Kinder geht. Wenn beispielsweise, wie in einem Experiment, Passanten auf der Straße einen heftigen Streit zwischen einem Mann und einer Frau beobachten und die Frau dabei ausruft: «Ich hätte dich nie heiraten sollen!», so wird viel seltener eingegriffen, als wenn die Frau ruft: «Was wollen Sie denn überhaupt von mir?»

Personfaktoren: Warum helfen manche eher als andere?

Ob jemand Hilfe leistet, hängt also von vielen Besonderheiten der Situation ab. Doch in derselben Situation verhalten sich nicht alle Menschen gleich – es gibt eben auch individuelle Unterschiede in der Hilfsbereitschaft. Zwar hilft niemand immer und überall. Doch gibt es Menschen, die von vielen als hilfsbereit bezeichnet werden, und andere, von denen das kaum jemand sagen würde.

Auf welchen personalen Faktoren diese Unterschiede beruhen, darüber weiß man weniger als über die Kontextfaktoren. Klar ist, dass man die Hilfsbereiten nicht alle auf einen psychologischen Nenner bringen kann. Vor allem ist zu unterscheiden zwischen Menschen, die wiederkehrend oder dauerhaft helfen, und solchen, die durch einzelne Heldentaten auffallen. Bei den *fortdauernd Engagierten* spielt die Werthaltung «Es ist wichtig, anderen zu helfen», also eine moralische Einstellung, tatsächlich meist eine wichtige Rolle. Aber sie ist nur *einer* der relevanten Personfaktoren. Weitere sind die Tendenz, sich selbst verantwortlich zu fühlen, die Einfühlung in andere Menschen, ein Gefühl der Verbundenheit sowie Freude an der helfenden Tätigkeit. Sofern man andere Menschen vor Angriffen und Ungerechtigkeiten schützt und dadurch mit Dritten in Konflikt gerät, ist auch eine gute Portion Selbstsicherheit nötig, anders als etwa bei karitativen Tätigkeiten.

In vieler Hinsicht stellt der familiäre Hintergrund die Weichen für die Entwicklung der relevanten Personmerkmale. Das elterliche Vorbild ist zweifellos von überragender Bedeutung. Doch auch das Übertragen von Verantwortung und das Anleiten zur Einfühlung sind Erziehungseinflüsse, die die individuelle Hilfeneigung fördern.

Weniger als über die Fürsorglichen weiß man über Menschen, die durch spektakuläre *Heldentaten* auffallen, die z. B. Menschen aus einem brennenden Haus oder aus eiskaltem Wasser retten, nicht selten unter Lebensgefahr. Hier haben sich keine deutlichen Gemeinsamkeiten herausgeschält. In einer neueren Untersuchung von Walker und Mitarbeitern wurden Personen, die eine Medaille für besonders fürsorgliche Hilfe erhalten hatten, mit «Helden» verglichen, die wegen einer einmaligen Rettungstat ausgezeichnet wurden. Während man bei den dauerhaft Fürsorglichen unter anderem ausgeprägte moralische Einstellungen und Verbundenheit mit Mitmenschen fand, unterschied sich das Persönlichkeitsprofil der Retter im Allgemeinen nicht von denen «normaler» Menschen. Ihre Taten beruhten offenbar meist auf schnellen, impulsiven Entscheidungen aus der konkreten Situation heraus. Mithin könnten wohl viele «normale» Menschen plötzlich zu Helden werden.

In unterschiedlichsten Notsituationen wird die Entscheidung zum Helfen wesentlich erleichtert, wenn man über das passende *Wissen und Können* verfügt. Umgekehrt: Häufig möchten Menschen durchaus helfen, aber sie wissen nicht, auf welche Weise. Auf Notfälle ist man gewöhnlich nicht vorbereitet, weil sie selten vorkommen und man deshalb keine Erfahrungen damit hat. Dann in Sekunden zu entscheiden, was jetzt zu tun ist, ist wirklich schwierig, zumal bei großer Aufregung. Wie wichtig geeignete Kompetenzen sind, zeigt sich aber auch in Situationen, die gar nicht so selten vorkommen, etwa eine technische Panne oder eine seelische Krise von Angehörigen oder Freunden.

Von allen erwähnten Faktoren individueller Hilfsbereitschaft lassen sich Kompetenzen wohl am ehesten systematisch fördern, vermutlich leichter als moralische Werthaltungen oder Einfühlung. Wie das Beispiel der Ersten Hilfe zeigt, reicht es allerdings oft nicht aus, einmal im Leben das passende Wissen zu erwerben und Handgriffe einzuüben; Auffrischungen sind unverzichtbar. Meines Erachtens wäre es eine wirklich sinnvolle Aufgabe der Schule, wiederkehrend auf Erste Hilfe vorzubereiten (mit Unterstützung von Fachleuten). Oder hat Handlungswissen für Notfallsituationen nichts mit Allgemeinbildung zu tun? Auch die Medien könnten sicherlich wichtige Kenntnisse und Kompetenzen vermitteln. Über tragische Vorfälle mit unterlassener Hilfeleistung wird oft wochenlang berichtet; Videoaufnahmen von brutalen Überfällen, z. B. in der U-Bahn, werden wieder und wieder gezeigt. Aber wie oft gibt es Sendungen, in denen passendes Verhalten konkret erläutert und vorgemacht wird?

Zusammenschau: Was geht in helfenden bzw. nicht helfenden Menschen vor?

Die aufgeführten Kontextfaktoren und Personfaktoren machen deutlich: Hilfeleistung ist nicht einfach nur eine Frage von Hinschauen oder Wegschauen. Und ob jemand hinschaut oder wegschaut, bestimmen auch nicht nur die Werte, die ein Mensch für wichtig hält.

Es ist wie bei anderen Handlungen auch: Aus dem Zusammenspiel der jeweiligen Kontextfaktoren und Personfaktoren ergeben sich jene Gedanken, Wahrnehmungen, Emotionen oder Motivationen, die darüber entscheiden, ob Hilfe geleistet oder unterlassen wird. Die folgende Sequenz fasst wichtige innere Prozesse zusammen: Die Situation bemerken → die Situation als Notlage interpretieren → sich verantwortlich fühlen → geeignete Handlungsweisen überlegen und sich dazu für fähig halten → die Handlung planen und ausführen. Weitere Prozesse: «Kosten» der Hilfeleistung akzeptieren, «Gewinn» erwarten (Hilfemotivation).

Der Sozialpsychologe Hans-Werner Bierhoff gibt ein Beispiel, das mehrere Elemente des inneren Ablaufs enthält:

> Eine Autofahrerin fährt auf einer Landstraße und bemerkt – oder übersieht –, dass ein Mann am Straßenrand entlanghastet. Wenn sie ihn bemerkt, könnte sie denken: Ein Jogger. Hat sie aber kurz zuvor am Fahrbahnrand ein Auto stehen sehen, könnte sie auch schließen: Sein Auto ist defekt, er sucht Hilfe. Interpretiert sie die Situation in dieser Weise, fährt sie vielleicht dennoch weiter, weil sie es eilig hat und sich auf einer belebten Straße befindet, sodass sie denkt: Da wird schon jemand anhalten, der mehr Zeit hat. Oder aber sie fühlt sich persönlich verantwortlich zu helfen. In diesem Fall überlegt sie passende Handlungsweisen: Anhalten und nachfragen, ohne den Autoverkehr zu gefährden.

Unter starkem Zeitdruck, so Bierhoff, wird dieser innere Ablauf abgekürzt werden, sodass eine impulsive Entscheidung herauskommt. Davon abgesehen dürfte aber deutlich werden: An verschiedenen Punkten des inneren Geschehens kann die Weiche auf Helfen oder Unterlassen gestellt werden, und Untätigkeit bedeutet nicht immer, dass man mit der Notlage nichts zu tun haben möchte.

Schon das *Bemerken* der kritischen Situation ist nicht selbstverständlich. Lärm, äußere Ablenkungen oder innere Ablenkungen («ganz in Gedanken sein») können dem entgegenstehen. Weiterhin muss man das Wahrgenommene *als Notlage interpretieren*. Viele Situationen sind aber nicht eindeutig. War z. B. dieser Schrei ein Notschrei, oder war es eher Gegröle oder ein Tierlaut? Werden die Kinder der Nachbarn «nur» angeschrieen oder werden sie auch misshandelt? Auch sind stille seelische Nöte nicht so offenkundig wie körperliche. Ist dieser Mensch nur schlecht gelaunt, oder ist er bedrückt und deprimiert? Um dies zu erkennen, spielt Einfühlung oft eine wichtige Rolle.

Hat man die Not erfasst, kommt es nun darauf an, ob man sich selber *Verantwortung* zuschreibt, hier zu helfen. Persönliche Einstellungen spielen dabei ebenso eine Rolle wie auch Kontextfaktoren, die eventuell zu einer Verantwortungsdiffusion führen (s. o.). Für die Umsetzung in reales Handeln braucht man *Vertrauen in die eigene Kompetenz*. Man braucht Handlungsideen und die Einschätzung: Das kann ich. Wollen und Können passen nicht immer zusammen. Auch hilfswillige Menschen sind nicht selten ratlos und bleiben untätig, weil sie fürchten, einen Fehler zu machen.

Selbst wenn alle genannten Prozesse eigentlich in Richtung Hilfe laufen, kann diese Tendenz noch durch allerlei *Kosten* blockiert werden: durch Unannehmlichkeiten, Anstrengung, Gefahren, Zeitverlust etc. Den Kosten des Helfens können aber auch Kosten des Nichthelfens gegenüberstehen, etwa die Missbilligung durch andere Menschen oder ein schlechtes Gewissen, und diese Kosten können die Tendenz zum Handeln unterstützen.

Wenn von Kosten die Rede ist, darf man auch den *Gewinn* nicht vergessen. Der Gewinn kann eigener Nutzen sein, etwa die Anerkennung oder Gegenleistung anderer. Doch ebenso kann das Handeln vorrangig vom Gewinn für den Empfänger, also von *seinem* Wohlergehen geleitet sein. Das wäre dann eine uneigennützige, eine *altruistische* Motivation. Dass die helfende Person davon auch selber einen *emotionalen* Gewinn hat, weil sie sich nämlich mitfreut, wenn es dem anderen besser geht, oder weil sie moralisch mit sich im Einklang ist – das alles macht ihr Handeln nicht eigennützig, sofern diese guten Gefühle eben mit dem Wohlergehen des Hilfeempfängers zu tun haben und nicht mit eigenen Vorteilen.

9.4 «Kinder werden gemobbt, weil sie dick sind oder eine Brille tragen»

Wer hat das nicht schon gehört oder selbst erlebt? Manche Kinder oder Jugendliche werden von anderen als «Abrissbirne», «fette Sau», «Brillenschlange», «Bohnenstange» oder ähnlich tituliert, und zwar nicht nur einmalig als entgleister «Scherz», sondern als wiederkehrende Herabsetzung, die nicht selten mit weiteren Unfreundlichkeiten verbunden ist: Die Opfer werden beschimpft, bedroht, herumkommandiert, gestoßen und getreten; Sachen werden ihnen weggenommen oder beschädigt, von Gemeinschaftsspielen werden sie ausgeschlossen etc. Solche fortdauernden Schikanierungen bezeichnet man als Mobbing oder Bullying.

Welche Kinder werden Mobbingopfer?

Sofern die Spottnamen und Bemerkungen sich auf körperliche Merkmale beziehen, mag es naheliegen, dass das Opfer *wegen* dieser Auffälligkeit gemobbt wird. Aber ist das so? Werden Kinder und Jugendliche verspottet und verprügelt, *weil* sie ein bisschen anders aussehen?

Wie so häufig in der Alltagspsychologie (s. S. 26), wird auch hier die Bedeutung äußerlich sichtbarer Merkmale überschätzt. Der Pionier der Mobbingforschung im Schulbereich, der norwegische Psychologe Dan Olweus, hat ausführlich die typischen Kennzeichen von Mobbingopfern untersucht und es als Mythos entlarvt, dass besonders häufig Kinder gemobbt werden, die auffällig dick oder dünn sind, rote Haare haben oder eine Brille tragen. Zwischen gemobbten und nicht gemobbten Kindern fand er nur einen körperlichen Unterschied: die Opfer sind den Mobbern gewöhnlich an körperlicher Stärke unterlegen. Dass ein Zusammenhang mit körperlichen Merkmalen nicht zu finden war, liegt auch daran, dass nach Olweus 75 Prozent aller Kinder irgendeine äußere Abweichung haben. Doch die wenigsten werden ein Opfer wiederkehrender Schikanierungen.

Aber welche Kinder dann? Die Forschungen zeigen hier einen eindeutigen Trend: Die meisten Opfer sind stille, schüchterne, gehemmte Kinder. In der Klasse haben sie kaum Freunde, in den Pausen stehen sie allein, bei Mannschaftsspielen werden sie als Letzte gewählt. Weil sie also psychisch schwach erscheinen, oft auch körperlich schwächer sind und selten Freunde haben, die ihnen zu Hilfe kommen, sind sie «ideale» Opfer. Durch die Angriffe werden sie natürlich noch verängstigter und ziehen sich noch mehr zurück – ein Teufelskreis.

Die genannten Merkmale sind typisch für die große Mehrheit der Mobbingopfer. Doch eine Minderheit der Opfer zählt nicht zu diesem passiven, sondern zum provozierenden Typ. Diese Kinder neigen dazu, andere zu stören und anzugreifen, leicht aufzubrausen oder durch hyperaktives Verhalten «auf den Nerv zu gehen». Sie sind also Opfer und Täter zugleich.

Dies alles heißt nun umgekehrt: Ein Kind, das selbstbewusst oder energisch auftritt und das genügend soziale Kompetenzen mitbringt, um Freundschaften zu entwickeln oder gar Anhänger um sich zu scharen – ein solches Kind bzw. Jugendlicher könnte, etwas überspitzt gesagt, gleichzeitig dick sein und schielen und eine Zahnspange tragen und würde wahrscheinlich dennoch nicht gehänselt und geprügelt werden.

Wie kommt es zu diesem verbreiteten Irrtum, dass körperliche Merkmale ein Kind zum Opfer prädestinieren, während doch die psychischen Eigenschaften viel wichtiger sind? Da, wie gesagt, die meisten Kinder irgendeinen körperlichen «Makel» haben, lässt sich *auch* bei den Mobbingopfern meistens einer finden – oder er wird dem Opfer angedichtet! Und natürlich ist das ein schönes Angriffsziel. Denn wer zum eigenen Vergnügen andere lächerlich machen will, wer sich über andere erheben und die Lacher auf seiner Seite haben will, der hat mit Spottnamen und ähnlichen «Witzen» einen leichten Erfolg. Ein unschönes körperliches Merkmal ist etwas, *worüber* sich leicht spotten lässt, aber es ist nicht der *Grund* für die Herabsetzung. Man darf also das Objekt des Spottes nicht für die Ursache des Spottens halten.

Wie kommt es zu Mobbing?

Mobbing ist eine spezielle Erscheinungsform aggressiven Verhaltens. Es ist kein Mobbing, wenn es sich um einmalige Angriffe handelt, wenn zwei gleich Starke ihre Kräfte messen oder wenn verfeindete Menschen sich gegenseitig das Leben schwer machen. Zum Mobbing gehört, wie erwähnt, dass dieselbe Person, und zwar eine ziemlich wehrlose, wiederholt und über einen längeren Zeitraum angegriffen und schlecht behandelt wird. Die einzelnen konkreten Handlungsweisen, mit denen gemobbt wird, sind aber dieselben wie die, die auch sonst unter den Aggressionsbegriff fallen: körperliche Angriffe, Angriffe mit Worten oder Gesten sowie Ausgrenzungen, heimliche Verleumdungen und anderes mehr. Beispiele:

- Ein Junge im Kindergarten (schon dort gibt es Mobbing!) darf in seiner Gruppe nicht mitspielen, außer wenn für das Rollenspiel «Familie» noch ein Hund gebraucht wird – dann darf er sich aber nur wie ein Hund benehmen (ein Beispiel aus den Forschungen von Françoise Alsaker).
- Über einem Schüler wird von Mitschülern ein Mülleimer ausgeschüttet.
- Ein Schüler wird von anderen festgehalten, getreten und eingeschüchtert, bis er sein Taschengeld herausgibt.
- Eine Schülerin der Hauptschule bekommt immer wieder Anrufe und SMS-Nachrichten: «Wir werden dich bald schlachten», «Du kannst schon mal ein Grab bestellen» und ähnliche Gemeinheiten.
- Auf einer Internetseite wird eine namentlich genannte Schülerin als Betrügerin, als lesbisch, als Aids-verseucht oder auf andere Weise verleumdet.

Wenn solche Schikanierungen gegen dasselbe Opfer wiederkehrend vorkommen, lässt sich das nicht aus einem einzelnen Faktor erklären. Für das Entstehen von Mobbing kommt es vielmehr auf die *Gesamtkonstellation* aus Tätern, Opfern und Zuschauern in der jeweiligen Gruppe an, also etwa in einer Schulklasse oder einer Kindergruppe, bei Erwachsenen in einer Firmenabteilung etc. Wie wichtig die Gesamtkonstellation ist, zeigt sich darin, dass z. B. nach dem Wechsel auf eine andere Schule eine gemobbte Schülerin häufig keine Probleme mehr hat.

Von den typischen Kennzeichen der Opfer war bereits die Rede; aber sie allein erzeugen kein Mobbing. Was die *Täter* betrifft, so haben sie in der Regel ein starkes Machtbedürfnis und eine positive Einstellung zu Gewalt, sie sind meist körperlich kräftig, ziemlich selbstsicher und wenig einfühlsam. Sie mobben nicht als Vergeltung für eine Provokation, da die meisten Opfer ja stille Kinder sind, die niemanden provozieren, sondern sie mobben aus purer Lust am Schikanieren, um Macht auszuüben oder um sich zu bereichern, z. B. Geld zu erpressen. Mobbing ist meistens eine *Gruppenhandlung.* Neben dem Haupttäter gibt es gewöhnlich Mittäter und indirekte Unterstützer, die z. B. Beifall klatschen oder kräftig mitlachen. Dem Haupttäter gelingt es, andere so zu beeinflussen, dass die Angriffe legitim erscheinen und eventuelle Hemmungen geschwächt werden. Ein authentisches Beispiel: Das schweigsame Verhalten des stillen, passiven Opfers deutet eine mobbende Schülerin gegenüber ihren Mitschülerinnen in dieser Weise um: «Die ist so eingebildet, dass sie nicht mit uns redet.» Manche Kinder machen aber auch mit, weil sie auf der Seite der Starken sein wollen und fürchten, sonst selber zum Mobbingopfer zu werden.

Zur Gesamtkonstellation gehören außer den Tätern nicht nur die Opfer, sondern auch die *Zuschauer*, die das Geschehen entweder mit Interesse beobachten oder sich abwenden, jedenfalls nichts unternehmen, auch nicht, indem sie sich an die *Erziehungspersonen* wenden. Diese gehören in erweitertem Sinne ebenfalls zu den Zuschauern, und leider sind sie nicht immer zur Hilfe bereit, sondern erleichtern das Mobbing häufig noch, indem sie die Attacken mit der Begründung hinnehmen: «Die Kinder sollen ihre Streitereien unter sich ausmachen» (obwohl es sich bei Mobbing *nicht* um Streit handelt!), oder indem sie die Kinderregel unterstützen: «Du sollst doch nicht petzen» und damit die Täter statt der Opfer schützen, oder indem sie das Mobbingopfer verdächtigen, selber Gründe für die Angriffe geliefert zu haben, da sie sich grundloses Schikanieren nicht vorstellen können. Im Übrigen spielt auch das Betriebsklima und Erziehungsklima in der betreffenden Institution eine Rolle, und das wird stark von der jeweiligen Leitung bestimmt. Was in der einen Schule einfach hingenommen wird, wird in einer anderen unterbunden.

Was Eltern und Lehrkräfte tun können

Eltern wissen oft nicht, was in der Schule geschieht – weder die Eltern von Mobbern noch die der Gemobbten. Diese erzählen oft nichts, weil sie Angst haben, dass sie durch eine Intervention der Eltern ihre Position noch weiter verschlechtern, oder weil sie sich schämen und irgendwie schuldig fühlen (wie es auch bei Opfern sexuellen Missbrauchs vorkommt). So machen sie oft nur Andeutungen, falls sie überhaupt etwas preisgeben.

Wichtig ist, dass Eltern sich einfühlsam von der Schule oder dem Kindergarten erzählen lassen. Der Kontakt zu der Einrichtung ist unerlässlich, wenn man etwas ändern will, aber es hängt viel davon ab, ob man bei den Lehrkräften bzw. den Erzieher / innen auf verständnisvolle Resonanz stößt oder nicht – häufig leider nicht. Oft bagatellisieren sie das Problem und glauben nicht, dass das Opfer grundlos angegriffen wird, oder sie signalisieren, dass sie in diesen Dingen doch pädagogisch kompetenter seien als die Eltern. Zum Glück gibt es auch problembewusste Pädagoginnen und Pädagogen, die es als ihre Aufgabe ansehen, die ihnen anvertrauten Kinder zu beschützen.

Es gibt durchaus Möglichkeiten, hierfür etwas zu tun. Für die Erziehenden lautet die Aufgabe: Die Täter bremsen, die Opfer stärken, die Zuschauer aktivieren! In Schule und Kindergarten gehören dazu unter anderem Maßnahmen wie diese:

- Klare Regeln mit etwa folgender Aussage (aber unterschiedlichem Wortlaut je nach Alter): Wir tun anderen nicht weh und ärgern andere nicht. Wir helfen Kindern, die geärgert werden, oder holen Hilfe. Wir lassen niemanden allein, sondern lassen alle mitspielen.

- Lob und Anerkennung für friedlicheres Verhalten der Täter sowie für Hilfeleistungen von Zuschauern; Ausschluss der Täter von attraktiven Aktivitäten nach einem Angriff.
- Verstärkte Aufsicht und ein deutliches, aber nicht feindseliges Stoppen akuter Angriffe (zum «Stoppen» s. auch S. 343 über Erziehungskonflikte).
- Besprechen, Vormachen und Einüben von Handlungsweisen der Zuschauer in kritischen Situationen.
- Rückendeckung für die Opfer durch die klare Botschaft: Du kannst dich immer an mich (Erziehungsperson) wenden.

Eltern können überdies versuchen, das Selbstvertrauen ihres gemobbten Kindes zu stärken, indem sie seine Talente fördern und es ermutigen, zu anderen Kindern Kontakt zu suchen, auch außerhalb der Schule, z. B. in einer Musikgruppe oder in einem Sportverein. Manche stillen und schwachen Kinder mögen Sport nicht so gerne, aber vielleicht finden sie doch irgendeine Sportart, die ihnen gefällt und ihrer Körperkraft guttut. Eltern sollten die Selbständigkeit ihres Kindes fördern und es nicht so übermäßig beschützen, dass es den Ruf eines «Muttersöhnchens» erwirbt. Provozierende Opfer müssen darüber hinaus lernen, Regeln einzuhalten und andere nicht zu reizen. Wenn sie sehr unkontrolliert und hyperaktiv erscheinen, ist es meist sinnvoll, professionelle Hilfe zu suchen, statt einfach darauf zu hoffen, dass sich das Problem «auswächst».

9.5 «Durch diesen Sport kann man gut Aggressionen abreagieren»

Karlheinz B. hat ein Problem. Wiederholt hat er seine Frau verprügelt, und er weiß: Bei weiteren Vorfällen wird er nicht nur seine Frau verlieren, sondern auch seine Wohnung und wohl auch seine Freiheit. Auf die Frage, warum er mit den Prügeleien nicht einfach aufhört, erklärt er, in manchen Situationen werde er von seinen «Aggressionen» so überwältigt, dass er die Beherrschung verliere. Nun hat er in der Zeitung von einer Schule gelesen, die zur Gewaltprävention einen «Wutraum» mit Punching-Säcken eingerichtet hat. Das bringt ihn auf die Idee, sich beim Sportverein zum Boxtraining anzumelden – ab sofort jeden Montag um 18.00 Uhr. Zwar wird er montags um 18.00 Uhr meistens nicht zufällig gerade verärgert sein, aber er hat gehört, dass im Körper sowieso immer angestaute Aggressionen schlummern und man durch Boxen diesen Aggressionspegel senken kann. Jedenfalls: Was hier rauskommt, denkt er, kann nicht mehr meine Frau treffen.

Kraftsport, Rausschreien und andere «Ventile»

Kann das funktionieren? Lässt sich aggressives Verhalten vermindern, indem man auf Ersatzwegen «seine Aggressionen auslebt»?

Hierzu gibt es zahlreiche empirische Untersuchungen. In ihnen werden meistens zwei Gruppen von Versuchspersonen verglichen. Eine hat Gelegenheit zum «Abreagieren», zur sog. Katharsis, die andere übt eine «neutrale» Aktivität aus – wie in dem folgenden Experiment von Dieter Peper: 15-jährige Schüler wurden in einer Sportstunde von einer Hilfskraft unfair behandelt und auf diese Weise in akuten Ärger versetzt. Ein Teil von ihnen hatte im weiteren Stundenverlauf einen elastischen Medizinball so heftig gegen die Wand zu schleudern, dass er möglichst weit zurückprallte – dies war als Kraftsport zum «Abreagieren» gedacht. In der Vergleichsgruppe folgte stattdessen eine sanfte Geschicklichkeitsübung: auf einem Balken balancieren und dabei Keulen einsammeln. Waren nun die Jugendlichen, die den Ball schleuderten, anschließend weniger verärgert und weniger aggressiv in ihrem Verhalten als die Gruppe mit dem Schwebebalken? Nein, es gab keinen Unterschied.

Weil kraftvoller Sport oder überhaupt Sport oder auch quasiaggressive Aktivitäten wie z. B. Holzhacken besonders gerne für den «Aggressionsabbau» empfohlen werden, wurde deren Wirkung in vielen weiteren Experimenten untersucht (Näheres in meinem Überblick in «Lernfall Aggression»). Ein «Ableiten von Aggressionen» ließ sich nie feststellen. Einige Beispiele in Kurzform:

- Kräftiges Treten auf einem Heimtrainer verglichen mit ruhiger Tätigkeit. Ergebnis: Das Treten steigerte aggressives Verhalten.
- Skigymnastik im Vergleich zu gleich langem Warten oder zu einer Konzentrationsaufgabe. Ergebnis: Die Gymnastik wirkte nicht besser als bloßes Warten; die Konzentrationsaufgabe verminderte die ärgerliche Stimmung am besten.
- Kräftiges Dreinschlagen an einer Art Hau-den-Lukas-Gerät verglichen mit stillem Sitzen auf dem Stuhl: Ergebnis: Kein Unterschied.
- Auf einen Punching-Sack schlagen verglichen mit bloßem Warten. Das Ergebnis hier: Das Schlagen machte eher aggressiver.

In diesem letzten Experiment von Bushman und Mitarbeitern wurde auch geprüft, ob das «Abreagieren» vielleicht doch hilft, wenn man daran *glaubt*. Ein Teil der Versuchspersonen war beeinflusst worden durch einen (vermeintlichen) Zeitungsartikel mit dem Titel: «Forschungen zeigen: Das Einschlagen auf unbelebte Objekte ist ein effektiver Weg, Ärger loszuwerden.» Die Vergleichsgruppe las von einem «ineffektiven» Weg. Diejenigen, die pro Abreagieren beeinflusst worden waren, hatten zwar größeres Interesse an dem Punching-Sack als die negativ Informierten, aber die erwartete Abfuhr von Ärger trat nicht ein. Im Gegenteil: Wer an eine Katharsis glaubte, verhielt sich nach dem Eindreschen in einem anschließenden Wettkampf sogar aggressiver als die Vergleichsgruppe.

In all diesen Untersuchungen ging es um akuten Ärger. Wie ist es aber mit dem vorbeugenden «Abreagieren» – wie in dem fiktiven Beispiel von Karlheinz B., der immer montags um 18.00 Uhr durch Boxen sein Reservoir an «Aggressionen» reduzieren will? Auch dies funktioniert nicht. Dies belegt unter anderem eine Untersuchung an traditionellen Volksstämmen zum Zusammenhang zwischen Krieg und Kampfspielen. Nach der Ventil-Idee müssten Stämme, die viel Kampfsport treiben, auf diesem Wege ihre aggressiven Impulse abreagieren und daher weniger zur Kriegführung neigen. Gefunden wurde aber das Gegenteil. Statt aggressive Impulse zu «kanalisieren», dienten die Kampfspiele eher der Einübung kriegerischer Aktivitäten.

So wenig wie heftige körperliche Aktivitäten sind auch Schimpfen, aggressive Fantasiespiele oder gewalthaltige Filme ein guter Weg zum «Abreagieren». In einer Untersuchung sollten verärgerte Studenten sich *vorstellen*, dass ihnen ihr Widersacher gegenübersitzt, und zwei Minuten heftig mit ihm *schimpfen*. Ergebnis: Die Teilnehmer fühlten danach nicht weniger, sondern mehr Groll auf den Provokateur als vorher; mit dem Schimpfen hatten sie sich offenbar selber aufgeheizt. Zum Vergleich: Das Nachdenken über die eigenen Gefühle oder das Sprechen mit einem verständnisvollen Zuhörer milderte den Ärger.

In einem *aggressiven Spiel* hatten neunjährige Kinder Gelegenheit, auf ein Bild zu schießen, das dem Jungen glich, der sie zuvor geärgert hatte. Auch dies verminderte keineswegs ihr aggressives Verhalten, als sie ihm später wieder begegneten und es ihm heimzahlen konnten, indem sie ihn bei einer Aufgabe behinderten. Zum Vergleich: Wurde das provozierende Verhalten des Mitspielers verständlich gemacht (z. B. er sei übermüdet), dämpfte das die Vergeltung.

Genauso wenig darf man vom Lesen eines Krimis oder vom Anschauen *aggressiver Filme* eine «Ableitung von Aggressionen» erhoffen. Gerade für Gewalt in Filmen und Videospielen sind im Gegenteil eher stimulierende Effekte gefunden worden, jedenfalls bei Kindern und Jugendlichen, die aufgrund eines unkritischen Medienkonsums und eines problematischen Milieus für falsche Vorbilder empfänglich sind.

Fazit: Wenn man durch das Traktieren einer Boxbirne, durch Holzhacken oder durch das Zertrümmern von Geschirr aggressive Impulse abzuleiten versucht, so hat das vielleicht mit magischem Denken zu tun, aber nicht mit psychologischen Fakten.

Was an der Ventil-Idee nicht stimmt

Merkwürdig: Niemand behauptet, durch einen freudigen Luftsprung würden Glücksgefühle «kanalisiert» oder durch Schreien würde Angst «abgebaut» – sondern nur, die Emotionen würden auf diese Weise *ausgedrückt*. Für aggressive Gefühle soll hingegen gelten: Ausagieren = Loswerden.

Die populäre Idee vom Abreagieren enthält, genauer betrachtet, drei Irrtümer. Der erste liegt in dem *undifferenzierten Gebrauch des Wortes «Aggressionen»* im Deutschen (im Englischen etwa gibt es keine «aggressions»). Was soll das eigentlich sein – diese «Aggressionen»? Eine gereizte Stimmung? Ärger über einen anderen Menschen? Hass auf einen anderen Menschen? Das Bedürfnis nach Rache? Empörung über eine Ungerechtigkeit? Lust aufs Schikanieren? Lust auf sadistische Quälereien? Wenn man diese und andere Emotionen nicht als verschiedenartige Empfindungen versteht, mit denen man vielleicht auch unterschiedlich umzugehen hat, sondern einheitlich als «Aggressionen», die «raus wollen», dann mag es naheliegen, dass man sie auch durch beliebige Attacken gegen irgendwen oder irgendwas vermindern kann.

Dass aggressive Gefühle keineswegs so unspezifisch sind, zeigt sich an der einzigen Ausnahme, bei der so etwas wie eine Katharsis vorkommt – bei der gezielten Vergeltung gegen den Widersacher. Erreicht man es nämlich, genau *den* Menschen zu bestrafen, von dem man sich schäbig behandelt fühlt, dann *kann* sich damit ein «gutes

Gefühl» einstellen und die Aggressionstendenz gegen ihn beendet sein – man ist quitt. Allerdings ist dies keine Automatik. Manchmal kommen Menschen durch die Vergeltungshandlung sogar erst richtig «in Fahrt» (Rache ist «süß»!); nicht selten wird auch die Vergeltung vom Widersacher zurückvergolten und so fort. Und falls man nachträglich Schuldgefühle bekommt oder sein Verhalten doch etwas peinlich findet, so ist statt eines «guten Gefühls» eher das Gegenteil zu erwarten.

Der zweite Irrtum liegt in der Vorstellung, «Aggressionen» seien *aggressive Energien*, die sich wie eine Flüssigkeit nach hydraulischen Gesetzen «verschieben» oder «anstauen» und die sich «kanalisieren» und «ableiten» lassen – alles Begriffe aus dem Installationshandwerk, die hier auf psychisches Geschehen übertragen werden. Nach einer anderen Variante können die aggressiven Energien durch körperliche Aktivitäten «verbraucht» werden. Wenn das so wäre, dann wäre das Gegenteil, nämlich körperliche Entspannung, ein völlig verkehrter Weg. Tatsächlich sind aber Entspannungs- und Beruhigungsmaßnahmen sehr gut geeignet, um starke Affekte zu reduzieren.

Gegen das «Ableiten» oder das «Verbrauchen» von Energien spricht im Übrigen der zuvor erwähnte Fall der direkten Vergeltung. Falls hierdurch «Ruhe» eintritt, dann gewiss nicht wegen eines Energieabbaus. Die provozierte Person muss die Vergeltung nämlich nicht einmal selbst ausüben. Wirksam ist auch eine Bestrafung durch Dritte, durch ein Gericht oder durch ein «gerechtes Schicksal», vielleicht auch eine Entschuldigung des Widersachers oder die Erkenntnis, dass die Provokation auf einem Missverständnis beruht. All dies «kanalisiert» oder «verbraucht» gewiss keine Energie, aber es verschafft Genugtuung, es stellt das Gerechtigkeits- und Selbstwertgefühl wieder her – und auf diesen *Effekt*, auf das Erreichen dieses Ziels kommt es an, und nicht auf bestimmte Aktivitäten.

Der dritte Irrtum liegt in der Vorstellung, *Gefühle könnten «raus»*. Das würde ja bedeuten, sie könnten den Körper verlassen. Die Vorstellung, dass durch ein Ventil etwas «raus»kommt, was anschließend nicht mehr drin ist, passt zwar beim Wasserdampf, aber nicht bei Emotionen. Hier erliegt man der Suggestivkraft bildhafter Begriffe wie «Ventil» oder «Dampf ablassen». Wie sollen denn Emotionen von innen nach außen gelangen und durch die Luft entschweben? Natürlich kann man Gefühle im Verhalten *ausdrücken*, durch eine Ohrfeige ebenso wie durch eine sprachliche Botschaft. Aber das heißt nicht: Jetzt sind sie draußen und nicht mehr drinnen. Drinnen jedoch können sich Gefühle *verändern*! – auf Wegen, von denen gleich die Rede sein wird.

Man mag nun fragen, warum die Ventil-Idee trotz ihrer Schwächen so verbreitet ist. Zum Teil liegt es wohl daran, dass sie so schön simpel ist. Aber vermutlich hat sie auch mit einer realen Erfahrung zu tun: Zuweilen ist uns einfach danach *zumute*, Gefühle in aggressiver oder heftiger Form auszuagieren. Falls wir diesem Impuls folgen und sich die Stimmung nach einer Weile verbessert – was häufig vorkommt, weil Ärger ohnehin meist verraucht! – wird man sagen: Dieses «Abreagieren» hat mir geholfen. Wer stellt hier schon systematische Vergleiche mit andersartigen Aktivitäten an? Doch ohne solche Vergleiche kann man gar nicht beurteilen, wie gut der eine oder andere Weg ist.

Alternativen zum Umgang mit aggressiven Gefühlen

In den psychologischen Studien wurden die angeblich kathartischen Aktivitäten immer mit *anderen* Aktivitäten verglichen, z. B. mit stillem Warten, mit nicht aggressiven Filmen, mit Rechenaufgaben, mit Selbstreflexion über den Ärger. Und diese «nicht kathartischen» Aktivitäten waren durchweg ebenso wirksam oder sogar wirksamer.

Bei der Frage, was daraus für die Alltagspraxis folgt, sind zwei Ziele zu unterscheiden: Will man lediglich seine ärgerliche Stimmung mildern oder will man darüber hinaus ein zwischenmenschliches Problem lösen, das dem Ärger und der Feindseligkeit zugrunde liegt?

Um eine ärgerliche, gereizte *Stimmung* zu verändern, sucht man am

> **Umgang mit Ärger: einige Möglichkeiten**
>
> - Angenehme ablenkende Aktivitäten
> - Körperliche Entspannung
> - Reflexion über eigene Gefühle, Bewertungen und ihre Anlässe, evtl. im Gespräch mit Vertrauensperson
> - Aussprache mit Kontrahent: Mitteilen eigener Gefühle, Wünsche, Sichtweisen (Ich-Botschaften) statt Bewertung und Beschuldigung des anderen

besten Aktivitäten, die eine bessere Stimmung erzeugen. Das können *auch* solche sein, die äußerlich wie ein «Abreagieren» aussehen, z. B. kraftvolle Sportarten. Hauptsache, es ist für diesen Menschen eine *positive Ablenkung.* Für A mag das eine Unterhaltungssendung sein, für B ein Stadtbummel und für C ein Kreuzworträtsel. Auch wer kräftig in die Klaviertasten schlägt oder einen Waldlauf macht, mag so die ärgerliche Stimmung vertreiben – aber nicht, weil dabei «Aggressionen abgeführt» werden, sondern weil es *diesem* Menschen hilft, sich in eine positivere Stimmung zu bringen. Die Empfehlung lautet also: *Tu etwas, was dir Spaß macht.* Daneben kommt auch körperliche Entspannung in Frage, z. B. ruhiges Durchatmen oder ein warmes Bad. Alle diese Selbstbeeinflussungen können und sollen nicht den Ärger abschalten, sie sollen nur helfen, dass er nicht zu lange andauert. Anders gesagt: Sie beschleunigen das ohnehin zu erwartende Abklingen der gereizten Stimmung.

Eine weitere Möglichkeit setzt am Denken an, genauer: an der *Bewertung* des Ärgeranlasses. Von der Bewertung hängen die eigenen Gefühle ab. Man kann sich also fragen: Ist die Sache wirklich so gravierend? Soll ich mir davon den ganzen Tag verderben lassen? Fast immer ist es so, dass andere Menschen sich bei demselben Anlass nicht ärgern würden. Wie würden die wohl denken?

Eine Stimmungsänderung reicht natürlich nicht aus, wenn man ein *Problem zu lösen* hat, etwa wenn man sich tief verletzt fühlt oder in einer schweren Beziehungskrise steckt. Hiermit konstruktiv umzugehen, erfordert gründliches *Nachdenken* über das Geschehene, über die eigenen Empfindungen, die eigenen Ziele, die Sichtweise des Kontrahenten usw. Seine Gedanken zu Papier zu bringen, kann den Klärungsprozess intensivieren.

Weiterhin kann es helfen, über das Problem zu *sprechen*, aber nicht irgendwie! Denn Schimpfen und Jammern ist, wie oben gezeigt, kein «Stuhlgang der Seele», sondern heizt den Ärger eher noch an – man kann dabei richtig «in Fahrt» kommen. Auch die verbreitete Vorstellung, es sei gesünder, seinem Ärger freien Lauf zu lassen, als ihn zu unterdrücken, ist nicht richtig – beides ist ungesund. Eine gesunde Alternative sowohl zum Unterdrücken als auch zum aggressiven «Rauslassen» ist unter anderem das Mitteilen der eigenen Empfindungen und Meinungen in Ich-Form («Ich ärgere mich über deine Bemerkung; ich finde sie ganz ungerecht»). Das gilt sowohl für Gespräche mit einer einfühlsamen Vertrauensperson als auch für die *Aussprache* mit dem Kontrahenten. Hierzu mehr im anschließenden Kapitel 10.1 über Gesprächsführung und Konfliktlösung.

Und nun noch einmal zurück zum Ausgangsbeispiel, dem Boxtraining. Unter bestimmten Bedingungen ist es vielleicht eine nützliche Sache – etwa dann, wenn Jugendliche, die Boxsport attraktiv finden, auf diese Weise «von der Straße geholt» werden, wenn sie sich sportliche Ziele setzen, für die sie sich anstrengen, und wenn sie von Personen betreut werden, die soziale Vorbilder sind – aber nicht, weil sie dort «Aggressionen kanalisieren».

10. Weitere «zwischenmenschliche» Themen

Für das private Miteinander ist kaum etwas so wichtig wie gute Gespräche. Das gilt besonders, wenn wir einen Konflikt zu lösen haben oder einem Mitmenschen helfen wollen, der mit einem Problem zu uns kommt. Zwei weitere Themen befassen sich mit dem machtvollen Einfluss, den andere Menschen zuweilen auf uns ausüben. Es geht zum einen um Gruppenprozesse, zum anderen um den Gehorsam gegenüber Autoritäten. Der Themenbereich «Aggression», auf den bereits das vorangehende Kapitel eingeht (siehe 9.4 und 9.5), wird fortgeführt mit differenzierenden Antworten auf die Frage, warum sich Menschen aggressiv verhalten, sowie mit den psychologischen Besonderheiten von Krieg und anderen schweren Formen politischer Gewalt.

10.1 Gesprächsführung und Konfliktregelung

«Das war ja ein ziemlich missratenes Gespräch», denken wir manchmal. «Das war ein gutes Gespräch», denken wir ein anderes Mal und bedanken uns vielleicht bei unserem Gesprächspartner. Was macht typischerweise den Unterschied? Drei Merkmale spielen dabei wohl immer eine Rolle. Ein Gespräch ist «gut»,

- wenn die Kommunikation inhaltlich gelingt, wenn also B versteht, was A gemeint hat, und umgekehrt – anders gesagt: wenn nur wenige Missverständnisse auftreten,
- wenn man sich menschlich akzeptiert fühlt,
- wenn der Zweck des Gespräches erfüllt wird.

Beim Zweck kann man beispielsweise unterscheiden: Fachgespräch, Prüfungsgespräch, Verkaufsgespräch, Beratungsgespräch, Konfliktgespräch. Daneben plaudern wir manchmal gerne; hier ist die Pflege menschlicher Beziehungen weitgehend der eigentliche Zweck.

Die Art der Gesprächsführung hängt natürlich vom Gesprächszweck und von der Beziehung zwischen den Beteiligten ab. Im Folgenden soll es um das Konfliktgespräch und das helfende, beratende Gespräch gehen, und zwar in einer Paarbeziehung oder einer anderen privaten Beziehung. Vorweg jedoch einige allgemeine Anmerkungen zu gelingender Kommunikation.

Missverständnisse minimieren

Dass Kommunikation so häufig misslingt, hat viele Gründe. Vielleicht drückt sich der Sender unpräzise und missverständlich aus, vielleicht hört der Empfänger nicht aufmerksam zu, vielleicht fehlt beiden eine gemeinsame Sprache. Es kann aber auch an der komplexen Natur der übermittelten Botschaften liegen. Gewöhnlich schwingt mehr mit, als der Wortlaut besagt.

Nach einem bekannten Modell von Friedemann Schulz von Thun lassen sich *vier Seiten einer Nachricht* unterscheiden und als Quadrat darstellen:

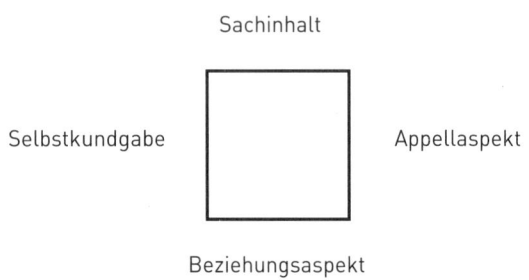

Der Sachaspekt informiert beispielsweise über ein Ereignis, einen Gegenstand, eine Idee etc. Der Aspekt der Selbstkundgabe enthält: Wie ich mich fühle, was ich denke, was ich wünsche etc. Mit Appell ist gemeint: Wozu ich dich veranlassen möchte, was du tun oder unterlassen solltest. Und im Beziehungsaspekt steckt: Was ich von dir halte und wie wir zueinander stehen; typische Beziehungsbotschaften sind z. B. Überlegenheit, Wertschätzung oder Misstrauen. Ein einziger Satz enthält potenziell Botschaften zu allen vier Seiten des Quadrates.

> Ein Beispiel: Ein Mann sagt zu seiner Frau: «Willst du heute Abend schon wieder weggehen?» Mögliche Aspekte dieses Satzes sind: (1) Eine Frage zur Sache: Gehst du weg oder nicht? (2) Eine kritische Bewertung der Frau: Du lässt mich zu viel allein; du bist lieblos (= Beziehungsaspekt). (3) Ich bin unzufrieden, ich ärgere mich, ich bin traurig (= Selbstkundgabe). (4) Informiere mich rechtzeitig und / oder: Geh nicht so oft weg (= Appell). Die Frau als Empfänger könnte vorrangig auf die eine oder andere Nachrichtenseite reagieren: auf den Sachaspekt (z. B. «Ich war doch gerade drei Abende zu Hause»), auf die Beziehungsseite (z. B. «Willst du schon wieder an mir rummeckern»?), auf die Selbstkundgabe (z. B. «Ich weiß, du bist nicht gerne allein») oder auf die Appellseite (z. B. «Na gut, dann bleib ich heute hier»).

Aus dem bloßen Wortlaut der Äußerung ist nicht eindeutig zu erkennen, welche Botschaften der Mann wirklich meint. Die Wörter «schon wieder» legen aber nahe, dass es keine reine Informationsfrage ist. Ansonsten spielt auch der Ton eine Rolle und der Kontext, in dem diese Äußerung fällt. Weiterhin hängt es von der Art der Beziehung und von der Persönlichkeit der Frau ab, welche Botschaften sie vorrangig heraushört und auf welche sie reagiert.

Wenn eine Äußerung gleichzeitig mehrere Botschaften enthält, dann bestehen Missverständnisse nicht nur darin, dass auf *einer* Ebene, z. B. auf der Sachebene, etwas falsch verstanden wird, sondern auch darin, dass sich das Quadrat der Botschaften sozusagen dreht, dass also eine andere Nachrichtenseite ankommt, als vom Sender intendiert war. Wenn beispielsweise der Sender sachlich auf einen Fehler hinweisen wollte und der Empfänger eine persönliche Abwertung heraushört («Hältst du mich für dämlich?»), dann hat sich im Übermittlungsprozess der vorrangig gemeinte Sachaspekt zum vorrangig verstandenen Beziehungsaspekt hin verschoben. Solche Missverständnisse überhaupt zu *erkennen*, ist oft schon entscheidend für eine Verbesserung der Kommunikation.

Im direkten Gespräch trägt kaum etwas so sehr zu präzisem inhaltlichen Verstehen *und* zu menschlicher Akzeptanz bei wie *gutes Zuhören*. Dafür braucht man mehr als nur gesunde Ohren. Gutes Zuhören ist auch mehr als ein passives Aufnehmen. Es zeigt sich vielmehr im gesamten Gesprächsverhalten: nonverbal durch eine zugewandte Mimik und Körperhaltung, verbal durch das Aufgreifen von Äußerungen des anderen.

Die Übersicht in der Tafel umfasst einige typische Elemente des

---

Einige Elemente des Gesprächsverhaltens

Vornehmlich *mitteilend*: Akzent liegt auf *eigenen* Gedanken und Empfindungen

- Sachinformation geben
- Bewerten: zustimmen, ablehnen, kritisieren
- Begründen, argumentieren
- Von eigenen Erfahrungen berichten
- Ich-Botschaft äußern («Ich bin da ganz hin und hergerissen»)
- Frage stellen (ohne unmittelbaren Bezug zur Äußerung des Gesprächspartners)
- Vorschlag machen, u. a. m.

Vornehmlich *zuhörend*: Akzent liegt auf Gedanken und Empfindungen der *anderen* Person

- Zuwendung mit Mimik, Blick, Körperhaltung
- Nicken, «hmm»
- Gehörtes in eigenen Worten wiedergeben (Paraphrasieren)
- Empfindungen aufnehmen («Es wurmt dich, dass du nicht eingeladen wurdest»)
- Rückfrage stellen, um Präzisierung bitten («Was empfindest du daran so beunruhigend?»), u. a. m.

Gesprächsverhaltens und teilt sie in zwei Gruppen: mitteilende und zuhörende. Auf der einen Seite äußert man vornehmlich *eigene* Botschaften. Auf der anderen Seite versucht man vornehmlich, Botschaften der *anderen* Person aufzunehmen; dies wird auch aktives Zuhören oder partnerzentrierte Gesprächsführung genannt. In der Praxis sind die Übergänge zuweilen fließend; manche Äußerungen nehmen gleichzeitig auf und teilen eigene Gedanken mit. Aber der Schwerpunkt kann unterschiedlich sein. Und obwohl die Sammlung in der Tafel keineswegs vollständig ist, vor allem auf der mitteilenden Seite, dürfte sie hinreichend deutlich machen, dass auch das Zuhören aus einer ganzen Palette von Verhaltensweisen besteht, wenn man es wirklich ernst nimmt.

Schon eine simple Rückfrage zu einer Sachbotschaft kann Missverständnisse und eventuell daraus entstehenden Ärger vermeiden helfen. Nehmen wir als Beispiel das Missverständnis um die Uhrzeit in dem Ehestreit in Kapitel 4 (S. 47):

> Er: Ich muss um acht Uhr zum Training – Sie: «Das heißt: Um acht Uhr brauchst du das Auto» – Er: «Nein, um acht Uhr muss ich da sein. Ich muss also etwa um halb acht weg.» – Sie: «Ach so, dann müsstest du oder müsste ich die Kleine schon etwa um sieben vom Kindergeburtstag abholen. Kannst du das machen?»

Vielleicht kann man sagen, dass gutes Gesprächsverhalten im Großen und Ganzen zu fünfzig Prozent aus gutem Zuhörverhalten besteht. Im konkreten Fall hängt es natürlich vom jeweiligen Zweck des Gespräches ab, welche Gesprächselemente besonders bedeutsam sind. Da hat z. B. ein Fachgespräch andere Schwerpunkte als ein Konfliktgespräch.

Das konstruktive Konfliktgespräch

Ein (interpersonaler) Konflikt liegt vor, wenn unvereinbare Wünsche oder Absichten von mehreren Personen aufeinandertreffen. Frau A und Herr B wollen verreisen, denken aber an verschiedene Reiseziele.

Frau X möchte, dass ihr Sohn jetzt seine Hausaufgaben erledigt, aber er will auf den Fußballplatz. Konflikte in diesem Sinne sind unvermeidlich, weil man nicht erwarten kann, dass zwei Menschen immer dasselbe wollen und das auch noch im selben Augenblick. Vermeidbar ist aber, dass die Fetzen fliegen. Man muss also unterscheiden zwischen einem Konflikt und dem *Umgang* mit dem Konflikt, dem Konflikt*verhalten*. Dieses kann zwar aggressiv sein, ebenso aber auch meidend oder konstruktiv.

Zu *aggressivem* Verhalten gehören unter anderem Vorwürfe, Herabsetzungen, Drohungen und Gewalt (s. auch Kapitel 12.4). Es ist deutlich *gegen* die andere Person gerichtet, es enthält eine scharfe negative Beziehungsbotschaft. Aggressives Verhalten wird wohl deshalb so oft mit dem Begriff des Konfliktes assoziiert, weil es sehr auffällig ist. Aber Meidungsverhalten kommt wahrscheinlich viel häufiger vor, und dann gibt es noch den konstruktiven Umgang mit Konflikten.

Zum *meidenden* Verhalten gehört: das Konfliktthema meiden, sich zurückziehen, den Kontakt mit dem Kontrahenten meiden. Häufig meidet man, wenn man einen Konflikt wahrnimmt, den die andere Person nicht wahrnimmt. Beispiel: Eine Nachbarin kommt häufig zum Plaudern, wenn man sich lieber allein beschäftigen möchte – und man traut sich nun nicht, das auszusprechen. Zum Meiden neigen auch Menschen, die sich in einer unterlegenen Position fühlen. Der Angestellte ärgert sich über den Chef, sagt aber nichts. Umgekehrt ist das für den Chef weniger schwierig. Ebenso wird vielleicht in einer Paarbeziehung der schwächere Ehepartner «um des lieben Friedens willen» den Mund halten. Zum Problem wird Meidungsverhalten, wenn dadurch ein untergründiger Konflikt ungelöst bleibt, der die Beziehung beschädigt.

Konfliktverhalten ist *konstruktiv*, wenn es auf eine Lösung in der Sache *und* auf die Schonung der Beziehung gerichtet ist. Eine faire Lösung hat somit Vorrang vor einem Sieg auf Kosten des anderen. Natürlich lässt sich in vielen Fällen schon nach kurzem Austausch eine Verständigung erreichen. In anderen Fällen aber braucht es ein gründliches Gespräch, und zwar zu einem *guten Zeitpunkt* und nicht zwischen Tür und Angel oder im Zustand akuten Ärgers.

Hinsichtlich der *Gesprächsführung* lassen sich zwei Hauptaspekte unterscheiden, nämlich (1) Klärungen und (2) Lösungssuche. In der Klärungsphase konzentriert man sich auf die Gefühle, Wünsche und Bedürfnisse jeder Seite. Gerade wenn Enttäuschungen und Ärger im Spiel sind, braucht man dafür Zeit. Häufig tritt ein Konflikt zwar an einem konkreten Anlass zutage, aber tatsächlich ist er Teil einer tieferen Beziehungsstörung (wie in dem Ehestreit, S. 47). Dann ist es besonders wichtig, diese Hintergründe zu verstehen.

Aber es kommt nicht nur darauf an, *worüber* man spricht; wichtig ist ebenso, *in welcher Weise* man miteinander spricht. In der Sackgasse enden meist Gespräche, die um Schuldzuschreibungen kreisen und in denen man *gegen*einander argumentiert. Schon die *einleitenden Worte* können das Gesprächsklima erheblich bestimmen. «Ich hab' ein Problem, das ich in Ruhe mit dir besprechen möchte» klingt ganz anders als: «Ich muss mit dir reden. In der letzten Zeit hast du mal wieder ...».

Hilfreich ist zweifellos *aktives Zuhören* (s. Tafel S. 228); es tut der Stimmung gut, wenn man sich vom anderen verstanden fühlt. Aber gerade in Konfliktsituationen ist das Zuhören gewiss nicht leicht, häufig ist jede Seite zu sehr mit der Selbstverteidigung beschäftigt. Die eigenen Empfindungen teilt man am besten durch direkte *Ich-Botschaften* mit statt indirekt durch Du-Botschaften. Ob man beispielsweise über den anderen sagt: «Da bist du recht egoistisch» oder von sich selbst sagt: «Ich finde, dass ich mit meinen Wünschen zu kurz komme» – das ist ein Riesenunterschied. Studien zeigen: Wenn Paare in einem Konfliktgespräch häufig das Wort «du» benutzen («Du bist ...», «Aber du hast doch ...», «Warum willst du immer ...?») kommen sie seltener zu einer Lösung, als wenn sie in Ich- und Wir-Sätzen Stellung nehmen. Einige Beispiele, die so ähnlich auch zu dem Ehestreit von Kapitel 4 passen könnten:

- «Ich traue mich kaum, was zu sagen, weil ich deine Reaktion fürchte» (statt: «Immer braust du gleich auf» oder «Du bist eine richtige Mimose»).

- «Für mich ist das wichtig; ich habe dafür eben eine richtige Leidenschaft» (statt: «Du nimmst meine Interessen nicht ernst»).
- «Jetzt sind wir schon ein Weile dabei, gegeneinander aufzurechnen, wer in der Vergangenheit welche Fehler gemacht hat. Ich schlage vor, dass wir lieber deine und meine Wünsche zusammentragen.»
- «Wir sollten überlegen, wie wir solche Missverständnisse künftig vermeiden können.»

Wer die Erfahrung macht, dass Problemgespräche entgleisen, möge es einmal so probieren: A erzählt ausschließlich von eigenen Empfindungen und Sichtweisen, ohne den anderen zu bewerten; B hört dabei ausschließlich zu, ohne irgendwas «zurechtzurücken». Anschließend werden die Rollen getauscht.

Sich gegenseitig *Wünsche* mitzuteilen, bildet die Vorstufe zur Lösungsphase. Das Äußern von Wünschen ist aber manchmal gar nicht so leicht. Vielleicht kennt jemand seine Wünsche gar nicht so genau, vielleicht sind sie recht unbestimmt und widersprüchlich. Vielleicht drückt jemand seine Wünsche nur so zaghaft aus («durch die Blume»), dass sie beim Empfänger gar nicht ankommen. Vielleicht werden Wünsche nicht als Wünsche vorgebracht, sondern als Jammern, Vorwürfe, Befehle usw. Wünsche sollten also wie Wünsche klingen und nicht wie Angriffe.

Ganz wichtig: Den anderen über die eigenen Wünsche zu informieren, soll zunächst nur Klarheit schaffen, es darf *nicht* zugleich bedeuten: Nun kennst du meinen Wunsch, nun musst du ihn auch erfüllen. Jede Seite muss die Erfüllung eines Wunsches auch ablehnen können, ohne dass dies als Kränkung aufgenommen wird! Sonst würde ja jede Wunschäußerung quasi zu einem Befehl. Und sollte der Partner den Wunsch dann nur widerwillig erfüllen, würde man sich scheuen, erneut einen Wunsch zu äußern.

Aus einer guten Klärung ergeben sich die *Lösungen* häufig fast von selbst. Ansonsten können einige Regeln dafür sorgen, dass die Lösungssuche nicht in neue Streitereien abgleitet. Das kann nämlich leicht passieren, wenn einer der Kontrahenten einen Vorschlag macht, der dem anderen nicht gefällt und umgekehrt, und sie sich gegenseitig von ihren Vorschlägen zu überzeugen versuchen. Wer zuerst eine Lösung vorschlägt und wie die Diskussion abläuft, darin spiegelt sich nicht selten das Dominanzverhältnis dieser Beziehung wider.

Daher kann es sinnvoll sein, zunächst mehrere Lösungsideen nur zu *sammeln* (vielleicht auf einem Blatt Papier) und sie erst später zu bewerten. Damit erreicht man, dass sich die Diskussion nicht an einem Vorschlag festbeißt, ehe man andere gehört hat, dass auch eine zurückhaltende Person ihre Ideen einbringt und dass keine Idee vorschnell abgewürgt wird. Beim anschließenden *Bewerten* der Vorschläge wird jeder einige bevorzugen, einige unannehmbar finden und andere auf die Reserveliste setzen. Dies kann man durch Plus-, Minus- und Nullzeichen angeben. Vorschläge mit einem Minus werden ausgeschlossen. Aus den verbleibenden Ideen lässt sich dann meist eine Lösung oder ein Lösungspaket aushandeln. Die Vereinbarungen sollten so konkret sein, dass bei der praktischen Umsetzung nicht neuer Streit entsteht. Und für den Fall, dass die vereinbarte Lösung doch nicht so gut funktioniert, wäre zu verabreden, dass sie nach einer Probephase gegebenenfalls revidiert wird.

Konflikte müssen nicht in einem Zuge gelöst werden. Es kann sinnvoll sein, sich an kritischen Stellen Bedenkzeit zu nehmen und manche Gedanken erst «reifen» zu lassen. Zuweilen ist es auch hilfreich, eine dritte Person als Kommunikationshelfer hinzuzuziehen: eine Vertrauensperson aus dem gemeinsamen Freundeskreis oder einen professionellen Berater.

Vielleicht erscheinen Ihnen manche Empfehlungen geradezu selbstverständlich, und eigentlich sollten sie das auch sein. Doch sind sie das in der Praxis tatsächlich? Wird nicht viel zu oft heftig aufeinander eingeredet statt zugehört? Wird nicht viel zu oft die andere Person bewertet statt von eigenen Empfindungen gesprochen? Zugegeben: Eine leichte Übung ist das nicht. Und es kommt etwas hinzu, was sich in einem Buch leider nicht darstellen lässt: der nonverbale Ausdruck. Der *Ton*, die *Mimik*, die *Körperhaltung* bestimmen entscheidend mit, wie konstruktiv das Gesprächsklima wird.

Das helfende und beratende Gespräch

Ein Freund, eine Freundin oder auch ein Kind kommt in gedrückter Stimmung zu uns und möchte über ein Problem sprechen. Wie führt man so ein Gespräch? Einfach, indem man sagt, wie man darüber denkt – indem man also das Problem zu erklären versucht, Ratschläge erteilt oder die Gefühle und Handlungen des Ratsuchenden bewertet («Da brauchst du dich doch nicht zu ärgern»)?

Ungewöhnlich wäre das sicher nicht. Wer hat es nicht schon so oder ähnlich erlebt?! Geschulte Berater werden jedoch gewöhnlich in erster Linie *aktiv zuhören*, um so die Selbstklärung des Ratsuchenden zu fördern. Denn hier hat man es mit emotionalen, also mit höchst subjektiv erlebten Problemen zu tun. Und anders als bei einem Konflikt, von dem beide gemeinsam betroffen sind, hat hier nur eine Person das Problem. Ihr zu helfen, heißt daher zunächst einmal: sich in sie einfühlen und mit ihr mitdenken. Nehmen wir an, die Frau aus dem Ehestreit wendet sich an eine gute Freundin. Als aktive Zuhörerin würde diese aus den Aussagen der Ratsuchenden deren Empfindungen zu erspüren suchen, beispielsweise so:

«Mein Mann braust immer sofort auf.»

Helfende Freundin: «Da traust du dich kaum, was Kritisches zu sagen.»

«Ja, ich trage das dann mit mir rum. Vielleicht bin ich einfach zu empfindlich.»

Freundin: «Wie meinst du das? Dass du dich zu schnell verletzt fühlst oder wie?»

«Nein, Ich meine eher: Ich bin dann mutlos und gebe auf.»

Freundin: «Eigentlich möchtest du gerne durchhalten und deine Meinung sagen.»

«Ja, schon. Aber so, dass ich weniger Angst habe. Manchmal stelle ich mir vor, dass ich verreise und ihm einen Brief schreibe. Aber das ist nur so eine Idee.»

Freundin: «Du spielst mit dem Gedanken, aber dazu kannst du dich noch nicht entschließen.»

«Nein, vielleicht später. Aber vielleicht könnte ich schon mal sagen, dass ich mir mehr gemeinsame Aktivitäten wünsche.»

Freundin: «Woran denkst du da zum Beispiel?»

Es kommt nicht auf jede Formulierung an. Insgesamt sollte aber das Bemühen um gutes Mitdenken, Einfühlen und Anteilnehmen spürbar sein. Gewöhnlich trägt das aktive Zuhören dazu bei, ein Kuddelmuddel aus unterschiedlichen Gefühlen, Wünschen, Zweifeln etc. schrittweise zu entwirren. Denn meistens ist es ja nicht so, dass die betroffene Person ihr Problem genau kennt und über ihr Inneres einfach so berichten könnte wie über eine Autopanne. Auch dann, wenn sie über abwesende Personen spricht (wie hier am Anfang des Beispiels: «Mein Mann ...»), konzentriert man sich als aktiver Zuhörer zunächst darauf, was diese Aussage für das Empfinden des Gesprächspartners bedeutet («Da traust du dich kaum ...»).

Natürlich spricht nichts dagegen, auch eigene Gedanken einzubringen, solange man immer schaut, ob der Betroffene dafür empfänglich ist, sie also aufgreift. Wenig sinnvoll ist es, den Gesprächspartner von etwas überzeugen zu wollen, was ihm emotional widerstrebt. Immer wieder sollte man also zum subjektiven Erleben zurückkehren. Was nützt es zu sagen: «Ich finde, du müsstest deinem Mann klarmachen, dass ...», wenn die betroffene Frau zu viel Angst davor hat. Dann ist es besser, über die Angst zu sprechen. Kurz gesagt: Einfühlen statt einreden. Natürlich, soweit das Problem auf mangelndem Wissen beruht, können Informationen und Ratschläge durchaus helfen. Aber sie gehen ins Leere, wenn nicht ein Wissensdefizit, sondern ein Gefühlsproblem vorliegt.

Manchmal hört man den Einwand: Was nützt es dem Betroffenen, wenn ich «wiederhole», was er gesagt hat? Die Beispiele sollten deutlich machen, dass es nicht um ein echohaftes Wiederholen geht, sondern um das Erfassen und Aufgreifen von Selbstkundgabe-Botschaften. Der Nutzen kann vielfältig sein: Aktives Zuhören sichert genaues inhaltliches Verstehen; es vermittelt dem Gegenüber das Gefühl, verstanden und ernst genommen zu werden; es ermuntert zum Weitersprechen; und es gibt Impulse zur tieferen Selbstklärung.

Dabei allein muss es aber nicht bleiben. Ein einfühlsames Gespräch ist sicherlich ein guter Anfang. Es kann dem Ratsuchenden Erleichterung verschaffen und Entscheidungsprozesse anbahnen. Aber häufig braucht man noch andere Wege. Einige kommen an anderen Stellen dieses Buchs zur Sprache, etwa in Kapitel 5 (Anwendung «mit System») und in speziellen Themen der Kapitel 7 bis 12.

10.2 Gruppendynamik: Mitmachen, dazugehören

Ob bei der Arbeit, in der Schulklasse, im Gesangverein, im Fußballstadion, in einer Wahlkampfveranstaltung – wir stehen nicht nur einzelnen Menschen im Zwiegespräch gegenüber, sondern oftmals vielen anderen. Mit manchen bilden wir eine beständige Gruppe, anderen begegnen wir nur in einer vorübergehenden Ansammlung.

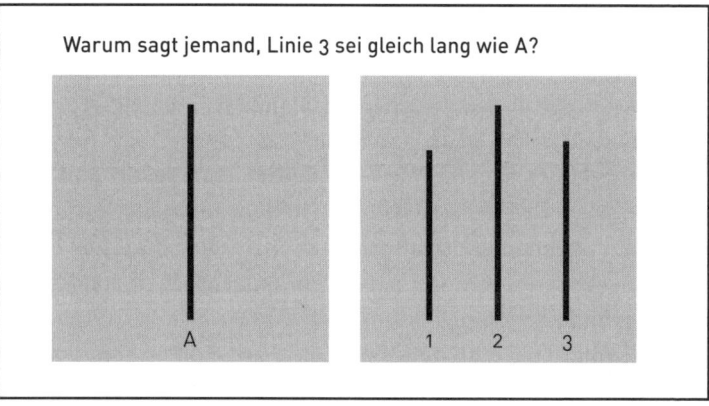

Warum sagt jemand, Linie 3 sei gleich lang wie A?

Schwerpunkt: Zwischenmenschliches Verhalten

Tun, was die andern tun

Diese Schätzaufgabe mag Ihnen ziemlich dumm erscheinen: Welche der drei Linien 1, 2 oder 3 in der Tafel ist so lang wie die Linie A? In einem bekannten Experiment von Solomon Asch sagte ein großer Teil der Versuchspersonen: Linie 3. Wie war das möglich? Stellen Sie sich vor, Sie nehmen an einer ‹Wahrnehmungsstudie› teil und sitzen gemeinsam mit anderen an einem Tisch; Sie sind die Nr. 6 von sieben Teilnehmern. Es kommen nun mehrere Aufgaben zum Längenvergleich. Bei den ersten drei Aufgaben geben alle Teilnehmer sofort dieselbe Antwort. Die vierte Aufgabe, die hier abgebildete, erscheint genauso «puppig». Doch völlig unerwartet sagen alle fünf Teilnehmer vor Ihnen (die siebte auch): Linie 3 – und was sagen Sie nun? Im Experiment blieb ein Viertel der echten Versuchspersonen (alle anderen waren Eingeweihte) bei sämtlichen Aufgaben dieser Art standhaft und gab immer die korrekte Antwort. Zwischen 50 und 80 Prozent der Teilnehmer (in unterschiedlichen Varianten des Experimentes) folgten mindestens einmal dem falschen Urteil, ein Drittel tat es in den meisten Fällen – gewöhnlich mit deutlichen Anzeichen von Unbehagen und Unsicherheit. Ob Zweifel an der eigenen Sehkraft geweckt wurden oder nur ein peinliches Gefühl, ganz alleine dazustehen – der Gruppendruck veranlasste jedenfalls zu falschen Antworten, die in Einzelsituationen so gut wie nie vorkamen (nach Gerrig & Zimbardo).

Dass wir uns vom Verhalten anderer anstecken lassen, kennen wir alle aus alltäglichen Beispielen: Wir lachen mit, wir klatschen mit, wir meckern mit – das ist alltäglich und macht oftmals Spaß. Doch warum kann so etwas auch funktionieren, wenn andere uns ein X für ein U vormachen wollen?

Dieser Einfluss wird als *Konformitätsdruck* bezeichnet. Jeder Mensch hat wohl schon erlebt, was für ein unangenehmes Gefühl es sein kann, als Einziger im Raum eine abweichende Meinung zu vertreten. Und das kann erstaunlicherweise auch dann passieren, wenn «die anderen», wie in dem Experiment, nicht etwa eine vertraute Gruppe sind, sondern fremde Personen, mit denen man nur kurz zusammenkommt, sodass man «gefahrlos» abweichen und anschließend seiner Wege gehen könnte. Man sieht, wie bedeutsam das Bedürfnis nach sozialer Einbindung ist.

Der Konformitätsdruck ist unter anderem dann besonders wirksam, wenn man sich selber nicht völlig kompetent und sicher fühlt, wenn sich alle anderen ohne Ausnahme einig sind und wenn sie einen hohen Status haben. Möchte man in einer Gruppe die Harmonie nicht stören und die Gefühle der anderen schonen, möchte man akzeptiert werden und dazugehören, auch dann fühlt man sich unter einem erheblichen Anpassungsdruck.

Natürlich ist eine Beeinflussung in Richtung Konformität nicht immer von Nachteil und wird auch nicht immer als Druck empfunden. In vielen Fällen kann es durchaus sinnvoll sein, sich an dem Verhalten anderer zu orientieren, etwa wenn wir uns in einem fremden Land mit anderen Gebräuchen aufhalten. Ebenso kann die Botschaft «So machen es schon ganz viele» zuweilen als hilfreicher Anstoß wirken, beispielsweise wenn man Menschen für neue Verhaltensgewohnheiten im Umweltschutz gewinnen will (s. S. 102). Zum Problem wird die Anpassung jedoch dann, wenn die Ansichten der anderen sachlich falsch sind, wenn produktive Ideen behindert werden und wenn man moralisch fragwürdigen Erwartungen folgt.

Echte Gruppen: ihr Innenleben

«Der Mensch ist ein Herdentier» – so werden die beschriebenen Folgsamkeiten manchmal kommentiert. Doch sosehr der Mensch ein soziales Wesen ist, der Vergleich mit der Herde ist nicht ganz korrekt. Denn ein Tier gehört nur zu einer Herde, der Mensch aber zu vielen Gruppen, z.B. zur eigenen Familie, zur Bürgerinitiative Kohlmannstraße, zum Orchideen-Verein, zur Gewerkschaft.

Solche Personenkreise sind es, die in der Psychologie im engeren Sinne mit dem Begriff «Gruppe» gemeint sind. Zur Gruppe gehört, dass die Personen eine gemeinsame Absicht haben, dafür miteinander in Interaktion treten und ein Wir-Gefühl empfinden. Sie wollen vielleicht gemeinsam im Orchester spielen, eine Verkehrsberuhigung erreichen oder eine politische Botschaft propagieren. Meist bildet sich eine interne Organisation mit Aufgaben- und Rollendifferenzierungen sowie Rangordnungen heraus. Typisch sind weiterhin Normen bezüglich des «richtigen» Verhaltens und der «richtigen» Meinung, weil die Gruppe sonst zerfallen würde. Dies bedeutet wiederum, dass die Mitglieder einem gewissen Konformitätsdruck unterliegen.

Der *Übergang* von einer bloßen Menge anwesender Personen zu einer Gruppe ist fließend. Er zeigt sich darin, dass aus einem Nebeneinander ein Zueinander und Miteinander wird, also eine Interaktion mit gemeinsamen Absichten und ersten Ansätzen einer Binnendifferenzierung. Der Sozialpsychologie Helmut E. Lück erläutert dies an einem anschaulichen Beispiel:

> «Stellen wir uns eine Menge von Personen vor, die noch keine Gruppe bildet, z. B. 28 Teilnehmer einer Kaffeefahrt nach Rüdesheim mit Gelegenheit zur Teilnahme an einer Werbeveranstaltung. Die Personen haben gemeinsame Ziele, bedürfen zur Erreichung der Ziele jedoch nicht unbedingt der Interaktion und der Rollendifferenzierung. Der Veranstalter, die Schröpf-GmbH, hat daran wohl auch nicht das geringste Interesse. Stellen wir uns nun vor, der Busfahrer Brause würde das Fahrzeug in den Graben lenken oder Teilnehmer Willi Zorn würde den wortgewandten Veranstaltungsleiter Schröpf-Junior lauthals als Lump und Betrüger beschimpfen – wir könnten unmittelbar Zeuge der Rollendifferenzierung durch Interaktionsprozesse werden. Man würde miteinander sprechen, Meinungen austauschen; einige würden Aktivitäten entfalten, andere würden passiv bleiben, abwarten, was weiter geschieht, und eventuellen Anweisungen geduldig Folge leisten.»

Der Zusammenschluss zu Gruppen kann viele Vorteile mit sich bringen. Menschen können auf diese Weise Leistungen vollbringen, zu denen Einzelne nicht fähig wären. Evident ist dies seit Urzeiten bei der Addition von Körperkräften (z. B. Pyramidenbau). Interessanter aber ist die gemeinsame Suche nach einer *Problemlösung*. Die Gruppe *kann* hier dem Einzelnen überlegen sein – aber sie ist es keineswegs immer. Es hängt sehr von der Art der Aufgabe ab und von der Koordination in der Gruppe. Wenn sich die Mitglieder durch ständiges Reden gegenseitig beim Nachdenken behindern oder wenn ungewöhnliche Ideen prompt abgebügelt werden («Das geht sowieso nicht»), ist die Gruppe oft weniger produktiv als der beste Einzelne. Beim sog. Brainstorming ist es daher sinnvoll, wenn alle zunächst im stillen Nebeneinander ihre Ideen notieren, um für Vielfalt zu sorgen, und erst dann zu einem stimulierenden Austausch übergehen. Auch ein neutraler Koordinator kann hilfreich sein.

Für das Zusammenleben von Menschen ist eine andere Art der Gruppen-«Leistung» aber vielleicht die interessanteste: die *Bildung von Normen.* Was ist das richtige Verhalten? Was ist gerecht? Welche Werte sind wichtig, z. B. Reichtum, Körperkraft, geistige Leistungen, Familienehre, Fürsorglichkeit? Zu solchen Fragen kann man die richtigen Antworten nicht wirklich finden (wie in der Wissenschaft), sondern sozusagen nur erfinden. Es sind normative Setzungen; sie besagen: So *soll* man denken, so soll man handeln. Sie schenken jene Orientierungen und Gewissheiten, ohne die man die Welt als zielloses Chaos erleben würde. Das Hochhalten bestimmter Normen gehört zum Profil von kleinen Gruppen mit persönlicher Interaktion, z. B. von Tierschutzaktivisten oder einer Straßengang, und ebenso von Konfessionen und politischen Lagern, mit denen sich der Einzelne identifiziert, ohne alle Mitglieder persönlich zu kennen. Häufig sind kleine Gruppen Ableger von größeren normativen Gemeinschaften.

«Wir» und «die»: Prozesse zwischen Gruppen

Dass Gruppen sich in ihren Normsetzungen von anderen Gruppen *unterscheiden*, ist häufig ein zentraler Punkt ihres Selbstverständnisses. Sich einer bestimmten Gruppe zugehörig zu fühlen, bedeutet daher nicht selten, dass man sich von manchen Gruppen ausdrücklich distanziert («Anders als *die* streben *wir* an ...»). Man spricht auch von Bezugsgruppen.

Für den Einzelnen werden seine *Zugehörigkeiten* zu Bestandteilen seiner Identität, der sog. sozialen Identität. Die Frage «Wer bin ich?» beantwortet man also nicht nur mit Aussagen zur Person («Ich bin 52 Jahre, Jurist, begeisterter Segler, humorvoll, introvertiert ...»), sondern auch mit der Angabe von Gruppenzugehörigkeiten: «Ich bin Deutscher, bin Buddhist, bin Bayer mit Leib und Seele, bin engagiert bei ...» Zum Teil sind dies lediglich Gruppen im Sinne einer *sozialen Kategorie*, ohne persönlichen Kontakt und vielleicht auch ohne gemeinsame Gesinnung. Doch selbst eine «angeborene» und formale Zugehörigkeit wie die Nationalität, die vielen Menschen nur wenig bedeutet, kann sich bei bestimmten Anlässen emotional bemerkbar machen, etwa im Mitfiebern, Freuen und Trauern bei Fußball-Länderspielen. Und dass «wir» heute gewonnen haben, verkünden selbst die, die nur auf dem Sofa saßen.

In bestimmten Kontexten ist die Gruppenzugehörigkeit so überaus bedeutsam, dass man kaum noch als Person XY handelt, sondern (fast) nur noch als Angehöriger einer Gruppe, z. B. als Soldat des eigenen Landes, als Parteimitglied oder als Gewerkschaftsvertreter. Von den Mitgliedern wird eben ein gruppenkonformes Verhalten *erwartet*, und sollten sie davon abweichen, werden sie möglicherweise bestraft, als Nestbeschmutzer beschimpft oder verjagt.

Wie empfänglich sind Menschen für Zugehörigkeiten? Wie deutlich muss die Zugehörigkeit sein, damit man anfängt, nicht einfach als Individuum, sondern als Angehöriger einer Gruppe zu denken und zu handeln? Das beginnt nicht erst, wenn man aus eigener Entscheidung einem Verein beitritt oder sich einer politischen Bewegung anschließt, sondern bereits unter erstaunlich läppischen und zufälligen Bedingungen. Es beginnt bereits, wenn z. B. anhand einer Schätzaufgabe («Wie viel Bier trinkt der Deutsche im Durchschnitt?») Personen in die Kategorien «Überschätzer» und «Unterschätzer» eingeteilt werden. Schon unter solch minimalen Bedingungen entsteht eine leichte Tendenz, die «eigenen Leute» gegenüber den anderen zu begünstigen, etwa beim Verteilen von Bonuspunkten. Diese Tendenz zur Bevorzugung eigener «Mitglieder» zeigte sich in Experimenten von Henri Tajfel sogar dann, wenn diese «Mitglieder» lediglich anonym als «Nummer 7 von Gruppe A» auf dem Papier existierten. Die bloße Gemeinsamkeit «Der gehört wie ich auch zu A» reichte aus, die Bevorzugungstendenz wachzurufen.

Anders als unter den geschilderten Minimalbedingungen sind es im Leben normalerweise sehr handfeste Faktoren, die die Einteilung in «wir» und «die» hervorrufen, z. B. die räumliche Nähe. So führte in Sherifs Ferienlager (s. S. 199) die Aufteilung auf zwei Hütten sehr schnell zu einem Wir-Gefühl auf beiden Seiten. Als Zeichen der Zusammengehörigkeit gaben sich die Bewohner der einen Hütte den Namen «Red Devils». Die da drüben, so dachten sie, haben es bestimmt nicht so schön wir. «Die da drüben» nannten sich inzwischen «Bulldogs» und waren selbstverständlich überzeugt, dass es ein Glück war, gerade zu dieser Gruppe zu gehören.

Menschen möchten sich also sozial zuordnen. Und so richtig schön wird die Zugehörigkeit durch das Gefühl, selber einer wertvolleren Kategorie anzugehören als andere Menschen. Denn das bedeutet: Ich bin etwas wert, weil ich ein XY bin. Viele Gruppen fühlen sich anderen in irgendeiner Hinsicht überlegen, wenn nicht in den Leistungen, dann vielleicht in den moralischen Vorstellungen oder religiösen Überzeugungen. Dieser Selbstaufwertung dient auch die Abwertung anderer Gruppen. Und manchmal mündet das in einen verhängnisvollen Glauben an die Höherwertigkeit und gar einen Herrschaftsauftrag der eigenen Nationalität, Rasse oder Religion.

Feindseligkeiten zwischen konkurrierenden Gruppen lassen sich, wie in dem Ferienlager-Experiment demonstriert, entschärfen, wenn es gelingt, *gemeinsame* Ziele oder Bedrohungen zu entdecken, für die sich eine Zusammenarbeit lohnt – zum Vorteil beider Seiten. In gewisser Weise entsteht damit ein erweitertes «Wir», im politischen Feld z. B. «Wir Europäer» statt «Wir Deutschen», «Wir Polen» usw. Aber irgendwelche «Die» wird es immer noch geben. Und grundsätzlich ist die Neigung, die Menschheit einzuteilen und die eigene Wir-Gruppe zu bevorzugen, wohl kaum aus der Welt zu schaffen, auch wenn das nicht mit Feindseligkeit verbunden sein muss.

10.3 Autorität und Gehorsam – unvermeidlich, zuweilen gefährlich

Die Krankenschwester war abends allein auf der Station, als das Telefon klingelte. Es meldete sich ein Dr. Hanford aus der Psychiatrie, dem sie bislang noch nicht begegnet war: «Ich kümmere mich heute um Mr. Carson und komme gleich noch mal rüber. Können Sie eben schauen, ob Sie Astroten im Schrank haben?» – «Was bitte?» – «Astroten» – «Hab ich noch nie gesehen, aber ich schaue nach.» – Tatsächlich fand die Schwester das Medikament: ‹Astroten. Normale Dosis: 5 mg. Maximale Tagesdosis: 10 mg›. – Wieder am Telefon: «Ja, doch. Ich hab's gefunden» – Dr. Hanford: «Gut, dann geben Sie Mr. Carson bitte 20 Milligramm, also vier Tabletten. Ich zeichne das gleich ab. Ich möchte nur, dass das Medikament schon wirkt, wenn ich in zehn Minuten komme.»

Würde die Schwester die verlangte Dosis verabreichen? In der Ausbildung hatte sie gelernt, dass sie in solchen Fällen widersprechen müsse und dass sie Medikamente nur nach einer schriftlichen Anweisung verabreichen dürfe. Und so lauteten denn auch die Antworten in einer *Befragung*: Die Untersucher um Charles Hofling baten Krankenschwestern, sich eine solche Situation vorzustellen, und diese sagten fast ausnahmslos, sie würden das Medikament nicht verabreichen. Ganz anders dagegen das *tatsächliche Verhalten* der Krankenschwestern im Experiment: 21 von 22 schritten ohne Diskussion zur Tat.

Wie weit kann das gehen?

Gehorsam ist nicht dasselbe wie Konformität. Er ist nicht die Anpassung an eine Gruppenmeinung, sondern die Befolgung einer expliziten Anweisung von einer höhergestellten Person. In dieser interpersonalen Oben-Unten-Konstellation, nämlich in einem *Autoritätssystem*, begehen Menschen zuweilen Handlungen, die weit von ihren persönlichen Einstellungen entfernt sind.

Besonders spektakulär zeigte sich dies in den berühmten Gehorsamsexperimenten von Stanley Milgram, in denen «ganz normale» Menschen zu folterartigen Handlungen veranlasst wurden, und zwar so: «Zwei Leute betreten ein Psychologielabor, um an einer Untersuchung über Erinnerungsvermögen und Lernfähigkeit teilzunehmen. Einer von ihnen wird zum ‹Lehrer› bestimmt, der andere zum ‹Schüler›. Der Versuchsleiter erklärt ihnen, dass sich die Untersuchung mit den Auswirkungen von Strafe auf das Lernen befasst. Der Schüler wird in einen Raum gebracht, auf einen Stuhl gesetzt, seine Arme werden festgebunden, um übermäßige Bewegungen zu verhindern, und an seinem Handgelenk wird eine Elektrode befestigt. Man erklärt ihm, dass er eine Reihe von Wortpaaren zu lernen habe und dass er bei jedem Fehler einen Elektroschock von wachsender Stärke erhalten werde.» (Milgram, S. 19). Der «Schüler» spielt nur eine Rolle: Er ist in Wahrheit ein Helfer des Versuchsleiters und erhält keine realen Schocks. Zum «Lehrer» aber werden echte, ahnungslose Versuchspersonen bestimmt, die sich aufgrund einer Zeitungsanzeige für 4 Dollar Honorar zur Teilnahme an einem einstündigen wissenschaftlichen Experiment zur Gedächtnisforschung gemeldet haben: Lehrer, Postbeamte, Arbeiter, Ingenieure usw. Der «Lehrer» wird vor einen eindrucksvollen Schockgenerator gesetzt, der mit 30 Schaltern von 15 Volt (Aufschrift: «Leichter Schock») bis 450 Volt («Bedrohlicher Schock») ausgestattet ist. Er erhält die Aufgabe, den Schüler für jeden Gedächtnisfehler mit einem Schock zu bestrafen, wobei er jedes Mal eine Stufe höher gehen soll. Bei der Ausführung dieser Aufgabe hört der «Lehrer» mit zunehmender Schockstärke immer heftigere Schmerzschreie des «Schülers». Wenn der «Lehrer» daher aufhören will, sagt der Versuchsleiter stereotyp: «Machen Sie weiter.»

Die Frage war nun: Bei welcher Schockstufe wird die Versuchsperson sich weigern weiterzumachen? Wie viele werden bis zum bitteren Ende von 450 Volt gehorsam sein? Ergebnis: 65 Prozent sind gehorsam bis zur Höchststärke, wenn das Opfer im Nebenraum sitzt, bei 300 Volt protestierend gegen die Laborwände hämmert und ab 315 Volt keinen Ton mehr von sich gibt. 40 Prozent gehorchen bis zum Ende, wenn das Opfer im gleichen Raum sitzt und in seinem Schmerz zu hören und zu sehen ist. 30 Prozent tun es sogar dann noch, wenn sie das Opfer berühren, nämlich seine Hand auf die «Schockplatte» drücken müssen; aber auch hier gehen noch alle Versuchspersonen weit in den schmerzhaften Bereich (durchschnittlich 210 Volt). Der Versuch wurde in mehreren Ländern unterschiedlicher Kulturkreise wiederholt, unter anderem in Deutschland, Jordanien und Südafrika, und die Ergebnisse waren immer dieselben. Der Autoritätsgehorsam ist offenkundig ein kulturübergreifendes Phänomen.

Man kann darüber streiten, ob solche Experimente ethisch vertretbar sind. Nicht streiten kann man hingegen über den Erkenntnisgewinn. Ich weiß, dass einige Schlaumeier behaupten, Milgram habe doch nur herausgefunden, dass Wasser nass ist. Tatsächlich aber hatten in einer Umfrage *vor* dem Experiment fast alle Psychologen und Laien übereinstimmend vorausgesagt, dass die Versuchspersonen fast zu 100 Prozent vorzeitig abbrechen würden und dass durchschnittlich nur die 135-Volt-Stufe erreicht würde.

Diese Fehleinschätzung zeigt erneut, dass man auf die beliebte Umfrage-Frage «Wie würden Sie sich in folgender Situation verhalten?» keine sicheren Auskünfte über das tatsächliche Verhalten bekommt – einfach weil die Befragten die Faktoren, die das Verhalten tatsächlich bestimmen, nicht richtig durchschauen können. Die meisten Menschen denken vermutlich vorrangig an Personmerkmale, vor allem an Einstellungen, und im Falle des Milgram-Experiments schreibt man sich selbst wie auch den allermeisten Menschen natürlich eine ablehnende Einstellung zu.

Das tatsächliche Verhalten der Versuchspersonen erklären Menschen, die das Experiment im Film sehen, mit personalen Faktoren wie: «Die sind sehr unkritisch», «Die sind sehr autoritätsgläubig», «Die leben ein latentes Aggressionsbedürfnis aus». Der entscheidende Punkt ist jedoch der situative und interpersonale Kontext, nämlich die Einbindung in eine Autoritätssituation, in diesem Fall: in ein wissenschaftliches Experiment unter einem «verantwortlichen» Wissenschaftler in einem wissenschaftlichen Institut. Es war diese Konstellation, die das «Gehorsamsverhalten» möglich machte. Wie weit jemand ging, hing erstaunlich wenig mit den Persönlichkeitseigenschaften der Versuchspersonen zusammen. Umso bedeutsamer waren kleine Veränderungen in den äußeren Kontextbedingungen. So sank die Gehorsamsrate rapide, wenn der Versuchsleiter vorübergehend den Raum verließ. Dann «mogelten» viele und gaben nur ganz leichte Schocks.

Ähnliche Ergebnisse fand man in diversen Abwandlungen des Experiments. In einem Versuch von Wim Meeus und Quinten Raaijmakers hatten die Versuchspersonen die Aufgabe, Stellenbewerber in einem angeblichen Auswahlverfahren durch harsche Bemerkungen so sehr unter Stress zu setzen, dass sie versagten und die Stelle nicht bekamen (die «Bewerber» waren in Wahrheit Helfer der Untersucher). Rund 90 Prozent der Versuchspersonen befolgten den Auftrag. Allerdings: Wenn sie vorher unterschrieben hatten, dass sie für den Fall rechtlicher Konsequenzen ihre persönliche Verantwortung anerkannten und der «Bewerber» dann tatsächlich rechtliche Schritte androhte, sank die Gehorsamsrate auf 30 Prozent.

Schwerpunkt: Zwischenmenschliches Verhalten

Autoritätsgehorsam im Alltag

Es handelt sich in den Beispielen nicht um Gehorsam aus Angst vor einer angedrohten Bestrafung bei Verweigerung, es handelt sich auch nicht um Gehorsam gegenüber Menschen, die persönliche Autorität oder Charisma ausstrahlen. Es handelt sich vielmehr um Gehorsam in einem Autoritätssystem. Zu einem solchen System gehört, so Milgram, ein Aktionsort, eine anerkannte Aufgabe und eine Rollenverteilung. In einer wissenschaftlichen Einrichtung ist klar, wer Versuchsleiter und wer Versuchsperson ist, und beide haben ihre Rolle. Die Versuchsperson würde z. B. nicht auf die Idee kommen, Anweisungen zu erteilen und die Geräte zu erklären; dies erwartet man vielmehr vom Versuchsleiter. Seine Autorität ergibt sich aus seiner Funktion und aus der Institution, in der er tätig ist. Beides ist gewöhnlich an einen passenden Ort gebunden. In seiner Wohnstube hätte der Versuchsleiter nicht dieselbe Autorität wie im Institut. In einem solchen Rahmen fühlt sich die «untergebene» Person nicht mehr direkt für ihr Handeln verantwortlich, sie fühlt sich vielmehr als Werkzeug der Autorität.

Wohl alle Menschen befolgen gelegentlich die Aufforderung einer Autoritätsperson, ohne wirklich einverstanden zu sein. Aber viel häufiger sind wir folgsam, weil die Aufforderung sachlich begründet und vernünftig erscheint. Denn das Prinzip des Autoritätsgehorsams ist in gewissem Maße völlig normal, nützlich und sogar unverzichtbar für das Zusammenleben der Menschen. Denn jeder Mensch weiß, dass er nicht selbst alles beurteilen und ausführen kann, und jeder begibt sich in Institutionen, die von anderen Menschen geführt werden, wie z. B. eine Arztpraxis, eine Behörde, eine wissenschaftliche Einrichtung. Hier lässt man sich ganz selbstverständlich führen, statt anderen zu sagen, wo es langgeht. Umgekehrt ist wohl jeder erwachsene Mensch in bestimmten Positionen selber für andere eine Autorität, z. B. als Mutter oder Vater, als Abteilungsleiter, als Lehrerin, als Hausmeister.

Ohne diese Gewöhnung an das Prinzip Gehorsam gegenüber Autoritäten, ohne diese ganz normale Sozialisation eines jeden Menschen sind die Befunde in den geschilderten Experimenten kaum zu verstehen. Wo sich bestimmte Autoritätsbeziehungen etabliert haben, bleibt der Gehorsam häufig auch dann selbstverständlich, wenn man eigentlich anderer Meinung ist. Denn sonst würde man eine institutionell verankerte Beziehung in Frage stellen – was peinlich ist und Angst macht. So befolgt dann also die Krankenschwester die Anweisung des Arztes quasi in sozialer Automatik – dagegen kommt ihr besseres Wissen nicht an. Es sollen schon Flugzeugunglücke passiert sein, weil der Copilot dem Ersten Piloten nicht widersprechen mochte.

Der Gehorsam gegenüber Autoritäten ist also ein *elementares* Prinzip des gesellschaftlichen Lebens. Ohne ihn lässt sich keine Gesellschaft organisieren und ist kaum eine Institution handlungsfähig. Doch dieses an sich nützliche Prinzip macht es zugleich möglich, dass Menschen einer Autorität auch dann noch folgen, wenn sie irrt, wenn sie ihre Macht missbraucht oder höchst destruktive Entscheidungen trifft (mehr hierzu in Kapitel 10.5 über politische Gewalt). Vielleicht hilft es ein wenig, wenn man die beschriebenen Mechanismen durchschaut.

10.4 Aggression: Verhalten, das wehtun soll

Aggression – da denkt man an Fußtritte, wüste Beschimpfungen, Erpressungen, Geiselnahmen. Aber es geht auch unauffälliger. Man schießt ab und zu kleine Giftpfeile in Form spitzer Bemerkungen ab, man verleumdet einen Menschen heimlich, um seinen Ruf zu ruinieren, oder man macht ihm ein Geschenk, das ihn in Verlegenheit bringt, wie schon der weise Wilhelm Busch durchschaute: Die Tanten schenken der Nichte ein grünes Kleid mit gelben Ranken, denn: «Ich weiß, sie ärgert sich nicht schlecht und muss sich noch bedanken».

Wieso kann man all diese Verhaltensweisen «aggressiv» nennen? Weil sie darauf abzielen, andere zu schädigen bzw. ihnen wehzutun, wobei «wehtun» hier für das absichtliche Erzeugen unangenehmer

Empfindungen steht. In dieser Bedeutung wird der psychologische Aggressionsbegriff gewöhnlich verstanden. Die Alltagssprache bezeichnet zuweilen auch energisches «In-Angriff-nehmen» oder Einwirken als aggressiv («aggressive» Werbung, «aggressive» Musik etc.), doch um solche Ausweitungen geht es hier nicht. Es geht um körperliche und verbale Attacken, um nonverbale Herabsetzungen (böse Blicke, Stinkefinger usw.) und um verdecktes Wehtun. Als *Gewalt* werden gewöhnlich schwere Formen aggressiven Verhaltens bezeichnet, insbesondere körperliche Angriffe.

Leider versteht die Alltagssprache unter «Aggression» oder «Aggressionen» nicht nur *Verhaltensweisen*, sondern auch *Emotionen* bzw. Impulse («Aggressionen haben», «Aggressionen rauslassen», vgl. S. 217 ff.). Innere Empfindungen und sichtbares Verhalten werden somit im selben Wort vereinigt. Diese sprachliche Verschmelzung wäre wenig problematisch, wenn Aggression als Verhalten mit Aggression(en) als Emotion untrennbar verbunden wäre. Aber ist das so? Nein, keineswegs!

Aggression ist nicht gleich Aggression

Solche Fälle kennen wir aus der Zeitung: Täter A hat einen Menschen erschossen, und zwar aus Hass. Täter B hat dasselbe getan, aber für Geld. Hass und Rachegelüste sind zweifellos aggressive Emotionen. Doch viele aggressive Handlungen, darunter schwerste Gewalttaten wie Raubüberfälle und Geiselnahmen, entstehen gewöhnlich nicht aus solchen Gefühlen. Aggressives Verhalten kann also recht unterschiedlich motiviert sein, und es ist seit langem in der Psychologie üblich, zumindest zwei Haupttypen zu unterscheiden: emotionale Aggression und sog. instrumentelle Aggression. Sehr knapp formuliert: Dominiert der Affekt oder der Effekt?

Emotionaler Art ist vor allem reaktive Aggression aus Ärger und Feindseligkeit, häufig in Form von Racheakten (Vergeltung). Emotional ist aber auch die seltenere aktive Lustaggression (s. u.). In beiden Fällen ist das Wehtun selbst das Ziel und verschafft emotionale Befriedigung:

Aggressive Emotion	→ Wehtun	→ emotionale Befriedigung
A ist verärgert über Mitschüler B	A zerkratzt das Handy von B	Genugtuung bei A

Bei der *instrumentellen* Aggression ist das Wehtun nur Mittel zum Zweck, nämlich etwas abzuwenden oder etwas zu erlangen:

Nichtaggressives Bedürfnis	→ Wehtun	→ Nutzeffekt	→ Befriedigung
A will B das Handy wegnehmen	A schlägt auf B ein	B gibt sein Handy her	A freut sich über das Handy

Wenn es darum geht, z.B. Geld oder Beachtung zu erlangen, ist instrumentelle Aggression ein aktives Verhalten. Das Abwenden oder Abwehren eines Angriffs oder einer Belästigung ist eine reaktive Variante instrumenteller Aggression.

Es trägt wesentlich zum Verständnis aggressiver Handlungen bei, wenn man nach der Art der Motivation fragt und danach differenziert. Deshalb möchte ich die vier genannten Typen noch ein wenig erläutern: Vergeltungsaggression, Abwehraggression, Erlangungsaggression und Lustaggression.

Die *Vergeltungsaggression* ist eine Reaktion auf negative Ereignisse wie Provokationen, Kränkungen, körperliche Angriffe etc. Sie ist eine reine Bestrafungsaktion, mit der man etwas «heimzahlt». Beispiele: Ein Mann, der sich von seinem Nachbarn beleidigt fühlt, verwüstet heimlich dessen Blumenbeet. Oder ein «Verräter» wird gelyncht. Hier dominieren wirklich aggressive Emotionen wie Ärger, Groll oder Hass. Den Widersacher leiden zu sehen, verschafft eine Befriedigung, die man «Genugtuung» nennt. Es ist Genugtuung darüber, dass nun die Gerechtigkeit und/oder das Selbstwertgefühl wiederhergestellt wurden.

Die *Abwehraggression* ist eine Reaktion auf Bedrohungen oder Belästigungen. Beispiele: Man stößt einen Angreifer zurück. Oder: Um sich unangenehme Fragen vom Leibe zu halten, reagiert man mit Beschimpfungen («Dir fällt wohl nur dummes Zeug ein»). Emotionen spielen hier durchaus mit, nämlich Angst (bei Gefahr) oder Ärger (bei Belästigung). Aber in erster Linie will man etwas abwenden bzw. sich schützen. Das Wehtun ist insofern Mittel zum Zweck, und der ist erfüllt, sobald die Bedrohung oder Belästigung abgewehrt ist. Statt um Genugtuung geht es primär um Erleichterung.

Vergeltung und Abwehr werden oft verwechselt, weil beide eine *Re*aktion sind. So sagen Menschen, die sich rächen, denn auch häufig: «Ich wehre mich ja nur.» Aber der Unterschied ist groß: Echte Abwehr dauert nur so lange, bis die Bedrohung oder Belästigung beendet ist, Vergeltung wird dagegen oft auch nachträglich verübt, zuweilen Jahre später. Juristisch ist dies ebenfalls ein Unterschied: Notwehr ist erlaubt, Selbstjustiz hingegen nicht. Allerdings: Eine Mischung beider Typen ist möglich, sofern nämlich die Vergeltung neben dem Heimzahlen auch der Abschreckung (= vorbeugende Abwehr) dienen soll.

Erlangungsaggression (kein schönes Wort, aber welches ist treffender?) ist aktiv darauf gerichtet, etwas zu bekommen: Geld und Güter, Beachtung, Anerkennung, Machtpositionen. Die Gewaltkriminalität ist voll davon. Sehr deutlich ist das Verhalten hier Mittel zum Zweck. Natürlich kann *auch* Ärger aufkommen, wenn der Versuch auf Widerstand stößt. Wer ist nicht schon einmal ärgerlich geworden bei dem Versuch, sich durchzusetzen?! Ein kleines Kind setzt vielleicht mit Wutgeschrei seine Eltern unter Druck, weil es unbedingt ein Leckerli oder ein Spielzeug haben will. Und auch in der hohen Politik sind Wutausbrüche zuweilen eine Form der Machtausübung.

Lustaggression: Damit meine ich aggressive Handlungen, bei denen man weder einen Ärgeranlass noch einen Nutzeffekt erkennen kann. Beispiele: Fußball-Hooligans freuen sich schon auf die Prügelei mit den «Fans» des Gegners. Schüler schikanieren aus Vergnügen stille Mitschüler auf dem Schulhof (s. Kapitel 9.4 über Mobbing). Auch dies ist kein reaktives, sondern aktives Handeln. Lustvoll kann dabei der Nervenkitzel sein (Gewalt als «Kick») und / oder das Gefühl eigener Größe und Stärke.

Neben diesen Aggressionsarten gibt es eine *halbaggressive* Variante, die man heftige *Unmutsäußerung* nennen kann. Beispiele: Man flucht laut über eine Panne. Oder: Man brüllt «Ruhe!» in den Raum. Hier handelt es sich um einen impulsiven Affektausdruck ohne die Absicht, zu verletzen und wehzutun. Bloßes Schimpfen ist noch nicht wirklich aggressiv, *Be*schimpfen durchaus.

Der Übergang zwischen aggressivem und nicht aggressivem Verhalten ist also zuweilen fließend, und auch zwischen den vier vorgestellten Typen sind Übergänge und Mischformen möglich. Doch es gibt sie durchaus in Reinform: Ein Faustschlag als reiner Racheakt oder als echte Notwehr oder als Zwangsmittel zur Bereicherung oder aus purem Spaß am Prügeln – all das kommt vor.

Ich hoffe, es ist deutlich geworden, dass es wesentlich präziser ist, wenn man eine aggressive Handlung etwa mit Vergeltungsbedürfnis oder einem Nutzeffekt erklärt statt einfach mit «Aggressionen», die man «hat». (Den undifferenzierten Sprachgebrauch in puncto innerer «Aggressionen» habe ich schon in Kapitel 9.5 über die Ventil-Idee beklagt, S. 220.) Im Übrigen zeigt die vorgestellte Differenzierung, dass aggressives Verhalten keineswegs immer eine Reaktion auf negative Erfahrungen ist. In erheblichem Maße lebt es von positiven Erfahrungen: Es ist oft erfolgreich und nützlich oder es macht einfach «Spaß».

Bei der Suche nach Wegen zur *Aggressionsverminderung* ist es ebenfalls wichtig zu differenzieren. Soweit Ärger, Groll und ähnliche Emotionen im Spiele sind, geht es um einen besseren Umgang mit diesen Gefühlen. Unter anderem können Selbstreflexion, Neubewertungen und Ich-Botschaften dazu beitragen, Ärger und damit mögliche Vergeltungsakte zu vermindern (mehr zum Umgang mit Ärger s. S. 222 ff.). Soweit aggressives Verhalten durch Nutzeffekte motiviert ist, hat man vor allem konstruktive Formen der Selbstbehauptung

Schwerpunkt: Zwischenmenschliches Verhalten

und Konfliktregelung zu erlernen bzw. sie in der Erziehung zu vermitteln (s. Kapitel 10.1 zu Konfliktregelung sowie 12.4 und 12.5 zu Erziehung). Besondere Wege braucht man zur Eindämmung von Mobbing (hierzu s. Kapitel 9.4).

Personen: Was steckt hinter hoher Aggressivität?

Menschen sind zu aggressivem Verhalten unterschiedlich «disponiert»; sie unterscheiden sich im Grad ihrer Aggressivität. Während manche Menschen sich nur selten, nur gegenüber wenigen Menschen und niemals körperlich aggressiv verhalten, tun es andere bei vielen Anlässen, gegenüber vielen Menschen und auch in schwerwiegenden Formen. Häufig gehört ihre Aggressivität zu einem umfassenderen antisozialen Syndrom, das z. B. auch Verkehrsdelikte, Diebstähle und andere Rechtsverstöße mit einschließt.

Menschen unterscheiden sich aber auch in der *Art* ihrer Aggressivität. Manche werden sehr leicht ärgerlich, wo andere gelassen bleiben. Sie fühlen sich häufig provoziert und reagieren dann mit Ärgerausbrüchen und «Retourkutschen» (Vergeltung). Dahinter steckt meist eine sog. verzerrte soziale Wahrnehmung: Überall wittern sie böse Absichten und missverstehen selbst harmlose Bemerkungen, Blicke oder Gesten als gegen sich gerichtet. Während dies ein Fall von ausgeprägter emotionaler Aggressivität ist, neigen Menschen mit hoher instrumenteller Aggressivität beispielsweise zum Berauben, Erpressen und Herumkommandieren. Natürlich kann in einer Person beides zusammenkommen Aber es gibt eben auch Menschen, die zwar emotional heftig reagieren, aber selten Zwang ausüben, und andere, die eher kühle Kriminelle oder Diktatoren sind.

Wieweit sich aggressive Neigungen eines Menschen tatsächlich in sichtbarem Verhalten zeigen, hängt aber auch von seinen Aggressionshemmungen ab, also von der Tendenz, aggressives Verhalten zu vermeiden. Hemmungen hat man vor allem aus Angst vor den Reaktionen der Umwelt und aufgrund moralischer Einstellungen. Die meisten Menschen verhalten sich gewiss seltener aggressiv als ihnen zumute ist, jedenfalls gegenüber den meisten Mitmenschen und in den meisten Situationen – weil sie ihren Hemmungen folgen und sich unter Kontrolle haben. Bei Hochaggressiven sind die Hemmungen relativ schwach ausgeprägt oder die Fähigkeit zur Selbstkontrolle reicht nicht aus, um die Hemmungen auch umzusetzen.

Wodurch entwickelt sich hohe Aggressivität? Es müssen immer mehrere Faktoren zusammenkommen. Dazu gehört eine genetische Basis, etwa für Affekterregbarkeit oder schlechte Impulskontrolle; auch vorgeburtliche Schädigungen durch Nikotin oder Alkohol kommen hierfür in Frage. Sehr bedeutsam sind natürlich familiäre Erfahrungen wie diese: Das Kind wird vernachlässigt, es erlebt Gewalt und harte Erziehungsmethoden; es fehlt an positiven Verhaltensmodellen und an Verhaltensregeln; aggressives Verhalten ist erfolgreich, aber positives Verhalten läuft ins Leere, wird nicht ermutigt und bekräftigt. Feindselige Behandlung durch andere Menschen scheint vor allem für die Entwicklung emotionaler Aggressivität von Bedeutung zu sein. Instrumentelle Aggressivität entwickelt sich dagegen eher durch aggressiv erfolgreiche Vorbilder, durch eigene Erfolge mit aggressiver Durchsetzung sowie durch Anerkennung in einer aggressiven Gruppe. Von Bedeutung ist weiterhin, welche Wertnormen der Heranwachsende in seiner Umgebung kennenlernt, genauer: welche Anlässe dort als legitimer Grund für aggressive Handlungen gelten, etwa Notwehr, Ungehorsam oder eine Ehrverletzung. Solche Bewertungen bestimmen mit, in welchen Situationen Hemmungen außer Kraft gesetzt werden.

Statistisch gesehen ist Aggressivität ein ziemlich stabiles Personmerkmal. Auffällig aggressive Kinder sind sehr häufig auch im Erwachsenenalter überdurchschnittlich aggressiv. Das ist kein zwangsläufiger Verlauf, aber frühe Anzeichen sollte man ernst nehmen und nicht einfach sagen: «Das wächst sich aus.» Das sog. Trotzen im zweiten und dritten Lebensjahr ist normal und eher impulsiv als aggressiv, aber wenn es in den folgenden Jahren nicht wieder abklingt, sondern sich zu allgemeiner Widersetzlichkeit und tyrannischer Durchsetzung weiterentwickelt, oder wenn Kinder sich gerne in gewalttätige Fantasiewelten zurückziehen und Waffen lieben, wenn sie selten mit anderen Kindern zusammen friedlich spielen – dann sind das Anlässe, psychologische Beratung zu suchen. Denn mit dem Alter wird eine Einflussnahme immer schwieriger; die Vorbeugung kann nicht früh genug beginnen. Denkt man an Gehirnschädigungen durch Nikotin oder Alkohol während der Schwangerschaft, kann man sogar sagen: Die Vorbeugung beginnt schon vor der Geburt.

Kontexte: Gegen wen? Mit wem? Wann und Wo?

Kein Mensch, auch kein hochaggressiver, verhält sich permanent und überall aggressiv. Daher muss man immer auch schauen, in welchen Kontexten das Verhalten auftritt und in welchen nicht.

Hier ist zunächst zu bedenken, dass Aggression ein *interpersonales*, auf andere Menschen bezogenes Verhalten ist, und gewöhnlich werden nicht beliebige Menschen angegriffen. Ein Chef beschimpft vielleicht einige Mitarbeiter häufig und andere nie. Dieselbe Mutter, derselbe Vater misshandelt vielleicht das eine Kind, nicht aber die anderen. Dafür kann es verschiedene Gründe geben: Wie schwach oder mächtig ist die andere Person? Wie feindselig oder freundschaftlich ist die Beziehung zu ihr? Und natürlich auch: Gehen von der anderen Person Provokationen, Belästigungen usw. aus? Zuweilen sind zwei Menschen jeder für sich ziemlich friedfertig, aber wenn sie zusammentreffen, bilden sie eine explosive Mischung.

Ein weiterer interpersonaler Aspekt betrifft das kollektive Handeln. Es kommt vor, dass jemand als Einzelner recht unauffällig ist, aber in einer Clique schwerwiegende Taten begeht, beispielsweise Mobbing in der Schule oder fremdenfeindliche Anschläge. Um Mitläufer in einer gewalttätigen Gruppe zu werden, muss man nicht unbedingt hohe persönliche Aggressivität mitbringen.

Darüber hinaus hängt es von vielen *Situationsfaktoren* ab, ob aggressives Verhalten auftritt oder nicht. Dazu gehören sowohl negative Anlässe wie Provokationen als auch günstige Gelegenheiten, beispielsweise für eine gewaltsame Bereicherung. Weiterhin werden manche Taten erleichtert durch Faktoren wie Dunkelheit, Anonymität oder Abschirmung nach außen (wie bei innerfamiliärer Gewalt); enthemmend wirkt zudem Alkohol. Geweckt werden Hemmungen demgegenüber in Situationen mit hohem Entdeckungsrisiko oder an «Friedensorten» wie Kirchen und Krankenhäusern. All dies bestimmt also mit, wo und wann aggressive Handlungen auftreten oder unterbleiben.

Kein Erklärungseintopf

Aggressives Verhalten kann also unterschiedlich motiviert sein, und sein Auftreten hängt von allerlei Aspekten der Person und des Kontextes ab. Daher kann es nicht nur eine Antwort geben auf Fragen wie: «Warum Aggression?» oder «Wie entsteht Gewalt?»

In der Geschichte der Aggressionspsychologie wurden eindimensionale Erklärungen jedoch mehrfach versucht. Manche Theoretiker dachten an einen speziellen Trieb; sie nahmen also an, im menschlichen Organismus gebe es eine ständig fließende Quelle, aus der fortwährend aggressive Impulse sprudeln. Für diese Annahme gibt es keine empirischen Belege, aber viele Befunde, die ihr widersprechen. Eines der Gegenargumente sind die großen Unterschiede zwischen Individuen, aber auch zwischen Kulturen.

Ein anderer klassischer Ansatz versuchte, alles auf den Nenner «Frustration» zu bringen. Danach entstehen aggressive Impulse nicht von selbst, sondern als Reaktion auf bestimmte negative Ereignisse. Auch populäre Aggressionserklärungen gehen meist in diese Richtung, und sie ist sicherlich nicht ganz falsch, wie man vor allem an der Vergeltungsaggression sieht. Nicht erklären kann man damit aber aggressives Verhalten ohne negativen Anlass.

Hier hilft der lerntheoretische Ansatz weiter: Menschen lernen aus den Nutzeffekten aggressiven Verhaltens, sie ahmen aggressive

Modelle nach, sie lernen auch, welche Aggressionshandlungen in ihrem Umfeld als legitim gelten. Aus den persönlichen Lerngeschichten kann man zum Gutteil erklären, warum Menschen in ihrer Aggressivität so unterschiedlich sind. Wie dargelegt, sind aber stets noch weitere Faktoren zu beachten, insbesondere der interpersonale Kontext: Wer gegen wen und gemeinsam mit wem?

Insgesamt sind mit den vorgestellten Arten der Aggression und den typischen Person- und Kontextfaktoren die meisten Aggressionshandlungen sicherlich recht gut zu erfassen – aber nicht alle. Vor allem bei Menschen mit einer besonderen psychischen Störung, etwa bei manchen Sexualstraftätern oder bei Psychopathen, braucht man noch speziellere Erklärungen. Umgekehrt heißt das aber, dass man aus solchen Extremfällen keine Verallgemeinerungen über «*die* Aggression» oder über «*das* Böse im Menschen» ableiten kann. Wie gesagt: Aggression ist nicht gleich Aggression, Gewalt ist nicht gleich Gewalt. Das anschließende Thema wird dies erneut unterstreichen.

10.5 Politische Gewalt: Krieg, Völkermord, Terrorismus

Es mag vermessen erscheinen, auf wenigen Seiten auch Weltprobleme wie Krieg, Genozid und Terrorismus zur Sprache zu bringen. Doch häufig werden solche Phänomene in einem Atemzug mit individueller Gewalt genannt – unter dem großen Etikett «*die* menschliche Aggression». Deshalb möchte ich auf einige Besonderheiten der «großen» Aggression im politischen Feld aufmerksam machen.

Gewalt ist politisch, wenn sie darauf gerichtet ist, gesellschaftliche oder internationale Ordnungen zu erhalten oder zu verändern. Dazu gehören vor allem (1) Kriege zwischen Staaten sowie Bürgerkriege als gegenseitige Gewalt, (2) Völkermord, Verfolgung und Vertreibung als mehr oder minder einseitige Gewalt und (3) Aufruhr, Rebellion und Terrorismus als Gewalt «von unten». Natürlich können mehrere Formen miteinander verflochten sein.

Psychologisch hoch bedeutsam ist in all diesen Fällen ein einfacher Tatbestand: Politische Gewalt ist nicht individuelle, sondern *kollektive* und mehr oder minder *organisierte* Gewalt, ausgeübt von Gruppen gegen Gruppen bzw. politische «Lager». (Umgekehrt ist nicht jede kollektive Gewalt politisch; so ist etwa Bandenkriminalität auf persönliche Ziele gerichtet, nicht auf gesellschaftliche). Psychologische Erklärungen zu politischer Gewalt haben daher drei Ebenen zu berücksichtigen:

- die Beziehungen zwischen den Gruppen,
- die Einflüsse innerhalb der jeweiligen Gruppe,
- die einzelnen Personen.

Schon daraus wird deutlich, dass man politische Gewalt psychologisch nicht mit individueller Gewalt und politischen Frieden nicht mit persönlicher Friedfertigkeit gleichsetzen kann.

Natürlich gibt es auch Parallelen, vor allem bei den *Motivationen* hinter der Gewalt (s. S. 249). Mit der Zielsetzung, eine politische Ordnung zu erhalten oder zu verändern, ist die Gewalt eine Abwehr- oder Erlangungsaggression. Meist nimmt jede Partei für sich in Anspruch, dass sie sich lediglich verteidige, tatsächlich geht es aber oft um die Eroberung von Land und Bodenschätzen, um Machtpositionen oder die Durchsetzung einer Weltanschauung oder Religion. Überdies ist Politik ein emotionales Geschäft. Feindseligkeit gegen bestimmte Gruppen ist somit ebenfalls eine mögliche Motivation, und viele Gewaltakte dienen nur dem «Heimzahlen», also der Vergeltung. Nicht selten passiert es, dass es zu Beginn der Gewalthandlungen noch «um etwas ging», dass der Kampf dann aber als Folge der Gewalt («Was haben die uns Schlimmes angetan!») immer emotionaler wird und schließlich in Racheakte mündet, die auch der eigenen Gruppe mehr schaden als nützen. Allerdings: Die Motivation der politischen Führung ist nicht immer auch die Motivation der einzelnen beteiligten Menschen (s. u.).

Individuelle und politische Gewalt: psychologische Unterschiede

Individuelle Gewalt	Politische Gewalt
Einzelne Person als Aggressor	Kollektives, kooperatives Handeln
Meist gegen Einzelne gerichtet	Gegen eine andere Gruppe gerichtet
Aggressor und Opfer kennen einander meistens	Aggressor und Opfer kennen einander meist nicht als Person
Gewalt ist eigenmotiviert	Gewaltausübung ist bei vielen Akteuren fremdmotiviert (Befehle, Gruppendruck etc.)
Ausführung der «Gesamthandlung»	Arbeitsteilige Gewaltausführung, zerteilte Verantwortung
Häufig Hemmungen durch negative Konsequenzen und eigene Einstellung	Hemmungen oft vermindert durch Anonymität, Gruppenideologie etc.
Lernen in alltäglicher Sozialisation	Meist Schulung für Gewaltausübung (militärische Ausbildung o. dgl.)

Unabhängig von der Art der Motivation ist die *Situation* für den Einzelnen völlig anders als bei individueller Gewalt etwa in der Familie: Er ist von Mitakteuren umgeben und *beteiligt* sich an Gewalt. Wie die Geschichte zeigt, sind Menschen in solchem Kontext zu Destruktionen fähig, die sie als Einzelne niemals verüben würden. Die Tafel stellt typische Merkmale individueller und politischer Gewalt einander gegenüber. Im Kern geht es darum, dass bei politischer Gewalt das Handeln der Einzelnen auf eine gemeinsame Aktion hin *organisiert* wird, und dass sie nicht als Person X oder Y, sondern *als Angehörige* eines Lagers handeln.

Blick auf den Konflikt zwischen Gruppen: Wir gegen die

Dies ist sozusagen der Blick auf das Gesamtfeld. Politische Gewalt hat immer mit einem Konflikt zwischen Gruppen zu tun: zwischen Völkern, politischen Lagern, religiösen Gruppen usw. Im Erleben der

Menschen heißt das: «wir» gegen «die». Selbst ein einzelner Attentäter sieht sich im Dienste einer gesellschaftlichen Gruppe oder Bewegung. (Verübt er das Attentat, um berühmt zu werden, ist es keine politische Gewalt.) Angegriffen wird ebenfalls immer ein Kollektiv; angegriffen werden Menschen nicht als Individuen, sondern als Angehörige eines bestimmten Volkes, einer Staatsmacht, einer Partei usw.

Bei *gegenseitiger* Gewalt, etwa zwischen zwei Staaten oder zwischen Staatsmacht und terroristischen Gruppen, ist es typisch, dass jede Seite den Teufelskreis der Gewalt einseitig und parteiisch bewertet. Was der Gegner tut, ist eine «Aggression», was das eigene Lager tut, ist eine «legitime Verteidigung». Selbst für einseitige Gewalt wie Völkermord und Vertreibung findet sich immer eine Rechtfertigung; in irgendeiner Weise sind die Opfer schuld. Dem Feindbild von der gegnerischen Seite steht gewöhnlich das positive Bild vom eigenen Lager gegenüber. Ohne das positive Selbstbild («Wir Freiheitskämpfer», «wir Diener Gottes» usw.) wäre es nicht möglich, die *eigene* Gewalt, die äußerlich der des Gegner gleicht, ganz anders zu bewerten. Typischerweise wird der Gegner nach seinen *Taten* beurteilt («schändliche Gewalt»), das eigene Lager hingegen nach den guten *Absichten* («Wir wollen den Frieden»). So ist im politischen Feld die eigene Gewalt praktisch immer «gerechte» Gewalt!

Für den Einzelnen wird es im Konfliktfall oft sehr schwierig, sich keiner Seite zuzuordnen. So wurde im jugoslawischen Bürgerkrieg Anfang der 1990er Jahre von Betroffenen immer wieder berichtet, früher hätten sie mit den anderen Volksgruppen friedlich zusammengelebt, die ethnische Zugehörigkeit habe keine entscheidende Rolle gespielt. Genau dies änderte sich dann aber durch den Krieg. Jetzt wurde es plötzlich bedeutsam, ob jemand Serbe, Kroate oder Moslem war. Das entschied darüber, wer wo wohnen durfte, für welche Seite man das Gewehr in die Hand nahm, an wen man noch Briefe schrieb usw. Mit der Einfügung in das Wir-die-Muster, ob freiwillig oder erzwungen, handelt man nicht mehr als Person, sondern als Gruppenmitglied, und «die anderen» werden ebenfalls nur noch als Mitglieder der Fremdgruppe gesehen. Kriege sind eine besonders extreme Form des entpersonalisierten, des reinen Inter-Gruppen-Verhaltens.

Ansätze zur *Friedensförderung* auf der Inter-Gruppen-Ebene zentrieren sich vor allem um Begriffe wie Kontakt, Verhandlungen, Vermittlung und Kooperation. Sie beziehen *beide* Lager ein, häufig nur auf der Ebene der politischen Führung, zuweilen auch auf der Ebene der «einfachen Bürger» (Jugendaustausch usw.). Sehr hilfreich für den Abbau von Feindseligkeit und für stabile Beziehungen ist es, wenn die Parteien gemeinsame Interessen erkennen und zum beiderseitigen Vorteil Kooperationen entwickeln (s. S. 242).

Blick auf Prozesse innerhalb der Gruppen

Bezieht man hier das Wort «innerhalb» z. B. auf eine ganze Nation oder Religionsgemeinschaft, dann ist auch politische Propaganda im eigenen Lager ein gruppeninterner Einfluss. Bei engerem Fokus geht es um die Prozesse in den Gruppen, die direkt mit der Ausführung der Gewalt zu tun haben.

Diese Gewalt wird gewöhnlich hierarchisch gelenkt, bei Armeen und der Polizei ebenso wie bei Partisanen und terroristischen Gruppen. Der *Befehl* ist der kürzeste Weg, Gewalthandlungen in Gang zu setzen und zu koordinieren. In vielen Fällen ist die Nichtbefolgung des Befehls mit Strafe bedroht. Doch auch unmenschliche Anweisungen, die man gefahrlos zurückweisen könnte und «eigentlich» zurückweisen möchte, werden von den meisten Menschen befolgt, sofern sie sich in einem *Autoritätssystem* befinden (hierzu s. S. 243 ff.) oder sich einem *Konformitätsdruck* ausgesetzt fühlen (s. S. 234 ff.).

Christopher Browning hat den aufschlussreichen Fall eines Massakers an Juden durch ein deutsches Reservebataillon der Hamburger Polizei untersucht. Die Polizisten waren für solche Vernichtungsaktionen weder speziell vorbereitet noch ideologisch geschult, sie waren «ganz normale Männer». Überdies verbarg der Bataillonschef nicht, wie schrecklich er den Befehl fand, den er erhalten hatte, und machte ein ungewöhnliches Angebot: Wer sich der Aufgabe, jüdische Kinder und Frauen zu erschießen (die Männer sollten in Arbeitslager deportiert werden), nicht gewachsen fühle, könne vortreten und sich eine andere Aufgabe geben lassen. Nur zwölf von fünfhundert meldeten sich. Einen wichtigen Grund sieht Browning darin, dass es nicht üblich war und als unfair galt, sich zu «drücken» und anderen die «Drecksarbeit» zu überlassen.

Konformitätsdruck gibt es auch in Führungskreisen. Vor allem bei moralisch zweifelhaften Entscheidungen kann das Bemühen um Harmonie und wechselseitige Bestätigung kritisches Abwägen und rechtzeitige Fehlerkorrektur zurückdrängen («groupthink» nach Janis: s. S. 17).

Überdies wird auf vielfältige Weise gezielt zum Mitmachen *motiviert*. Schulung und Propaganda verteufeln den Feind, preisen das eigene edle Anliegen und stärken das elitäre Bewusstsein der Kämpfer («Ihr seid auserwählt ...»). Hinzu kommen oft materielle Anreize wie gute Bezahlung, Beförderungen und Privilegien oder auch emotionale Anreize wie die Anerkennung und Verehrung im eigenen Lager oder das Versprechen, die Gewalttaten seien gottgefällig und die Tür zum Paradies.

Gewalt*hemmungen*, die in einer direkten Konfrontation mit dem Opfer auftreten könnten, werden erheblich vermindert durch die räumliche Distanz beim Gebrauch von Fernwaffen oder auch durch eine Arbeitsteilung, bei der jeder Einzelne nur noch mit einem kleinen Stück Verantwortung beteiligt ist. So war bei der Ermordung der Juden in den Vernichtungslagern kaum jemand direkt mit der Tötung befasst, sondern mit den Bahntransporten, mit der Sortierung an der Rampe, mit der Lagerbürokratie, mit der Aufsicht usw. Zudem wird die Gewaltausübung mit der Wiederholung immer alltäglicher. Anfänglicher Widerwille schwächt sich ab, Schritt für Schritt gleiten die Täter in eine ganz andere Moral hinein, in der das Vernichten als gute Tat gilt. Harald Welzer beschreibt diese Dynamik an historischen Beispielen.

Die beschriebenen gruppeninternen Einflüsse sind oft so mächtig, dass sie allein das Handeln des Einzelnen hinreichend erklären können, unabhängig von seiner Persönlichkeit und seiner Einstellung zum Gegner. Das heißt: Obwohl das Beziehungsmuster «wir gegen die» ein Grundmerkmal politischer Gewalt ist, spielt doch für viele Akteure Feindseligkeit gegenüber dem Gegner kaum eine Rolle, sondern einzig die Einbettung in die *eigene* Gruppe.

Blick auf die einzelnen Akteure: Arten der Gewaltbereitschaft

Ungeachtet der typischen Gruppenprozesse handeln die betroffenen Personen nicht alle einheitlich. Es gibt Kriegsfreiwillige und es gibt Deserteure, es gibt Politiker, die den Krieg suchen, und andere, die ihn verhindern. Die Ermordung von Juden während des Zweiten Weltkriegs wurde von manchen Wehrmachtsoffizieren eifrig unterstützt und von anderen still sabotiert. Einige Mitglieder des erwähnten Reservebataillons hielten sich aus dem Massaker ganz heraus, weitere schauten an Juden vorbei, die im Versteck hockten.

Die individuellen Aspekte, um die es hier geht, kann man unter dem Begriff der Gewaltbereitschaft zusammenfassen. Es ist ein Sammelbegriff, der zum einen Motive *für* die Gewaltbeteiligung und zum anderen *Gegen*motive bzw. Hemmungen einschließt. Als *Gewaltmotive* kommen, wie erwähnt, nicht nur feindselige Gefühle und Lust am Kämpfen in Frage, sondern auch Motive, die auf Vorteile wie Gewinn, Beachtung und Anerkennung oder auf das Abwenden von Nachteilen gerichtet sind.

Die faktische Gewaltbereitschaft hängt aber nicht nur von den Gewaltmotiven ab. Denn jemand mag z. B. aus Hass zu einer Gewalthandlung motiviert sein und doch zugleich davor zurückscheuen. *Hemmend* wirken vor allem die Angst vor negativen Konsequenzen sowie eine Gewalt ablehnende Einstellung. Die Einstellung zu *politischer* Gewalt ist bei den meisten Menschen nicht einfach akzeptierend oder ablehnend, sondern sie akzeptieren entweder Gewalt zur

Bewahrung der bestehenden Ordnung, wie z. B. Polizeieinsätze gegen Unruhen und harte Strafen für Kriminelle, oder aber sie akzeptieren Gewalt zur gesellschaftlichen Veränderung, z. B. Aufruhr oder Attentate auf herrschende Politiker. Es gibt allerdings auch «Krieger», die beides akzeptieren, und Pazifisten, die beides ablehnen. Die Einstellung zu politischer Gewalt ist also eng mit der politischen Einstellung überhaupt verbunden.

Berücksichtigt man sowohl die Motive als auch die Einstellungen eines Menschen, so kann man die daraus resultierende Bereitschaft zur Beteiligung an Krieg, Folter und ähnlichen Handlungen grob in drei Typen zusammenfassen:

- *Aggressive Gewaltbereitschaft:* Gemeint ist damit eine *person*typische Neigung zu Gewalt, und zwar entweder (a) mit ausgeprägten politischen Motiven für Gewalt als Machtmittel oder Vergeltung (z. B. «skrupelloser Machtmensch», «Überzeugungstäter», «Fanatiker») oder (b) mit persönlichen Motiven für Gewaltausübung (z. B. «Abenteurer», «Sadist») oder mit einer Mischung aus beidem.

- *Banale, nichtaggressive Gewaltbereitschaft:* Sie ist stark *situations*abhängig. Hierzu gehört Gewaltbeteiligung auf Anweisung oder Konformitätsdruck («gehorsamer Bürger», «Mitläufer») oder zum eigenen Vorteil («Job-Täter», «Opportunist») oder zum Selbstschutz im akuten Kampf. Die Bezeichnung «banal» lehnt sich dabei an die häufig zitierte und häufig missverstandene Formulierung Hannah Arendts von der «Banalität des Bösen» an. Die Philosophin schilderte den Organisator der Judenvernichtung, Adolf Eichmann, als pflichteifrigen Bürokraten statt als Judenhasser. Im Falle Eichmann hat sie sich wohl getäuscht, aber die «Banalität des Bösen» gibt es zweifellos in vielen Varianten. Denn «banal» sind Motive, die in anderen Kontexten ganz unaggressiven Handlungen zugrunde liegen: gute Arbeit leisten, treu und solidarisch sein, seinen Vorteil suchen, Strafe vermeiden. In *diesem* Sinne sind auch gehorsame Bürger gewaltbereit, falls sie in entsprechende Situationen geraten.

Schwerpunkt: Zwischenmenschliches Verhalten

Insgesamt ist banale Gewaltbereitschaft in der einen oder anderen Form sicher ziemlich «normal».

- *Gewaltlosigkeit, keine Gewaltbereitschaft:* Diese Haltung ist sehr *person*typisch. Manche Menschen lehnen jegliche Form politischer Gewalt ab, verweigern die eigene Beteiligung, unterstützen vielleicht auch Widerstand gegen Gewaltaktionen des eigenen Lagers. Hinzu kommt bei diesen Menschen meist ausgeprägte Gewaltlosigkeit im persönlichen Bereich.

Nicht vergessen sollte man ein weiteres Akteursmerkmal: die *Gewaltkompetenz.* Denn wer nach seinen Motiven und Einstellungen «gewaltbereit» ist, besitzt nicht immer auch die Fertigkeiten zur Gewaltausübung. Gerade im politischen Feld werden die Akteure deshalb meist intensiv geschult, im Militärdienst ebenso wie im Terroristenlager.

Zusammengefasst heißt dies: Bei politischer Gewalt kooperieren häufig Akteure mit den *unterschiedlichsten* Motiven, Einstellungen und Kompetenzen. Politische Fanatiker, kühle Machtstrategen, Sadisten, Opportunisten, Abenteurer und gehorsame Bürger vereinigen sich, zusammengehalten durch eine hierarchische Führung, zu gleichgerichteten Aktionen.

Da Gewaltbereitschaft kein einheitliches Phänomen ist, ist auch nicht anzunehmen, dass es eine bestimmte Sozialisation zur Gewaltbereitschaft gibt. Nicht nur familiäre und außerfamiliäre Einflüsse, die hohe Aggressivität fördern (s. S. 254), sondern beispielsweise auch eine Erziehung zu Opportunismus oder Folgsamkeit kann letztlich in Bereitschaft zur Gewaltbeteiligung münden. «Unnormal» ist, statistisch gesehen, strikte Gewaltlosigkeit im persönlichen und politischen Bereich, und «unnormal» ist wohl auch die Sozialisation, die dahin führt. Unter anderem spielt hier das elterliche Vorbild eine bedeutende Rolle.

Schwerpunkt:
Lernen, Bildung, Erziehung

In diesem Schwerpunkt geht es um psychologische Aspekte von Bildung und Erziehung. Gemeinsam ist diesen Bereichen das Phänomen Lernen. Bei Bildung denkt man vorrangig an den Erwerb von Wissen und Kompetenzen, bei Erziehung eher an das Erlernen von Verhalten, Einstellungen etc. durch den Einfluss von Eltern und anderen Personen. Drei Themen sind deutlich «erzieherisch»: Disziplin, Erziehungsstile und Erziehungskonflikte. Die anderen Themen sind eher auf Bildung bezogen. Die Erfahrung zeigt, dass diese «kognitiven Themen», bei denen man sozusagen in den Kopf hineinschaut, zum Teil als abstrakter empfunden werden als die eher verhaltensbezogenen Erziehungsthemen. Falls es Ihnen auch so geht – das liegt in der Natur der Sache.

11. Populäre Irrtümer und Kurzschlüsse

Mit dem Lernen durch Unterricht, Bücher, Filme etc. haben wir alle zu tun. Daher machen sich viele Menschen auch Vorstellungen darüber, wie solch ein Lernen funktioniert und wie man gute Ergebnisse erzielt. Im ersten Thema geht es um die Frage, ob kognitives Lernen als ein Aufnehmen von Lernstoff durch Sinneskanäle zu verstehen ist, und ob manche Menschen z.B. besser durch den Sehkanal und andere besser durch den Hörkanal lernen. Zwei weitere Themen befassen sich mit der Reichweite von Lernwirkungen: mit dem sog. Transfer. Eine lange Tradition hat die Annahme, dass bestimmte Fächer eine allgemeine Denkschulung mit sich bringen. Dies ist der Ausgangspunkt für die Frage: Welcher Transfer ist tatsächlich möglich und welcher nicht? Auch das sog. Gehirnjogging verspricht eine breite Wirkung auf die geistige Leistungsfähigkeit. Was kann man tatsächlich für die geistige Fitness tun? Was kann man insbesondere älteren Menschen empfehlen? Anschließend geht es um den Erfolg von Schulunterricht: Wie wichtig ist die Klassengröße und wie wichtig das Lehrerverhalten? Und zum Schluss folgt ein Erziehungsthema, das die Schule und das Elterhaus gleichermaßen betrifft: die Disziplin. Alle fünf Themen werden von fragwürdigen populären Annahmen her aufgerollt.

11.1 «Bist du ein visueller oder auditiver Lerntyp?»

«Das war wie ein Schock für mich», gab ein Student im Seminar offen zu, «Sie haben mir eine jahrelange Gewissheit genommen» – und ähnlich empfanden es auch andere in der Runde. Was hatte ich getan? Nachdem eine Studentin erwähnt hatte, sie arbeite gerne mit Tabellen, weil sie ein «visueller Lerntyp» sei, und andere ergänzten, sie hätten in einem Kurs gelernt, dass «auditive Lerntypen» unter den Schülern Vokabeln durch Zuhören lernen sollten, da griff ich dieses Thema auf und setzte zur Verunsicherung an: «Sie werden kein Buch der wissenschaftlichen Psychologie finden, in dem solche Konzepte vertreten werden; wenn sie überhaupt erwähnt werden, dann allenfalls kritisch.»

Menschen in Typen einzuteilen, war schon immer beliebt, und seit einigen Jahrzehnten ist, wenn es um erfolgreiches Lernen geht, die Unterscheidung von Lerntypen (korrekter: Lernertypen) ausgesprochen populär. Wer hat nicht schon gehört, es gebe visuelle, auditive und haptische Typen, die bevorzugt durch Sehen bzw. durch Hören bzw. durch Anfassen lernen könnten. Fast jeder Lernratgeber erwähnt derartige Typen und liefert zuweilen auch gleich einen Test zur Selbstdiagnose mit. Was hingegen regelmäßig fehlt, ist der Verweis auf eine wissenschaftliche Quelle! Offenbar hat sich die Typologie wie eine Wandersage verbreitet, und weil man nun überall auf sie stößt, muss sie doch «wahr» sein. Oder etwa nicht?

Wie viele und welche Typen?

Das erste Problem ist schon die uneinheitliche Einteilung. Je nach Autor sieht die Typenliste anders aus. Neben den drei Typen, die sich direkt auf Sinneskanäle beziehen (auditiv, visuell und haptisch oder taktil), stößt man unter anderem auf den Lesetyp, den intellektuellen Typ, den verbal-abstrakten Typ, den motorischen Typ, den Handlungstyp, den Erfahrungstyp, den Gesprächstyp oder den Gefühls- und Bewegungstyp. Die Überschneidungen und Abgrenzungen sind dabei mangels präziser Definitionen oft kaum zu klären. Offenkundig werden die Unterscheidungen ziemlich willkürlich getroffen; es handelt sich um erfundene, nicht um gefundene Typen.

In der Forschung sind alle Versuche fehlgeschlagen, die Existenz solcher Lernertypen nachzuweisen. Nicole Becker, die vergeblich nach neurowissenschaftlichen Belegen gesucht hat, nennt die

Typen «Hirngespinste». Auch an den realen Lernleistungen kann man sie nicht festmachen. Wenn der Begriff des Typs einen Sinn haben soll, dann müssten manche Menschen ziemlich durchgängig bei Sehaufgaben, andere bei Höraufgaben besser abschneiden. Ebendas hat man aber nicht gefunden. Auch standen in einer neueren Untersuchung von Krätzig und Arbuthnott die Leistungen im Behalten von Zeichnungen (visuell), von Einzelheiten einer vorgelesenen Geschichte (auditiv) sowie von Holzfiguren (haptisch) in keinerlei Zusammenhang mit dem angeblichen Lerntyp, für den sich die Personen selbst hielten oder der ihnen in einem Lerntyp-Fragebogen bescheinigt worden war. Die «visuellen Typen» lernten also visuelle Aufgaben nicht besser als die «auditiven Typen» usw.

Man kann das Konzept auch nicht retten, indem man zugesteht, dass natürlich die meisten Menschen Mischtypen seien. Denn das heißt ja nichts anderes, als dass es wirkliche Typen nicht gibt. Natürlich besitzen manche Menschen spezielle Fähigkeiten und können z. B. besonders gut Bilder oder besonders gut Melodien behalten. Nur darf man dies nicht auf sämtliche Aufgaben verallgemeinern, die Sehen bzw. Hören erfordern. Wenn jemand gut Melodien behalten kann, heißt das ja nicht, dass er auch physikalische Gesetze am besten durch mündliche Vorträge lernt.

Aus Gründen, die mit Lerntypen nichts zu tun haben, ist es im Übrigen durchaus möglich, dass manche Menschen schriftliche Informationen leicht verarbeiten können, während andere damit Schwierigkeiten haben und den mündlichen «Kanal» bevorzugen – etwa dann, wenn die einen im kaufmännischen Bereich arbeiten, wo man an schriftlichen Austausch gewöhnt ist, und die anderen in einem handwerklichen Beruf, in dem vorrangig mündlich kommuniziert wird.

Was können Lerntypentests?

Aber was ist dann mit den «Lerntypentests», die doch manchen Menschen eine eindeutige Präferenz für diesen oder jenen Lernweg bescheinigen? Dies ist in der Tat ein wichtiger Punkt. Denn ohne Test kein Lerntyp, und gerade die Tests sind es, die Neugier wecken. «Erkenne deinen Lerntyp» – da hofft man doch, etwas Wichtiges über sich zu erfahren: über ein persönliches Merkmal, das man «hat» wie die Augenfarbe. Dass manche Menschen das tatsächlich so in ihr Selbstbild aufnehmen, zeigen die eingangs geschilderten Reaktionen in meinem Seminar.

In Deutschland wurde die Lernertypologie in den 1970er Jahren von dem Biologen Frederic Vester durch eine Fernsehreihe und einen Sachbuch-Bestseller populär gemacht; auf wissenschaftliche Studien verwies er dabei nicht. Vester unterscheidet die vier «Eingangskanäle» Sehen, Hören, Betasten und Lesen, und zur Lerntypdiagnose empfiehlt er einen Behaltenstest mit jeweils zehn Gegenständen, die (1) gezeigt werden, (2) als Wort vorgelesen werden, (3) man selbst betastet, (4) als Wort liest. Je nachdem, in welchem der vier Durchgänge man am meisten behält, ist man ein Sehtyp, ein Hörtyp, ein haptischer Typ oder ein Lesetyp. – Kapitel 8.5 über Testqualitäten begründet ausführlich, warum dies ein Beispiel für einen vollkommen wertlosen Test ist, der gegen sämtliche Kriterien guter Diagnostik verstößt und keinerlei Aussage erlaubt.

Wenig vertrauenswürdig sind aber auch Fragebögen, in denen man per *Selbsteinschätzung* (sinngemäß: «Ich lerne am besten, wenn ...») über seinen Lernerfolg bei verschiedenen Lernwegen Auskunft geben soll – so etwa in dem «einfachen Lerntypen-Test» von Klippert, in dem einzuschätzen ist, ob man beispielsweise in folgenden Fällen viel, einiges oder wenig behält: «Ich mache mir zu einem Sachtext eine Tabelle», «Ich höre mir eine Englisch-Übungskassette an», «Der Lehrer zeigt uns Dias zum tropischen Regenwald».

Erstes Problem: Kann man überhaupt verlässlich sagen, wie man am besten lernt? Muss man dazu nicht verschiedene Wege systema-

Schwerpunkt: Lernen, Bildung, Erziehung

tisch miteinander vergleichen? Wer kann das und wer tut das (außer Wissenschaftlern)? Und was gilt dabei als Maßstab für das Behalten: Etwas im Wortlaut wiedergeben, etwas sinngemäß wiedergeben, etwas auf neue Aufgaben anwenden können oder was sonst? Wahrscheinlich sind die Selbsteinschätzungen überhaupt in den meisten Fällen nur eine Auskunft über persönliche Gewohnheiten und Vorlieben. Wenn jemand sagt: «Ich lerne am besten bei Radiomusik», bedeutet das vermutlich: «Ich lerne am liebsten bei Radiomusik.» Untersuchungen zeigen, dass Selbstauskünfte und Testergebnisse oft weit auseinanderklaffen (wie in der erwähnten Studie von Krätzig und Arbuthnott). Es ist also möglich, dass Lernende zwar glauben, nach einer bestimmten Methode am besten zu lernen, sich dies aber in einer echten Behaltensprüfung nicht bewahrheitet.

Zweites Problem: Lässt sich die Frage nach der Wirksamkeit bestimmter Wege («Ich lerne viel, wenn ich einen Film sehe») überhaupt so *allgemein* beantworten? Es kommt doch darauf an, *was* gelernt werden soll. Wenn man z.B. eine konkrete Vorstellung vom Wattenmeer oder vom Innenleben eines Bienenkorbs oder von der Bewegung der Planeten erwerben will, leisten Bilder dies sicher besser als Worte. Wenn man aber die physikalischen oder biologischen Gesetzmäßigkeiten hinter diesen Erscheinungen verstehen will, sind erklärende Worte sicher besser als die Bilder – und zwar für *alle* Menschen, nicht nur für einen bestimmten «Typ».

Im Hintergrund: ein grobes Missverständnis von ‹Lernen›

Ist (kognitives) Lernen ein Vorgang, bei dem man durch die Sinnesorgane etwas aufnimmt und ins Gedächtnis einspeichert? Alle Lerntypenkonzepte, die nach Sinnesorganen differenzieren, gehen offenbar von dieser naiven Vorstellung aus. Sie trifft zwar zu, wenn man sich z.B. den Anblick einer Landschaft, eines Gebäudes oder Gemäldes einprägt, oder aber eine Melodie, den Wortlaut einer Mitteilung oder den Klang einer Stimme. Doch der viel größere Teil des schulischen und akademischen Lernens ist völlig anderer Natur und weit von Sehen, Hören oder Anfassen entfernt: Zu lernen ist etwas Gedankliches, nämlich *Bedeutungen, Sinngehalte, Aussagen*! Ist denn eine grammatische Regel etwas Visuelles, Auditives, Haptisches? Ist eine Prozentrechnung etwas Visuelles, Auditives, Haptisches? Ist der Handlungsstrang einer Novelle etwas Visuelles, Auditives, Haptisches?

Die Beispiele zeigen: Die eigentlichen Lerninhalte sind meist weder visuell noch auditiv und schon gar nicht haptisch. Mit Hilfe akustischer oder optischer Zeichen wird lediglich etwas übermittelt, aber dieses Etwas, den Sinngehalt, muss man *entnehmen*. Oft kann man das Gehörte oder Gelesene *sinngemäß* wiedergeben, ohne sich noch an den Wortlaut erinnern zu können. Nur Lernende, die nichts verstehen, versuchen vielleicht, den Wortlaut auswendig zu lernen. (Mehr zum verstehenden Lernen in Kapitel 12.1 über Wissenserwerb.)

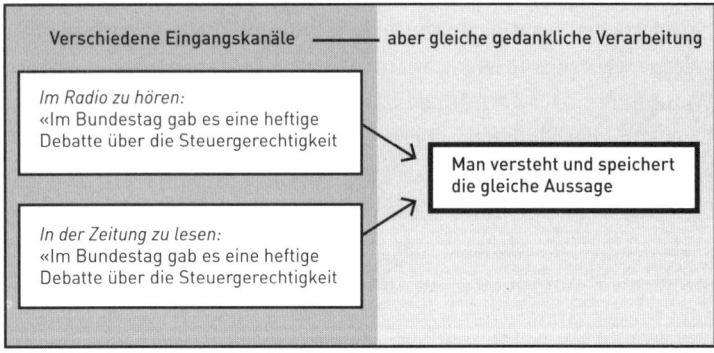

Das heißt also: Allenfalls bei der «Oberfläche» des Lernstoffs ist der Eingangskanal relevant, ansonsten ist es meist unwichtig, ob man etwas gehört oder gelesen hat – entscheidend ist in jedem Fall die *gedankliche Verarbeitung*. Man wird dieselben Nachrichten aufnehmen und behalten – eben weil die gelesenen und die gehörten Sätze dasselbe *bedeuten* (s. Tafel). Die «Theorie» hinter den Lerntypenkonzepten verwechselt also die sensorische Aufnahme mit der kognitiven Verarbeitung – die ist von ganz anderer Art und auf die kommt es an.

Für diese Verarbeitung ist übrigens das vom Lernenden mitgebrachte Vorwissen die entscheidende Grundlage: Er muss die akustischen und optischen Zeichen kennen (= Beherrschung der jeweiligen Sprache, Lesefertigkeit) und auch inhaltliches Vorwissen mitbringen, um eine Aussage überhaupt zu verstehen.

Viel wichtiger als der Eingangskanal ist die *Art des Symbolsystems*, etwa Schriftzeichen oder Bilder (Fotos, Zeichnungen). Obwohl man beides mit den Augen sieht (= gleicher Eingangskanal), werden sie ganz unterschiedlich verarbeitet. Das Bild bietet wirklich visuelle Informationen, die auch visuell, also wahrnehmungsanalog, gespeichert werden können. Die Schriftzeichen hingegen enthalten Bedeutungen, und die kann man entnehmen. Ebenso gehen gesprochene Sprache wie auch Musik (Töne, Klänge, Rhythmen) zwar gleichermaßen durch die Ohren, werden aber unterschiedlich verarbeitet und gespeichert. Dass verschiedene Symbolsysteme sich in der Praxis gegenseitig ergänzen und stützen können, z. B. ein Text und eine Grafik, ist eine andere Sache.

Praktische Konsequenzen

Selbst wenn es die Lernertypen gäbe, wäre völlig unklar, was für Konsequenzen man daraus ziehen könnte. Sollte z. B. ein «auditiver Typ» Texte und Bilder meiden und versuchen, immer Vorträge zu hören? Hat er denn diese Wahl? Gewöhnlich muss man doch die Lernquellen, ob Bücher oder Seminare, so nehmen, wie sie kommen. Und soll der arme haptische Typ vielleicht gar in Blindenschrift lernen? Für das persönliche Lernverhalten, vor allem für die Nutzung von Lernstrategien, kann eine «Lerntypdiagnose» sogar schädlich sein. Denn wer z. B. glaubt: «Ich bin ein auditiver Typ», wird vielleicht auf eine Grafik verzichten, obwohl sie durchaus hilfreich wäre.

Die Forschung weist hier in eine ganz andere Richtung. Statt zu fragen: Für *wen* ist dieser Lernweg gut?, wäre zu fragen: Für welche *Aufgabe* bzw. für welches *Lernziel* ist dieser Lernweg gut? Wenn man

z. B. lernen soll, wie bestimmte Urwaldvögel *aussehen*, ist ein Foto oder ein Film besser als ein Text oder Vortrag. Wenn man aber verstehen soll, welche *Funktionen* der Regenwald für das Weltklima hat, wäre ein Vortrag, ein Text oder eine schematische Darstellung sicher viel informativer als Bilder.

Selbst Vokabeln erfordern differenzierte Wege: (1) Um zu wissen, wie man das englische Wort «sophisticated» *ausspricht*, muss man es hören, (2) um zu lernen, wie man es korrekt *schreibt*, ist das Lesen der schnellste Weg. Und wenn man (3) die *Bedeutung* erlernen soll, hilft weder das eine noch das andere – dann braucht man Übersetzungen, Umschreibungen oder Beispielsätze.

Fazit: Jeder Mensch sollte für erfolgreiches Lernen sehen *und* hören *und* sprechen *und* schreiben *und* zeichnen *und* vielleicht auch mal Modelle basteln oder sonst etwas tun – vor allem aber nachdenken, um nicht nur Einprägungswissen, sondern auch intelligentes Verständniswissen zu erwerben!

11.2 «Dieses Fach schult das logische Denken»

Was denken Sie: Welches Fach wird hier angepriesen? «Der Wert des XY-Studiums liegt (...) im wissenschaftlichen Herangehen als solchem, im konsequenten Training des Verstandes, der Beobachtungsfähigkeit, der Fähigkeit zum Vergleich und zur Synthese; kurzum: im Aufbau und in der Stärkung des wissenschaftlichen Intellektes.» Da fallen Ihnen vielleicht mehrere Fächer ein; daher gebe ich Ihnen eine Hilfe. Ich habe weggelassen, dass es in dem Zitat auch heißt, der Wert liege «im wissenschaftlichen Studium der Sprache». Welches Fach ist es nun wohl? – Nein, nein! Die amerikanischen Forscher Nathaniel Gage und David Berliner zitieren hier die Aussage eines Landsmannes, und das angepriesene Studium ist erstaunlicherweise Deutsch als Fremdsprache! Schade, dass wir als Deutsch-Muttersprachler von diesen Segnungen nicht profitieren können. Aber natürlich haben wir dafür ja Latein, und da weiß man ja, dass es ähnliche Wirkungen hat. Oder glaubt man es nur?

Ob Latein, Altgriechisch, Deutsch als Fremdsprache, Mathematik oder etwas anderes – weit verbreitet ist jedenfalls die Vorstellung, dass *bestimmte* Fächer für eine *allgemeine*, eine *formale* Geistesschulung besonders geeignet sind, dass sie also «das» logische Denken, «das» analytische Denken oder «das» kreative Denken fördern, was sich dann folglich auch beim Denken über wirtschaftliche, psychologische, technische und andere Fragen positiv bemerkbar machen müsste.

Wie kommt man darauf? Vermutlich steht dahinter die Idee, dass sich «der Verstand» ähnlich kräftigen lässt wie ein Muskel durch Krafttraining, und dass dafür gerade solche Fächer geeignet sind, bei denen die geistige Anstrengung offenkundig scheint. Während die Schüler/innen im Englisch-Unterricht schon bald muntere Dialoge beherrschen, sieht man sie etwa beim Übersetzen lateinischer Texte auch in den höheren Klassen noch über einzelnen Sätzen «brüten». Denn die lateinische Grammatik bringt es mit sich, dass man in kleinen Schritten schlussfolgert, welche Satzelemente in welcher Weise zusammengehören – in diesem Sinne handelt es sich um anstrengendes logisches Denken. So hat es der Verfasser des Eingangszitats offenbar auch beim Erlernen des Deutschen empfunden.

Noch mehr mag die Mathematik aufgrund ihrer unerbittlichen Gesetze als ideale Schulung des logischen Denkens erscheinen, und bekanntlich fordert sie von vielen Menschen ein geradezu abschreckendes Maß an Anstrengung. Doch der Mathematik kann sowieso niemand entkommen, wohingegen Millionen von Schüler/inne/n und Eltern zwischen Latein und einer modernen Fremdsprache zu wählen haben – und das verlangt nach Argumenten. Für Latein werden dann, weil es keine Kommunikationssprache mehr ist, vorwiegend Transferwirkungen ins Feld geführt, die außerhalb des Lateinischen liegen: Latein schule das logische Denken, es erleichtere das Erlernen weiterer Sprachen, es fördere die muttersprachliche Kom-

petenz. So ist gerade Latein zum Musterbeispiel für die Frage geworden, welche Reichweite ein einzelnes Fach im Kopf eines Lernenden
entfalten kann.

Vom speziellen Fach zum allgemeinen Transfer?

Der Glaube an die erwähnten Wirkungen beeinflusst seit Generatio-
nen das Fächerangebot des Gymnasiums und die Fächerwahl einzelner Schüler. Aber wer kann auf eine wissenschaftliche Studie verweisen, die die behaupteten Wirkungen belegt? Als Beleg dienen eher
subjektive Eindrücke – und natürlich die Tatsache, dass traditionell
so viele Menschen daran glauben.

Als Erster hat der Amerikaner Edward Thorndike schon in den
1920er Jahren in breit angelegten Erhebungen an Schülern der
Sekundarstufe untersucht, ob die Entwicklung von Denkfähigkeiten, gemessen durch Intelligenztests, von den Schulfächern abhing.
War festzustellen, dass Schüler / innen, zu deren Schwerpunkten z. B.
Latein und Altgriechisch gehörten, sich intellektuell mehr steigerten
als diejenigen, die Sport und Schauspiel wählten? Klares Ergebnis:
Nein. Wie groß die Steigerung war, hing nicht von den Fächern ab,
sondern vom Ausgangsniveau der Schüler / innen: Wer schon anfangs
gute Denkfähigkeiten bewies, steigerte sich auch am meisten.

Eine jüngere Studie von Ludwig Haag und Elsbeth Stern (2000) prüf-
te speziell die Wirkung von Latein, und zwar auf formale Denkfähigkeiten und auf muttersprachliche Kompetenzen. Verglichen wurden
Schüler / innen, die im Gymnasium entweder Englisch oder Latein
als erste Fremdsprache gewählt hatten. Die beiden Schülerstichpro-
ben unterschieden sich nicht bezüglich ihrer allgemeinen Intelligenz.
Ergebnis: Nach vier Jahren ließen sich nur geringe Unterschiede feststellen. Die Gruppen unterschieden sich nicht in Bezug auf Intelli-
genzleistungen wie logisches Denken und räumliche Vorstellung.
Auch für die Muttersprache Deutsch gab es keine Unterschiede beim
*inhalts*getreuen Lesen und im Erkennen stilistischer Unterschiede.

Geringfügig besser waren die Lateiner lediglich beim «*buchstaben-getreuen Lesen*», nämlich im Erkennen von kleinen grammatischen und orthographischen Fehlern (sozusagen «Korrekturlesen») sowie im Konstruieren langer, komplexer Sätze aus mehreren kurzen Sätzen. Diese Effekte führen die Autoren darauf zurück, dass man im Lateinischen auf jeden Endungsbuchstaben achten muss und dass man beim schrittweisen Übersetzen lateinischer Sätze häufig komplexe deutsche Sätze bildet. Abgesehen davon, dass auch diese spezifischen Effekte nur schwach waren, stellt sich natürlich die Frage, ob buchstabengetreues Lesen und das Bilden von Schachtelsätzen wünschenswerte Kompetenzen sind, und falls ja, ob dies nicht auch in wenigen Stunden durch ein direktes Training zu erreichen wäre.

Die Ergebnisse sind typisch für die gesamte Transferforschung: Das Lernen an bestimmten Lernstoffen verbessert die Leistungen bei eben diesen Lernstoffen, aber es schult nicht allgemeine Fähigkeiten. Dies gilt nicht nur für alte Sprachen, es gilt genauso für *jedes* andere Fach!! Wer Latein lernt, lernt Latein und nicht logisches Denken; wer Mathematik lernt, lernt Mathematik und nicht analytische Fähigkeiten; wer Biologie lernt, lernt Biologie und nicht Beobachtungsfähigkeit. Es ist sogar möglich, dass ein Mensch in einem Fach wie Mathe oder Physik durch und durch rational zu denken lernt und zugleich irrationale Vorurteile oder religiösen Fanatismus pflegt.

Selbst *innerhalb* eines Faches bleibt der Transfer meist spezifischer als erhofft. Wer das Übersetzen von fremdsprachigen Texten übt, wird sich dadurch kaum im freien Sprechen verbessern. Wer Goethe interpretiert, wird dadurch nicht selbst zum Meister schöner Sprache. Doch der «Mythos vom Transfer» ist trotz der Gegenbeweise nicht totzukriegen, klagen Gage und Berliner.

Spezifischer Transfer: immer möglich, nicht immer erwünscht

Die Befunde besagen mit anderen Worten: Man trainiert nicht Denkleistungen per se, sondern nur im jeweiligen Wissenskontext. Menschen verbessern ihr Denken bei Sachverhalten, mit denen sie vertraut geworden sind. Wer gelernt hat, an mathematische Aufgaben logisch heranzugehen, zieht dadurch nicht auch bei lateinischen Sätzen die richtigen Schlüsse und umgekehrt. Dasselbe gilt für andere Kompetenzen. Wer systematisch das Verhalten von Waldtieren beobachtet, wird sich genau hierin verbessern, aber nicht auch in der Beobachtung einer Eltern-Kind-Interaktion. Für eine Psychologin in der Erziehungsberatungsstelle gilt umgekehrt das Gleiche. Denn auch die Beobachtungskompetenz – «einen Blick haben» für etwas – beruht stark auf dem Vorwissen, das man in die Beobachtungssituation mitbringt. Das heißt also: Es gibt einen spezifischen Transfer – einen Transfer auf ähnliche Aufgaben. Und solch einen Transfer gibt es überall.

Wissen Sie, was das Wort prälutativ bedeutet? Nein? Ich vermute, ein bisschen wissen Sie doch: Hat es etwas mit ‹nah› oder ‹fern›, mit ‹vor› oder ‹nach› zu tun? Wenn Sie sich für prä = vor entschieden haben, wäre das ein Beispiel für einen spezifischen Transfer (das Wort selbst habe ich mir ausgedacht). Ähnlich geht es mit Vor- oder Nachsilben wie ‹post›, ‹tele›, ‹trans›, ‹phil› etc. Beim Lernen der englischen Sprache hilft es uns häufig, dass wir bereits ähnliche deutsche Wörter kennen: Buch – book, Lampe – lamp, Haare – hair, Ich habe – I have. Das Multiplizieren lernen wir, weil wir bereits addieren können. Und beim Lösen von Gleichungen mit zwei Unbekannten greifen wir auf eine beachtliche Vorgeschichte zurück. All das heißt: In unserem lebenslangen Lernen stecken unendlich viele spezifische Transfereffekte.

Leider sind es nicht immer erwünschte Effekte. Der Transfer der deutschen Wörter ‹wo› und ‹wer› auf die englischen ‹who› und ‹where› oder des deutschen ‹Selbstbewusstsein› auf das englische ‹self-consciousness› kommt fast von selbst – doch handelt es sich hier um «false friends». Im Fachausdruck heißen solche falschen Übertragungen negativer Transfer.

Nach alledem gibt es durchaus einen Transfer von einem Fach zu einem anderen, sofern sie gemeinsame Elemente aufweisen. Kenntnisse in Mathematik helfen naturgemäß beim Lernen von Physik, Kenntnisse in Chemie helfen in der Biologie. Und selbstverständlich hilft Latein beim Lernen von Spanisch – allerdings sicher nicht nur Latein, sondern auch Italienisch oder Französisch, denn auch sie haben Gemeinsamkeiten mit dem Spanischen. Die Lernerleichterung müsste dort besonders groß sein, wo die Gemeinsamkeiten der Sprachen besonders groß sind.

Auch dies untersuchten Haag und Stern (2003) an einem praktischen Beispiel: Was hilft mehr beim Lernen von Spanisch: Latein oder Französisch? Verglichen wurden fünfzig Teilnehmerinnen eines Spanisch-Anfängerkurses, von denen die Hälfte in der Schule Latein und die Hälfte Französisch gelernt hatte. Am Ende des Kurses hatten sie einen deutschen Text ins Spanische zu übersetzen. Das Ergebnis: Im Wortschatz schnitten beide Gruppen etwa gleich gut ab; die Lateiner machten geringfügig mehr Wortfehler. Aber sie machten wesentlich mehr grammatische Fehler als die Französischgruppe; sie vergaßen z. B. Artikel oder Hilfsverben – typische Beispiele für negativen Transfer vom Lateinischen.

Wie ist das möglich, wo doch gerade Latein als grammatisches Training und überhaupt als ideale Grundlage für andere romanische Sprachen gerühmt wird? Bei näherer Betrachtung ist der Befund leicht erklärbar. Historisch ist Latein zwar eine Wurzel der romanischen Sprachen, doch haben diese sich in einem entscheidenden Punkt vom Lateinischen wegbewegt: So wie etwa Deutsch und Englisch haben sie bestimmte und unbestimmte Artikel, haben Personalpronomen («ich», «wir» ...) und gebrauchen Hilfswörter («haben», «sein») in der Zeitenbildung (= analytische Grammatik). Im Lateinischen hingegen steckt all dies in den Endungen (= synthetische Grammatik). Die Beispiele in der Tafel illustrieren, dass einzig Latein abweicht.

Unähnlichkeit erschwert den Transfer – Beispiel lateinische Grammatik

Personalpronomen (in Klammern: verzichtbar)
und Zeitenbildung mit haben / sein　　　　　　*Artikel und Deklinationen*

Deutsch:	Ich	bin	gekommen		Der	Name	der	Rose
Englisch:	I	have	come		The	name	of the	rose
Französisch:	Je	suis	venu		Le	nom	de la	rose
Italienisch:	(Io)	sono	venuto / ta		Il	nome	della	rosa
Spanisch:	(Yo)	he	venido		El	nombre	de la	rosa
Lateinisch:			veni			nomen		rosae

Beispiele für negativen Transfer der «Lateiner» im Spanisch-Test

venido	*statt*	he venido
tràfico problemas	*statt*	problemas de tràfico

Verglichen mit den anderen Sprachen ist die lateinische Grammatik also ziemlich exotisch. Doch ausgerechnet die Sprache, die den anderen am wenigsten ähnlich ist, genießt den Ruf, beim Erlernen anderer Sprachen besonders wirksamen Transfer zu leisten. Dieser Volksglaube beruht vermutlich auf der Vorstellung: Was in der Sprachgeschichte die Grundlage war, muss auch für das Lernen die beste Grundlage sein. Aber für den Lerntransfer kommt es nicht auf die historische Abfolge an, sondern nur auf die Ähnlichkeiten. Beim Lernen des spanischen arbol (Baum) kann man sich gleichermaßen auf das französische arbre wie auf das lateinische arbor stützen.

Die Beispiele demonstrieren die «Macht» des spezifischen Transfers, des positiven und des negativen. Doch mag man fragen, ob es nicht auch einen abstrakteren Transfer geben kann, ob also z. B. so etwas wie grammatisches Grundverständnis transferiert wird, etwa eine Struktur aus Subjekt-Prädikat-Objekt. In der Tat ist auch das möglich. Man kann *verstandene Prinzipien* aus der Grammatik, der Mathematik, der Physik, der Psychologie etc. auf neue Beispiele übertragen.

Solche Einsichten zu vermitteln und dazu anzuleiten, dass man sie in neuen Kontexten wiedererkennt, ist die Absicht eines jeden guten Unterrichts und Lehrbuches (natürlich auch dieses Buches).

Allerdings ändert dies nichts daran, dass wir in der Praxis oft von ganz konkreten Ähnlichkeiten geleitet werden. Das Erlernen einer Fremdsprache wird also nicht vorrangig aufgrund eines abstrakten «grammatischen Bewusstseins» erleichtert, sondern aufgrund vieler konkreter Übereinstimmungen in Wortschatz und Grammatik, also durch sehr spezifischen Transfer. Wie wirksam die sichtbaren oder hörbaren Ähnlichkeiten sind, merken wir zuweilen in negativer Weise, wenn wir z. B. ähnlich klingende Wörter verwechseln.

Ist ein allgemeiner Transfer also gar nicht möglich?

Wenn kein bestimmtes Fach, kein bestimmter Lernstoff für sich beanspruchen kann, allgemein die geistigen Fähigkeiten zu fördern, stellt sich die Frage, ob dies denn auf anderen Wegen möglich ist.

In begrenztem Maße ja. So kann man einen *relativ* unspezifischen Transfer fördern, wenn man *Strategien* erlernt, die nicht fachgebunden sind und auch wirklich fachübergreifend gelernt werden. Beispiele: In einem Text nach zentralen Aussagen suchen, unübersichtliche Informationen ordnen, eine Hypothese aufstellen und überprüfen. Solche Vorgehensweisen sind auf verschiedene Sachgebiete transferierbar. Allerdings: Transferier*bar* heißt noch nicht, dass man tatsächlich *transferiert*. Das ist nur zu erwarten, wenn man *versteht*, welche Strategie sich worauf übertragen lässt und worauf nicht, und wenn man das Transferieren an unterschiedlichsten Aufgaben *übt*. Nicht ganz realistisch ist die Erwartung mancher Lehrender: Ihr habt jetzt die Grundlagen gelernt, übertragen müsst ihr sie selbst. Wissenserwerb und Wissensnutzung sind eben zweierlei. Gelerntes wird oft nicht genutzt, obwohl man es «gehabt» hat – weil man das Nutzen nicht gelernt hat.

Noch weniger an Sachgebiete gebunden sind die *metakognitiven*

Prozesse, also Selbsterkenntnis, Selbstüberwachung und Selbstregulation. Eine gute Strategie zu kennen, kann wirkungslos bleiben, wenn man nicht darauf achtet, sie beim passenden Anlass einzusetzen. Wer sich aber z. B. fragt: Welche Strategien kenne ich für solche Aufgaben? Oder: Was ist eigentlich meine Leseabsicht? Oder: Wie kann ich prüfen, ob ich es verstanden habe? – wer in dieser Weise seine geistige Leitzentrale aktiviert, kann damit in unterschiedlichsten Bereichen sein Lernen oder die Wissensnutzung (= Transfer) verbessern. – Hierzu mehr in Kapitel 12.2 über das Lernenlernen.

11.3 «Betreiben Sie auch Gehirnjogging?»

Ja, Sie! Das machen Sie nicht? Aber Sie lesen doch gerade ein Buch! Oder ist das kein Gehirnjogging? Ach so, Sie denken da eher an besondere Übungen. Man muss z. B. knifflige Denksportaufgaben lösen, lange Zahlenreihen addieren, über Sudokus grübeln oder auf dem Bildschirm fix das passende Puzzlestück erspähen. Am besten besucht man einen Gehirnjogging-Kurs oder kauft sich spezielle Computerspiele oder Trainingsbücher.

Vielleicht denken Sie gar nicht so. Doch sicherlich sind dies geläufige Vorstellungen zum Stichwort «Gehirnjogging», und inzwischen gibt es eine Branche, die damit Geld verdient.

Kleine Spielchen – große Wirkung?

Die Theorie hinter Trainings, die sich Gehirnjogging, «brain training» etc. nennen, ist in einem Punkt ähnlich wie die Vorstellung, dass manche Schulfächer allgemeine Denkfähigkeiten schulen: Man geht nämlich davon aus, dass *bestimmte* Aufgaben eine besondere Auswirkung auf das geistige Leistungsvermögen schlechthin haben, dass sie «den» Verstand, «die» Kreativität oder «das» Gedächtnis trainieren – dass sie eben das Gehirn «stärken», so wie man sonst durch

Schwerpunkt: Lernen, Bildung, Erziehung

Gymnastik die Muskelkraft stärkt. Zugleich gibt es aber einen wichtigen Unterschied: Beim sog. Gehirnjogging bearbeitet man gerade nicht bestimmte Sachgebiete wie Latein oder Mathematik, sondern inhaltsarme Aufgaben mit Zahlen, Buchstaben, Wörtern oder Bildern. So bekommt der Übende das Gefühl, hier wirklich nur zu «denken» und nicht etwa Fachwissen zu erwerben. Es werden also vorrangig solche Aufgaben als Gehirnjogging bezeichnet, mit denen der Trainierende in Alltag und Beruf normalerweise kaum Berührung hat.

Der Irrtum hinter solcher Art von Gehirnjogging hat zwei Seiten: (1) «Normale» Aktivitäten in Alltag Schule und Beruf fördern nicht die geistige Leistungsfähigkeit, und (2) die angepriesenen Übungen hingegen sind wirksam.

Verschiedene Studien, darunter ein von Adrian Owen geleitetes Brain-Training mit über 11 000 Teilnehmern, haben gezeigt, was auf diese Weise erreicht wird: Man verbessert sich in genau solchen Aufgaben, mit denen man «gejoggt» hat; hingegen gibt es keinen Transfer auf nicht geübte Aufgaben und Sachgebiete. Wer also viele Sudokus löst, kann besser Sudokus lösen, wer Kopfrechnen übt, kann besser kopfrechnen usw. – mehr nicht. Man kann dadurch nicht auch effektiver lesen und lernen, logischer argumentieren, komplizierte Sachverhalte besser durchschauen oder auch nur vermeiden, dass man Namen vergisst oder den Platz, an dem man seine Brille abgelegt hat. Dabei sind es doch gerade solche lebensnahen Wirkungen oder gar eine Vorbeugung gegen Demenzerkrankungen, die man sich von dem Training erhofft.

Die Befunde sind eigentlich nicht überraschend, denn sie entsprechen altbekannten Ergebnissen der Transferforschung, auch denen zur Wirkung von Schulfächern: Man findet spezifische Effekte, aber keine, die über den jeweiligen Stoff oder Aufgabentyp hinausreichen. Und nicht anders ist es mit Übungen, die sich als Intelligenztraining bezeichnen. Man übt mit Aufgaben, die für Intelligenztests typisch sind und nicht bestimmte Wissensgebiete bevorzugen, und vielleicht schneidet man dadurch im Intelligenztest etwas besser ab, weil man nun mit den Aufgabenarten und dem Tempo der Bearbeitung vertraut ist. Aber ist man damit auch wirklich intelligenter? Lernt man jetzt schneller in neuen Sachgebieten, liest man jetzt Bücher mit mehr Verständnis, schreibt man jetzt klarere Texte, kommt man jetzt mit Mathe-Aufgaben besser zurecht? Dies alles ist nicht zu erwarten (s. auch Kapitel 8.1 zu Intelligenz).

Wenn die Effekte an den geübten Lernstoff gebunden bleiben, so spricht dies dafür, dass man sich hier verbessert hat, weil sich im Kopf neue *spezifische* Verbindungen gebildet haben, weil also in eben diesem Bereich Wissen erworben oder Fertigkeiten automatisiert wurden. Welche Bedeutung solch spezifisches Wissen selbst bei scheinbar reinen Denkaufgaben hat, beweist jenes Spiel, bei dem viele Laien nur Logik und strategisches Denken am Werke sehen und das geradezu als ideales Denktraining erscheinen mag: beim Schach.

Stellen Sie sich vor, man zeigt Ihnen für einige Sekunden eine Schachbrettsituation und Sie sollen anschließend alle Figuren wieder so aufstellen, wie sie zuvor gestanden haben. In einem klassischen Experiment von Chase und Simon zeigte sich, dass diese Aufgabe für Schachmeister gar kein Problem ist, wohl aber für Schachanfänger. Da könnte man denken: Was für ein tolles Gedächtnis und eine tolle Vorstellungsfähigkeit die Schachmeister haben. Aber die Forscher wiederholten den Versuch mit einer kleinen Abwandlung: Die Figuren waren diesmal in zufälligen Positionen aufgestellt – so, wie sie in einem Schachspiel nie stehen würden. Und siehe da, die Meister behielten die Aufstellung nicht besser als die Anfänger. Die Erklärung: Die Meister haben Tausende von Schach*konstellationen* im Gedächtnis, und die ihnen präsentierte Aufstellung erkennen Sie sofort als eine vertraute Konstellation. Im zweiten Versuch ging das nicht. Hier mussten sie sich, genau wie die Anfänger, die Position jeder einzelnen Figur einprägen. Anders gesagt: Im ersten Versuch war die Aufgabe sinnhaltig (= Schachkonstellation), jedenfalls für die Meister, im zweiten Versuch hingegen sollten sie sich eine Ansammlung merken, die keinen Sinn ergab.

Schachspieler «denken» also nicht nur, sie stützen sich auf abrufbares Wissen, auf ganz spezifisches Schachbrettwissen. Wer sich eine Konstellation sofort merken kann, weil er davon Tausende in seinem Gedächtnis gespeichert hat, wird aber nicht auch als Kellner sämtliche Bestellungen im Kopf behalten, und genauso wenig wird er sich als genialer Militärstratege bewähren. Falsch ist eben die Idee, man könne das Denken oder das Behalten per se, also ohne inhaltlichen Kontext, trainieren.

Was wirklich nützt

In einem ebenfalls klassischen Experiment hat Herbert Woodrow schon 1927 untersucht, ob bloßes Auswendiglernen von Gedichten und anderem Lernstoff «das Gedächtnis» trainiert. Wenn ja, müsste es durch das Üben auch bei andersartigen Aufgaben Steigerungen geben; bei Woodrow waren das z. B. englisch-türkische Vokabeln und Geschichtszahlen. Während die eine Gruppe wiederholt auswendig lernte, verbrachte eine Vergleichsgruppe hiermit nur wenig Zeit, wurde dafür aber instruiert, wie man Strategien zum besseren Behalten nutzen kann (Gruppieren von Lernstoff, bildliches Vorstellen, sich selber prüfen u. a.). Ergebnis: Während das einfache Üben kaum eine Wirkung zeigte, ergab sich bei der Strategiegruppe eine erhebliche Steigerung.

Viele Untersuchungen haben den Nutzen guter Lernstrategien bestätigt. Es gibt aber keine optimale Strategie, vielmehr braucht man für unterschiedliche Lernstoffe auch unterschiedliche Strategien: beispielsweise um sich Namen zu merken, um Vokabeln zu lernen, um die Kernaussagen eines Textes wiederzugeben usw. Eine Strategie, mit der Sie Weltmeister im Behalten einer Spielkartenserie werden können, wird Ihnen weder beim Schachspiel noch beim Vokabellernen etwas nützen. Weiterhin müssen die Strategien nicht nur verstanden, sondern auch geübt werden. (Hierzu mehr beim Thema Lernen lernen, s. S. 313 ff.)

Das Gleiche gilt für produktives Denken. Auch hier nützt kein tägliches Grübeln über Knobelaufgaben, sondern eher das Einüben von Strategien; Beispiele hierfür sind die Zielanalyse (was genau will ich erreichen?) oder das Brainstorming (zunächst unkritisch Einfälle notieren, erst später auswählen). Und erneut ist die große Bedeutung der Metakognition, also der Selbstreflexion und Selbstregulation bei den geistigen Aktivitäten, hervorzuheben. Strategien und Metakognition im Kontext jener Aufgaben zu üben, bei denen man sich verbessern will – darin liegen die Chancen für Steigerungen und nicht im inhaltsarmen Jogging, und sei es noch so anstrengend. Anstrengend ist nicht dasselbe wie anspruchsvoll!

Will man über bereichsspezifische Leistungssteigerungen hinaus für eine mehr oder minder *unspezifische* Förderung seiner Geisteskräfte sorgen, so scheinen dafür unter anderem folgende Wege hilfreich zu sein:

- Sehr häufig geistig aktiv sein, aber nicht immer an Aufgaben derselben Art, sondern an wechselnden: beispielsweise Lesen, Schreiben, Rechnen, Musizieren, Malen, Jonglieren, Theaterspielen, Vortragen, Diskutieren, gemeinsames Spielen.

- Aufgaben wählen, die nicht nur gut eingeübte Routinen verlangen, sondern durchaus neues Lernen – so bilden sich im Gehirn neue Verbindungen.

- Aktivitäten wählen, die Spaß machen und zugleich eine gewisse Anstrengung erfordern. Das gilt auch für Spiele. Es muss nicht Schach sein, aber «Mensch ärgere dich nicht» doch lieber nicht.

- Sport und Bewegung nicht vergessen (!), denn körperliche Fitness unterstützt auch geistige Fitness. Also: Wenn schon Jogging, dann eher «richtiges» Jogging im Wald als Gehirnjogging.

Für manche Menschen allerdings, bei denen all diese Empfehlungen ins Leere laufen, können spezielle Programme vielleicht doch von Nutzen sein.

Wer kann von speziellen Trainings profitieren?

Profitieren können Menschen, die geistig und körperlich wenig aktiv sind. So weiß man, dass bei Menschen, die längere Zeit im Krankenhaus liegen, die Leistungen im Intelligenztest absinken. Das ist offenbar auf einen Mangel an körperlicher Bewegung und an geistig anspruchsvollen Aufgaben zurückzuführen. Auch aus anderen Gründen kann es im Leben zu einem solchen Mangelzustand kommen. Wenn Menschen nicht mehr im Beruf sind, sich für kein Fachgebiet wirklich interessieren und nur ungern lesen, dann können sie möglicherweise durch bunte Denkspiele am Computer zu einem gewissem Maß an geistiger Aktivität motiviert werden. Nützlicher wäre es zwar, sie würden z. B. einen ordentlichen Computerkurs besuchen, aber geistige Betätigung mit Spielchen, die sich hochtrabend «Gehirnjogging» nennen, ist in jedem Fall besser als gar nichts.

Für ausgesprochen lernschwache Menschen können solche Denkspiele ebenfalls hilfreich sein, so Neubauer & Stern, sofern sie an den schriftlichen oder bildlichen Aufgaben üben, worauf man bei kognitiven Anforderungen zu achten hat, beispielsweise: «Ich schaue genau hin, was ich hier machen soll», oder: «Ich vergleiche die Antworten erst mal in Ruhe». Vielleicht lernen sie also an solchen Aufgaben, strategisch vorzugehen und sich selbst zu regulieren (Metakognition), statt impulsiv zu reagieren. In besonderen Fällen können also Gehirnjogging-Produkte aufgrund ihrer Aufmachung und ihrer technischen Reize Menschen aktivieren, bei denen das auf anderen Wegen nicht oder nicht so leicht gelingt.

Was ganz anderes ist es aber, geistig aktiven Menschen zu suggerieren, sie könnten nur mit solchen Übungen ihr Potenzial ausschöpfen und ihre Intelligenz über das bisherige Niveau hinaus steigern. Da sieht man z. B. in der deutschsprachigen Werbung für «Dr. Kawashimas Gehirnjogging» einen Professor, der sich, so wird suggeriert, auf diese Weise geistig auf Trab hält. Als wenn der das nötig hätte! Wieso soll es Gehirnjogging sein, wenn man solche Aufgaben löst, aber kein Gehirnjogging, wenn man eine anspruchsvolle Diskussion

Was ein internationaler Expertenkreis zur Gesunderhaltung des Gehirns sagt

28 Wissenschaftler und Wissenschaftlerinnen des Stanford Center on Longevity, des Max-Planck-Instituts für Bildungsforschung in Berlin und anderer Institute gaben im Jahre 2009 eine öffentliche Erklärung heraus, in der sie potenzielle Gehirnjogging-Interessenten direkt ansprechen (Auszüge; sinngemäße Übersetzung des Buchautors):

- Es hat sich gezeigt, dass Software-gestützte Trainings und «brain games» nur die Leistungen bei den geübten Aufgaben verbessern, aber kaum ein Training Auswirkungen auf den Alltag hat. So mag ein Programm beispielsweise das Behalten von Wortlisten steigern, aber dadurch werden Sie sich kaum besser erinnern, wo Sie Ihren Autoschlüssel abgelegt haben oder zu welcher Uhrzeit Sie Ihre Verabredung haben.
- Es gibt keine Nachweise dafür, dass man mit den gegenwärtig angebotenen Softwareprodukten oder anderen Trainingsansätzen Alzheimer oder andere Demenzerkrankungen verzögern oder verhindern kann. Wenn Sie jedoch auf Ihre Gesundheit achten, besonders auf den Blutdruck und den Blutzucker, kann dies auch der geistigen Leistung zugute kommen.
- Lernen stimuliert das Gehirn und vermittelt ein Gefühl von Kompetenz. Aber dafür braucht man kein besonderes formales Training. Bevor Sie zu speziellen Methoden greifen und Zeit und Geld investieren, sollten Sie bedenken: Jede Stunde, die Sie alleine mit Software-Übungen verbringen, ist eine Stunde, in der Sie nicht wandern oder Italienisch lernen oder sich ein neues Rezept ausdenken oder mit den Enkeln spielen. Gesellschaftliche Aktivitäten und eigene Hobbys tun dem Kopf ebenfalls gut und sind sozial viel sinnvoller.
- Körperliches Training nützt nicht nur der Gesundheit, sondern auch der geistigen Fitness. Denn es fördert die Durchblutung des Gehirns und die Bildung neuer Verbindungen im Nerven- und Adergeflecht.

führt, eine Vorlesung hält, einen Brief schreibt, eine Examensarbeit verfasst, einen Roman interpretiert oder über der Lösung eines Konfliktes grübelt? Solche Denkarbeiten sind jedem Jogging-Spiel überlegen, weil sie komplexer und lebensnäher sind.

Der Markt des Gehirnjoggings floriert, und vor allem ältere Menschen werden umworben. Aus diesem Grunde haben sich vor einiger Zeit führende Wissenschaftler an die Öffentlichkeit gewandt, um vor falschen Versprechungen zu warnen und sinnvolle Empfehlungen zu geben (s. Tafel).

11.4 «Auf kleine Klassen kommt es an»

Wenn es um die Verbesserung des schulischen Lernens geht, wird kaum etwas so häufig gefordert wie kleinere Klassen – gefordert von Eltern, Lehrkräften, Schülern. Es scheint ja logisch: Je weniger Schüler / innen in einer Klasse sind, umso mehr Aufmerksamkeit und Förderung kann jedes einzelne Kind von den Lehrkräften bekommen und umso häufiger kann das einzelne Kind im Unterricht «drankommen». Daher könnte man erwarten, dass die Lernleistungen in kleinen Klassen im Schnitt besser sind als in größeren.

Ist die Klassengröße ein wichtiger Faktor?

Es ist erstaunlich, dass empirische Untersuchungen diese weit verbreitete Erwartung kaum bestätigen. Im Vergleich zwischen verschiedenen Ländern, so etwa in der Pisa-Studie 2000 mit 15-jährigen Schüler / innen, ergab sich keineswegs ein statistischer Zusammenhang zwischen dem Rangplatz eines Landes und der durchschnittlichen Klassengröße in diesem Land. Noch beweiskräftiger ist eine Untersuchung von Michael Rutter u. a., in der nur Sekundarschulen im Innenbereich von London verglichen wurden. Sie unterschieden sich deutlich in ihrem pädagogischen Erfolg innerhalb von fünf Jahren, und zwar sowohl hinsichtlich der durchschnittlichen Leistungen als auch hinsichtlich des sozialen Verhaltens der Schüler/innen. Aber mit der numerischen Lehrer-Schüler-Relation hatte das nichts zu tun. Dabei reichte hier die Spannbreite der durchschnittlichen Klassengröße einer Schule immerhin von 22 bis 30. Viele weitere Studien erwähnt ein Überblick von Matthias v. Saldern.

Wie sind solche Befunde zu erklären? Können bessere Rahmenbedingungen für eine individuelle Betreuung wirklich völlig verpuffen? Nun, mit den vorgetragenen Befunden ist das Thema «kleine Klassen» nicht völlig vom Tisch. Die Befunde bedeuten ja nicht, dass in kleineren Klassen die Lernleistungen nicht gesteigert werden *könnten*, sondern nur, dass es normalerweise nicht geschieht. Aufschlussreich ist hier ein Experiment, über das die Unterrichtsforscher Helmke und Weinert in einem großen Überblick zu Faktoren der Schulleistung berichten: Bei insgesamt 62 Schulklassen variierte man die Klassengröße systematisch zwischen 16, 23, 30 und 37 Schüler/innen, und zwar in der Weise, dass die gleichen Schüler/innen und die gleichen Lehrkräfte im nachfolgenden Schuljahr eine Klasse anderer Größenordnung bekamen. Ergebnis: Fragte man die Lehrkräfte, so waren sie überzeugt, dass sie in kleineren Klassen individueller unterrichteten, dass die Schüler/innen besser mitarbeiteten usw. Nur: Die wissenschaftlichen Beobachtungen im Klassenzimmer konnten diese Einschätzungen nicht bestätigen. Man stellte vielmehr fest, dass die Lehrer/innen in kleineren Klassen faktisch genauso unterrichteten wie in großen. Auch hingen die Leistungen und die Einstellungen der Schüler/innen zum Unterricht kaum mit der Klassengröße zusammen. Nur beim Vergleich von Klassen mit 16 gegenüber Klassen mit 37 Schüler/innen gab es Effekte in der erwarteten Richtung. Ohne Frage fühlen sich Lehrer/innen in kleineren Klassen weniger belastet als in großen. Aber dass der Unterricht automatisch effektiver wird, trifft nicht zu.

Tatsächlich ist es auch gar nicht so leicht, den Unterrichtsstil zu wechseln und in einer kleinen Klasse plötzlich anders zu unterrichten, als man es gewohnt ist. Vor allem das individuelle Fördern erfordert andere Kompetenzen als der Klassenunterricht. In vielen Ländern, auch in Deutschland, hat dies keine Tradition (etwa verglichen mit skandinavischen Ländern), und die Lehrerausbildung bereitet darauf nur wenig vor. Eine kleinere Klasse bietet zwar bessere Möglichkeiten für die Lernförderung, aber wie gut diese genutzt werden, liegt maßgeblich an den Kompetenzen der jeweiligen Lehrkraft – so wie die einzelnen Lehrkräfte auch unterschiedlich gut mit einer großen Klasse zurechtkommen.

Ob eine kleinere Klasse den Lernerfolg steigert, mag auch von der Art der Lernaktivität abhängen. So könnte z. B. für das mündliche Sprechen im Fremdsprachenunterricht die Klassengröße wichtiger sein als für das Verstehen von grammatischen oder mathematischen Regeln. Doch, wie gesagt, insgesamt ist es viel zu simpel, nur auf die Klassengröße zu schauen und schon von einer Verkleinerung um vier oder fünf Schüler positive Effekte zu erwarten. Allenfalls um solche Größenordnungen kann es aber gehen. Denn eine durchgängige Halbierung der Klassen auf beispielsweise 15 Schüler/innen wäre wegen der gigantischen Kosten reine Utopie.

Das Thema Klassengröße ist erneut ein Beispiel für die alltagspsychologische Tendenz, sich an einem äußeren, leicht wahrnehmbaren Sachverhalt zu orientieren und ihm per se bestimmte Wirkungen zuzuschreiben. Wie schon bei der Berufstätigkeit beider Eltern und anderen Beispielen zu sehen war (vgl. S. 26 und S. 136), besagt der äußere Sachverhalt aber wenig. Viel wichtiger ist, was sich in den Menschen und zwischen den Menschen abspielt. Und so, wie es weniger auf die (Nicht-)Berufstätigkeit als auf die Art der Eltern-Kind-Interaktion ankommt, so kommt es auch weniger auf die Klassengröße an als auf die Art der Klassenführung und der Unterrichtsgestaltung. Hierauf werfen wir nun einen kurzen Blick.

Auf die Lehrer kommt es an

Die Klasse 9 a der Johannes-Schule im schwedischen Malmö war nach landesweiten Tests eine der schlechtesten des Landes – eine Klasse, die wohl kaum jemand gerne übernehmen würde. Doch eines Tages bekamen die 20 Schüler/innen neue Lehrkräfte. Sie alle waren regelmäßig durch hervorragende Unterrichtserfolge aufgefallen – es waren sozusagen die besten Lehrer/innen Schwedens. Und die sollten nun versuchen, die 9 a innerhalb von nur fünf Monaten an die Landesspitze zu führen, und zwar vor den Kameras des schwedischen Fernsehens. Wohlgemerkt: Es wurden nur die Lehrkräfte ausgetauscht; weder die Klassengröße, die Arbeitsbedingungen, die Bezahlung noch sonst etwas wurde geändert. Ergebnis: Nach den fünf Monaten war die Klasse zur drittbesten des Landes aufgestiegen, in Mathematik sogar zur besten. Der Mathematiklehrer, selber Migrant aus Zypern, unterrichtete zuvor an einer Schule mit einem Ausländer-«Anteil» von fast 100 Prozent. Für schwache Unterrichtserfolge hätte da jeder Verständnis aufgebracht. Doch Stavros Louca vollbrachte auch hier regelmäßig pädagogische Wunder (nach einem Bericht von Christoph Kucklick).

Das Experiment veranschaulicht in geradezu dramatischer Weise, was in der Forschung seit langem bekannt ist: Nichts ist so wichtig wie das Lehrerverhalten – nicht das Schulsystem, nicht die Klassenstärke, nicht die Ausstattung der Schule oder andere Faktoren, über die zwar viel gestritten wird, die aber viel weniger bewirken als die «weichen» pädagogischen und psychologischen Faktoren.

Viele Forschungen haben inzwischen herausgefiltert, wie erfolgreiches Lehrerverhalten aussieht. Eine ganz allgemein gültige Antwort ist zwar nicht möglich, weil kein Unterricht in *jeder* Hinsicht der optimale sein kann. Denn zu beachten ist immer: Für welche Lernziele und für welche Kinder ist dieser Unterricht besonders geeignet? Dennoch gibt es einige Unterrichtsmerkmale, die man als *typische* Erfolgsfaktoren ansehen kann. Zu diesen Faktoren gehören:

- die Klassenführung, das heißt jener Bereich des Lehrerverhaltens, der nicht das eigentliche Lehren betrifft, sondern in erster Linie für geordnete Abläufe, aktive Mitarbeit und geringe Störungen sorgt – denn nur so kann die Lernzeit gut genutzt werden (s. auch S. 298 ff.),

- Klarheit, Verständlichkeit in der Sprache, gute Strukturierung des Unterrichts,
- transparente Leistungserwartungen, also Informationen über die Lernziele, über die Anforderungen in Tests und Klassenarbeiten und darüber, wie sich die Schüler/innen gut vorbereiten können,
- die Stimulierung geistiger Aktivitäten durch die Art der Aufgaben und Art der Darbietung von Lehrinhalten,
- die Motivierung durch eigene Begeisterung, durch Lebensnähe, durch herausfordernde Aufgaben,
- eine gewisse Variation der Unterrichtsmethoden,
- individuelle Rückmeldungen und Unterstützungen.

Wenn dann auch noch Freundlichkeit und Ansprechbarkeit der Lehrkraft hinzukommen, ist man schon nahe am Ideal.

Man sieht: Die Lehrmethoden sind nur ein Aspekt von vielen, und pauschale Urteile (z. B. «Frontalunterricht bringt nichts») sind wissenschaftlich nicht haltbar. Letztlich ist ja auch jede Methode nur so gut, wie die Lehrkraft sie umsetzt. Zudem gibt es nicht ein einziges optimales Unterrichtsmuster, sondern verschiedene Muster können gleich erfolgreich sein. Daher darf man sich aus den eben genannten typischen Faktoren erfolgreicher Unterrichtsführung auch nicht einen einzelnen herausgreifen und für den allein seligmachenden halten, denn auf das Zusammenspiel verschiedener Komponenten kommt es an. Lehrer A hat seine Stärken hier und Lehrerin B hat sie dort. Schwächen an der einen Stelle können durch Stärken an anderer Stelle kompensiert werden, sodass im Ergebnis ähnliche Erfolge erzielt werden. Das heißt aber nicht, dass jedes beliebige Unterrichtsmuster erfolgreich ist; denn es gibt ja auch ausgesprochen erfolglosen Unterricht. In welchem Rahmen sich das Lehrerverhalten bewegen sollte, dafür geben die genannten Aspekte eine gute Orientierung.

Erfolgreiche Lehrer/innen haben in vielen dieser Punkte ihre Stärken, wenn auch nicht immer in allen. Und andere verstoßen gegen so viele Merkmale guten Unterrichts, dass in ihren *gehaltenen* Unterrichtsstunden insgesamt mehr aktive Lernzeit verloren geht als bei anderen Lehrkräften durch ein paar *ausgefallene* Stunden.

Die Forschungsergebnisse sprechen selbstverständlich nicht gegen kleinere Klassen. Doch sie legen nahe, dass die Auswahl und die Ausbildung von Lehrer/innen ein viel aussichtsreicherer Ansatzpunkt zur Verbesserung schulischen Lernens ist als die Klassengröße.

11.5 «Disziplin braucht Disziplinierung»

Von Disziplin ist meistens die Rede, wenn es daran mangelt: Schüler stören wiederholt den Unterricht, Jugendliche kehren betrunken in ihr Ferienlager zurück, eine Studentin schiebt trotz des nahenden Abgabetermins ihre Hausarbeit vor sich her. Positiv formuliert zeigt sich Disziplin darin, dass man, schön vernünftig, trotz gegenläufiger Wünsche und Gefühle, trotz Unbequemlichkeiten und Lustlosigkeit sein Handeln weiterhin auf wichtige Anforderungen ausrichtet. Zuweilen bedeutet Disziplin auch gleichförmiges Handeln einer Gruppe; man denke z. B. an das als Fraktionsdisziplin bekannte Abstimmungsverhalten aller Abgeordneten einer Partei. Disziplin heißt hier: Es gibt keine Abweichler. Allerdings: Vielleicht empfinden manche Menschen gerade einen Abweichler als diszipliniert, weil er trotz des Gruppendrucks seinem Gewissen folgt, und ebenso könnte ein Jugendlicher als diszipliniert gelten, wenn er dem Druck seiner Clique standhält und sich nicht besäuft.

Die Beispiele machen deutlich, dass man um eine wichtige Unterscheidung nicht herumkommt: Mit Disziplin kann einerseits ein von anderen auferlegtes Verhalten gemeint sein, also Gehorsam oder Anpassung an einen Gruppendruck, und andererseits ein selbstbestimmtes Verhalten, bei dem man Erwartungen an sich selbst erfüllt,

z. B. regelmäßig zu lernen oder wenig Alkohol zu trinken. Man kann mithin grob zwischen Fremddisziplin und Selbstdisziplin unterscheiden, wenngleich es sicher fließende Übergänge gibt. Auf jeden Fall ist die Differenzierung wichtig. Denn wenn man fragt, wie sich Disziplin fördern lässt, muss klar sein, *welche* Disziplin man fördern will.

Dort, wo es an Disziplin mangelt, erschallt meist der Ruf nach Disziplinierungsmaßnahmen, und das klingt nicht gerade nach Freundlichkeiten. Es klingt eher nach machtvollem «Durchgreifen», Verboten und Bestrafungen. Oder woran sonst wird ein Lehrer denken, wenn man ihn auffordert: «Sorgen Sie für Disziplin!»? Ist denn nicht klar, dass Disziplin auf Disziplinierung angewiesen ist? Wird nicht sein Kollege bestätigen, gegen Unterrichtsstörungen könne man «nur so» etwas ausrichten? Und wenn eine englische «Eliteschule» für strenge Bestrafungen bekannt ist, weckt das nicht bei Eltern die Erwartung: Ja, da lernt mein Kind Disziplin? Auch Bernhard Buebs Buch «Lob der Disziplin», vor wenigen Jahren ein Bestseller, lebt von der begrifflichen Verschmelzung von Disziplin und Disziplinierung und differenziert dabei nicht zwischen Fremddisziplin und Selbstdisziplin.

Das Erziehungs*ziel* Disziplin scheint also wie selbstverständlich auf Erziehungs*methoden* des Typs Disziplinierung hinauszulaufen. In dieser Vorstellung stecken jedoch zwei Kurzschlüsse. Erster Kurzschluss: Selbstdisziplin lernt man durch Fremddisziplin. Zweiter Kurzschluss: Zur Herbeiführung von Fremddisziplin braucht man Disziplinierungsmaßnahmen. Zusammengenommen heißt das: Ergreife Maßnahmen, die Disziplin erzwingen, daraus wird dann Selbstdisziplin.

Disziplinierung → auferlegte (Fremd)-Disziplin → Selbstdisziplin

Ist das so? Diese simple Vorstellung geht davon aus, dass Zwang und Strafe den Menschen «formen», dass das erzwungene Verhalten zu einem Teil der Persönlichkeit wird. Aber warum verhalten sich dann Schüler/innen oft so disziplinlos, sobald die disziplinierende Lehrkraft den Raum verlässt? Und wieso werden viele Häftlinge, denen innerhalb des Gefängnisses «gute Führung» attestiert wurde, wieder rückfällig, sobald sie draußen sind? Die Antwort: Weil das Erlernen von Selbstkontrolle etwas anderes ist als das Einhalten von auferlegter Disziplin.

Es geht also um zwei unterschiedliche Ziele. Sie mögen sich hier und da überschneiden, aber man darf sie pädagogisch nicht gleichsetzen. Um Fremddisziplin zu fördern, gibt es verschiedene Wege, Disziplinierung ist nur einer davon. Um Selbstdisziplin zu fördern, gibt es verschiedene andere Wege. Also:

Auf verschiedenen Wegen zu → Fremddisziplin

Auf verschiedenen anderen Wegen zu → Selbstdisziplin

Beginnen wir mit der Fremddisziplin und schauen uns an dem klassischen Beispiel der Schulklasse an, wie Disziplin ohne Disziplinierungen zu erreichen ist. Danach wenden wir uns dem hohen Ziel der Selbstdisziplin zu.

Fremddisziplin: Das Beispiel Schulklasse

Jeder kennt das Phänomen aus seiner eigenen Schulzeit: Wenn in einer Schulklasse dienstags nach der dritten Stunde Frau Müller-Thurgau von Herrn Müller-Lüdenscheidt abgelöst wird, ändert sich nicht nur der Lehrstoff, sondern auch die Störungsrate. Dieselben Schüler / innen verhalten sich ganz unterschiedlich, je nachdem, wer gerade unterrichtet.

Was unterscheidet Lehrer / innen, deren Unterricht diszipliniert abläuft, von denen, die große Disziplinprobleme haben? Ist es typisch, dass sie bei Störungen brüllen und Strafen erteilen? Die Donnerwetter-Methode kann zwar Disziplin erzwingen, aber nötig ist sie nicht. Das beweisen die Lehrkräfte, die ohne Drohungen und Strafen arbeiten und dennoch gute Mitarbeit und geringe Störungen vorweisen können. Was ist ihr Geheimnis?

Umfangreiche Videostudien im Klassenzimmer, zuerst durch den amerikanischen Forscher Jacob Kounin, machten transparent, worauf es ankommt: Für eine niedrige Störungsrate und gute Mitarbeit ist entscheidend, was sozusagen «vor» potenziellen Störungen geschieht, auf welche Weise man also verhindert, dass sie überhaupt auftreten oder sich ausbreiten. Mit anderen Worten: Auf die Prävention kommt es an, nicht auf die Art der Reaktion.

Die Prävention stützt sich zum großen Teil auf ganz unauffällige Beeinflussungen. So ist es wichtig, dass die Lehrkraft deutliche *Präsenz* zeigt. Dazu gehören nonverbale Signale, die bei den Schülern den Eindruck erwecken, dass sie alles sieht und sogar «Augen im Hinterkopf» hat. Sie stellt sich so auf, dass sie die ganze Klasse im Blick hat, bewegt sich gelegentlich im Raum, lässt öfter den Blick schweifen und erstickt aufkommende Störungen im Keim, z. B. durch Anblicken oder zwei Schritte in Richtung Unruheherd. Lehrende mit hohen Störungsraten reagieren hingegen häufig erst, wenn eine Störung sich bereits ausgebreitet oder gesteigert hat, und versuchen dann, die Unruhe zu «übertönen».

Für Lehrkräfte mit guter Disziplin ist weiterhin typisch, dass sie den Unterricht nur selten wegen irgendwelcher Nebensächlichkeiten unterbrechen, sondern den *Unterrichtsfluss* aufrechterhalten. Lehrer / innen mit Disziplinproblemen neigen dazu, bei auftretenden Störungen vor der Klasse über die Störung zu sprechen. Lehrer / innen mit wenig Disziplinproblemen bremsen Störungen nonverbal ab oder lenken mit knappen Bemerkungen so schnell wie möglich zu den Lernaktivitäten zurück («Schau auf deine Textaufgabe»).

Lehrkräfte mit guter Disziplin schaffen es gewöhnlich, die *ganze Klasse zu aktivieren*, also auch diejenigen einzubeziehen, die im Moment nicht «dran» sind und in private Beschäftigungen abgleiten könnten. Aktivierend wirken nicht nur interessante Inhalte und anregende Lehrmethoden, sondern auch ein lebendiger Vortragsstil, eine deutliche Stimme, wandernde Blicke bei einer Lehrerfrage, gut verteiltes Aufrufen und kleine Leistungskontrollen zwischendurch.

Nicht zuletzt sorgt das Einführen von langfristig gültigen *Regeln* für Disziplin, nach Möglichkeit gemeinsam mit der Klasse und in

Abstimmung mit anderen Lehrkräften. Natürlich sind Regeln nur wirksam, wenn auch die Lehrkraft selbst sie ernst nimmt. Beispielsweise wird die Melderegel untergraben, wenn man zugerufene Beiträge doch verwertet, weil es gute Beiträge sind.

Darüber hinaus ist es meist ein sehr effektiver Weg, eine Belohnung für reibungslose Mitarbeit anzukündigen, z.B. ein beliebtes Spiel am Ende der Stunde oder eine Verminderung der Hausaufgaben. Statt das unerwünschte Verhalten zu bekämpfen, würde man hier also das erwünschte Verhalten «hervorlocken» – und auf dieser «positiven Schiene» zugleich ein viel angenehmeres Klassenklima schaffen.

All diese sanften Beeinflussungen bieten Alternativen zu endlosen Ermahnungen, zu Ärgerreaktionen und Bestrafungen. Dass dennoch viele Lehrkräfte so oft das Heil in bedrohlichem Durchgreifen suchen, hat wohl mit unterschiedlicher Auffälligkeit zu tun. Wenn ein Lehrer brüllt und Strafen erteilt und dies kurzfristig zu bravem Verhalten führt, fällt das auf und es entsteht der Eindruck: Darauf kommt es an. Wenn hingegen eine Lehrerin durch flüssigen und aktivierenden Unterricht die Mitarbeit fördert und Störungen so nebenbei auf nonverbalem Wege im Keim erstickt, dann ist diese Beeinflussung so unauffällig, dass kaum jemand darin ein Erfolgsrezept gegen Disziplinprobleme erkennen würde.

All diese Einflussnahmen, so nützlich sie auch sind, erzeugen aber in erster Linie Fremddisziplin und nicht Selbstdisziplin. Das sieht man daran, dass die Disziplin in der nächsten Stunde bei einer anderen Lehrkraft wieder verflogen sein kann. Wertvoll ist solche Disziplin dennoch, da sie eine wesentliche Grundlage für effektiven Unterricht ist. Ein höheres Ziel wäre es, alle Schüler/innen nachhaltig zu Selbstdisziplin zu erziehen, doch dies ist im Rahmen der Schule natürlich viel schwieriger. Welche Möglichkeiten gibt es dafür überhaupt?

Selbstdisziplin

Während Fremddisziplin auf äußere Einflussnahmen angewiesen ist (wenn auch nicht unbedingt auf Disziplinierungsmaßnahmen), zeigt sich Selbstdisziplin unter anderem darin, dass ein Mensch auch dann ein Verbot nicht überschreitet, wenn er dies gefahrlos tun könnte, oder auch dann auf ein Ziel hinarbeitet, wenn dies mit Verzicht und Unbequemlichkeiten verbunden ist. Es ist leicht möglich, dass zwei Personen sich in gleicher Weise einer auferlegten Disziplin fügen und sich zugleich deutlich unterscheiden, wenn ihre Selbstdisziplin auf die Probe gestellt wird.

Wie kann diese innere Kontrolle gefördert werden? Zum Teil hängt dies davon ab, in welchem Verhaltensbereich sich die Selbstdisziplin beweisen soll, ob es etwa um soziales Verhalten, um Lernverhalten oder gar um Probleme wie Alkoholismus oder Spielsucht geht. Selbstdisziplin kann im einen Fall leicht und im anderen Fall ungemein schwer sein. Beispielsweise gibt es ja Menschen, die sehr diszipliniert arbeiten, aber vom Rauchen nicht loskommen. Auch kann das Erlernen von Selbstdisziplin je nach Temperament eines Menschen leichter oder schwieriger sein. In manchen Fällen sind die Grenzen sicherlich eng gesteckt. Doch prinzipiell ist es möglich, Selbstdisziplin zu fördern.

Bleiben wir zunächst beim *sozialen Verhalten*. Selbstdisziplin bedeutet hier, dass sich ein Mensch fair, rücksichtsvoll oder hilfreich verhält, obwohl ihn weder ein Vorteil noch eine Strafandrohung dazu veranlasst und die Situation eigentlich zu unsozialem Verhalten verlockt. Er richtet sich nach Werten und Normen, die er verinnerlicht, die er «internalisiert» hat. Volkstümlicher formuliert: Er folgt seinem Gewissen.

Wie wird dies gefördert? Der Ausgangspunkt ist zunächst einmal die Existenz von Verhaltenserwartungen in der Umwelt, also von Normen und Regeln. Doch wie werden sie zu einem inneren Kompass? Verschiedene Einflüsse können dabei mitwirken. Ein interessanter Faktor ist die Reaktion der Erziehenden, wenn ein Kind anderen

Schaden zugefügt hat. Förderlich für die Gewissensbildung sind *opfer-bezogene Erklärungen* wie etwa: «Karin ist jetzt traurig, weil du ihren Teddy in die Pfütze geworfen hast.» Nicht förderlich sind hingegen machtvolle Disziplinierung oder Liebesentzug (z. B. für Stunden mit dem Kind nicht reden). Opferbezogene Erklärungen (auch Induktion genannt) lenken die Aufmerksamkeit auf die Folgen, besonders die emotionalen Folgen, die das Fehlverhalten für andere hat. So lernt das Kind, deren Gefühle zu verstehen und im Handeln zu berücksichtigen. Hilfreich für die Internalisierung von Normen ist also nicht die Botschaft: Mama wird wütend, wenn ich mich falsch verhalte, sondern die Botschaft: Achte darauf, wie sich ein anderer Mensch durch dein Verhalten fühlt.

Kann auch das Erziehungsklima in der *Schule* die innere Kontrolle fördern, und zwar so, dass sogar das Verhalten *außerhalb* der Schule positiv beeinflusst wird? In der von Michael Rutter geleiteten Londoner Studie zur Qualität von Schulen (s. auch S. 291) wurde unter anderem untersucht, wie häufig Schüler einer Schule wegen delinquenten Verhaltens polizeilich registriert wurden. Das Ergebnis: Erfreulich niedrig war die Zahl solcher Verstöße keineswegs bei jenen Schulen, die sich durch strenge Bestrafungen auszeichneten, sondern bei jenen, die einerseits Wert auf «konsistente Normen» legten, also auf ein schultypisches *Regelwerk* oder Ethos, und andererseits auf einen *freundlichen* Umgangsstil. Typisch für das Erziehungsklima dieser Schulen war weiterhin das *Übertragen von Verantwortung*: Besonders viele Schüler / innen hatten hier irgendein Amt inne: Klassensprecher, Hausaufgabenkontrolleur, Freizeitorganisator usw. (Zu Parallelen beim elterlichen Erziehungsstil s. Kapitel 12.4.) Die Befunde waren übrigens nicht darauf zurückzuführen, dass manche Schulen eine günstigere Schülerschaft bekommen hatten als andere Schulen; es waren Schuleffekte.

Ein weiterer positiver Einfluss ist selbstverständlich das *Vorbild der Erziehenden*. Dabei bestätigen Forschungen, was die meisten Menschen ohnehin ahnen: Damit positives Verhalten nachgeahmt wird, müssen Reden und Handeln der Erziehungsperson übereinstimmen. Wer das eine predigt und das andere tut, fördert nicht das Akzeptieren sozialer Verhaltensnormen. Vorleben kann man natürlich nicht nur diszipliniertes Sozialverhalten, sondern auch viele andere Varianten von Selbstdisziplin.

Eine der Varianten ist ganz besonders im Kindesalter von großem Interesse, nämlich geduldiges *Warten* und *momentanes Verzichten* zugunsten eines späteren Erfolges oder Vorteils. Solche Selbstdisziplin beruht einerseits darauf, dass man das angestrebte Ziel vor Augen hat, und einen *Handlungsplan*, wie man das Ziel erreicht. Anderseits muss man unpassende Verhaltensimpulse *hemmen*; die innere Selbstanweisung lautet sozusagen: «Jetzt nicht.» Beides kann von Erziehenden gefördert werden: Durch Vormachen, durch Erklärungen, durch positive Bekräftigung (s. das Beispiel Kind im Supermarkt; S. 345).

Eine so verstandene Selbstdisziplin ist zweifellos auch ein bedeutsamer Erfolgsfaktor im Bereich des *Lern- und Leistungsverhaltens*. Von Interesse sind dabei Methoden des Selbstmanagements, die bereits in Kapitel 5 (S. 96) skizziert wurden: Von der Selbstbeobachtung über eigene Zielsetzungen bis hin zur Selbstbelohnung für die Erreichung eines Handlungsziels. Besonders für effektives Lernverhalten im schulischen und akademischen Bereich spielt die sog. metakognitive Selbstregulation eine zentrale Rolle (siehe dazu Kapitel 12.2 zum Thema Lernen lernen).

12. Weitere Bildungs- und Erziehungsthemen

Zu den bildungsbezogenen Themen des vorangehenden Kapitels kommen nun drei weitere hinzu: Zunächst werden grundsätzliche Fragen zu Wissen und Wissenserwerb erörtert. Anwendungsfragen stehen bei den anschließenden Themen im Vordergrund; dort geht es um das Lernen des Lernens sowie um Lernprobleme. Der Themenbereich Erziehung, zu dem schon das zuvor behandelte Problem der Disziplin gehört, wird fortgesetzt mit den Themen Erziehungsstile und Erziehungskonflikte.

12.1 Wissenserwerb: Zwischen Einprägen und Konstruieren

Wie kommt Wissen in den Kopf? Darauf gibt es mehr als eine Antwort. Denn Wissen und Wissen ist nicht dasselbe:

- «Ich weiß noch, wie dieser Unfall passiert ist», «Ich weiß noch, vor welchem Haus und bei welchem Wetter wir uns begegnet sind» – das sind Beispiele für *episodisches Wissen*, für Erinnerungen an erlebte Situationen.
- «Ich weiß, wie diese Blume heißt», «Ich weiß, worum es in dem Roman geht» – das sind Beispiele für *semantisches Wissen*, für das typische begrifflich-verbale Wissen, wie man es vor allem in Schule und Studium erwirbt.
- «Ich weiß, wie man das Fahrzeug bedient», «Ich weiß, wie man den Winkel halbiert» – das sind Beispiele für *prozedurales Wissen*, für Verfahrenswissen, das einem Tun zugrunde liegt.

Diese drei Wissenstypen werden in der Psychologie besonders häufig unterschieden. In der Praxis können sie alle an einen gemeinsamen

Lerninhalt geknüpft sein. Beispiel: Die englische Redensart «It's raining cats and dogs». Ihre Bedeutung zu kennen, ist semantisches Wissen. Sie korrekt aussprechen zu können, ist prozedurales Wissen. Die Erinnerung, dass man sie bei Regenwetter in einem englischen Pub zum ersten Mal gehört hat, ist episodisches Wissen – wie übrigens auch das bekannte Phänomen, dass man den Platz einer Vokabel im Lehrbuch noch vor Augen hat («auf der Seite oben links»).

Das episodische Wissen zum Wann und Wo soll hier aber nicht näher erörtert werden, denn man erwirbt es gewöhnlich nebenbei, ohne Absicht und ohne Anstrengung. Anders ist es mit dem semantischen und dem prozeduralen Wissen. Zwar ist auch hier beiläufiges Speichern möglich, doch in Schule und Ausbildung dominiert das gezielte, planmäßige und nicht selten anstrengende Lernen. Das semantische Wissen lässt sich noch weiter in zwei Untertypen differenzieren, nämlich in Verständniswissen und sinnarmes Einprägungswissen. Diese beiden Typen und das prozedurale Wissen werden im Folgenden genauer erläutert.

Verständniswissen = gedanklich konstruiert

Beim Stichwort Lernen denken viele Menschen an das Einpauken oder «Reinschaufeln» von Vokabeln, Zahlen, Einzelfakten. Aber wie weit käme man damit in der Schule und im Studium? Der größte Teil unseres Wissens, auf jeden Fall der wichtigere Teil, ist anderer Natur. Zu denken ist vor allem an Begriffe, Prinzipien, Grundideen und komplexes Tatsachenwissen. Beispiele:

- Begriffe: Was ist der Unterschied zwischen «legal», «legitim» und «gerecht»? Was versteht man unter «Lernen»? Was unter «Romantik»?
- Prinzipien: «Was besagt das Hebelgesetz?», «Wann benutzt man einen Konjunktiv?»
- Grundideen: Wie erklärt Darwin die Entstehung der Arten? Was ist der Hauptgedanke dieses philosophischen Textes?

- Komplexes Tatsachenwissen: «Welche Entwicklungen führten zum Fall der Berliner Mauer?» oder «Von welchen Faktoren hängen Gedächtnisleistungen ab?»

Das alles kann man sich nicht einfach einprägen wie Jahreszahlen, grammatische Endungen oder die Namen von Alpengipfeln. Lerninhalte wie die genannten muss man *durchdenken und verstehen*; der Lernvorgang hat insofern mehr mit Verarbeiten als mit Einprägen zu tun. Unser Arbeitsgedächtnis (s. S. 54) kann die neuen Inhalte nicht einfach ins Langzeitgedächtnis weiterreichen, sondern hat allerhand zu tun, sie mit unserem Vorwissen zusammenzubringen, neue Vernetzungen zu knüpfen und sie zu ordnen.

Stellen Sie sich vor, alle Schüler / innen einer Klasse lesen denselben Text über die deutsche Romantik oder über Mobbing in der Schule – sie werden nicht alle genau dasselbe wiedergeben, selbst wenn sie gleichermaßen sorgfältig gelesen haben. Soweit es also um die *Aussagen* eines Textes, eines Vortrages oder eines Films geht, ist es typisch, dass verschiedene Lernende ihn teilweise unterschiedlich verarbeiten.

Diese Unterschiede haben sehr viel mit dem Vorwissen zu tun. Wer versteht und behält mehr von einem Vortrag zur Primzahlforschung: ein Germanist oder ein Mathematiker? Und wer versteht und behält mehr von einem Vortrag zur Schiller-Forschung? Das Vorwissen ist gewissermaßen ein Netz, das die neuen Informationen einfängt. Je differenzierter und geordneter es ist, umso besser für das Lernen mit Verständnis. (Die manchmal zu hörende umgekehrte Annahme, dass nichts mehr in den Kopf hineingeht, weil er schon mit Wissen vollgestopft ist, ist reiner Unsinn.) Ein weiterer Faktor, der die individuelle Verarbeitung mitbestimmt, ist die Motivation der Lernenden: Mit welchem Interesse, mit welcher Absicht liest man? Je nachdem wird man Unterschiedliches «herausholen».

Verständniswissen besteht also nicht aus gespeicherten Wörtern, Bildern und Symbolen, sondern aus *Bedeutungen*, aus abstrahierten

Sinngehalten. Bedeutungen sind Ausschnitte aus einem Gewebe von Zusammenhängen. Das gilt auch für das Herzstück semantischen Wissens: für Begriffe – wobei Begriffe nicht Wörter sind, sondern deren Bedeutungsgehalt! «Buch», «book» und «livre» sind verschiedene Wörter für denselben Begriff. Sein Bedeutungsgehalt umfasst unter anderem: Papier, Schrift, Verfasser etc., zur Bedeutung von «Verfasser» wiederum gehört … usw. Insofern sind Begriffe Ausschnitte aus einem riesigen Wissensnetz.

Verständniswissen, so der Trend in der kognitiven Lernforschung, entsteht durch aktives Konstruieren. Man *entwickelt* es auf der Basis seines Vorwissens, und das Ergebnis ist eine *Änderung* des bisherigen Wissens. Was tut man beim Konstruieren? Vor allem: Man elaboriert und organisiert, wie es in der Fachsprache heißt. Bei der *Elaboration* verbindet man die neue Information mit dem Vorwissen, z. B. mit verwandten Begriffen, mit eigenen Beispielen, mit bildhaften Vorstellungen usw. – so bekommt die neue Information einen «Sinn». Wenn man sagt: «Ah, jetzt verstehe ich», dann ist das der Augenblick, in dem man die neue Information in sein Vorwissen einordnen kann. Die *Organisationsprozesse* sorgen für innere Ordnung und reduzieren die Informationsfülle: z. B. durch Abstrahieren von Grundgedanken oder durch Strukturieren in Kategorien. Lernen in diesem Sinne ist ein höchst individueller Prozess; jeder Mensch bildet seine ganz persönlichen Wissensnetze.

Wenn Lernen mit Verständnis nicht durch Einprägen zu erreichen ist, so kann man als Lehrender Verständnis auch nicht «eintrichtern». Durch gute Erklärungen kann man das Verstehen zwar erleichtern, letztlich entscheidend sind aber immer die geistigen Aktivitäten der Lernenden.

Nehmen wir als Beispiel eben jene Aussage, die hier das Thema ist: «Der Erwerb von Verständniswissen ist ein aktives Konstruieren.» Was würde es nützen, sich diese Aussage durch mehrfaches Wiederholen einzuprägen? Wer sich unter aktivem Konstruieren nichts vorstellen kann und wer nicht weiß, was mit Verständniswissen im

Vergleich zu anderen Wissensarten gemeint ist, hat die Aussage nicht verstanden. Umgekehrt hat man erfolgreich gelernt, wenn man eine Aussage in eigenen Worten *sinngemäß* wiedergeben kann, auch wenn man sich an kein einziges Wort des Originalwortlauts erinnern kann. Beim Lernen mit *Texten* ist das fast immer so: Gelernt wird *aus* dem Text, nur ausnahmsweise lernt man den Text selbst (z. B. als Schauspieler). In manchen Fällen ist es allerdings hilfreich, zusätzlich zum Verständniswissen auch den verbalen Wortlaut auswendig zu lernen. Wer z. B. die binomischen Formeln aufsagen kann, spart Zeit, wenn er die Formeln braucht. Wer sie aber *nur* aufsagen kann, kann sie nicht sinnvoll anwenden.

Das Ergebnis verstehenden Lernens existiert in unserem Gedächtnis, wie gesagt, als Wissensnetz aus zahllosen Bedeutungsgehalten. Darüber hinaus konstruieren wir häufig auch sog. *mentale Modelle*. Sie bestehen aus Bedeutungen *und* visuellen Vorstellungen. Wir entwickeln beispielsweise beim Lesen eines Romans ein inneres Bild von den Beziehungen der Personen, oder wir stellen uns die zoologische Systematik von Wirbeltieren als Baumdiagramm vor. Manche schematische Darstellungen in Büchern (z. B. in diesem Buch die Grundaspekte zur Verhaltenserklärung, s. S. 46) regen zu solchen mentalen Modellen an. Sie sind nicht Abbilder wie ein Foto, sondern Bedeutungsnetze mit visuell-räumlichen Anteilen. Solche Vorstellungen können das Organisieren und Behaltens des Wissens erheblich unterstützen.

Sinnarmes Wissen = Einprägungswissen

Setzen Sie bei den Pünktchen fort: «A – B – C – ...». Na klar, was sollte denn anderes folgen als D?! Aber ein Kindergartenkind würde vielleicht fortsetzen: «... die Katze lief im Schnee». Beide Verknüpfungen sind willkürlich: Es gibt keinen Grund, warum auf C das D folgen sollte, und die Katze hat mit dem C ebenfalls nichts zu tun, sondern nur der Reim. Wer das Alphabet oder den Kinderreim gelernt hat, hat eine verbale Kette gelernt, aber keinen Sinnzusammenhang (nur der Satz mit der Katze ist in sich sinnhaltig).

Sinnarmes Wissen besteht also aus mechanischen Assoziationen, die man nicht wirklich verstehen kann. Typische Beispiele sind:

- Namen und Bezeichnungen: Wie heißt ... dieses Kind, ... diese Pflanze, ... dieser Berg, ... dieser Fluss?
- Daten: Wie lang ist dieser Fluss? Wie viele Einwohner hat Slowenien? Wann erreichte Amundsen den Südpol?
- Feste Wortketten: Ludwig van ...: «Was da kreucht und ...», «am helllichten ...».
- Feste grammatische Muster: Der Mond, des Mondes ...; la lune, de la lune ...; und natürlich die allseits beliebten unregelmäßigen Verben beim Fremdsprachenerwerb.
- Einzelfakten: Die Fußball-WM 1958 war in ...? Luft besteht überwiegend aus ...?

Beim Lernen von solch *sinnarmem* Wissen kann man tatsächlich von Einprägen sprechen. Gehörte, gesehene oder abgelesene Bestandteile werden im Gedächtnis mehr oder minder originalgetreu abgebildet und mechanisch miteinander verknüpft: der Anblick einer Blume zusammen mit dem Namen «Veilchen», der Name «Zugspitze» zusammen mit «2962 Meter», das englische «you» mit «have», aber «she» mit «has». Sofern man diese Verknüpfungen nicht «nebenbei» speichert (so, wie wir die Muttersprache lernen), sondern absichtlich herstellt, spricht man von Auswendiglernen.

In der Praxis enthalten viele Lernaufgaben sowohl sinnarme als auch sinnhaltige Anteile – etwa *Vokabeln*. Zwar denken viele Menschen zuerst an Vokabeln, wenn sie nach Beispielen für sinnarmes Einprägen gefragt werden, aber Vokabeln gehören nur begrenzt dazu! Zwar kann man auswendig lernen: Schlüssel = key; schreiben = to write; wo? = where? Hier lernt man ein neues *Wort* zu einer bekannten Bedeutung. Aber häufig hat ein Wort schon in der eigenen Sprache mehrere Bedeutungen (z. B. «ausziehen»), und die muss man *verstehen*, um das passende fremdsprachige Wort zu wählen; sonst könnte man ja auf die Idee kommen, «Ausziehtisch» mit «striptease table» zu übersetzen. Ebenso muss man eine abweichende *Bedeutung* des fremdsprachigen Wortes erlernen: Heißt «to go» einfach «gehen»? Heißt «education» wirklich «Erziehung»? Weil die Bedeutungen der Wörter, also ihr begrifflicher Gehalt, hier nicht deckungsgleich sind, ist eine einfache Paarbildung nicht sachgerecht. Für «gehen» etwa passt manchmal «to go» («let's go home»), aber manchmal muss man z. B. «to walk» sagen. Und «Erziehung», so wie Eltern sie betreiben, entspricht eher «parenting» oder «child raising», während «education» mit Schule, mit Bildung und Fortbildung zu tun hat. Die Bedeutungen zu erlernen, heißt, die Wörter in passende Kontexte zu stellen bzw. sie in passende Maschen des Wissensnetzes einzuweben («education» hat zu tun mit ...») – insofern kann auch das Lernen von Vokabeln durchaus ein Konstruieren von Verständniswissen sein.

Bei Einzelfakten kann der Übergang zu sinnhaltigem Wissen ebenfalls fließend sein. Wenn jemand auf z. B. die Frage nach dem Hauptbestandteil der Luft nur Stickstoff sagen kann, ist das noch ziemlich sinnarm. Kann er aber ein paar Erläuterungen zum Thema Luft ergänzen, so steht das Wort «Stickstoff» in einem sinnvollen Zusammenhang. Ähnlich ist es, wenn man zu historischen Ereignissen nicht nur die passenden Jahreszahlen assoziiert – beispielsweise 1918, 1933 und 1945 –, sondern auch erläutern kann, wie die Ereignisse zusammenhängen. Oder, wie früher erläutert (s. S. 286): Die Position einer einzelnen Schachfigur ist sinnarm, eine Schachkonstellation hingegen ist sinnhaltig.

Prozedurales Wissen: Fertigkeiten

Manche Dinge muss man *tun können*, und wenn man sie rasch und gut ausführen kann, spricht man von Fertigkeiten. Typische Beispiele sind:

- Motorische Fertigkeiten, z. B. beim Basteln, Zeichnen, Klavierspielen oder Bedienen einer Maschine.
- Sprachliche Fertigkeiten wie das Formulieren von Sätzen oder die klangliche Aussprache.
- Kognitive Fertigkeiten, z. B. Addieren und Multiplizieren, das Erkennen und Verbinden von Schriftzeichen (= Lesefertigkeit im engeren Sinne).

Das Wissen, mit dem man etwas ausführen kann, wird häufig als prozedurales Wissen, als Verfahrenswissen bezeichnet. Von einer Fertigkeit spricht man, wenn jemand dieses Wissen rasch im Gedächtnis aktivieren und umsetzen kann. Oft geschieht das so automatisch, dass man gar nicht «weiß», wie man es macht, und vielleicht hat man es auch nie gewusst. Den Klang eines Dialektes oder das Typische der eigenen Handschrift hervorzubringen – wer kann schon sagen, wie er das «macht»? Somit ist eine Fertigkeit zwar in jedem Fall ein «Können», aber nicht immer ein mitteilbares «Wissen».

Durchaus bewusst ist uns jenes Verfahrenswissen, das man als Strategie bezeichnet. Hierzu gehört z. B. das Wissen, in welchen Schritten man zu einer medizinischen Diagnose gelangt, oder wie man einen langen Lehrbuchtext auf überschaubare Kernaspekte reduziert (Lernstrategie). Je weniger man dabei überlegen muss, umso mehr hat auch dies den Charakter einer Fertigkeit. Insofern sind die Übergänge zwischen Strategie und Fertigkeit manchmal fließend.

Wie wird prozedurales Wissen erworben? Am Anfang lernt man oft eine *Verfahrensregel*: «Zuerst die Kupplung treten, dann ...», «Zuerst die Einer zusammenzählen, dann ...». Je nachdem, wie gut man versteht, was man da tut, ist dieses Wissen sinnarm oder sinnhaltig. Ein weiterer Ausgangspunkt ist häufig das *Lernen am Modell* (s. S. 68): Ob Turnübung, Autobedienung, korrekte Aussprache oder Winkelhalbierung – das Vormachen kann den Lernprozess erheblich abkürzen.

Um das Gelernte gut umsetzen zu können, braucht man aber noch Übung. Beim Üben spielt das *Lernen am Erfolg und Misserfolg* eine zentrale Rolle. Man muss spüren, ob man es richtig macht. Ideal sind so rasche und deutliche Rückmeldungen, wie wir sie z. B. von einem Computer-Monitor für jeden Anschlag auf der Tastatur bekommen. Wenn wir selber nicht sicher bewerten können, ob eine sportliche Bewegung, ein Geigenton oder eine sprachliche Äußerung «gut gelungen» ist, helfen die Rückmeldungen eines Trainers. Übung ist also nicht bloße Wiederholung, sondern Praxis plus Bewertung. Nach und nach wird uns die kompetente Ausführung zur Routine. Diese Automatisierung entlastet unsere Aufmerksamkeit und unser Denken, sodass wir den Kopf frei haben für neue Anforderungen.

12.2 Lernen lernen: Mehr als gute «Methoden»

Es hat lange gedauert, aber inzwischen ist das Thema «in». Früher ging es immer nur darum, *was* man zu lernen hatte, und mit dem *Wie* blieb jeder allein. Heute gibt es jede Menge Lernratgeber und Kurse, und auch in den Schulen ist das Thema angekommen.

Das ist sicher erfreulich, doch vielerorts wird mit dieser Thematik sehr vereinfachend und wenig problembewusst umgegangen:

- Das Lernenlernen wird allzu oft mit Methodenlernen gleichgesetzt, während in der Regel die Selbstregulation das Hauptproblem ist.
- Die empfohlenen Methoden und «Lerntricks» konzentrieren sich meist auf Einprägungswissen und weniger auf das Bilden von Verständniswissen.
- Typische Probleme mit neuen Methoden werden verschwiegen, so etwa vorübergehende Verschlechterungen sowie Schwierigkeiten beim Übertragen der Empfehlungen in die Praxis.

Im Folgenden geht es um die Fragen, was zu effektivem Lernverhalten gehört, wie man es fördern kann und auf welche Grenzen man dabei stößt.

Lernstrategien und Selbstregulation

Eine vollständige «Lernhandlung» kann man in drei Phasen gliedern, und wenn man es richtig gut machen will, gehören zu jeder Phase mehrere Aktivitäten, etwa diese:

Vor dem Lernen: Klären der eigenen Lese- und Lernabsicht (z. B. Grundgedanken verstehen oder Details einprägen oder bestimmte Informationen suchen) – Bereitlegen von Materialien – Selbstmotivierung bzw. Selbstverpflichtung zu einem Tagesziel oder Pensum – Abschirmung gegen Störungen.

Während der Lernaktivität: Auswählen von kognitiven Lernstrategien (Methoden), hierzu Selbstbefragung: Welche kenne ich? – Begleitende Selbstüberwachung: Bin ich noch bei der Sache? Passt mein Lesestil zu meiner Absicht? Brauche ich eine andere Strategie?

Nach dem Lernen: Selbstüberprüfung und Selbstbewertung: Bin ich vorangekommen? Was ist mir noch nicht klar? – Selbstlob und Selbstbelohnung für Fortschritte – Entscheidung für neue Zielsetzungen und erneute Lernhandlungen.

Schon dieser knappe Überblick macht deutlich: Strategisches Lernen ist eine komplexe Angelegenheit, und *Methoden* im technischen Sinne sind nur ein kleiner Teil davon. Sich Ziele setzen, sein Lernen planen, sein Lernverhalten beobachten, seine Lernfortschritte prüfen und bewerten – all diese Aktivitäten sind nicht direkt Lernmethoden, sie haben vielmehr in erster Linie mit *Selbstreflexion und -regulation* zu tun und gehören insofern zur obersten Leitzentrale, zur sog. Metakognition (s. S. 55).

Beispiele: Wenn man nicht merkt, dass man sich etwas einzuprägen versucht, obwohl man eigentlich ein Verständnisproblem hat ..., wenn man nicht merkt, dass man an Einzelheiten des Textes klebt, obwohl man doch einen Grundgedanken erfassen will ..., wenn man nicht innehält, um sich zu fragen, welche Strategie bei dieser Aufgabe nützlich wäre – wenn man also seine Lernhandlungen gar nicht anschaut, dann kann man auch nicht umsteuern und bessere Strategien einsetzen.

Die *metakognitive* Selbstkontrolle steht somit «über» allen anderen Strategien, weil sie deren Einsatz reguliert. Sie ist also gewiss kein Nebenaspekt, und doch wird sie in den meisten Lernratgebern mit keinem Wort erwähnt, anders als in wissenschaftlich fundierten Programmen. Anders gesagt: Zu gutem Lernverhalten gehört nicht nur der Umgang mit dem *Lernstoff*, sondern vor allem der Umgang mit *sich selbst*!

Was die Methoden für die Verarbeitung von Lernstoff anbelangt, so werden sie in der Psychologie meist *kognitive Lernstrategien* genannt und häufig in drei Typen unterteilt:

- Wiederholungs- und Übungsstrategien,
- Elaborationsstrategien für die Verknüpfung und Ausgestaltung neuer Informationen,
- Organisationsstrategien für eine gute Ordnung und Reduzierung der Informationsfülle.

Zu jedem Typ gehört eine breite Palette von Strategien. Welche Strategie nützlich ist, hängt nicht vom «Lernertyp» ab, sondern von der Art der Aufgabe bzw. der Art des Lernzieles.

Will man sich *sinnarmes Wissen* einprägen, also z.B. Daten, Namen oder grammatische Endungen (s. S. 310), dann spielt natürlich die Wiederholung eine wichtige Rolle, am besten in aktiven und wechselnden Formen, etwa: Aufsagen, aus dem Kopf aufschreiben, mit unterstreichenden Gesten aussprechen usw. Hinzu kommen Eselsbrücken und andere mechanische, sog. mnemotechnische Methoden.

Um *Verständniswissen* zu entwickeln, typischerweise durch das Lernen aus Texten, sind Elaborationsstrategien von zentraler Bedeutung (s. S. 308). Man gibt z.B. einen Textinhalt mit eigenen Worten wieder oder erläutert einen abstrakten Lehrsatz mit eigenen Beispielen. Auf diese Weise verknüpft man das Gelesene mit seinem Vorwissen und vertieft das Verständnis. Anders als bei sinnarmem Wissen sind auch Organisationsstrategien sehr wichtig, um vielfältige Informationen übersichtlich zu ordnen und auf Kernaspekte zu reduzieren.

Für den Erwerb von *prozeduralem* Wissen bzw. von Fertigkeiten (s. S. 311 f.) gilt bekanntlich die Empfehlung: Üben, Üben, Üben. Allerdings kommt es manchmal sogar zu einer Verschlechterung statt Verbesserung, wenn man dieselbe Übung wieder und wieder dicht hintereinander ausführt, z. B. auf einem Musikinstrument. Das liegt an Ermüdung und Sättigung. Hier empfiehlt sich eine Pause oder ein Wechsel zu anderen Übungen.

Ein besonderer Aufgabentyp ist das *Schreiben von Texten*. Hier haben viele Lernende große Probleme (z. B. bei Seminararbeiten), doch die Schule oder Hochschule interessiert sich meist nur für die Schreib*produkte* und nicht für die Schreib*prozesse* der Lernenden. Dabei ist das Schreiben von Texten häufig eine anspruchsvolle, vielschichtige Aufgabe. Sie stellt Anforderungen an den Inhalt und an den Aufbau und an den Sprachstil und an die Rechtschreibung. Wer nun versucht, das alles gleichzeitig zu erfüllen, also auf einen Schlag gedanklich und stilistisch perfekte Sätze auszubrüten, gerät leicht in eine «Schreibblockade». Schreibexperten empfehlen daher übereinstimmend, eher Schritt für Schritt vorzugehen, etwa so: Erst Ideen sammeln, dann Gedanken in rohen Sätzen niederschreiben, dann auf die gedankliche Entwicklung achten, dann den Sprachstil bewerten usw. – und dies alles, nach Art einer Spirale, wiederkehrend in mehreren Überarbeitungen.

Alle vorgestellten Lern- und Schreibstrategien sind insofern *unspezifisch*, als sie sich auf verschiedenartige Lernstoffe übertragen lassen, z. B. auf Geschichte ebenso wie auf Biologie. Doch meistens braucht man zusätzlich noch *spezifische* Strategien, beispielsweise für das Lernen von Vokabeln, für das Lernen von Gedichten, für die Analyse von Quellentexten oder für die Bearbeitung von Textaufgaben in der Mathematik. Eine besonders häufige Anforderung ist das kompetente Lesen von Texten. Hierfür braucht man immer eine Palette unterschiedlicher Strategien. Andreas Gold stellt ein überprüftes Programm für Schüler / innen ab 11 Jahren vor, das Lesestrategien für Sachtexte wie auch für narrative Texte umfasst.

Schwerpunkt: Lernen, Bildung, Erziehung

Strategisches Lernen hat viele Facetten: Beispiele

Die Leitzentrale: Selbstreflexion und Selbstregulation
Man fragt sich beispielsweise: Passt mein Lesestil zu meiner Lese-absicht? – Wie kann ich prüfen, was ich verstanden habe und was nicht? – Habe ich zu wenig Detailkenntnisse oder zu wenig Ordnung in meinem Wissen? – Warum komme ich nicht voran? – Welche Strategien könnte ich bei dieser Aufgabe einsetzen?

Für den Aufgabentyp: Lernen von Einprägungswissen
Wiederholungs-/Übungsstrategien: Etwas mehrfach aufsagen oder aufschreiben – Wiederholungen zeitlich gut verteilen; anfangs kleine, dann längere Intervalle – Sich mit Karteikarten abfragen; sich durch andere Personen abfragen lassen
Mechanische (mnemotechnische) Hilfen: Bildhafte Vorstellungen, Eselsbrücken

Für den Aufgabentyp: Entwickeln von Verständniswissen
Elaborationsstrategien: Sich fragen: Kenne ich schon verwandte Begriffe oder Sachverhalte? – Gelesenes in eigenen Worten wie-dergeben – Für abstrakte Aussagen eigene Beispiele suchen – Sich Prüfungsfragen ausdenken
Organisations-/Reduktionsstrategien: Beim Lesen Wichtiges mar-kieren – Zwischenüberschriften setzen – Gliederungen erstellen – Kernaussagen zusammenfassen – Kernbegriffe oder Kernaussa-gen in einer grafischen Struktur darstellen

Für den Aufgabentyp: Erwerb von Fertigkeiten
Üben bei klarer Rückmeldung von Erfolg und Misserfolg – Gegen Sättigung und Ermüdung die Übungen zeitlich verteilen – Kognitive und sprachliche Fertigkeiten an wechselnden Aufgaben üben

Für den Aufgabentyp: Texte schreiben
Von vornherein mehrere Überarbeitungen einplanen – Zunächst rasch, unkritisch und ohne Pause «drauflosschreiben» – Erst danach einzelne Aspekte korrigieren: z. B. den Aufbau, die Sprache – Chan-cen nutzen: Immer auch dort schreiben, wo es gerade leicht geht.

Allgemeine Stützstrategien s. Text

Neben den kognitiven Strategien können sog. *Stützstrategien* das Lernen erleichtern. Sie betreffen nicht direkt die Prozesse im Kopf, sondern das Arbeitsverhalten und Arbeitsumfeld. Zu den Stützstrategien gehören Methoden der Selbstmotivierung (z. B. Zwischenziele, Selbstbelohnungen), die gezielte Nutzung von Gesprächen und Lerngruppen, kurzfristige und langfristige Zeitplanungen, ein gut organisierter Arbeitsplatz mit wenig Ablenkungen, das Einplanen von Pausen, die Nutzung technischer Mittel (z. B. Computer) u. a. m. Diese nichtkognitiven Stützstrategien sind ebenso wie die metakognitive Selbstkontrolle insofern unspezifisch, als sie praktisch für jedes Fach und jeden Lernstoff gelten.

«Jeder Mensch lernt anders» – wirklich?

Nicht selten hört man die Meinung: Jeder muss für sich herausfinden, welche Strategien zu ihm «passen», denn «jeder Mensch lernt anders». Kann man das so sagen? Es hängt davon ab, wie die Aussage gemeint ist.

Natürlich gibt es individuelle Unterschiede beim Lernen. Die betreffen aber nicht die grundlegenden *Prozesse* im Kopf (und auch nicht den Sinneskanal, s. Kapitel 11.1). So kann kein Mensch ohne Elaborations- und Organisationsprozesse Verständniswissen entwickeln oder ganz ohne Wiederholungen auskommen. Wenn man also bestimmte Gesetzmäßigkeiten des Lernens meint, dann lernen Menschen *prinzipiell* in gleicher Weise, und insofern sind die vorgestellten Strategietypen potenziell für alle Menschen nützlich.

Unterschiedlich sind die Lernenden dagegen in ihren *konkreten Lerngewohnheiten*. Ob jemand einen Text durch Markierungen organisiert, für Vokabeln eine Kartei benutzt oder Strukturbilder zeichnet – darin unterscheiden sich Menschen durchaus. Und nach dem realen Lernverhalten kann man auch, etwas pauschalierend, einen reproduktiven («oberflächlichen») und einen verständnisorientierten («tiefen») Lernstil unterscheiden. Allerdings wechseln manche

Menschen ihren Lernstil je nach Interesse oder Prüfungsanforderung. Bei manchen Anlässen durchdringen sie den Stoff, ein anderes Mal lernen sie vorwiegend auswendig.

Viele Lerngewohnheiten entwickelt man ganz unbemerkt, ohne Alternativen auszuprobieren. Was man sich angewöhnt hat, muss also nicht schon deshalb sinnvoll sein, etwa nach dem Motto: «Das sind eben die Methoden, die zu mir passen». Noch einmal: Strategien passen nicht für bestimmte Menschentypen, sondern für bestimmte Aufgabentypen.

Allerdings hängt der praktische Nutzen einer Strategie auch vom *persönlichen Bedarf* ab, und der kann wirklich sehr unterschiedlich sein. Schüler, die eine Vokabelreihe nach zweimaligem Lesen wiedergeben können, werden wenig Interesse an einer Kartei haben und allenfalls schwierige Wörter notieren. Für andere hingegen ist das vielleicht eine hilfreiche Methode. Oder: In Fächern, in denen man sich verbessern möchte (oder muss), mag man an neuen Strategien interessiert sein, in anderen Fächern jedoch nicht. Wohl jeder Mensch kann sich in bestimmten Bereichen durch neue Strategien steigern. Aber wer dies gar nicht anstrebt – warum sollte der sein Lernverhalten verändern und ein Strategiemeister werden wollen?

Man bedenke, dass die Anwendung neuer Strategien nicht selten auf eine Änderung tief eingeschliffener Gewohnheiten hinausläuft. Wer würde von sich sagen, das sei eine leichte Übung?! Überdies bringen neue Strategien, selbst wenn man sie interessant und nützlich findet, nicht immer den gewünschten Erfolg, zumindest nicht sofort. Sie können sogar den Lernerfolg *vorübergehend beeinträchtigen*, solange man das Neue noch nicht richtig beherrscht. Wird aber die Mühe nicht durch schnelle Erfolge belohnt, kehrt man möglicherweise zu den alten Gewohnheiten zurück. Den Nutzen des Neuen zu erkennen, ist daher ein wichtiger Punkt.

Wie lernt man strategisches Lernen?

Erste Möglichkeit: *Indirekte Aneignung.* Strategien können als Nebenprodukt aus der Beschäftigung mit dem Lernstoff hervorgehen. Fast alle Menschen entdecken irgendwann die eine oder andere Methode von selbst. Zudem legen bestimmte Aufgaben manchmal bestimmte Vorgehensweisen nahe, z. B. eine Tabelle anzufertigen. Aber dies ist nicht immer ein verlässlicher Weg. Nicht selten sind die beiläufig erworbenen Vorgehensweisen lediglich bloße Vorlieben, nicht aber wirksame Strategien. Das spricht dann eher für ein gezieltes Lernenlernen.

Zweite Möglichkeit: *Kurse und Bücher.* Da das Thema populär geworden ist, gibt es zahlreiche Lernratgeber-Bücher, spezielle Kurse, in der Schule vielleicht auch Tagesseminare, Projektwochen oder AGs zu Lernmethoden. Dabei geht es gewöhnlich um ganze Strategiepakete. Auf den ersten Blick erscheint dieser Weg einleuchtend, doch die Ergebnisse sind eher enttäuschend. Sicher lassen sich Stützstrategien wie die Arbeitsplatzgestaltung oder auch einfache Einprägungstechniken in solchen Kursen einigermaßen lebensnah behandeln, schwerlich hingegen die besonders wichtigen verständnisorientierten Strategien. Werden Lernmethoden gewissermaßen wie ein eigenständiges Fach gelehrt (überspitzt: «Wir hatten heute Englisch, Mathe und Lernenlernen»), dann gibt es meist Probleme beim Transfer auf die Praxis: Im kritischen Moment wird die Strategie nicht genutzt, weil man sie nur «losgelöst» und nicht in konkreten Kontexten kennengelernt und eingeübt hat. Der folgende Weg ist daher der interessanteste.

Dritte Möglichkeit: Direktes *Üben im aktuellen Lernkontext.* Man lernt beispielsweise im Fremdsprachenunterricht Methoden des Vokabellernens oder Merkhilfen für sperrige Grammatik (z. B. einen Mustersatz auswendig lernen); oder in Fächern wie Deutsch, Biologie, Geschichte etc. lernt man, umfangreiche Texte durch Organisationsstrategien wie Zwischenüberschriften zu gliedern oder Hauptgedanken in einem Strukturbild zusammenzufassen. Diese Art der Aneignung ist am aussichtsreichsten, denn man muss keine großen

Transfersprünge vom Allgemeinen zum Konkreten leisten und kann den Nutzen der Strategien unmittelbar erleben.

John Hattie und Mitarbeiter haben 51 Studien zur Förderung von «learning skills» ausgewertet und fassen die Ergebnisse wie folgt zusammen. Strategisches Lernen lässt sich am wirksamsten fördern,

- wenn man einzelne Strategien im aktuellen Kontext trainiert, statt sich en bloc mit ganzen Strategiepaketen zu beschäftigen,
- wenn das Lernenlernen deutlich metakognitiv ausgerichtet ist und nicht vorrangig technisch, wenn also die Selbstreflexion und Selbstregulation im Vordergrund stehen,
- wenn man vom Nutzen der Strategien überzeugt und eben dadurch motiviert ist.

Sollten Sie motiviert sein, die vorgetragenen Anregungen zu nutzen, dann fragen Sie sich am besten: Wo sehe ich bei mir ein Defizit? Wo möchte ich wirklich neue Wege ausprobieren? Beschränken Sie sich dann erst einmal auf ein, zwei Strategien und legen Sie fest, wo und wann Sie sie einsetzen wollen.

12.3 Lernprobleme: Eine Frage von dumm oder faul?

«Geht's Ihnen gut – oder haben Sie auch ein Kind in der Schule?» Vielleicht haben Sie diesen Spruch auch schon mal gehört. Ganz so schlimm ist die Lage wohl nicht, doch zweifellos machen sich unzählige Eltern Sorgen um die schulischen Leistungen ihrer Kinder.

Der folgende kurze Überblick zur Psychologie von Lernproblemen kann natürlich nicht auf den Einzelfall zugeschnitten sein. Doch einige *typische* Gründe und einige *typische* Hilfen lassen sich nennen, und es wird schnell deutlich werden, dass man mit der geläufigen Alternative «dumm oder faul» nicht auskommt. Ebenso klar ist, dass man in vielen Fällen eine professionelle Diagnose und individuelle

Förderung braucht. Fachkundige Hilfe ist vor allem dann vonnöten, wenn die Schule zu einer Dauerbelastung wird. Denn jahrelange Misserfolge und Entmutigungen oder, genauso schlimm, jahrelange Eltern-Kind-Konflikte sollte man unbedingt vermeiden.

Wann ist Lernen «unzureichend»?

Damit man überhaupt von einem Lernproblem oder einer Lernschwierigkeit sprechen kann, müssen Lernleistungen «unzureichend» sein. Aber was ist dafür der Maßstab?

Gewöhnlich sind es die schultypischen Normen, und diese liegen z.B. im Gymnasium höher als in der Hauptschule. Doch auch Schulen des gleichen Typs und sogar Lehrkräfte in derselben Schule können sich darin unterscheiden, was sie für «ausreichend» halten. Anders gesagt: Wenn eine Leistung «unzureichend» genannt wird, hat das auch mit der subjektiven Beurteilung zu tun. In der Praxis kann sich das so auswirken, dass ein Kind in der Klasse A das «Klassenziel» nicht erreicht (= Lernschwierigkeit), ein anderes in Klasse B bei objektiv gleicher Leistung noch durchkommt, weil dort milder zensiert wird.

Ein anderer Fall: Wenn Alex auf dem Gymnasium zwischen «Drei» und «Vier» liegt und seine *Eltern* ihn in die Nachhilfe schicken, dann liegt in deren Augen offenbar ein Lernproblem vor. Ihre Erwartungen sind hier der Maßstab. Typischerweise hängen die elterlichen Erwartungen stark mit dem sozialen Milieu zusammen; so wird in Akademikerfamilien selbstverständlich erwartet, dass das Kind das Abitur schafft.

Auch das *Kind selbst* kann den Maßstab bilden. Dann liegt ein Lernproblem vor, wenn ein Schüler z.B. nach einer Krankheit oder in einer seelischen Krise «unter sein Niveau» absinkt. Manche Menschen attestieren sich vielleicht auch selber ein Lernproblem, weil sie ihren eigenen Ansprüchen nicht gerecht werden.

Das alles heißt: Lernschwierigkeiten sind ein *relatives* Phänomen. In jedem Fall besteht eine Lücke zwischen einer erwarteten und einer erbrachten Lernleistung, und es lohnt sich immer, nicht nur auf die Leistungen zu schauen, sondern auch zu fragen, nach welchem Maßstab bzw. nach welchen Erwartungen die Leistung als unzureichend beurteilt wird.

Das Problem präzisieren und verstehen

Für eine gezielte Förderung ist es wichtig, das Lernproblem genauer zu verstehen. Subjektive Überzeugungen (etwa: «Er kann, wenn er nur will») sind manchmal sehr einseitig und sogar ein Hindernis bei der Lösungsfindung. Zunächst einmal kann man das Problem durch zwei Fragen ein wenig präzisieren:

- Handelt es sich um ein vorübergehendes oder um ein fortdauerndes Problem?
- Sind alle, viele oder nur einzelne Leistungsbereiche betroffen?

Besonders bei fortdauernden Problemen wäre durch eine psychologische Diagnose zu klären, ob etwa eine Lese-Rechtschreib-Schwäche, Rechenschwäche oder Aufmerksamkeitsstörung vorliegt, und wie es um allgemeinere kognitive Fähigkeiten steht (s. Kapitel 8.1 zu Intelligenz).

Auch ohne solche Schwächen kann es aus verschiedenen Gründen zu Lernproblemen kommen. Ein typischer Grund liegt in *mangelnder Selbstregulation*, verbunden mit unzureichenden Lernstrategien. Das Lernverhalten wirkt planlos, unüberlegt oder hastig. Es fehlt an nützlichen Methoden, an Fehleranalysen, an der Überprüfung und Bewertung des eigenen Lernerfolgs (hierzu siehe auch Kapitel 12.2 zur Frage des Lernenlernens). Im erweiterten Sinne sind auch Unkonzentriertheit und Ablenkbarkeit als mangelnde Selbstregulation anzusehen, ebenso mangelnde Selbstdisziplin, wenn es ums Durchhalten bei lästigen Aufgaben geht. Solche Defizite wirken sich gewöhnlich in allen Fächern aus.

Für schwache Leistungen in *einzelnen Fächern* kommen verschiedene Gründe in Frage. Häufig sind dabei mangelnde fachspezifische Fähigkeiten, mangelndes Interesse und lückenhafte Kenntnisse miteinander verwoben. Bei den *Wissenslücken* ist zu bedenken, dass Wissen auf Wissen aufbaut und daher neues Wissen häufig nicht verstanden wird, weil das nötige Vorwissen fehlt. So zieht dann eine Lücke die nächste nach sich – das ist das sog. kumulative Lerndefizit. Beispielsweise können also Wissenslücken in der achten Klasse mit Defiziten zu tun haben, die schon etliche Jahre vorher entstanden sind. Daneben gibt es natürlich auch vorübergehende Lernrückstände, z.B. aufgrund einer Krankheit oder eines Schulwechsels. Stets empfiehlt es sich, näher zu spezifizieren, ob das Kind in dem jeweiligen Fach eher mit schriftlichen oder mündlichen Leistungen Probleme hat oder mit bestimmten Anforderungen wie dem Schreiben von Aufsätzen oder Textaufgaben in Mathematik.

Weiterhin können *emotionale Probleme* das Lernen behindern. Manche Kinder leiden unter heftiger Schulangst: Angst vor unfreundlichen Lehrkräften, Angst vor mobbenden Mitschülern, Angst vor Klassenarbeiten, Sprechangst etc. Möglich ist auch ein Leistungsabfall in einer seelischen Krise, die z.B. mit der Beziehung zu den Eltern, mit Liebeskummer oder anderen außerschulischen Gründen zu tun hat.

Eine andere wichtige Erklärung ist natürlich *mangelnde Lernmotivation*. Das klingt vielleicht wie eine vornehme akademische Bezeichnung für *Faulheit*. Aber so ist es nicht. Zum einen ist «faul» eine sehr oberflächliche Erklärung. Sie benennt nur das sichtbare Verhalten, nämlich geringe Aktivitäten für die Schule, aber sie sagt nicht, was dahinter steckt. Zum andern ist «faul» eine stark wertende «Diagnose», meist verbunden mit Verärgerung, Vorwürfen, ständigem Antreiben und wiederkehrenden Eltern-Kind-Konflikten.

Daher empfiehlt es sich, lieber nüchtern zu prüfen, was die Gründe für die Faulheit sein könnten. Ein möglicher Grund ist *Entmutigung*. Das Kind hält sich für unfähig und traut sich nicht zu, durch eigene Anstrengungen eine Verbesserung zu erreichen. Warum sollte man fleißig sein, wenn das sowieso nichts bringt?! Diese unausgesprochene Einschätzung ist typisch für die sog. Misserfolgsängstlichen (s. S. 170). Sie erklären Misserfolge mit eigener Unfähigkeit und Erfolge mit glücklichen Unständen, aber sie erleben keinen Zusammenhang zwischen Leistungsergebnis und eigener Anstrengung.

Weiterhin kann Faulheit auf *mangelndem Interesse* an bestimmten Fächern beruhen. Geringes Interesse und geringe Fähigkeiten bedingen sich meist gegenseitig. Nicht an sämtlichen Fächern interessiert zu sein, ist natürlich normal. Spätestens im Jugendalter bilden sich gewöhnlich persönliche Interessenschwerpunkte heraus, in anderen Fächern nimmt das Interesse dann ab. Denkbar sind auch *konkurrierende Interessen* an außerschulischen Dingen. Auch in diesem Fall ist das Kind nicht generell «faul». Es ist ja nicht inaktiv, sondern seine Motivation richtet sich auf andere Aktivitäten, die es als sinnvoller und erfüllender empfindet.

Aus allen zuvor genannten Gründen kann es trotz hinreichender Intelligenz zu Lernschwierigkeiten kommen. Doch natürlich ist es auch möglich, dass die kognitiven Fähigkeiten, die zur *allgemeinen Intelligenz* gerechnet werden (s. S. 149), nicht den Anforderungen der besuchten Schule entsprechen. Forschungen zeigen, dass die Schüler / innen sich nicht durchweg ihrer Intelligenz entsprechend auf die Sekundarschultypen verteilen. Vielmehr bringt ein beachtlicher Teil der Schüler / innen eines Gymnasiums Intelligenzgrade mit, die eher für die Realschule typisch sind – und umgekehrt. Die Wahl der Schule wird eben stark von der sozialen Herkunft mitbestimmt. Sicherlich darf man die allgemeine Intelligenz nicht überbewerten, aber sie ist und bleibt doch ein sehr bedeutsamer Faktor für den Schulerfolg.

Neben all den Gründen, die mit dem Kind bzw. Jugendlichen selbst zu tun haben, darf man die Kontextbedingungen nicht außer Acht lassen. So kann es in der *Familie* an geistiger Anregung und an Interesse für die Schule mangeln. Andererseits können engagierte Eltern für Überforderungen mitverantwortlich sein. Und gerade wenn Lernprobleme auftreten, sind Eltern oft wenig hilfreich, sondern verschärfen das Problem eher noch, weil sie emotional zu sehr beteiligt sind und es ihnen schwer fällt, bei den Hausaufgaben geduldig und gelassen zu bleiben.

Auch die *Schule* kommt als Mitverursacher in Frage. Wenn es im Unterricht laut und unruhig zugeht, wenn es an Verständlichkeit, an Klarheit und individueller Unterstützung mangelt, dann ist dies vor allem für die Leistungsschwachen von Nachteil. Solche Probleme hängen gewöhnlich stark von den einzelnen Lehrkräften ab.

Insgesamt ist es also eine lange Liste von Faktoren, die bei Lernproblemen eine Rolle spielen können, und meist kann man nicht einen einzelnen Faktor als «die Ursache» ausmachen, sondern fast immer wirken mehrere Faktoren in einer Art Teufelskreis zusammen.

Was Eltern tun können

Ganz wichtig ist es, dass die Lust am Lernen nicht vollständig verloren geht und alles, was mit Schule zu tun hat, reflexartig Widerwillen auslöst. Daher ist auch alles zu tun, dass die Hausaufgabensituation für das Kind nicht «negativ aufgeladen» wird durch Ermahnen, Drohen und Schimpfen. Der Gesprächsfaden darf nicht abreißen. Durch einfühlendes, aktives Zuhören (s. S. 228) kann man zeigen, dass man die Ängste, die Entmutigungen und auch die Abneigungen des Kindes ernst nimmt, und zugleich kann man versuchen, Wege zu weisen und zu motivieren.

Am leichtesten helfen kann man bei vorübergehenden Kenntnislücken. Die lassen sich gewöhnlich durch Nachhilfeunterricht, vielleicht auch durch freundliche elterliche Unterstützung beheben. Doch meist sitzen die Probleme tiefer. Auch in den Nachhilfeunterricht kommen zum großen Teil Kinder, die nicht einfach Wissenslücken haben, sondern gravierende Defizite in der Selbstregulation und Lernmethodik, sodass Nachhilfe im üblichen Sinne gar nicht ausreicht. In jedem Fall gilt dies für Kinder, bei denen eine spezifische Lernschwäche, etwa eine Lese-Rechtschreib-Schwäche, diagnostiziert wurde. Sie benötigen Hilfe durch spezialisierte Lerntherapeuten;

denn selbst guter Nachhilfeunterricht und gutes elterliches Engagement stoßen hier an ihre Grenzen.

Wenn das Problem nicht in einer diagnostizierten Lernschwäche liegt, sondern eher im allgemeinen Lernverhalten, können Eltern versuchen, selbstreguliertes Lernen zu fördern. Das ist nicht einfach, aber auch nicht unmöglich. Das Helfen besteht hier vor allem darin, dass man das Kind *durch Fragen* dazu anregt, sich mit seinem Wissen und Nichtwissen, seinen Zielsetzungen, seinen Vorgehensweisen, seinen Selbstüberprüfungen etc. zu beschäftigen:

- Vor dem Lernen sind das Fragen wie diese: Was willst du heute schaffen? – Wie viel Zeit brauchst du wohl für den Aufsatz? – Was kannst du schon ganz gut, und was musst du noch verbessern?
- Während des Lernens empfehlen sich sog. prozessbezogene Fragen statt Ergebnishilfen: Wonach wird in der Aufgabe gefragt? – Was kannst du beim Lesen tun, um die Hauptgedanken festzuhalten? – Was machst du, wenn du ein Wort nicht kennst?
- Nach dem Lernen kann man z. B. fragen: Wie kannst du prüfen, was du behalten hast? – Hast du erkannt, welche Art von Fehlern du besonders häufig machst? – Wo siehst du bei dir Fortschritte im Vergleich zu früher?

Die Hilfe besteht also nicht darin, dass man dem Kind die korrekte Lösung sagt, sondern dass man Anstöße zur Selbsthilfe gibt. Dazu kann auch gehören, einzelne Lernstrategien vorzuschlagen und vorzumachen. Gerade Kinder mit Lernschwierigkeiten beherrschen oft die einfachsten Strategien nicht und könnten davon besonders profitieren. Nicht sinnvoll ist es aber, Strategien aufzudrängen oder viele Strategien auf einmal zu vermitteln (s. auch S. 320).

Ein weiterer wichtiger Punkt ist das *Fördern der Lernmotivation.* Das kann sehr unterschiedlich aussehen. Wenn ein Kind für einen Lernstoff weder Interesse noch Ehrgeiz mitbringt, können äußere Anreize vorübergehend eine Hilfe sein, z. B. eine Kinokarte oder Gutpunkte für eine spätere große Belohnung. Belohnen sollte man dabei nicht erst eine bessere Zensur, sondern bereits besseres Lern*verhalten*, also z. B. die Erledigung der Hausaufgaben ohne Trödelei und Ablenkungen und ohne ständiges Jammern nach Hilfe (s. hierzu auch Kapitel 12.5 zu Erziehungskonflikten). Man kann das Kind überdies anregen, sich selbst Belohnungen auszusetzen («Wenn ich meinen Aufsatz geschrieben habe, höre ich meine Lieblingsband»).

Wichtiger als die Motivierung durch Belohnungen ist es natürlich, die Erfolgszuversicht zu fördern, also die Erwartung, aus eigenem Bemühen Fortschritte erzielen zu können. Hierfür ist es wichtig, dass man die Leistungen des Kindes immer nur *im Vergleich zu seinen früheren Leistungen bewertet* (sog. individuelle Bezugsnorm) und *nicht* im Vergleich zu anderen Kindern (sog. soziale Bezugsnorm). Wenn eine «Vier» in der Klassenarbeit eine persönliche Steigerung ist, dann ist sie wertvoll, selbst wenn die Schwester oder das Nachbarkind auf «Zwei» steht. Denn sich selbst zu überflügeln, das kann man meist mit Anstrengung schaffen. Aber andere zu überflügeln, das hat man nicht wirklich in der Hand. Gelobt werden sollten im Übrigen konkrete Einzelleistungen («Deine Kommasetzung ist schon besser geworden») oder Arbeitsweisen («Schön, du gehst diesmal viel sorgfältiger vor als letztes Mal»).

Für die Förderung von Erfolgszuversicht ist es außerdem wichtig, die Leistungen vorrangig *mit der Eigenaktivität des Kindes zu erklären* und nicht mit unbeeinflussbaren Faktoren. Stellt man schwache Leistungen als unveränderlich dar (Originalkommentar einer Mutter: «Das steckt in den Genen») oder führt Erfolge und Misserfolge vorrangig auf externe Faktoren zurück («Das war ja auch eine leichte / eine schwere Arbeit»), dann heißt das für das Kind, dass es nicht selber verantwortlich ist. Nur auf den Faktor «eigene Anstrengung» hat man wirklich Einfluss: auf das Aufpassen, auf die Ausdauer, auf die Sorgfalt. Genau darauf sollte man das Denken des Kindes lenken, bei einer Verbesserung z. B. durch einen Kommentar wie: «Toll – wie hast du das geschafft?», bei einer Verschlechterung z. B. durch die Frage: «Kann sein, dass du dich diesmal nicht so gut vorbereitet hattest?»

Motivationsförderung hilft dort, wo ein *Motivations*problem vorliegt, nicht ein Fähigkeitsproblem. Doch selbst in diesem Fall ist es nicht unmöglich, Zuversicht zu fördern, wenn man bestimmte Schwächen einfach akzeptiert und stattdessen den Blick auf *aussichtsreiche* Fächer oder Fächerkomponenten lenkt. Kurz gesagt: Chancenorientierung statt Defizitorientierung. Ist es z. B. sinnvoll, dass ein Schüler sich täglich mehrere Stunden für eine «Vier» in Mathe abquält, wenn er mit demselben Zeitaufwand in Englisch *und* Geschichte *und* Biologie eine «Zwei» schaffen könnte?

Wie sagte einmal ein Lehrer vor der Abi-Prüfung: «Ich will wissen, was Sie können, und nicht, was Sie nicht können.» Wenn man eine solche Haltung nicht nur auf einzelne Fächer bezieht, sondern auf das gesamte Spektrum der Aktivitäten eines Kindes in Schule und Freizeit, dann dürften sich manche Lernprobleme relativieren und manche Familiendramen entschärfen.

Im Übrigen gilt: Vorbeugen ist besser als Heilen. Viel zu oft setzen Fördermaßnahmen erst in der Sekundarstufe ein, viel seltener bei Grundschulkindern, obwohl schon in dieser Phase die Weichen für die Einstellung zur Schule, für das Arbeitsverhalten und für Basiskompetenzen gestellt werden. Und wichtige Förderungen beginnen bekanntlich schon vor der Schulzeit in der Familie, beispielsweise durch elterliches Vorlesen.

12.4 Erziehungsstile: Welchen empfiehlt die Forschung?

Die häusliche Erziehung ist immer wieder ein heißes Thema. Ob Kinder und Jugendliche heute «schwieriger» sind als früher – wer könnte das mit Gewissheit sagen? Offenkundig ist jedoch, dass viele Eltern unsicher sind, wie sie erziehen sollen, und nicht selten wird beklagt, heutige Eltern hätten ihren natürlichen Erziehungs-«Instinkt» verloren. Doch in welcher Epoche hatten Eltern einen Erziehungsinstinkt? Wie sah der instinktive Erziehungsstil aus? Und war es einer, dem man nachtrauern müsste? Wenn «instinktiv» bedeutet, dass man sich wenig Gedanken macht, dann kann man Unsicherheit durchaus positiv sehen: Eltern sind heute problembewusster und selbstkritischer.

Um in der Erziehung handlungsfähig zu sein, reicht das natürlich nicht. Und hier ist wohl mit dem Aussterben der autoritären Erziehung früherer Jahrzehnte eine Lücke entstanden, die viele Eltern noch nicht mit Alternativen füllen können. Wenn ich nicht autoritär erziehen will, wie mache ich es dann?

Vielleicht liegt es an dem Wunsch nach unkomplizierten Antworten, dass in den letzten Jahren gerade Bücher mit unglaublich einseitigen Botschaften zu Bestsellern wurden – Bücher, die wieder die Rückkehr elterlicher Macht und Disziplinierung propagieren oder den Leistungsdrill über alles stellen. Wer fundiertes Erziehungswissen mitbringt, wird solche Werke gar nicht ernst nehmen. Aber für viele Menschen ist Erziehung eben keine Frage der Sachkenntnis, sondern der persönlichen Meinung. Auf dieser Ebene lässt sich leicht streiten – man muss ja nichts überprüfen und nichts belegen.

Genau dies ist hingegen die Aufgabe der Wissenschaft, und die war in den letzten Jahrzehnten gewiss nicht untätig. Nur ist davon in der Öffentlichkeit wenig angekommen – leider, denn die Forschungsergebnisse liefern durchaus klare Auskünfte. Sie könnten vielen Eltern die Sicherheit geben, auf dem richtigen Kurs zu sein, und sie entlarven manche Talkshow-Beiträge als haltloses Geschwätz.

Der amerikanische Psychologe Laurence Steinberg hat sich so intensiv wie nur wenige in der Welt wissenschaftlich mit der Erziehung von Kindern und Jugendlichen befasst. Er kommt zu dem Schluss, dass auf diesem Gebiet die Erkenntnisse schon seit langem sehr eindeutig sind – viel eindeutiger als etwa bei Fragen nach der optimalen Ernährung oder dem bestem Weg aus einer internationalen Finanzkrise. «Die wissenschaftlich erarbeiteten Grundsätze einer gelingenden Erziehung haben sich in den letzten vierzig Jahren kein bisschen geändert. Es gibt klare und eindeutige Belege, dass bestimmte Erziehungsprinzipien mit einer gesunden Entwicklung des Kindes einhergehen (...). Wenn es den Anschein hat, dass die gängige Literatur widersprüchliche Ratschläge gibt, dann dürfte das daran liegen, dass sie selten auf fundierte wissenschaftliche Erkenntnisse zurückgreift.» Genau dies gilt sicher auch für den deutschen Sprachraum.

Der Maßstab: Gut ist Erziehung, die Gutes bewirkt

Natürlich kann die Wissenschaft nicht direkt entscheiden, was «gute» Erziehung ist, weil es dabei immer auch um Wertfragen geht. Aber sie kann wichtige Orientierungspunkte liefern; sie kann nämlich ermitteln, welche Art der Erziehung typischerweise welche Wirkung auf die Entwicklung der Erzogenen hat. Gut ist dann eine Erziehung, die positive Wirkungen erzielt. Und was sind positive Wirkungen? An dieser Stelle kommen persönliche Ansichten und Wertvorstellungen ins Spiel, und in dieser Hinsicht gibt es auch Unterschiede zwischen Epochen und Kulturen. Doch vermutlich gehen die Meinungen unter den heutigen Eltern in unserem Kulturkreis gar nicht so weit auseinander.

Versuchen wir es mal! Können Sie den folgenden *Zielen* zustimmen? Erziehung soll dazu beitragen, dass Kinder ...

- Selbstvertrauen und Selbständigkeit entwickeln,
- sich im Umgang mit anderen Menschen weder egoistisch noch unterwürfig verhalten, sondern eher verantwortungsbewusst und kooperativ,
- leistungsbereit sind, die Schule ernst nehmen und nach Erfolg streben (ohne dass dies ihr Leben vollkommen beherrscht),
- kein antisoziales Verhalten zeigen, nicht gewalttätig und nicht kriminell werden,
- keine psychischen Störungen entwickeln, nicht unter Ängsten, Depressionen oder psychosomatischen Beschwerden leiden.

Vermutlich haben Sie keine Probleme, diesen Zielen zuzustimmen. Nun die Frage: Welche Erziehung erreicht das am besten? Um eine Antwort geben zu können, muss man verschiedene *Erziehungsstile* vergleichen. Sehr verbreitet ist die Unterscheidung in «streng» und «nicht streng», doch die ist viel zu vage. Die Typologie «autoritär», «demokratisch» und «laisser-faire» (manche sagen: «antiautoritär»), die auch in der Psychologie lange Zeit üblich war, erwies sich ebenfalls als nicht differenziert genug, weil viele Erziehende in keine der «Schubladen» hineinpassen. Außerdem eignet sich der politische Begriff «demokratisch» nicht gut für den Umgang mit Einzelnen.

Stattdessen wird seit den 1950er Jahren das Erziehungsverhalten sehr häufig nach zwei Grundmerkmalen (Dimensionen) charakterisiert, die man zu einem Koordinatenkreuz kombinieren kann. Die Tafel lehnt sich dabei an eine bekannte Zusammenschau von Maccoby & Martin an:

- Wärme und Anteilnahme: In welchem Maße zeigen Eltern Zuwendung, Einfühlung und Resonanz gegenüber dem Kind (engl. responsiveness) bzw. Kälte und Zurückweisung (= negativer Pol)?
- Anforderung und Lenkung: Inwieweit machen Eltern deutlich,

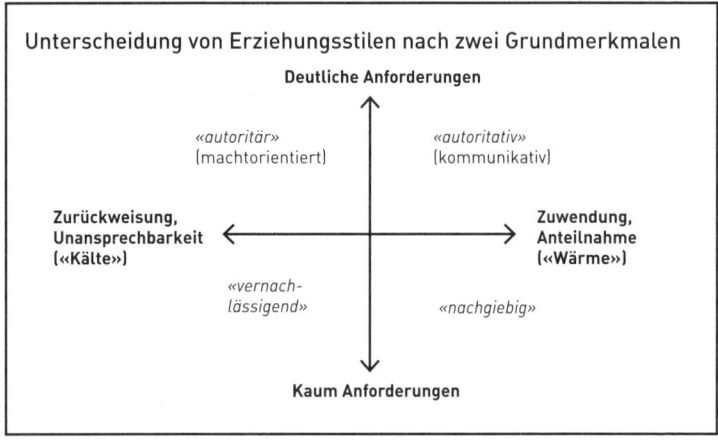

Unterscheidung von Erziehungsstilen nach zwei Grundmerkmalen

Deutliche Anforderungen

«autoritär» (machtorientiert)

«autoritativ» (kommunikativ)

Zurückweisung, Unansprechbarkeit («Kälte»)

Zuwendung, Anteilnahme («Wärme»)

«vernachlässigend»

«nachgiebig»

Kaum Anforderungen

welches Verhalten sie erwarten, und versuchen sie, das Kind entsprechend zu lenken (engl. demandingness)?

Viele Erziehende liegen mit ihrem typischen Verhalten eher im Mittelbereich, andere zeigen deutliche Tendenzen in die eine oder andere Richtung. Aus der Kombination von je zwei hohen Ausprägungen kann man vier Typen bilden: Anforderung und Lenkung in Verbindung mit emotionaler Kälte ergeben den «autoritären» Stil. Die Kombination aus Anforderung und emotionaler Wärme wird «autoritativ» genannt. Fehlende Anforderung plus Wärme ergibt die «nachgiebige» Erziehung, fehlende Anforderung plus Kälte die «vernachlässigende» Erziehung.

Und nun noch einmal die Frage: Welche Erziehung ist die beste? Gemessen an den eingangs genannten Zielen bzw. Wirkungen, ist die autoritative Erziehung der klare Sieger; zumindest gilt das für unseren Kulturkreis. Bei den so erzogenen Kindern und Jugendlichen findet man häufiger als bei den anderen Stilen Selbstvertrauen und soziale Kompetenz, Leistungsbereitschaft, geringe emotionale Störungen und geringes antisoziales Verhalten. Der autoritäre Stil läuft demgegenüber vor allem Gefahr, Selbstvertrauen und soziale Kompetenz zu untergraben, der nachgiebige Stil begünstigt soziales Fehlverhalten und schwächt die Leistungsbereitschaft, der vernachlässigende Stil ist in jeder Hinsicht verheerend.

Man kann die Befunde auch so verstehen: Für eine gute Entwicklung brauchen Kinder erstens Wertschätzung und Anteilnahme, zweitens Orientierung, Struktur, Ordnung. Natürlich wird die Entwicklung eines Kindes nicht allein durch die elterliche Erziehung bestimmt, sondern auch von anderen Erziehungseinflüssen, von genetischen Faktoren und der Selbstgestaltung (s. S. 67 ff.). Das heißt, auch wenn Eltern in hohem Maße Zuwendung und Orientierung geben, könnte ihr Kind dennoch eine seelische Störung entwickeln. Denn sie können an der Entwicklung ihrer Kinder lediglich mitwirken – mehr nicht.

Konkrete Handlungsweisen

Die beiden Grundmerkmale geben einen Rahmen, doch wie kann eine autoritative Erziehung in der Praxis aussehen? «Autoritativ» ist eine ungewohnte und meines Erachtens unglückliche Bezeichnung, die mit autoritär verwechselt werden könnte. Vielleicht wäre «kommunikative» Erziehung passender, denn anders als beim autoritären Stil geht es nicht um Folgsamkeit, sondern um das Hinführen zu selbständigem, von Einsicht geleitetem Verhalten. Befehle und Zwang kommen daher allenfalls ausnahmsweise vor.

Typisch für den autoritativen oder kommunikativen Stil sind Erziehungshandlungen wie diese: Eltern erläutern und begründen, welches Verhalten sie wünschen. Sie achten darauf, dass Regeln und Absprachen eingehalten werden. Sie beaufsichtigen ihr Kind oder wissen, wo es sich aufhält. (All dies dient primär dem Aspekt Anforderung / Lenkung). Sie sind in aller Regel freundlich, sie sind zärtlich, sie hören gut zu und fühlen sich in das Kind ein. Sie interessieren sich für die Interessen und Sorgen des Kindes. (All dies vermittelt Wärme und Anteilnahme). Sie reagieren positiv auf erwünschtes Verhalten des Kindes. Sie lösen Konflikte vornehmlich durch Gespräche. (Dies dient beiden Erziehungsmerkmalen).

Man kann es auch so sagen: Die autoritative Erziehung besteht ganz wesentlich aus verbaler und nonverbaler Kommunikation mit sensiblem Empfangen und deutlichem Senden sowie aus Handlungen, die vorrangig das erwünschte Verhalten fördern und nicht so sehr das unerwünschte «austreiben» (s. u.). Auf diese Weise erhält das Kind eine Orientierung für sein Denken und Verhalten, und zugleich fühlt es sich angenommen.

Einige konkrete Erziehungspraktiken möchte ich etwas genauer erläutern. Für die dialogische Kommunikation sind diese zwei besonders förderlich:

- *Aktives Zuhören:* Man versucht, sich in die Empfindungen des Kindes einzufühlen und sie mit eigenen Worten zu umschreiben («Du bist traurig, weil ...»; «Es würde dir also Spaß machen, wenn du ...»).

Dieses Annehmen von Empfindungen kann um Erklärungen oder Stellungnahmen erweitert werden. Beispielsweise kann man deutlich machen, dass man einen Wunsch versteht, ihn aber nicht erfüllen möchte («Du findest das richtig lecker, aber ich möchte es nicht kaufen, weil es ungesund ist»). Oder man kann ein Gefühl akzeptieren und zugleich ein Verhalten tadeln («Ich verstehe, wie wütend du warst; aber man darf andere nicht treten»).

- *Ich-Botschaften:* Man trägt die eigenen Gefühle, Wünsche, Gedanken deutlich vor: «Es ärgert mich, dass du nicht pünktlich fertig bist und wir nicht losfahren können», «Ich mache mir Sorgen, weil ...», «Ich wünsche mir wirklich sehr, dass ...». Solche Aussagen sind eine Alternative zu direkten Befehlen und zu negativen Du-Botschaften («Was bist du heute wieder ungezogen!»). Ich-Botschaften machen zugleich deutlich, dass auch Eltern Gefühle, Bedürfnisse und Rechte haben.

Aktives Zuhören und Ich-Botschaften sind nicht nur im Erziehungsbereich von Interesse, sie sind überhaupt wichtige Bestandteile der Kommunikation in persönlichen Beziehungen und tragen wesentlich zu konstruktiven Konfliktregelungen bei (s. auch Kapitel 12.5).

Für das *Fördern von erwünschtem Verhalten* (statt des Bekämpfens von unerwünschtem) sind die folgenden Handlungsweisen hilfreich:

- *Verhalten vorleben:* Man versucht, selber Vorbild zu sein für das Verhalten, das man sich wünscht. Das gilt für Vorsicht im Straßenverkehr ebenso wie für gutes Zuhören oder das Einhalten von Absprachen. Ein Prüfstein für das eigene Verhalten ist die Frage nach der Umkehrbarkeit: Würde ich es akzeptieren, wenn das Kind sich mir gegenüber so verhielte? Natürlich «dürfen» Eltern manches, was für das Kind zu gefährlich oder zu schwierig ist, aber grundsätzlich ist dieser Prüfstein durchaus nützlich.

- *Regeln erläutern:* In altersgemäßer Weise erläutert man dem Kind Regeln des menschlichen Zusammenlebens, begründet man

Gebote und Vorschläge für «richtiges» Verhalten (und auch Verbote, die unerwünschtes Verhalten eindämmen sollen). Je älter das Kind wird, umso öfter diskutiert man mit ihm über solche Fragen. Das Ziel ist es, soziales Wissen und Verständnis zu vermitteln.

- *Verantwortung übertragen:* Gutes Sozialverhalten wird gefördert, wenn das Kind selbständig kleine Verantwortungsbereiche ausfüllt, z. B. die Pflege eines Tieres oder das Zubereiten einer Mahlzeit. Förderlich sind Aufgaben, die eine gewisse Anstrengung und Sorgfalt verlangen und auch das Selbstwertgefühl stärken, wenn sie gelingen. Einfache Handlangerdienste gehören nicht dazu.

- *Das Kind selbst nach Lösungsideen fragen:* Man fragt das Kind: Was könntest du tun? Auf diese Weise wird es angeregt, selber positive Verhaltensweisen zu entwickeln. Um das Kind auch zu einer Bewertung seiner Ideen anzuregen, kann man zusätzlich fragen: Was wird passieren, wenn du das so machst? (s. auch S. 93).

- *Positives Verhalten bekräftigen:* Es ist wichtig, ein Kind bei gutem Verhalten zu «erwischen» und anfangs auch kleine Ansätze durch positive Resonanz zu «belohnen», z. B. durch ein erfreutes Gesicht, durch Streicheln, durch Lob, durch gemeinsames Spielen usw. Auch äußere Anreize (mehr Taschengeld, Bonuspunkte für ein Geschenk etc.) können manchmal von Nutzen sein, in der Regel jedoch nur als Start- oder Übergangshilfe, um das gewünschte Verhalten in Gang zu setzen. Danach werden die Belohnungen schrittweise «ausgeblendet» oder sie werden zu einer großen Belohnung gebündelt, die das Kind erst später bekommt, z. B. am Geburtstag oder auf einer Reise.

Wenngleich das Hauptgewicht auf dem Fördern von positivem Verhalten liegen sollte, kommt man doch zuweilen nicht umhin, unerwünschtes Verhalten einzudämmen. Das muss aber nicht durch Bestrafungen geschehen. Andere Möglichkeiten sind etwa das gezielte Ignorieren, das Auferlegen natürlicher Konsequenzen oder die gemeinsame Konfliktregelung im Gespräch. Das nachfolgende Unterkapitel über Erziehungskonflikte geht ausführlicher darauf ein.

Die zuvor beschriebenen Erziehungspraktiken zeigen, wie die Verbindung aus Anforderung und Anteilnahme umgesetzt werden kann. Doch natürlich bleibt den Erziehenden Spielraum für eigene Akzente, bei manchen Details des konkreten Handelns ebenso wie bei der Gewichtung einzelner Erziehungsziele (z. B. Hilfsbereitschaft, Umweltbewusstsein, Musikalität). Überdies sind gewisse Variationen in der praktischen Umsetzung unvermeidlich, weil Kinder sich in Alter und Persönlichkeit unterscheiden.

Das ändert jedoch nichts daran, dass die Grundlinien und die vorgeschlagenen Erziehungshandlungen prinzipiell für alle Kinder in allen Altersstufen gelten. Man könnte sogar sagen, dass gute Erziehung in beachtlichem Maße aus Verhaltensweisen besteht, die man sich generell für den Umgang unter Menschen wünscht. Gute Erziehung ist gute Kommunikation, gute Erziehung ist positives Lenken und Fördern, gute *Erz*iehung ist das Pflegen einer guten *Bez*iehung.

Im Rückblick: «Streng» oder «nicht streng» – eine dumme Alternative!

Wenn man all diesen Leitlinien zustimmt – was bleibt dann von einigen verbreiteten Erziehungsvorstellungen übrig?

«Sind Sie eine strenge Mutter / ein strenger Vater oder nicht?» – dies ist wohl die am häufigsten zu hörende Unterscheidung von Erziehungsstilen. «Streng» ist ein vager Begriff. Manche verstehen darunter die Neigung zum Strafen; andere meinen damit nur, dass man auf Regeln achtet und ihre Einhaltung ernst nimmt. Oder die Alternative «streng – nicht streng» bezieht sich darauf, wer mehr bestimmen darf: die Erziehungsperson oder das Kind.

Auf jeden Fall ist diese Gegenüberstellung wenig gehaltvoll, denn sie sagt nichts aus über die Dinge, auf die es wirklich ankommt. Gute

Erziehung ist weder «streng» noch «nicht streng» (oder «liberal»). Sie ist feinfühlig und lenkt auf positive Weise. Auf solche Aspekte käme man wohl eher zu sprechen, wenn man Eltern fragen würde: «Wie machen Sie deutlich, was Sie erwarten? Und wie zeigen Sie Einfühlung und Resonanz?» Oder kürzer: «Wie verbinden Sie Anforderung und Anteilnahme?»

Allzu simpel ist auch die Vorstellung: Wenn Eltern ihr Kind lieben, ergibt sich der Rest von selbst. Denn Liebe kann sich sehr unterschiedlich ausdrücken, und nicht immer läuft dies auf gute Erziehung hinaus. Vielleicht zeigt sich «Liebe» darin, dass man dem Kind jeden Wunsch erfüllt, dass man selber immer zurücksteckt, dass man Kritik vermeidet oder dass man überbehütet. Sein Kind lieben – daraus allein erwächst noch keine Kompetenz, und es schützt nicht vor groben Fehlern.

Umgekehrt darf es aber nicht an einer liebevollen Beziehung fehlen. Diese Gefahr besteht durchaus, wenn man die Hierarchie zwischen Erziehenden und Erzogenen und machtorientierte Handlungsweisen zum Angelpunkt der Erziehung erklärt. Primär mit Macht und Disziplinierung zu erziehen, ist keine Umsetzung von Liebe – auch wenn man noch so sehr beteuert: Natürlich liebe ich mein Kind. Liebe zeigt sich in Zuwendung und Einfühlung.

Eine weitere geläufige Aussage ist ebenfalls zu einseitig: Erziehung muss Grenzen setzen. Ja, stimmt, aber darauf sollte nicht der Schwerpunkt liegen. Eltern sind doch keine Polizisten! Der Satz mit den Grenzen beschränkt sich nämlich auf das Eindämmen von unerwünschtem Verhalten und lässt das Fördern des erwünschten Verhaltens unerwähnt. Die Aussage müsste daher lauten: Erziehung sollte Grenzen setzen, aber vor allem sollte sie Wege weisen. Um durch die Welt zu kommen, braucht ein Mensch mehr Wegweiser als Grenzen.

12.5 Erziehungskonflikte: Vorsicht, Fallen!

Erziehungskonflikte sind häufig ein Anlass, über das eigene Erziehungsverhalten nachzudenken. Denn Konflikte können Gewissheiten erschüttern, sie können die Eltern-Kind-Beziehung schwer belasten und sie können die Erziehenden in verschiedene Fallen treiben.

Erste Falle: Man handelt so, wie man es eigentlich nicht möchte; man tut Dinge, die dem Selbstverständnis als Mutter oder Vater zuwiderlaufen. So kann es sein, dass man in ein Verhaltensmuster aus Befehlen, Drohungen und Beschimpfungen zurückfällt, dies mit der Wahrung der elterlichen Autorität begründet, aber einen unangenehmen Preis dafür bezahlt: ein gereiztes Familienklima, in dem konstruktive Lösungen nun noch schwieriger werden.

Zweite Falle: Man fördert ungewollt «falsches» Verhalten. So kann etwa die eigene aggressive Durchsetzung zu aggressiven Gegenreaktionen führen. Unterwirft man sich hingegen dem Kind, um dessen Zuneigung nicht zu verlieren oder «um des lieben Friedens willen», unterstützt man nicht selten «tyrannisches» Verhalten des Kindes.

Dritte Falle: Man denkt nur daran, wie man den akuten Konflikt beenden kann, und verliert dabei die langfristigen Erziehungsziele aus den Augen. Eigentlich möchte man das Kind durch Gespräche zu Einsicht und selbständigem Handeln führen, aber im Augenblick kommt es nur darauf an, dass Tante Frieda am Nachmittag in ein aufgeräumtes Zimmer blicken kann.

Viele Fehler haben damit zu tun, dass man Erziehung zu sehr als eine Machtfrage versteht: Wer setzt sich durch? Macht das Kind, was ich will, oder mache ich, was das Kind will? Dieses Denken kann gerade in Konfliktsituationen beherrschend werden. Doch in der Regel gibt es durchaus dritte Wege, die zu beiderseitig akzeptierten Lösungen führen und ein Klima vermeiden helfen, in dem sich Eltern und Kinder gegenseitig auf die Nerven gehen. Zur Erinnerung (s. S. 230): Konfliktverhalten gilt als «konstruktiv», wenn es eine Lösung in der Sache sucht und zugleich die Beziehung schont.

Das konstruktive Konfliktgespräch

Die schönste Form der Konfliktlösung ist sicher ein Gespräch, in dem man einander zuhört. Thomas Gordon hat in den 1970er Jahren die «niederlagelose Methode» populär gemacht, eine Gesprächsform, in der nicht um Macht gerungen wird, sondern beide Seiten etwas gewinnen. Die gemeinsame Konfliktregelung umfasst aktives Zuhören und Ich-Botschaften, bei längeren Gesprächen auch das Sammeln von Lösungsideen und ihre anschließende Bewertung. Hier ein Beispiel für ein nicht sehr langes Gespräch (leicht gekürzt aus Gordons «Familienkonferenz», S. 203):

Vater: Jeden Abend müssen Mutter oder ich oder wir beide mit dir zanken und hinter dir her sein und dich manchmal zwingen, zur festgesetzten Zeit um acht Uhr ins Bett zu gehen. Mir ist nicht wohl dabei, wenn ich das tue, und ich frage mich, wie du dich dabei fühlst.

Laura: Ich mag nicht, wenn du mit mir schimpfst, und ich mag nicht so früh ins Bett gehen. Ich bin schon groß und müsste länger aufbleiben dürfen als Gregor *(Bruder, zwei Jahre jünger)*.

Mutter: Du hast das Gefühl, wir behandeln dich genauso wie Gregor, und das ist nicht gerecht.

Laura: Ja, ich bin zwei Jahre älter als Gregor.

Vater: Und du meinst, wir müssten dich wie jemanden behandeln, der zwei Jahre älter ist.

Laura: Ja!

Mutter: Daran ist etwas Wahres. Aber wenn wir dich länger aufbleiben lassen und du trödelst dann mit dem Zubettgehen, fürchte ich, dass du wirklich sehr spät schlafen gehen wirst.

Laura: Aber ich werde nicht trödeln – wenn ich nur ein bisschen länger aufbleiben kann.

Vater: Vielleicht könntest du uns ein paar Tage zeigen, wie gut man sich auf dich verlassen kann, und dann verschieben wir die Zeit vielleicht.

Laura: Das ist auch nicht gerecht!

Vater: Es wäre nicht gerecht, dich die spätere Zeit «verdienen» zu lassen?

Laura: Ich finde, ich müsste länger aufbleiben dürfen, weil ich älter bin. (Stille) Wenn ich nun um acht zu Bett gehe und bis halb neun im Bett lese?

Mutter: Du würdest zur festgesetzten Zeit ins Bett gehen, aber das Licht würde noch eine halbe Stunde brennen, damit du lesen könntest?

Laura: Ja, ich lese gerne im Bett.

Vater: Ich finde, das klingt ganz vernünftig, aber wer wird auf die Uhr achten?

Laura: Oh, das tue ich! Ich knipse das Licht genau um halb neun aus!

Mutter: Das hört sich wie eine gute Idee an, Laura. Wollen wir es damit eine Weile versuchen?

(Bericht des Vaters: Es klappte.)

Die Lösung selbst ist eher nebensächlich; sie könnte auch anders ausfallen. Wichtig ist die Art des Gesprächs. Solche Dialoge fördern langfristige Ziele: Verhalten aus Einsicht, Rücksichtnahme auf die Wünsche und Sorgen anderer und die Erkenntnis, dass es für die meisten Konflikte eine Lösung gibt, die beiden Seiten gerecht wird. Dennoch: Gespräche sind nicht alles. Manchmal ist es auch nötig, durch erzieherisches Handeln unerwünschtes Verhalten einzudämmen.

Strafen und die Alternativen

Es lassen sich zwei Grundtypen der Bestrafung unterscheiden: Man kann strafen, indem man etwas Unangenehmes zufügt; dazu gehören z. B. Beschimpfungen, Ohrfeigen oder böse Blicke. Oder man kann etwas Angenehmes entziehen; hierzu gehören z. B. ein Fernsehverbot oder die Kürzung des Taschengeldes.

Besonders die «zufügende» Bestrafung ist aus mehreren Gründen problematisch. Häufig wird das Fehlverhalten lediglich unterdrückt, solange die Eltern anwesend sind, tritt aber heimlich wieder auf. Beruht das Fehlverhalten auf einem Bedürfnis nach Beachtung, kann die Bestrafung sogar wie eine Bestärkung wirken. Überdies können Bestrafungen zahlreiche *Nebenwirkungen* haben. Sie können beim Kind Angst und ein Gefühl der Erniedrigung bewirken; sie können

Feindseligkeit und Rachegefühle erzeugen, wenn das Kind die Strafe als ungerecht empfindet, und können dadurch auch die Eltern-Kind-Beziehung beschädigen. Weiterhin kann die Strafaktion als aggressives Vorbild wirken, das dem Kind zeigt: So geht man mit Konflikten um. Insgesamt bringt das Bestrafen durch Entzug von Annehmlichkeiten sicher weniger Nebenwirkungen mit sich als die «zufügende» Bestrafung.

Wenn man eine Bestrafung unvermeidlich findet, sollte sie (a) wenig bedrohlich sein, (b) das Kind nicht herabsetzen, sondern lediglich ein konkretes Verhalten hemmen, (c) mit einer vertrauten Regel begründet werden, (d) gleichzeitig durch Anstoßen und Bekräftigen von erwünschtem Verhalten ergänzt werden. Niemals sollte die Bestrafung die einzige Maßnahme sein! Mindestens hinzukommen sollte eine Begründung (keine Standpauke!) und eine präzise Klarstellung, welches Verhalten man sich wünscht.

In den meisten Fällen gibt es aber ohnehin gute *Alternativen* zur Bestrafung. Hier sind vier Möglichkeiten:

- *Gezieltes Ignorieren.* Man lässt das Fehlverhalten einfach «ins Leere laufen», indem man nicht reagiert oder sich abwendet. Sinnvoll ist dies vor allem bei Verhaltensweisen wie Quengeln und Jammern, beim Gebrauch «schmutziger» Wörter, bei albernen Faxen oder Trotzanfällen. Da hier das Beachten als Bekräftigung wirken kann und Schimpfen die Stimmung verschärft, ist die «Leerlauf-Reaktion» eine sanfte Alternative. Bei Trotzanfällen im 2. und 3. Lebensjahr ist zu bedenken, dass das Kind nicht «böse» sein will, sondern einem Affektsturm erliegt, der durch kleine Frustrationen entsteht, beispielsweise wenn es partout etwas selber machen will und dabei behindert wird. Wichtig ist, dass man das unerwünschte Verhalten ohne Ausnahme ignoriert, denn durch gelegentliche Beachtung wird es umso länger fortdauern. Zu ignorieren ist aber nur das momentane Quengeln, Trotzen usw.; sobald das vorbei ist, wendet man sich dem Kind wieder positiv zu, vielleicht schon nach wenigen Sekunden. (Übrigens gilt die Ignorier-Empfehlung nicht für das Schreien im ersten Lebensjahr, da sich das Kind hier noch gar nicht anders ausdrücken kann.)

- Das *Stoppen* ist eine Erziehungspraktik, die «zwischen» Nichtbeachtung und Bestrafung liegt. Stoppen heißt, akutes Fehlverhalten durch rasches Eingreifen im Keim zu ersticken oder zu beenden, etwa durch eine bremsende Handbewegung oder Kopfschütteln, durch ein entschiedenes «Nein» oder «Schluss jetzt», durch das Wegnehmen eines gefährlichen Gegenstandes, vielleicht auch durch Festhalten, um das Kind am Schlagen oder Treten zu hindern. Solche Eingriffe stoppen nicht nur, sie senden auch eine Botschaft: Dein Verhalten ist gefährlich, ist unfair, ist «nervig» etc. – und so kann man es auch kurz kommentieren. Beschimpfungen hingegen sind überflüssig und lenken nur von der eigentlichen Botschaft ab.
- Bei *opferbezogenen Reaktionen* steht die Botschaft ganz im Vordergrund. Man lenkt die Aufmerksamkeit des Kindes auf die geschädigte Person und ihre Gefühle; man regt eventuell eine Wiedergutmachung an (s. auch S. 302 zu moralischer Selbstdisziplin). Wenn man einem Kind erklärt: «Max ist jetzt ärgerlich, weil du seinen Turm umgeschmissen hast», vermittelt man ihm soziales Verständnis und Einfühlung in andere – und das ist viel wichtiger als die Erfahrung: Papa schimpft. In erweitertem Sinne «opferbezogen» ist es auch, wenn man sich nicht dem «Täter», sondern nur dem «Opfer» zuwendet: «Jetzt bist du sicher traurig, weil ...» oder «Hat dir der Stoß wehgetan?», während das «Täterkind» dabeisteht und das beobachtet.
- *Negative Konsequenzen tragen zu lassen*, ist eine Alternative, die wie eine Bestrafung aussehen mag, aber doch einen anderen Charakter hat als z. B. Schimpfen oder Hausarrest. Betont wird nämlich die Eigenverantwortung des Kindes; es soll für die Folgen seines Fehlverhaltens in altersgemäßer Weise geradestehen. Beispiele: Ein Kind hat sein Spielzeug mutwillig oder fahrlässig zerstört und bekommt kein neues. Es hat das Spielzeug eines anderen Kindes beschädigt und muss es von seinem Taschengeld ersetzen. Es hat

mit Straßenschuhen den Fußboden verdreckt und hat ihn nun sauberzumachen. Es trödelt so lange mit dem Anziehen, dass die Mutter es im Schlafanzug zum Kindergarten fährt und es sich gerade noch vor dem Aussteigen umziehen kann.

Wichtig ist wiederum, dass die Eltern all dies nicht mit Schimpfen begleiten («Das darf doch nicht wahr sein!», «Oh nein, schon wieder dieses Theater!»), sondern auch bei kindlichem Gezeter ruhig, aber entschieden handeln, sodass wirklich die Sache im Vordergrund steht und nicht der aggressive Ton.

Aufforderungen und Anreize

Alle genannten Handlungsweisen sind primär darauf gerichtet, unerwünschtes Verhalten «abzubauen» Für eine nachhaltige Verhaltensänderung sollte man aber gleichzeitig die erwünschten Alternativen fördern. Als generelles Prinzip guter Erziehung wurde dies bereits erläutert (s. S. 334 ff.). In Konfliktsituationen hilft es, rasch aus einem negativen Klima herauszukommen.

Bei direkten *Aufforderungen* macht es einen Unterschied, ob man sie negativ oder positiv formuliert:

- Statt: «Trödel nicht rum!» lieber: «Versuch mal, die Aufgaben in 10 Minuten zu schaffen!»
- Statt: «Lass doch nicht alles liegen!» lieber: «Nimm die Sachen mit in dein Zimmer!»
- Statt: «Sei doch nicht so unselbständig!» lieber: «Versuch es mal alleine!»

Solche positiven Aufforderungen sind nicht nur konkreter, sie klingen auch viel freundlicher. Soweit man selber betroffen ist, kann man auch eine indirekte Aufforderung in Form einer Ich-Botschaft senden: «Ich möchte noch ein paar Minuten Zeitung lesen, danach komme ich» (statt: «Stör mich nicht!»). So lernen selbst kleine Kinder allmählich, dass auch Erwachsene Bedürfnisse haben, die man ernst nehmen muss.

Ausgesprochen beschleunigend und gut für die Stimmung wirkt meistens das Ankündigen von *Anreizen*:

- «Wenn du deine Legos in die Kiste geräumt hast, können wir zusammen ein Spiel spielen.»
- «Wenn du heute auf dem Spielplatz kein Kind trittst oder haust, gehen wir anschließend Eis essen.»
- «Wenn du diese Woche die Hausaufgaben immer bis 4 Uhr fertig hast, gehen wir Samstag in den Zoo.»

Gegen Anreize hört man nicht selten den Einwand: Wieso soll ich Selbstverständlichkeiten belohnen? Dann wäre zurückzufragen: Was ist denn die bessere Alternative? Falls man mit Bitten und Auffordern keinen Erfolg hat, läuft es in der Praxis meist auf endloses Ermahnen, Drohen und Bestrafen hinaus. Und klingt da das Versprechen «Wenn du pünktlich fertig bist, kannst du mit Karin ins Kino gehen» nicht viel schöner als die Drohung «Wenn du nicht pünktlich fertig bist, kannst du das Kino vergessen»? Es ist nun mal so: Wir Menschen lernen am Erfolg, und daher gilt: Auch gutes Verhalten muss sich lohnen.

Das Tyrannenproblem

Millionen Eltern machen es genau umgekehrt: Sie belohnen nicht das erwünschte Verhalten, sondern das unerwünschte – so wie in dieser Szene:

> Eine Mutter schiebt ihren Dreijährigen im Einkaufswagen durch den Supermarkt. Als sie an den Süßwarenregalen vorbeikommen, meldet sich der Kleine: «Mama, darf ich ein Überraschungsei?» Die Mutter grummelt: «Nein, heute nicht.» Der Kleine rutscht etwas missvergnügt in seinem Sitz. Bei der Quengelware vor der Kasse versucht er es erneut: «Mama, ich möchte ein ...» – «Heute nicht, hab ich gesagt.» Nun beginnt er zu brüllen: «Ich will

aber ...» – «Sei jetzt ruhig!». Aber er brüllt nur umso heftiger. Endlich gibt die
Mutter nach: Sie reicht ihm ein Leckerli, und prompt tritt Ruhe ein.

So erzieht man Tyrannen: Man reagiere negativ auf positive Verhaltensweisen wie Fragen oder Bitten; man belohne hingegen negatives Verhalten wie Quengeln und Brüllen. So lernt ein Kind, was es tun muss, um sich durchzusetzen. Und so lernen die Erziehenden, was sie tun müssen, um das peinliche Gebrüll zu beenden – nämlich nachgeben. Beide Seiten belohnen sich gegenseitig: Die Erziehenden belohnen das Kind, indem sie seinen Wunsch erfüllen; das Kind belohnt, genauer: entlastet, die Erziehenden, indem es aufhört zu brüllen. Dadurch geraten die Erziehenden aber in eine Falle: Die kurzfristige Erleichterung bekräftigt bei ihnen ein Verhalten, mit dem sie das Problem verewigen.

Wie kommt man da raus? Zum einen, indem man das Brüllen, Jammern etc. konsequent ignoriert, auch wenn das zunächst Kraft kostet oder vor anderen Menschen, etwa im Supermarkt, peinlich sein mag. Zum andern, indem man vorübergehend die Belohnung als Anreiz für gutes Verhalten einsetzt. Dazu definiert man für sich zunächst das «gute» Verhalten und erklärt dem Kind konkret, was man von ihm erwartet:

Wie könnte das im Falle des «Supermarkt-Problems» aussehen? «Gutes» Verhalten ist mehr als «nicht brüllen». Die Mutter definiert es so: Der Kleine soll auf seine Weise vernünftig einkaufen. Er soll im Laden «helfen», die Artikel zu suchen und in den Wagen zu legen, und er soll am Käsestand und an der Kasse, genau wie ich, ein wenig warten. Er darf sich ein Leckerli aussuchen, bekommt es aber erst, wenn er brav eingekauft hat, also erst hinter der Kasse oder zu Hause. Zusätzlich macht die Mutter die gewünschte Selbstdisziplin vor, indem sie z. B. sagt: «Ich würde gern ein Eis essen, aber erst muss ich alles einkaufen.» Wenn der Einkauf ein paar Mal ohne Geschrei geklappt hat, wird in der nächsten Phase die Belohnung schrittweise reduziert. Es gibt sie jetzt z. B. nur noch bei jedem zweiten Einkauf oder immer am Samstag – vorausgesetzt, das Kind hat die ganze Woche gut «eingekauft». Oder das Leckerli wird durch andere Belohnungen ersetzt.

Tyrannisches Verhalten soll, wie gesagt, ins Leere laufen, und gutes Verhalten soll auf Resonanz stoßen. Zu gutem, nicht-tyrannischem Verhalten gehört dabei auch, dass das Kind Fragen oder Bitten vorbringt: «Darf ich ein ...?», «Ich möchte gern ein ...» – solche Sätze dürfen nicht ins Leere laufen. Auch wenn man den Wunsch selbst nicht erfüllen mag, das positive *Verhalten* sollte auf jeden Fall durch Zuhören, durch eine freundliche Erklärung oder durch ein Versprechen für die Zukunft «belohnt» werden.

Wenn Eltern ungewollt tyrannisches Verhalten unterstützen, kann dies mehrere Gründe haben. Zum einen wollen sie möglichst schnell «Ruhe» haben. Vielleicht fürchten sie auch – völlig unbegründet –, die Zuneigung ihres Kindes zu verlieren, wenn sie ihm nicht jeden Wunsch erfüllen. Vielleicht durchschauen sie auch die zuvor erläuterten «Lernfallen» nicht. Auf jeden Fall löst die Unterwerfung nicht das Problem, sondern verewigt es. Zugleich werden oft die Gefühle für das Kind in Mitleidenschaft gezogen und das Familienklima ebenso.

Tyrannisches Verhalten muss nicht immer laut und schrill sein. Auch Jammern und Nörgeln klingt unangenehm in den Ohren, zumal dann, wenn man es als Befehl empfindet, das eigene Tun sofort zu unterbrechen und sich um das Anliegen des Kindes zu kümmern. In dem folgenden Beispiel geht es erneut um den eigentlichen Erziehungsfehler, nämlich das Belohnen von unerwünschtem Verhalten, und in diesem Fall ist es in zweifacher Weise unerwünscht:

> Eine Achtjährige macht Hausaufgaben, ihr Vater sitzt im Nebenraum und liest. Immer wieder jammert das Kind: «Papa, ich weiß nicht, wie das geht.» Der Papa kommt herbei und hilft. Nach wenigen Minuten wiederholt sich der Ablauf. Eigentlich möchte der Vater, dass seine Tochter nicht permanent nach Hilfe ruft, sondern selbständig arbeitet.

Wie leicht zu erkennen ist, reagiert der Vater positiv auf das Jammern, indem er das Lesen unterbricht und herbeikommt. Ungewollt fördert er damit erstens das Jammern und zweitens das unselbständige Arbeitsverhalten seiner Tochter. Er entlastet das Kind und wird für einen kurzen Moment selbst entlastet, weil das Jammern aufhört. Das Problem aber verfestigt sich.

> Was könnte der Vater tun? Sein Ziel ist: Das Kind soll nicht nur nicht jammern, es soll selbständig arbeiten. Um dies zu fördern, müsste er eine 180-Grad-Wende vollziehen und nur noch herbeikommen, wenn das Kind ein gewisses Pensum *erledigt* hat. Er könnte z.B. sagen: «Wenn du diese Aufgaben hier ausgerechnet hast, ruf mich, dann schaue ich sie nach.» Diese Anforderung könnte er schrittweise steigern bis zur kompletten Erledigung der Hausaufgaben. Auf Jammern und Rufen würde er nicht reagieren. Zusätzlich könnte er eine besondere Belohnung aussetzen, aber nur als Übergangshilfe.

Wenn sich das neue Verhalten eingespielt hat, belohnt es sich sozusagen selbst: weil es Erfolg bringt, weil es stolz macht, weil die Eltern es würdigen. Sollte das Jammern auch mit dem Bedürfnis nach Aufmerksamkeit zu tun gehabt haben, so bekommt das Kind die Aufmerksamkeit nunmehr für selbständiges statt für unselbständiges Arbeiten.

Bei kleineren Kindern wird der *Wunsch nach Aufmerksamkeit* manchmal zu einer Dauerbelastung für die Eltern. Annette Kast-Zahn beschreibt, in welch tückische Falle Eltern dabei geraten können. Wenn es ihnen nämlich mit der Zuwendung irgendwann «zu viel» wird, machen sie möglicherweise den Fehler, dass sie sich dem Kind nur noch zuwenden, wenn sie es «müssen», das heißt, wenn das Kind «Theater macht». So lernt das Kind: Ich muss laut, nörgelig und bockig sein, dann kümmert man sich um mich. Die Eltern gewähren ihre Aufmerksamkeit zwar widerwillig, aber immerhin: Sie reagieren. Und wenn das Kind gerade «brav» ist, sind sie heilfroh über diese Pause und lassen es in Ruhe – bis es wieder «Theater macht». Im Ergebnis bekommt das Kind keine Aufmerksamkeit für erwünschtes Verhalten, wohl aber für unerwünschtes.

Allzu oft entsteht auf diese Weise ein gereiztes Klima. Um dem Teufelskreis zu entkommen, wäre es wichtig, nur angemessenes Verhalten mit Zuwendung zu bekräftigen: indem man dem Kind zuhört, wenn es erzählt, indem man freundlich zuschaut, wenn es spielt, indem man bestimmte Uhrzeiten für gemeinsames Spiel festlegt usw.

Das Beispiel macht erneut deutlich: Es geht nicht darum, Bedürfnisse des Kindes zu missachten, in diesem Fall: das Bedürfnis nach Aufmerksamkeit. Aber das Kind soll «verlernen», die Befriedigung seiner Bedürfnisse durch negatives Verhalten zu erzwingen. Mit der gezielten Förderung alternativen Verhaltens kommen beide Seiten zu ihrem Recht. Das ist gut für die soziale Entwicklung und auch für das Familienklima.

Literaturverzeichnis

Leitideen

Zu Kapitel 1 (Allgemeinbildung)

Heymann, Hans-Werner (Hg.): Allgemeinbildung und Fachunterricht. Hamburg: Bergmann + Helbig 1997.

Janis, Irving L.: Victims of groupthink. A psychological study of foreign-policy decisions and fiascos. Boston: Houghton Mifflin 1972.

Myers, David G.: Psychologie (2., erw. u. aktualis. Aufl.). Heidelberg: Springer 2008. (Darin Kapitel 1: Kritisch denken mit wissenschaftlicher Psychologie)

Shepard, Roger: Mind sights: Original visual illusions. New York: Freeman 1990.

Zu Kapitel 2 (Reicht nicht der gesunde Menschenverstand?)

Csikszentmihalyi, Mihaly: Flow – das Geheimnis des Glücks. Stuttgart: Klett-Cotta 1992.

Gerrig, Richard J. & Zimbardo, Philip G.: Psychologie (18., aktualis. Ausgabe). München: Pearson 2008. (Darin Kapitel 2: Forschungsmethoden der Psychologie)

Ulich, Dieter & Bösel, Rainer M.: Einführung in die Psychologie (4., überarb. u. erw. Aufl.). Stuttgart: Kohlhammer 2005. (Darin Kapitel 1.5: Psychologie des Alltagslebens und wissenschaftliche Psychologie)

Zu Kapitel 3 (Was dieses Buch vermitteln will)

Ernst, Cécile & Angst, Jules: Birth order: Its influence on personality. Berlin: Springer 1983.

Kasten, Hartmut: Einzelkinder und ihre Familien. Göttingen: Hogrefe 2007.

Lilienfeld, Scott O.; Lynn, Steven Jay; Ruscio, John & Beyerstein, Barry L.: Fifty great myths of popular psychology. Chichester: Wiley-Blackwell 2010. (Zu: Midlife-Crisis, erste Eingebung, Gegensätze, Mondschein)

Rost, Detlef H.; Wirthwein, Linda; Frey, Kristina & Becker, Elvira: Steigert Kaugummikauen das kognitive Leistungsvermögen? Zwei Experimente der besonderen Art. In: Zeitschrift für Pädagogische Psychologie, Band 24, S. 39–49.

Stern, Elsbeth: Was Hänschen nicht lernt, lernt Hans hinterher. Der Erwerb geistiger Kompetenzen bei Kindern und Erwachsenen aus kognitionspsychologischer Perspektive. In: E. Nuissl (Hg.): Vom Lernen zum Lehren. Bielefeld: Bertelsmann 2006.

Verstehen und anwenden: Was generell bedeutsam ist

Zu Kapitel 4.1 und 4.2 (Ausgangsbeispiele; Verhalten und innere Prozesse)

Gerrig, Richard J. & Zimbardo, Philip G.: Psychologie (18., aktualis. Ausgabe). München: Pearson 2008. (Darin Kapitel 4, 8, 11 zu Wahrnehmung, kognitiven Prozessen, Motivation)

Hudson, W.: Pictorial depth perception in sub-cultural groups in Africa. In: The Journal of Social Psychology, 1960, Bd. 52, S. 183–208.

Nolting, Hans-Peter & Paulus, Peter: Psychologie lernen. Eine Einführung und Anleitung (10., vollst. überarb. u. erw. Aufl.). Weinheim: Beltz 2009. (Darin Kapitel 3: Grundlegende Aspekte des psychischen Systems)

Rheinberg, Falko: Motivation (7., aktualis. Aufl.). Stuttgart: Kohlhammer 2008.

Ulich, Dieter & Mayring, Philipp (2003). Psychologie der Emotionen (2., überarb. u. erw. Aufl.). Stuttgart: Kohlhammer.

Zu Kapitel 4.3 und 4.4 (Person und Situation; Person als Dispositionsgefüge)

Asendorpf, Jens: Psychologie der Persönlichkeit (4., überarb. u. aktualis. Aufl.). Heidelberg: Springer 2007. (Darin Kapitel 4: Persönlichkeitsbereiche)

Laux, Lothar: Persönlichkeitspsychologie (2., überarb. Aufl.). Stuttgart: Kohlhammer 2008. (Darin Kapitel 10–13: Person versus Situation)

Myers, David G.: Psychologie (2., erw. u. aktualis. Aufl.). Heidelberg: Springer 2008. (Darin Kapitel 14.3 Trait-Ansatz)

Pervin, Lawrence A.: Persönlichkeitspsychologie in Kontroversen. München: Urban & Schwarzenberg 1981.

Saum-Aldehoff, Thomas: Big Five – Sich selbst und andere erkennen. Düsseldorf: Patmos 2007.

Zu Kapitel 4.5 (Person-Entwicklung)

Asendorpf, Jens: Psychologie der Persönlichkeit (4., überarb. u. aktual. Aufl.). Heidelberg: Springer 2007. (Kapitel 6: Persönlichkeitsentwicklung)

Nolting, Hans-Peter & Paulus, Peter (2004). Pädagogische Psychologie (3., vollst. überarb. u. erw. Aufl.). Stuttgart: Kohlhammer. (Darin Kapitel 3.2: Entwicklung durch Lernen).

Oerter, Rolf & Montada, Leo (Hg.): Entwicklungspsychologie (5., vollst. überarb. Aufl.). Weinheim: Beltz 2002. (Darin: Kapitel 1: Fragen, Konzepte, Perspektiven. Autor: L. Montada)

Selg, Herbert & Weinert, Sabine: Entwicklungspsychologie. In: A. Schütz, H. Selg & S. Lautenbacher (Hg.), Psychologie (3., vollst. überarb. u. erw. Aufl.). Stuttgart: Kohlhammer 2005.

Zu Kapitel 4.6 (Kontext)

Flade, Antje: Wohnen psychologisch betrachtet (2. vollst. überarb. u. erw. Aufl.). Bern: Huber 2006.

Forgas, Joseph P.: Soziale Interaktion und Kommunikation. Weinheim: Beltz 1999.

Gerrig, Richard J. & Zimbardo, Philip G.: Psychologie (18., aktualis. Ausgabe). München: Pearson 2008. (Darin Kapitel 17.1: Die Macht der Situation)

Heidbrink, Horst; Lück, Helmut & Schmidtmann, Heide: Psychologie sozialer Beziehungen. Stuttgart: Kohlhammer 2009.

Zu Kapitel 5.1 und 5.2 (Diagnose)

Lauth, Gerhard W. & Schlottke, Peter F.: Training mit aufmerksamkeitsgestörten Kindern (5., vollst. überarb. Aufl.). Weinheim: Beltz 2002 (Darin Kapitel 5: Diagnostik)

Nolting, Hans-Peter: Störungen in der Schulklasse. Ein Leitfaden zur Vorbeugung und Konfliktlösung (6., überarb. u. erw. Aufl.). Weinheim: Beltz 2007. (Darin Kapitel 3, Abschnitt: Problemdiagnose)

Rosenberg, Marshall B.: Gewaltfreie Kommunikation (5., überarb. u. erw. Aufl.). Paderborn: Junfermann 2004. (Darin Kapitel 7: Empathisch aufnehmen)

Zu Kapitel 5.3 (Veränderung beim Einzelnen)

Fischer-Epe, Maren & Epe, Claus: Selbstcoaching. Hintergrundwissen, Anregungen und Übungen zur persönlichen Entwicklung (vollst. überarb. Neuausgabe). Reinbek: Rowohlt 2007.

Lazarus, Arnold A. & Lazarus, Clifford N.: Der kleine Taschentherapeut. München: dtv 2006. (Darin: Denken Sie sich gesund)

Pennebaker, James W.: Heilung durch Schreiben. Ein Arbeitsbuch zur Selbsthilfe. Bern: Huber 2010.

Reinecker, Hans: Selbstmanagement. In: F. Petermann & H. Reinecker (Hg.), Handbuch der Klinischen Psychologie und Psychotherapie. Göttingen: Hogrefe 2005.

Zu Kapitel 5.4 (Veränderung im Miteinander)

Bungard, Walter & Antoni, Conny Herbert: Gruppenorientierte Interventionstechniken. In: H. Schuler (Hg.), Lehrbuch Organisationspsychologie. Bern: Huber 2007.

Kröger, Christoph & Hahlweg; Kurt: Paartherapie. In: Franz Petermann & Hans Reinecker (Hg.), Handbuch der Klinischen Psychologie und Psychotherapie. Göttingen: Hogrefe 2005.

Nolting, Hans-Peter: Störungen in der Schulklasse. Ein Leitfaden zur Vorbeugung und Konfliktlösung (6., überarb. u. erw. Aufl.). Weinheim: Beltz 2007. (Darin Kapitel 4: Kooperative Intervention)

Zu Kapitel 5.5 (Veränderung durch Situationsfaktoren)

Flade, Antje: Wohnen psychologisch betrachtet (2. vollst. überarb. u. erw. Aufl.). Bern: Huber 2006.

Murphy, H. Allen; Hutchison, J. Michael & Bailey, Jon S.: Behavioral school psychology goes outdoors: The effect of organized games on playground aggression. In: Journal of Applied Behavior Analysis, 1983, Bd. 16, 29–35.

Thaler, Richard S. & Sunstein, Cass R.: Nudge. Wie man kluge Entscheidungen anstößt. Berlin: Ullstein 2011.

Zu Kapitel 6 (Theorierichtungen)

Gerrig, Richard J. & Zimbardo, Philip G.: Psychologie (18., aktualis. Ausgabe). München: Pearson 2008. (Darin Kapitel 1.2.2: Aktuelle Perspektiven der Psychologie)

Schönpflug, Wolfgang & Schönpflug, Ute: Psychologie (4. Aufl.). Weinheim: Beltz 1997. (Darin Kapitel 2: Theoretische Richtungen und methodische Ansätze)

Ulich, Dieter & Bösel, Rainer M: Einführung in die Psychologie (4., überarb. u. erw. Aufl.). Stuttgart. Kohlhammer 2005. (Darin Kapitel 2: Hauptströmungen der Psychologie)

Schwerpunkt: Person und Entwicklung

Zu Kapitel 7.1 (Charakter)

Hamann, Brigitte: Hitlers Edeljude. Das Leben des Armenarztes Eduard Bloch. München: Piper 2008.

Myers, David G.: Psychologie (2., erw. u. aktualis. Aufl.). Heidelberg: Springer 2008. (Darin Kapitel 14.3: Trait-Ansatz)

Napolitan, David R. & Goethals, George R: The attribution of friendliness. In: Journal of Experimental Social Psychology 1979, Bd. 15, S. 105–113.

Ross, Lee & Nisbett, Richard E.: The person and the situation. New York: McGraw-Hill 1991.

Zu Kapitel 7.2 (Erblichkeit) und 7.3 (Gleiche Umwelt?)

Asendorpf, Jens: Psychologie der Persönlichkeit (4., überarb. u. aktualis. Aufl.). Heidelberg: Springer 2007. (Kapitel 6: Persönlichkeitsentwicklung)

Asendorpf, Jens: Interaktion und Kovariation von Genom und Umwelt. In: Marcus Hasselhorn & Wolfgang Schneider (Hg.), Handbuch der Entwicklungspsychologie (S. 119–128). Göttingen: Hogrefe 2007.

Dunn, Judy & Plomin, Robert: Warum Geschwister so verschieden sind. Stuttgart: Klett-Cotta 1996.

Oerter, Rolf & Montada, Leo (Hg.): Entwicklungspsychologie (5., vollst. überarb. Aufl.). Weinheim: Beltz 2002. (Darin Kapitel 1.3: Entwicklung durch Anlage- oder Umwelteinflüsse? Autor: Leo Montada)

Rowe, David C.: Genetik und Sozialisation. Weinheim: Psychologie Verlags Union 1997.

Zu Kapitel 7.4 (Berufstätige Eltern)

Ahnert, Lieselotte: Wie viel Mutter braucht ein Kind? Heidelberg: Spektrum Akademischer Verlag 2010.

Lehr, Ursula: Die Rolle der Mutter in der Sozialisation des Kindes (2. Aufl.). Darmstadt: Steinkopff 1978.

Oerter, Rolf & Montada, Leo (Hg.): Entwicklungspsychologie (5. vollst. überarb. Aufl.). Weinheim: Beltz 2002. (Darin Kapitel 3, Abschn. 3.4: Entwicklungsfördernde und -gefährdende Faktoren in unserer Kultur. Autor: Rolf Oerter)

Zu Kapitel 7.5 (Jugendalter)

Arnett, Jeffrey J.: Adolescent storm and stress, reconsidered. American Psychologist 1999), Bd. 54, S. 317–326.

Grob, Alexander: Jugendalter. In: M. Hasselhorn & W. Schneider (Hg.), Handbuch der Entwicklungspsychologie. Göttingen: Hogrefe 2007.

Lösel, Friedrich & Bliesener, Thomas: Aggression und Delinquenz unter Jugendlichen. Neuwied: Luchterhand 2003.

Oerter, Rolf & Montada, Leo (Hg.): Entwicklungspsychologie (5. vollst. überarb. Aufl.). Weinheim: Beltz 2002. (Darin Kapitel 7: Jugendalter. Autoren: Rolf Oerter & Eva Dreher)

Zu Kapitel 8.1 (Intelligenz)

Gardner, Howard: Intelligenzen. Die Vielfalt des menschlichen Geistes. Stuttgart: Klett-Cotta 2002.

Gerrig, Richard J. & Zimbardo, Philip G.: Psychologie (18., aktualis. Ausgabe). München: Pearson 2008. (Darin Kapitel 9: Intelligenz und Intelligenzdiagnostik)

Neubauer, Aljoscha & Stern, Elsbeth: Lernen macht intelligent. Warum Begabung gefördert werden muss. München: Deutsche Verlags-Anstalt 2007.

Sternberg, Robert J.: Erfolgsintelligenz. München: Lichtenberg 1998.

Zu Kapitel 8.2 (Stress)

Lazarus, Richard S. & Launier, Raymond: Stressbezogene Transaktionen zwischen Person und Umwelt. In: J. R. Nitsch (Hg.), Stress: Theorien, Untersuchungen, Maßnahmen. Bern: Huber 1981.

Myers, David G.: Psychologie (2., erw. u. aktualis. Aufl.). Heidelberg: Springer 2008. (Darin Kapitel 16: Stress und Gesundheit)

Schwarzer, Ralf: Psychologie des Gesundheitsverhaltens (3., überarb. Aufl.). Göttingen: Hogrefe 2004. (Darin Kapitel 4: Krankheitsverhalten und Stressmanagement)

Tausch, Reinhard: Hilfen bei Stress und Belastung (17. Aufl.). Reinbek: Rowohlt 2010.

Zu Kapitel 8.3 (Angst)

Hock, Michael & Kohlmann, Carl-Walter: Angst und Furcht. In: V. Brandstätter & J. H. Otto (Hg.), Handbuch Allgemeine Psychologie: Motivation und Emotion. Göttingen: Hogrefe 2009.

Lazarus-Mainka, Gerda & Siebeneick, Stefanie: Angst und Ängstlichkeit. Göttingen: Hogrefe 2000.

Rheinberg, Falko & Vollmeyer, Regina: Motivationsförderung. In: W. Schneider & M. Hasselhorn (Hg.): Handbuch der Pädagogischen Psychologie. Göttingen: Hogrefe 2008.

Schwarzer, Ralf: Stress, Angst und Handlungsregulation (4., überarb. Aufl.) Stuttgart: Kohlhammer 2000.

Zu Kapitel 8.4 (Die guten Gefühle)

Csikszentmihalyi, Mihaly: Flow – das Geheimnis des Glücks. Stuttgart: Klett-Cotta 1992.

Diener, Ed & Seligman, Martin E. P.: Very happy people. In: Psychological Science 2002, Bd. 13, S. 81–84.

Mayring, Philipp: Freude und Glück. In: V. Brandstätter & J. H. Otto (Hg.): Handbuch Allgemeine Psychologie: Motivation und Emotion. Göttingen: Hogrefe. 2009.

Myers, David G.: Psychologie (2., erw. u. aktualis. Aufl.). Heidelberg: Springer 2008. (Darin: Kapitel 13.4.3: Glücklichsein)

Zu Kapitel 8.5 (Tests)

Deutsches PISA-Konsortium (Hg.): PISA 2000. Basiskompetenzen von Schülerinnen und Schülern im internationalen Vergleich. Opladen: Leske + Budrich 2001. (Darin Kapitel 3.2: Die Gruppe der Risikoschülerinnen und -schüler im Lesen)

Jentsch, Katrin & Schütz, Astrid: Psychologische Diagnostik. Stuttgart: Kohlhammer 2009. (Darin Kapitel 8: Kriterien der Testbeurteilung)

Vester, Frederic: Denken, Lernen, Vergessen. Stuttgart: Deutsche Verlags-Anstalt 1975.

Zu Kapitel 8.6 (Psychotherapie)

Gerrig, Richard J. & Zimbardo, Philip G.: Psychologie (18., aktualis. Ausgabe). München: Pearson 2008. (Darin Kapitel 15: Psychotherapie)

Kriz, Jürgen: Grundkonzepte der Psychotherapie (6., vollst. überarb. Aufl.). Weinheim: Beltz 2007.

Urban, Adrian: Psychotherapie für Dummies. Weinheim: Wiley-VCH 2011.

Schwerpunkt: Zwischenmenschliches Verhalten

Zu Kapitel 9.1 (Männer und Frauen)

Abele, Andrea: Geschlechtsunterschiede in Emotionen. In: V. Brandstätter & J. H. Otto (Hg.), Handbuch Allgemeine Psychologie: Motivation und Emotion. Göttingen: Hogrefe 2009.

Archer, John (2000). Sex differences in aggression between heterosexual partners: A meta-analytic review. In: Psychological Bulletin, 126, 651–680.

Bierhoff, Hans-Werner: Psychologie prosozialen Verhaltens (2., vollst. überarb. Aufl.). Stuttgart: Kohlhammer 2010. (Darin Kapitel 2.2.8: Helfen Männer mehr und haben Frauen mehr davon?)

Hyde, Janet: The gender similarities hypothesis. In: American Psychologist, 2005, Bd. 60, 581–592.

Lilienfeld, Scott O.; Lynn, Steven Jay; Ruscio, John & Beyerstein, Barry L.: Fifty great myths of popular psychology. Chichester: Wiley-Blackwell 2010. (Darin Abschnitt 29)

Weber, Hannelore: Ärger. Psychologie einer alltäglichen Emotion. München: Juventa 1994.

Zu Kapitel 9.2 (Einstellung und Verhalten)

Freedman, Jonathan L. & Fraser, Scott C: Compliance without pressure: The foot-in-the-door-technique. In: Journal of Personality and Social Psychology, 1966, Bd. 4, S. 195–202.

Haddock, Geoffrey & Maio, Gregory R.: Einstellungen: Inhalt, Strukturen, Funktionen. In: K. Jonas, W. Stroebe & M. Hewstone (Hg.), Sozialpsychologie (5., vollst. überarb. Aufl.). Heidelberg: Springer 2007.

Sherif, Muzafer & Sherif, Carolyn W.: Social Psychology. New York: Harper & Row 1969. (Darin: In-group and intergroup relations: experimental analysis)

Zu Kapitel 9.3 (Hilfeleistung)

Bierhoff, Hans-Werner: Psychologie prosozialen Verhaltens. Warum wir anderen helfen (2., vollst. überarb. Aufl.). Stuttgart: Kohlhammer 2010.

Darley, John M. & Batson, C. Daniel: From Jerusalem to Jericho: A study of situational and dispositional variables in helping behavior. In: Journal of Personality and Social Psychology, 1973, Bd. 28, S. 100–108.

Hunt, Morton: Das Rätsel der Nächstenliebe. Frankfurt: Campus 1992.

Walker, Lawrence J.; Frimer, Jeremy A. & Dunlop, William L.: Varieties of moral personality. Beyond the banality of heroism. In: Journal of Personality, 2010, Bd. 78, S. 907–942.

Zu Kapitel 9.4 (Mobbing)

Alsaker, Françoise: Quälgeister und ihre Opfer. Mobbing unter Kindern und wie man damit umgeht. Bern: Huber 2003.

Olweus, Dan: Gewalt in der Schule. Was Lehrer und Eltern wissen sollten und tun können (4. Aufl.) Bern: Huber 2006.

Schäfer, Mechthild: Mobbing im Klassenzimmer. In: W. Schneider & M. Hasselhorn (Hg.), Handbuch der Pädagogischen Psychologie. Göttingen: Hogrefe 2008.

Scheithauer, Herbert; Hayer, Tobias & Petermann, Franz: Bullying unter Schülern. Göttingen: Hogrefe 2003.

Zu Kapitel 9.5 (Aggressionen abreagieren)

Bushman, Brad J.; Baumeister, Roy F. & Stack, Angela D.: Catharsis, aggression, and persuasive influence: Self-fullfilling or self-defeating prophecies? In: Journal of Personality and Social Psychology, 1999, Bd. 76, S. 367–376.

Nolting, Hans-Peter: Lernfall Aggression: Wie sie entsteht, wie sie zu vermindern ist (vollst. überarb. Neuausg.). Reinbek: Rowohlt 2005. (Darin Kapitel 11: «Aggressionen abreagieren» – geht das?)

Peper, Dieter: Aggressive Motivation im Sport. Ahrensburg: Czwalina 1981.

Schwenkmezger, Peter; Steffgen, Georges & Dusi, Detlev: Umgang mit Ärger. Ärger- und Konfliktbewältigungstraining auf kognitiv-verhaltensthera-peutischer Grundlage. Göttingen: Hogrefe 1999.

Zu Kapitel 10.1 (Gesprächsführung)

Lazarus, Arnold A. & Lazarus, Clifford N.: Der kleine Taschentherapeut. München: dtv 2006. (Darin: Gelingende Beziehungen und: Effizient kommunizieren)

Rosenberg, Marshall B.: Gewaltfreie Kommunikation (5., überarb. u. erw. Aufl.). Paderborn: Junfermann 2004.

Schulz v. Thun, Friedemann: Miteinander reden. Störungen und Klärungen. Reinbek: Rowohlt 1981 (43. Aufl. 2006).

Schulz v. Thun, Friedemann & Kumbier, Dagmar (Hg.): Impulse für Kommunikation im Alltag. Reinbek: Rowohlt 2010.

Simmons, Rachel A., Gordon, Peter, C. & Chambless, Dianne L.: Pronouns in marital interaction. What do «you» and «I» say about marital health. In: Psychological Science 2005, Bd. 16, S. 932–936.

Zu Kapitel 10.2 (Gruppe)

Brodbeck, Felix C. u. a.: Gruppenleistung, In: H. W. Bierhoff & D. Frey (Hg.), Handbuch der Sozialpsychologie und Kommunikationspsychologie. Göttingen: Hogrefe 2006.

Gerrig, Richard J. & Zimbardo, Philip G.: Psychologie (18., aktualis. Ausgabe). München: Pearson 2008. (Darin Kapitel 17.1.3: Konformität)

Lück, Helmut E.: Psychologie sozialer Prozesse (3., überarb. u. erw. Aufl). Opladen: Leske + Budrich 1993.

Nijstadt, Bernard A. & van Knippenberg, Daan: Gruppenpsychologie: Grundlegende Prinzipien. In: K. Jonas, W. Stroebe & M. Hewstone (Hg.), Sozialpsychologie (5., vollst. überarb. Aufl.). Heidelberg: Springer 2007.

Tajfel, Henri: Gruppenkonflikt und Vorurteil. Bern: Huber 1982.

Zu Kapitel 10.3 (Autorität und Gehorsam)

Hofling, Charles K. u. a.: An Experimental study in nurse-physician relationships. In: Journal of Nervous and Mental Disease, 1966, Bd. 143, S. 171–180.

Meeus, Wim & Raaijmakers, Quinten: Autoritätsgehorsam. In: H. W. Bierhoff & D. Frey (Hg.), Handbuch der Sozialpsychologie und Kommunikationspsychologie. Göttingen: Hogrefe 2006.

Milgram, Stanley: Das Milgram-Experiment. Zur Gehorsamsbereitschaft gegenüber Autorität. Reinbek: Rowohlt 1974.

Safer, Martin A.: Attributing evil to the subject, not to the situation: Student reaction to Milgram's film on obedience. In: Personality & Social Psychology Bulletin, 1980, Bd. 6, S. 205–209.

Zu Kapitel 10.4 (Aggressives Verhalten)

Gerrig, Richard J. & Zimbardo, Philip G.: Psychologie (18., aktualis. Ausgabe). München: Pearson 2008. (Darin Kapitel 17.3: Aggression)

Krahé, Barbara: Aggression. In: K. Jonas, W. Stroebe & M. Hewstone (Hg.), Sozialpsychologie (5., vollst. überarb. Aufl.). Heidelberg: Springer 2007.

Nolting, Hans-Peter: Lernfall Aggression: Wie sie entsteht, wie sie zu vermindern ist (vollst. überarb. Neuausg.). Reinbek: Rowohlt 2005.

Zumkley, Horst: Aggression. In: V. Brandstätter & J. H. Otto (Hg.), Handbuch Allgemeine Psychologie: Motivation und Emotion. Göttingen: Hogrefe 2009.

Zu Kapitel 10.5 (Politische Gewalt)

Browning, Christopher R.: Ganz normale Männer. Das Reserve-Polizeibataillon 101 und die «Endlösung» in Polen. Reinbek: Rowohlt Taschenbuch Verlag 1993.

Nolting, Hans-Peter: Psychologie politischer Gewalt: drei Ebenen. In: Gert Sommer & Albert Fuchs (Hg.), Krieg und Frieden. Handbuch der Konflikt- und Friedenspsychologie (S. 18–30). Weinheim: Beltz 2004.

Welzer, Harald: Täter. Wie aus ganz normalen Männern Massenmörder werden (3. Aufl). Frankfurt: S. Fischer 2007.

Schwerpunkt: Lernen, Bildung, Erziehung

Zu Kapitel 11.1 (Lernertypen)

Becker, Nicole: Hirngespinste der Pädagogik. In: Psychologie Heute 2009, Heft 11, S. 72–77.

Klippert, Heinz: Methodentraining. Übungsbausteine für den Unterricht (11., überarb. Aufl.). Weinheim: Beltz. 2000.

Krätzig, Gregory P. & Arbuthnott, Katherine D.: Perceptual learning style and learning proficiency: A test of the hypothesis. In: Journal of Educational Psychology 2006, Bd. 98, S. 238–246.

Vester, Frederic: Denken, Lernen, Vergessen. Stuttgart: Deutsche Verlags-Anstalt 1975.

Zu Kapitel 11.2 (Transfer durch Fächer)

Gage, Nathaniel & Berliner, David C.: Pädagogische Psychologie. Weinheim: Beltz 1996. (Darin Kapitel 7: Gedächtnis, Informationsverarbeitung und Transfer)

Haag, Ludwig & Stern, Elsbeth: Non scholae sed vitae discimus? Auf der Suche nach globalen und spezifischen Transfereffekten des Lateinunterrichts. In: Zeitschrift für Pädagogische Psychologie, 2000, Bd. 14, S. 146–157.

Haag, Ludwig & Stern, Elsbeth: In search of the benefits of learning Latin. In: Journal of Educational Psychology, 2003, Bd. 95, S. 174–178. (Deutsche Kurzfassung: Latein oder Französisch? Eine Untersuchung zum Einfluss der zweiten Fremdsprache auf das Lernen von Spanisch. In: Französisch heute, 2002, Bd. 33, S. 522–525.)

Hasselhorn, Marcus & Gold, Andreas: Pädagogische Psychologie. Erfolgreiches Lernen und Lehren. Stuttgart: Kohlhammer 2006. (Darin Kapitel 3.3: Lerntransfer)

Zu Kapitel 11.3 (Gehirnjogging)

Chase, William G. & Simon, Herbert A.: Perception in chess. In: Cognitive Psychology 1973, Bd. 4, S. 55–81.

Neubauer, Aljoscha & Stern, Elsbeth: Lernen macht intelligent. Warum Begabung gefördert werden muss. München: Deutsche Verlags-Anstalt 2007. (Darin Kapitel 7: Intelligenz und Lernen)

Owen, Adrian M. u. a.: Putting brain training to the test. In: Nature, Bd. 465, S. 775–778, 10. Juni 2010.

Stanford Center on Longevity: Expert Consensus on Brain Health, 2009. http://longevity.stanford.edu/mymind/cognitiveagingstatement

Tenzer, Eva: Wie das Gehirn wirklich fit bleibt. In: Psychologie Heute, 2010, Heft 12, S. 30–35.

Woodrow, Herbert (1967 / 1927). Der Einfluss der Übungsart auf die Lernübertragung (Transfer). Deutsch in: Franz E. Weinert (Hg.): Pädagogische Psychologie. Köln: Kiepenheuer & Witsch 1967. Amerikan. Orig. 1927.

Zu Kapitel 11.4 (Kleine Klassen)

Deutsches PISA-Konsortium (Hg.): PISA 2000. Basiskompetenzen von Schülerinnen und Schülern im internationalen Vergleich. Opladen: Leske + Budrich 2001. (Darin Kapitel 9.1: Institutionelle Bedingungen schulischen Lernens im internationalen Vergleich)

Kucklick, Christoph: Gute Lehrer. In: GEO 2011, Heft 2, S. 24–48.

Meyer, Hilbert: Was ist guter Unterricht? (6. Aufl.). Berlin: Cornelsen 2009.

Rutter, Michael u.a.: Fünfzehntausend Stunden. Schulen und ihre Wirkung auf die Kinder. Weinheim: Beltz 1980.

v. Saldern, Matthias: Klassengröße. In: D. H. Rost (Hg.), Handwörterbuch Pädagogische Psychologie (3., überarb. u. erw. Aufl.). Weinheim: Beltz 2006.

Weinert, Franz E. & Helmke, Andreas: Bedingungsfaktoren schulischer Leistungen. In: F. E. Weinert (Hg.), Psychologie des Unterrichts und der Schule. Göttingen: Hogrefe 1997.

Zu Kapitel 11.5 (Disziplin)

Bueb, Bernhard: Lob der Disziplin (10. Aufl.). Berlin: List 2007.

Kounin, Jacob S.: Techniken der Klassenführung. Stuttgart: Klett 1976.

Myers, David G.: Psychologie (2., erw. u. aktualis. Aufl.). Heidelberg: Springer 2008. (Darin Kapitel 19.3: Erziehungseinflüsse auf die Internalisierung von Normen; Autor: Siegfried Hoppe-Graff)

Nolting, Hans-Peter: Störungen in der Schulklasse. Ein Leitfaden zur Vorbeugung und Konfliktlösung (6., überarb. u. erw. Aufl.). Weinheim: Beltz 2007.

Rutter, Michael u.a.: Fünfzehntausend Stunden. Schulen und ihre Wirkung auf die Kinder. Weinheim: Beltz 1980.

Steiner, Gerhard: Lernen. Zwanzig Szenarien aus dem Alltag (4. Aufl.). Bern: Huber 2007. (Darin Kapitel 7: Warten und Verzichten lernen, Kapitel 8: Prosoziales Verhalten lernen)

Zu Kapitel 12.1 (Wissenserwerb)

Edelmann, Walter: Lernpsychologie (6., vollst. überarb. Aufl.). Weinheim: Beltz 2000. (Darin Kapitel 4: Begriffsbildung und Wissenserwerb)

Hasselhorn, Marcus & Gold, Andreas: Pädagogische Psychologie. Erfolgreiches Lernen und Lehren. Stuttgart: Kohlhammer 2006. (Darin Kapitel 1.3: Wissenserwerb, Kapitel 1.4: Konstruktion von Wissen)

Mietzel, Gerd: Pädagogische Psychologie des Lernens und Lehrens (8., überarb. u. erw. Aufl.). Göttingen: Hogrefe 2007. (Darin Kapitel 4: Lernen als aktive Verarbeitung von Informationen)

Nolting, Hans-Peter & Paulus, Peter: Pädagogische Psychologie (3., vollst. überarb. u. erw. Aufl.). Stuttgart: Kohlhammer 2004. (Darin Kapitel 4.2: Wissen und Fertigkeiten)

Zu Kapitel 12.2 (Lernen lernen)

Gold, Andreas: Lesen kann man lernen. Lesestrategien für das 5. und 6. Schuljahr. Göttingen: Vandenhoeck & Ruprecht 2007.

Hasselhorn, Marcus & Gold, Andreas: Pädagogische Psychologie. Erfolgreiches Lernen und Lehren. Stuttgart: Kohlhammer 2006. (Kap. 2.3: Lernstrategien und ihre metakognitive Regulation)

Hattie, John; Biggs, John & Purdie, Nola: Effects of learning skills interventions on student learning: A meta-analysis. In: Review of Educational Research 1996, Bd. 66, 99–136.

Kruse, Otto: Lesen und Schreiben. Der richtige Umgang mit Texten im Studium. Konstanz: UVK 2010.

Schuster, Martin & Dumpert, Hans-Dieter: Besser lernen. Heidelberg: Springer 2007.

Zu Kapitel 12.3 (Lernprobleme)

Emmer, Andrea; Hofmann, Birgit & Matthes, Gerald. Elementares Training bei Kindern mit Lernschwierigkeiten Weinheim: Beltz 2007.

Niggli, Alois u. a.: Elterliche Unterstützung kann hilfreich sein, aber Einmischung schadet: Familiärer Hintergrund, elterliches Hausaufgabenengagement und Leistungsentwicklung. In: Psychologie in Erziehung und Unterricht 2007, Bd. 54, S. 1–14.

Otto, Barbara: Lässt sich das selbstregulierte Lernen von Schülern durch ein Training der Eltern optimieren? In: M. Landmann & B. Schmitz (Hg.), Selbstregulation erfolgreich fördern. Praxisnahe Trainingsprogramme für effektives Lernens. Stuttgart: Kohlhammer 2007.

Ziegler, Albert & Stöger, Heidrun: Pädagogisches Kompaktwissen für Eltern von Schulkindern. Lengerich: Pabst 2007.

Zu Kapitel 12.4 (Erziehungsstile) und 12.5 (Erziehungskonflikte)

Gordon, Thomas: Familienkonferenz. Die Lösung von Konflikten zwischen Eltern und Kind (47. Aufl.). München: Heyne 1989. (Erstausgabe bei Hoffmann & Campe 1972)

Kast-Zahn, Annette: Jedes Kind kann Regeln lernen. Ratingen: Oberstebrink 2002.

Lamborn, Susie D.; Mounts, Nina S.; Steinberg, Laurence & Dornbusch, Sanford M. (1991). Patterns of competence and adjustment among adolescents from authoritative, authoritarian, indulgent, and neglectful families. In: Child Development, 1991, Bd. 62, 1049–1065.

Maccoby, Eleanor E. & Martin, John A.: Socialization in the context of the family: Parent-child interaction. In: E. M. Hetherington (Ed.), P. H. Mussen (Series Ed.), Handbook of child psychology, Vol. 4: Socialization, personality, and social development (4th Ed) (pp. 1–101). New York: Wiley 1983.

Myers, David G.: Psychologie (2., erw. u. aktualis. Aufl.). Heidelberg: Springer 2008. (Darin Kapitel 19.2: Die Bedeutung der elterlichen Erziehung. Autor: Siegfried Hoppe-Graff)

Nolting, Hans-Peter & Paulus, Peter: Pädagogische Psychologie (3., vollst. überarb. und erw. Aufl.). Stuttgart: Kohlhammer 2004. (Darin Kapitel 3: Erziehung)

Steinberg, Laurence: Die zehn Gebote der Erziehung. Düsseldorf: Patmos 2005.

Sachwortregister

Abreagieren 16, 217 ff.
Aggression 27, 58, 102, 196 f.,
　211–224, 230, 244–246, 248–265
Alltagspsychologie 25 ff., 118 ff.
Angst, Ängstlichkeit 45, 65, 69, 94,
　121, 166–173, 324
Anreiz 73, 103, 262, 327, 336, 345 f.
Arbeitsgedächtnis 54 f., 307
Ärger 56, 120, 196, 217–224, 249–253
Attributionsfehler 119
Automatismus 51, 60 f., 122, 312 f.
Autoritätssystem 243–248, 261

Bedeutung 52, 56, 110, 274 ff.,
　307–311
Bedürfnis 58, 111
Befragung 29 f., 90 f., 99, 243, 245
Begriff 306, 308
Behaviorismus 109 f.
Bekräftigung 69, 93, 96, 302, 336,
　342, 348
Belohnung 97, 100, 300, 327,
　336, 345 ff.
Beobachtung 29, 87 f., 96, 169, 280
Berufsberatung 158
Berufstätigkeit (der Eltern) 136 ff.,
　293
Beschreibung 87 f., 119, 122 f.
Bestrafung 93, 103, 221, 244, 250,
　297, 300, 302, 341 f.
Bewertung 56 f., 94, 160 ff., 167 f.,
　178 f., 223, 313
Bezugsnorm 171, 328
Big-Five 65 f.
Biopsychologie 112
Brainstorming 240, 288

Denken 50 f., 54 ff., 70, 110 f., 149 ff.,
　188, 223 f., 276 ff., 285 ff., 307
Diagnose 79–91, 166, 179–185, 272
Disposition (Begriff) 63 ff.
Dissonanz, kognitive 201
Disziplin 16, 296–303, 346

Ehe s. Paarbeziehung
Eigenaktivität 71 f., 95, 134, 328
Eigenschaft 65 f., 117–120, 162
Eigenschaftswort 66, 120 ff.
Einfühlung 90 f., 195, 207, 210, 234 f.,
　332, 334
Einstellung 77, 119, 200–203, 207,
　244 f., 253, 263 f.
Einzelkind 36
Elaboration 308
Emotion 50 f., 55–58, 70, 94, 157,
　165, 195, 220 ff., 249 ff., 324
Entspannung 94, 165, 211, 223
Entwicklungsfaktoren 44–49, 66–72,
　124–136
Epigenetik 131
Erblichkeit 124–131
Erwartung 38, 56, 58, 73, 175 f., 322
Erziehung 16, 93, 95, 133, 138 ff.,
　145, 147, 169, 207, 254, 297,
　301 ff., 329–349
Evolutionspsychologie 113
Experiment (Begriff) 29
Extraversion 65 f., 177

Familie 98, 132–136, 138, 143, 147 f.,
　254, 325, 329
Feldstudie 29
Fertigkeit 60, 92, 311 f., 316 f.
Film 28, 219
Flow 31, 178
Foot-in-the-door 202
Freizeit 30 f.

Gedächtnis 54 f., 70 f., 153, 287, 307, 309 f.
Gefühl s. Emotion
Gehirn 27, 112, 142, 157, 255, 288, 290
Gehirnjogging 15, 284–291
Gehorsam 243–248, 264, 296
Gen, Genom 68, 127, 136, 139
Geschlechter 27, 66, 151, 153, 169, 193–199
Geschwister 35, 132–136
Gespräch 15, 47 f., 90 f., 145, 224, 225–236, 340 f.
Gesprächspsychotherapie 188
Gestaltpsychologie 110
Gestalttherapie 188
Gewalt 17, 28, 118, 138, 147, 197, 213 f., 219, 244 f., 248–265
Gewissen 301 f.
Gewissenhaftigkeit 65 f.
Glück 31, 173–179
Graphologie 61, 183
Gruppe 17, 77, 199 f., 214, 236–243, 255, 257–263, 296

Handlung (Begriff) 59 f.
Hausaufgaben 326 ff., 347 f.
Hilfeleistung 29, 196, 204–210
Hochbegabung 158
Hooligan 251, 258
Humanistische Psychologie 111 f., 188

Ich-Botschaft 88, 223 f., 229, 231 f., 252, 335, 340, 344
Individualpsychologie 109
Intelligenz 127, 134, 149–158, 285, 325
Interesse 58, 145 f., 325
Interpersonale Bezüge 44–49, 74–77, 81 ff., 97–100, 112, 194 ff., 205, 255
Jugend 141–148, 325

Kaugummi 37
Klassenführung 294, 298 f.
Kognitivismus 110 f.
Kohärenzgefühl 162
Kommunikation 15 f., 75 f., 98 f., 102, 156, 194 f., 225–236, 334 f.
Konditionierung 69 f., 94, 109, 169
Konflikt 59, 75, 123, 143 f., 200, 229, 339
Konfliktlösung 93, 224, 229–233, 339–349
Konformitätsdruck 234 ff., 261 f.
Kontextfaktoren 44–49, 61 ff., 72–77, 81 ff., 118 ff., 204 ff., 246, 255 f.
Korrelation 29
Kreativität 154 ff.
Konzentrationsschwierigkeit 83 f., 96 f.
Kopfnoten 123
Krieg 17, 118, 257 ff.
Küchenpsychologie (Begriff) 25

Labilität, emotionale 65 f., 142, 162, 177
Längsschnittstudie 30
Latein 15, 277–282
Lehrer 16, 53, 86, 99 f., 185, 292–296, 298–300, 326
Lernen (allg.) 37, 67–72, 92–97, 256 f. 269–349
Lernen am Effekt 69, 93, 95, 312 f., 345
Lernen am Modell 68, 93 f., 169
Lernen, kognitiv 70, 92, 273 ff., s. auch Wissenserwerb
Lernproblem 27, 158, 321–329
Lernstrategie 16, 314–321, 323, 326
Lerntyp 16, 180 ff., 269 ff.
Lernübertragung s. Transfer

Meidungsverhalten 172, 230
Menschenbild 108–113
Metakognition 55, 283, 288 f., 303, 314 f.

Midlife-Crisis 36
Misserfolgsängstlichkeit 170 f., 325
Mobbing 100, 211–216, 251, 255
Modell, mentales 39, 309
Mondschein 36, 38
Motivation 50 f., 57 ff., 94 f., 209 f.,
   250 f., 258, 307, 324 f., 327 f.

Norm 171, 184 f., 239 f., 254, 301 f.,
   322, 328

Objektivität 181 f.
Offenheit 65 f.
Opferbezogene Reaktion 302, 343

Paarbeziehung 28, 36, 47 f., 98 f., 123,
   199, 226 ff.
Personfaktor, Personmerkmal 43–49,
   61–66, 81 f., 118–124, 162 f., 169,
   176 f., 206 f., 253 f.
Pisa-Studie 21, 185, 291
Prüfung 168 f., 182
Psychoanalyse 108 f., 187 f.
Psychopath 173, 257
Psychotherapie 89, 94 f., 107, 186–190

Reflex 60, 69
Reifung 67 f.
Reliabilität 182
Resilienz 162
Rückmeldung 93, 103 f., 313, 317

Schach 286 f., 311
Schreiben 60, 90, 96, 316 f.
Schüchternheit 65, 168, 212
Schule 100, 102, 145, 215 f., 302, 322,
   326
Schüler 84 f., 99 f., 124, 158, 185,
   213 f., 278
Schulklasse 85, 99, 291–296, 298
Selbstbewertung 94, 96, 160, 165,
   176 f., 314
Selbstbild 112, 142, 180, 260, 272

Selbstdisziplin, Selbstkontrolle 88,
   101, 188, 254, 298, 315
Selbstmanagement 96, 104 f., 303
Selbstreflexion 61, 89 f., 95 f., 142,
   144, 223 f., 288, 314, 317, 321, 346
Selbstregulation 59, 284, 288, 313 f.,
   317, 321, 323, 326 f.
Situationsfaktor 44–49, 72–74, 81 f.,
   101–105, 255 f., 259
Sozialisation 247, 265
Strafe s. Bestrafung
Strategie 283, 287 ff., 312, 314 ff.
Stress 96, 131, 159–167
Systemischer Ansatz 98, 112, 188

Täuschung 19 ff.
Temperament 64, 97, 177
Terrorismus 77, 257 ff.
Test 36, 149–158, 179–185, 272 f., 285
Theorierichtung 107–113
Tiefenpsychologie 108 f., 187
Training 95, 188, 284 f., 289 f.
Transfer 15, 277–285, 320 f.
Trieb 58, 108 f., 256
Trotz 254, 342
Tyrannisches Verhalten 345 ff.

Übung 93, 152, 284 f., 312 f., 316 f.
Umwelt 71 f., 126 ff., 131–136
Umweltschutz 18, 104, 203, 238
Unbewusst(es) 51 f., 108 f., 187
Unterricht 37, 84 f., 95, 99 f.,
   292–296, 298–300, 320

Validität 183
Verantwortung 207, 210, 246 f., 259,
   262, 302, 336
Verantwortungsdiffusion 16, 205,
   259
Vergeltung 220 f., 250 f., 255, 258
Verhaltenstherapie 110, 188, 190
Verstehen 40, 54, 80, 274 f., 282 f.,
   306–309, 315

Verträglichkeit 65 f.
Vokabeln 276, 310 f., 319
Volition 59
Völkermord 257 ff.

Wahrnehmung 19, 37, 50–53, 74,
    120, 253
Wert, Wertvorstellung 122, 134, 165,
    178, 207 f., 254, 301, 331
Wille 59 f.

Wissen 13 f., 39 f., 54 f., 70, 153, 208,
    280, 286, 305 f., 312, 324, 336
Wissenserwerb 70, 93, 273 ff.,
    305–313, 315–317
Wohnen 18, 72 f., 101

Zuhören, aktives 91, 228 ff., 326,
    334 f., 340